天主堂建築のパイオニア・鉄川與助

――長崎の異才なる大工棟梁の偉業

喜田信代

日貿出版社

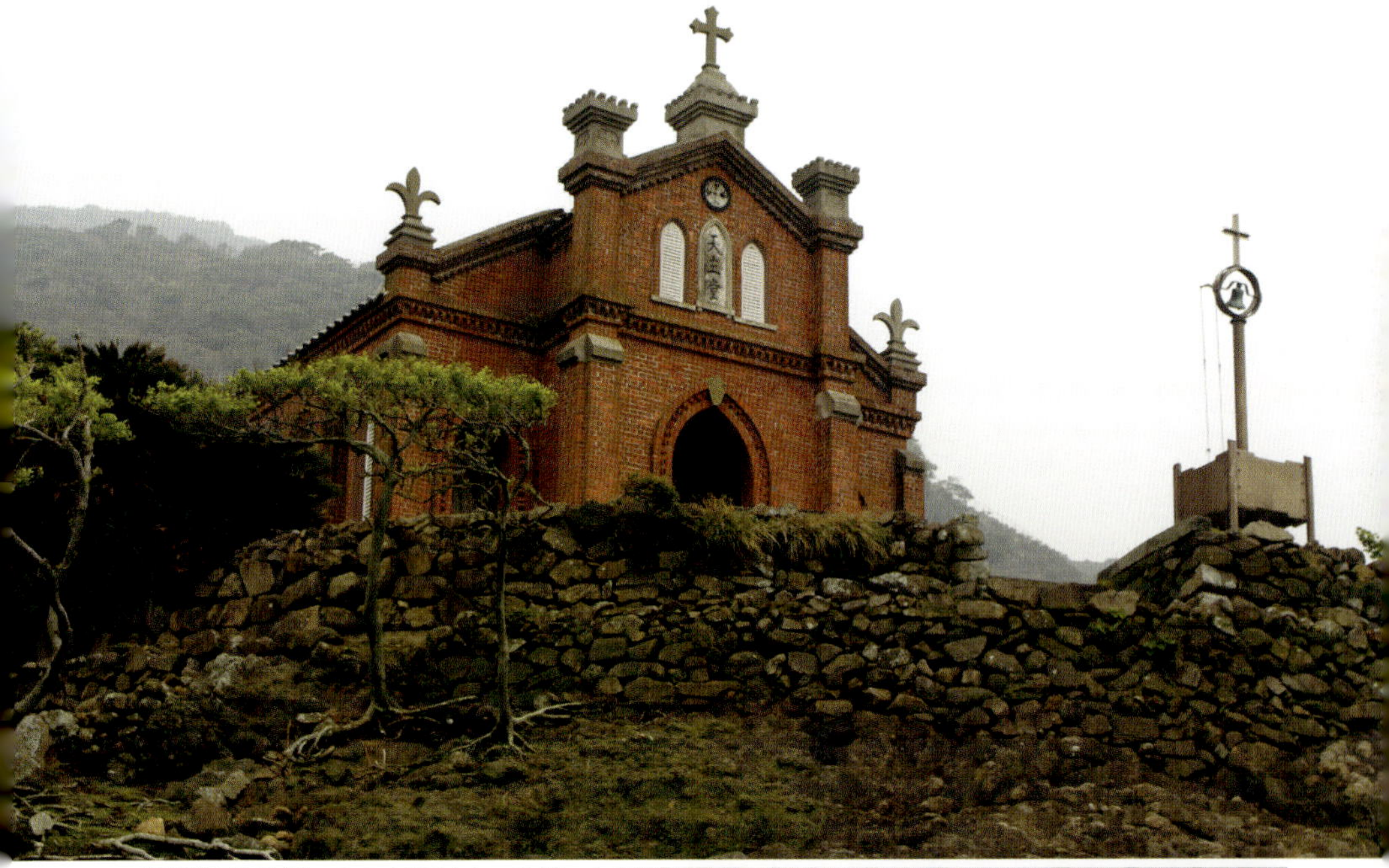

旧野首天主堂（きゅうのくびてんしゅどう）／
明治41年（1908）竣工
長崎県北松浦郡小値賀町野崎郷野首
無人島を包み込む祈りの空間は鉄川與助初の煉瓦造天主堂（長崎県指定有形文化財・国指定重要文化的景観）

奈摩内(青砂ヶ浦)天主堂〈なまうち〈あおさがうら〉てんしゅどう〉／明治43年(1910)竣工
長崎県南松浦郡新上五島町奈摩郷1241
煉瓦の壁に十字架模様を配置した天主堂(国指定重要文化財)

楠原天主堂（くすはらてんしゅどう）／明治45年（1912）竣工
長崎県五島市岐宿町東楠原
切支丹牢屋敷跡に先祖を偲ぶ煉瓦造の天主堂

今村天主堂（いまむらてんしゅどう）／大正２年（1913）竣工
福岡県三井郡大刀洗町大字今707
八角形ドーム屋根の双塔がそびえる天主堂（国指定重要文化財）

旧長崎大司教館（きゅうながさきだいしきょうかん）／大正4年（1915）竣工
長崎市南山手町5－3
旧羅典神学校と共に博物館として蘇える大司教住居（長崎県指定有形文化財）

大曽天主堂（おおそてんしゅどう）／大正5年（1916）竣工
長崎県南松浦郡新上五島町青方郷2151－2
ドーム屋根が白く輝く正面に塔のある天主堂（長崎県指定有形文化財）

田平天主堂（たびらてんしゅどう）／大正6年（1917）竣工
長崎県平戸市田平町小手田免19
新技法を取り入れ知恵と工夫の集大成で完成した天主堂（国指定重要文化財）

堂崎天主堂（どうざきてんしゅどう）／大正6年（1917）竣工
長崎県五島市奥浦町堂崎2019
ペルー神父の寄留地に建つ正面に塔のある天主堂（長崎県指定有形文化財）

江上天主堂（えがみてんしゅどう）／大正7年（1918）竣工
長崎県五島市奈留町大串1131
ステンドグラスは花を手描きで制作した天主堂（国指定重要文化財）

頭ヶ島天主堂（かしらがしまてんしゅどう）／
大正8年（1919）竣工
長崎県南松浦郡新上五島町友住郷頭ヶ島638
信徒が切り出した地元産の石を利用して建築した天主堂（国指定重要文化財）

紐差天主堂（ひもさしてんしゅどう）／昭和4年（1929）竣工
長崎県平戸市紐差町1039
丘の上に建つ意匠を凝らした鉄筋コンクリート造の天主堂

大江天主堂（おおえてんしゅどう）／
昭和８年（1933）竣工
熊本県天草市天草町大江1782
北原白秋や与謝野鉄幹らも訪ねパテレンの宿と称された天主堂

崎津天主堂（さきつてんしゅどう）／昭和10年（1935）竣工
熊本県天草市河浦町崎津539
漁港の景観に溶け込んだゴシック風建築の天主堂（国指定重要文化的景観）

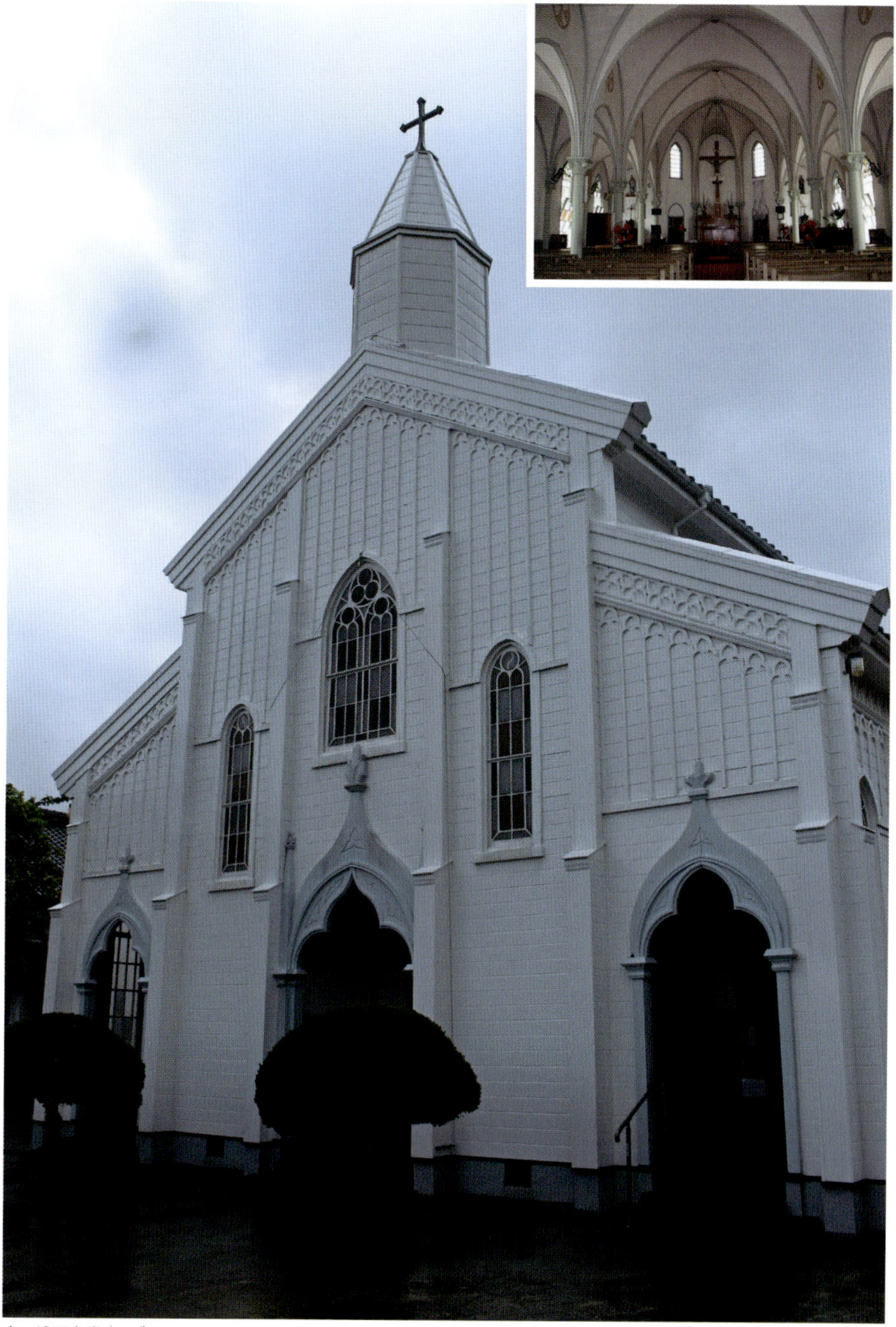

水の浦天主堂（みずのうらてんしゅどう）／昭和13年（1938）竣工
長崎県五島市岐宿町岐宿1644
大工の技を駆使して仕上げた木造天主堂

旧鯛ノ浦天主堂（きゅうたいのうらてんしゅどう）／昭和21年（1946）竣工
長崎県南松浦郡新上五島町鯛ノ浦郷326
鐘の塔に平和を語り伝える被爆煉瓦を使った天主堂

天主堂建築のパイオニア・鉄川與助

――長崎の異才なる大工棟梁の偉業

〈装丁・本文・デザイン〉
株式会社アドアーツ

はじめに

鉄川與助《てつかわよすけ》（1879〜1976）は、長崎県新上五島町出身の建築技術者で、明治後期から、大正・昭和にかけて多くの実績を残している。木造や煉瓦造はもとより、石造や鉄筋コンクリート造にも先がけ的に取り組み、中でも他に類の少なかった天主堂建築は高く評価されている。

また、近年、「長崎と天草地方の潜伏キリシタン関連遺産」を世界遺産に登録する動きの中で、その構成資産に、鉄川與助の教会建築も含まれていることから、様々な立場で研究は深められている。

「オヤジの教会を見に行ってくれてありがとう」と、鉄川與助の五男、喜一郎氏（1924〜2012）から電話があったのは、平成12年（2000）のことになる。横浜市に住んでおられた喜一郎一家は、最晩年の鉄川與助夫妻と同居し、看取っておられる。電話の切っ掛けは、私が五島にある煉瓦の教会を見に行き、そのことを『日本れんが紀行』（日貿出版社・2000）に少し紹介した事からであった。本を見て下さったことへの感謝をこめて、五島で見てきた教会のことをお伝えしようと、横浜のご自宅をお訪ねした。私は長崎市の出身とお話しすると、「アンタは、私の後輩タイ」と、旧制の中学と新制の高校で縁があったことを喜んで相好を崩された。帰る間際に見せられた小さな本箱に残されていた資料には、「長崎」の文字が見え隠れする。読ませて頂きたいとお借りした。

資料は、鉄川與助が鉄川組を創業した明治39年（1906）からの『手帳』や「手紙」の類、工事に関する様々な書類であった。『手帳』には、仕事の打合せ覚えや作業の予定のほか、職人たちの作業日誌やお金の受払などを記録している。民間では、まだ、工事の契約書を取り交す習慣の無かった時代に、決算書や予算書、工事日誌、会計簿などを、與助の考えで記録したと思われる。とはいえ、それらは筆で丁寧に書かれたものもあれば、ペンや鉛筆書きの小さな字で、既に消えかかっている文字や、水に濡れて読み取るのが難しいもの、頁が破損した『手帳』……などで、読み易いものではない。資料を借りて複写したあとは、手にとって眺めても、文字を読む前に自信がなくて、心が萎えてしまう有り様だった。

明治の頃と現代では言葉も変わってきている。また、書いたり、書かなかったり……で、要件を一貫して記録したものではない。誤字や当て字もある。長崎や五島の方言もある。欠落の目立つ記録ではあるが、そこからは、明治から大正、昭和の暮らしと、與助の関心の広さを垣間見ることができる。明治39年（１９０６）から書かれた記録は、建築技術者として評価され、勲章を受けた後に聞取りをしたものとは微妙に違う。私は資料を整理しながら、一方で、各地の天主堂を訪ね、当時の暮らしの様子などを確かめてきた。

鉄川與助が鉄川組を創業した頃は、工部大学校を卒業した日本人建築家が建築界のリーダーとして活動を始めた時期でもある。中央では、清水建設や鹿島建設、大林組などが、現代につながる組織を築き、各地で請負業者が創業している。

鉄川與助は、小学校を修えて、小工（後述）から修業を積んできた。他の職人と違ったことは、創業前から天主堂建築に興味を持ち、宣教師等と交流を重ねることで、継続して、カトリックの天主堂工事を請負ってきた。併せて、会員拡大期にあった建築学会に准員（後述）として入会し、新しい知識や技術を身につけ、関係者と交流を深め、それを自らの九州の工事現場の仕事に直ぐに反映させている。

長崎では、幕末に大浦天主堂が建てられ、グラバー邸など居留地には外国人住宅も建てられていた。フランス人の宣教師等は、鉄川與助と一緒に、既にある天主堂を見て特徴を伝えている。

諸先生方のご指導を受けながら鉄川與助の資料を整理して、「明治期の九州地方における鉄川與助の教会建築工事の実施方式の特徴と変遷」というタイトルで、平成27年（２０１５）に学位論文をまとめることができた。古希を前にした主婦が、明治期の建築工事請負契約関係書類の変遷を知って、どうするというものでもない。ひとえに、故郷長崎に寄せる想いで、これまでに分っていない小さな事実が、ひとつひとつ分ったこと、長崎には残されていない資料が、喜一郎氏所有の資料に残されていたことなどである。博物館などに残されている、幕府や官庁工事の資料は、一級の資料として取り扱われるが、喜一郎氏の元にある資料は、資料の説明から始めなければならなかったが、まさしく、紙片が「長崎の宝」になると信じて続けてきた。鉄川與助の資料は、原爆などで焼失してしまった長崎の歴史の一部も蘇らせることができた。

鉄川與助は、戦後、後継者に仕事を譲っていることから、本書では主に、戦前期の実績を現している。

平成29年1月

著　者

目次

口絵 …… 2
はじめに …… 19
地図／鉄川與助の建築物所在地 …… 26

第1章　鉄川與助の生涯と業績 …… 29
（1）鉄川與助の主な経歴 …… 30
（2）五島から長崎、そして九州本土へ進出 …… 32
①明治期　②大正期　③昭和期
（3）終焉の地は横浜 …… 44
（4）旧居宅跡は町の公園に …… 48

第2章　建築技術者・棟梁　鉄川與助の仕事――天主堂・学校・寺院 …… 49
（1）新上五島町＝鉄川與助の出身地 …… 51
①**旧桐古天主堂**　鉄川組の最初の請負は改修増築工事（明治39年）現存せず …… 52
②**冷水天主堂**　明治期に與助が建てた唯一の木造天主堂（明治40年） …… 61
③**奈摩内（青砂ヶ浦）天主堂**㊀　煉瓦の壁に十字架模様を配置した天主堂（明治43年） …… 64
④**魚目村立水産学校**　僅か5年で廃校となった不運の学校（明治43年）現存せず …… 71
⑤**若松村立尋常小学校**　記憶と記録に残したい小学校（明治45年）現存せず …… 72
⑥**大曽天主堂**㊛　ドーム屋根が白く輝く正面に塔のある天主堂（大正5年） …… 74

鉄川與助棟梁の天主堂
国重要文化財は㊀
県指定有形文化財は㊛
国重要文化的景観は㊖

⑦ 頭ケ島天主堂㊣ 信徒が切り出した地元産の石を利用して建築した天主堂（大正8年）…… 81
⑧ 元海寺煉瓦造アーチ門 棟梁の技で仕上げた菩提寺の山門（大正13年）…… 86
⑨ 魚目村立小学校 母校は近代的な鉄筋コンクリート造（昭和6年再建）…… 90
⑩ 旧鯛ノ浦天主堂 鐘の塔に平和を語り伝える被爆煉瓦を使った天主堂（昭和21年）…… 92
（2）福江（五島市）＝カトリック布教の拠点 …… 95
① 楠原天主堂 切支丹牢屋敷跡に先祖を偲ぶ煉瓦造の天主堂（明治45年）…… 97
② 堂崎天主堂㊣ ペルー神父の寄留地に建つ正面に塔のある天主堂（大正6年）…… 101
③ 江上天主堂㊣ ステンドグラスは花を手描きで制作した天主堂（大正7年）…… 107
④ 旧細石流天主堂 白い椿が咲いた五島で一番美しい天主堂（大正9年）現存せず …… 115
⑤ 半泊天主堂 信者の手で積み上げられた石垣に守られる木造天主堂（大正11年）…… 119
⑥ 水の浦天主堂 大工の技を駆使して仕上げた木造天主堂（昭和13年）…… 125
（3）平戸＝キリスト教伝来の地 …… 126
① 旧野首天主堂㊣㊫ 無人島を包み込む祈りの空間は初の煉瓦造天主堂（明治41年）…… 129
② 山田天主堂 再び創建時の赤煉瓦が顔を見せた天主堂（明治44年）…… 140
③ 田平天主堂㊣ 智恵と工夫の集大成で完成させた天主堂（大正6年）…… 144
④ 紐差天主堂 意匠を凝らした鉄筋コンクリート造の天主堂（昭和4年）…… 154
⑤ 西木場天主堂 與助の指導で息子・與八郎が設計を担当した天主堂（昭和24年）…… 159
（4）佐賀県・福岡県・熊本県＝元長崎大司教区 …… 162
① 佐賀市公教会 太平洋戦争の戦災で消失した幻の天主堂（明治45年）現存せず …… 163
② 今村天主堂㊣ 八角形ドーム屋根の双塔がそびえる天主堂（大正2年）…… 167

③ 手取天主堂　熊本地震では壁に亀裂一ヶ所の被災を受けた天主堂（昭和3年）……180
④ 呼子天主堂　明治期の建材で再建された木造天主堂（昭和4年）……183
⑤ 大江天主堂　北原白秋や与謝野鉄幹らも訪ねバテレンの宿と称された天主堂（昭和8年）……187
⑥ 崎津天主堂㊌　漁港の景観に溶け込んだゴシック風建築の天主堂（昭和10年）……193
(5)長崎＝信徒発見の聖地……198
① 旧長崎大司教館㊋　旧羅典神学校と共に博物館として蘇える大司教の住居（大正4年）……200
② 旧長崎浦上神学校　被爆と老朽化で昭和44年に解体（大正13年）現存せず……210
③ 旧浦上天主堂　30年の歳月をかけて竣工した双塔の天主堂（大正13年再建）……214
④ 西坂公園　日本二十六聖人殉教碑のあるカトリック教徒の巡礼地（昭和14年）……219
(6)天主堂の美＝様々なデザイン……222
① 塔のある天主堂……222
② 天井の形（リヴ・ヴォールトと折上げ天井と格天井）……227
③ 聖堂を飾る彫刻（柱や天井・祭壇と信徒席の衝立）……232
④ ステンドグラス（硝子障子と硝子絵と色板ガラス）……240
⑤ 煉瓦の飾り積み……246
⑥ 祭壇……252
第3章　新しい建築材料と長崎の天主堂……265
(1)西洋の建築の影響……266
(2)新しい建築材料――長崎では……267

(3)長崎県の初期の教会……271
(4)日本の各地の教会……279

第4章　宣教師が伝えた教会建築……285

(1)長崎のキリスト教の歴史……287
(2)宣教師の履歴書……291
(3)教会堂建設の方針……304
(4)見学や絵葉書で伝えた宣教師……306

第5章　天主堂の請負と工事費の清算……317

(1)請負契約……318
(2)契約関係書類……320
(3)天主堂建築工事の工事費清算の特徴……330

第6章　棟梁の暮らし――與助の『手帳』覚え書き……337

(1)衣食の暮らしの記録……338
①服装……338
②食べ物……340
(2)医療と衛生の記録……352
①神父様の薬……352

②虫歯 353
③薬 353
④衛生 354
（3）交通と通信 354
①舟 354
②鉄道や人力車 358
③自転車 359
④郵便・電報・電話 359
（4）大正15年（1926）4月の建築学会参加 361

資料編 365
教会建築の基礎用語 366
協力者・協力機関・資料提供者 369
参考文献 369
既発表論文 373
おわりに 374

鉄川與助の建築物所在地

今村天主堂〈p.167〉
手取天主堂〈p.180〉
呼子天主堂
〈p.183〉
福岡県
佐賀県
大分県
長崎県
熊本県
佐賀市公教会
〈p.163〉現存せず
大江天主堂
〈p.187〉
崎津天主堂
〈p.193〉
宮崎県
鹿児島県
九州地方
生月島
山田天主堂〈p.140〉
紐差天主堂〈p.154〉
平戸島
宇久島
野崎島
小値賀島
旧野首天主堂〈p.129〉
魚目村立水産学校〈p.71〉
現存せず
奈摩内天主堂（青砂ヶ浦）〈p.64〉
魚目村立小学校〈p.90〉
冷水天主堂〈p.61〉
頭ヶ島天主堂〈p.81〉
大曽天主堂〈p.74〉
五
島
列
島
中通島
元海寺煉瓦造アーチ門
〈p.86〉
江上天主堂〈p.107〉
旧細石流天主堂〈p.115〉
現存せず
旧鯛ノ浦天主堂〈p.92〉
旧桐古天主堂〈p.52〉
現存せず
若松島
半泊天主堂〈p.119〉
奈留島
若松村立尋常小学校〈p.72〉
現存せず
久賀島
五島灘
堂崎天主堂〈p.101〉
水の浦天主堂〈p.125〉
福江
福江島
楠原天主堂〈p.97〉

第1章

鉄川與助の生涯と業績

鉄川與助肖像　明治12年（1879）～昭和51年（1976）
大正7年（1918）頃の撮影と思われる。（鉄川一男氏提供）

（1）鉄川與助の主な経歴

鉄川與助は、明治12年（1879）1月13日、大工鉄川與四郎（生年不詳～1939）とフミ（生年不詳～1909）の7人兄弟の長男として生まれ、長崎県南松浦郡榎津尋常高等小学校を卒業（1894）後、大工の修業に入っている。

與助は、明治後期から昭和期にかけて、長崎県南松浦郡新魚目町丸尾郷に拠点を置いて、長崎県の五島列島を中心に、長崎県、福岡県、佐賀県、熊本県などに、教会建築だけでなく、寺院、一般建築などを数多く建築し、なかでも、教会建築は高い評価を受けている。

鉄川與助の主な経歴は、

明治39年（1906）　土木建設業鉄川組を設立（同年　渡邊トサと婚姻）
明治41年（1908）　日本建築学会に、准員として入会（建築雑誌　第22輯）
大正2～12年（1913～23）　魚目村村会議員
大正6年（1917）　父與四郎が隠居したことにより、家督を相続
昭和19年（1944）　鉄川組を第一土建会社に統合。同社取締役に就任
昭和24年（1949）　鉄川工務店に名称変更
昭和34年（1959）　7月建設大臣表彰、11月黄綬褒章受章
昭和42年（1967）　11月勲五等瑞宝章受章
昭和51年（1976）　7月5日横浜市にて逝去。行年97歳

明治39年（1906）に創設した鉄川組は、與助と父鉄川與四郎、二男慶輔（慶助と書かれることもある）と、三男常助は創業時からの構成員であり、四男の金米も後に鉄川組に入っている。

〈写真１〉鉄川與助・トサ夫妻
（鉄川一男氏提供）

鉄川組の創業年に、渡邊トサ（明治21年／1888～昭和49年／1974）と結婚し、五男二女を設けている（写真1）。

與助の後継者は二男與八郎（大正3年／1914～昭和60年／1985）である。與助とトサ夫妻は晩年、五男喜一郎（大正13年／1924～平成24年／2012）一家と横浜市で暮らしているが、これは長男（生年不詳～大正2年／1913）が3歳で夭逝し、三男（大正5年／1916～没年不詳）は早世し、四男（大正7年／1918～昭和20年／1945）は戦死していることも関係すると思われる。

また、與助の妹ハルは、トサの弟と結婚しており、弟渡邊春一は左官で、春一の息子も左官である。與助は家族を大切にし、鉄川組も家族集団でスタートしているが、洋風建築に不可欠の左官職人も身内で構成していたことが分る。

日本建築学会の入会資格は「大工」で、紹介者は東京帝国大学工科大学助教授や日本建築学会の会長も務めた塚本靖（1869～1937）である。

明治41年（1908）11月25日発行の『建築雑誌二百六十三號附録 建築學會會員住所姓名録』をみると、会員は1841名で、樺太、韓国、清国も含まれている。会員には、名誉会員、正員、特別員、准員があり、男爵も41名含まれる。工部大學校出身の辰野金吾等に交じり、石工彫刻土木請負、欧風室内家具装飾製造販売業などがあるものの、大工は異色である。

長崎県の五島列島といえば、九州の西の端。鉄川組を創業してわずかに3年。明治の末に、尋常高等小学校を出た大工が建築学会の准員に推挙されるほど、信頼を得ていたことが分る。

さらに、建築学会の准員になったことで、建築・設計・技術、新しい製品などの情報、請負や契約に対する考え方、契約関係書類など、あらゆる分野の知識を吸収し、九州以外の地域情報や人のつながりを拡げている。

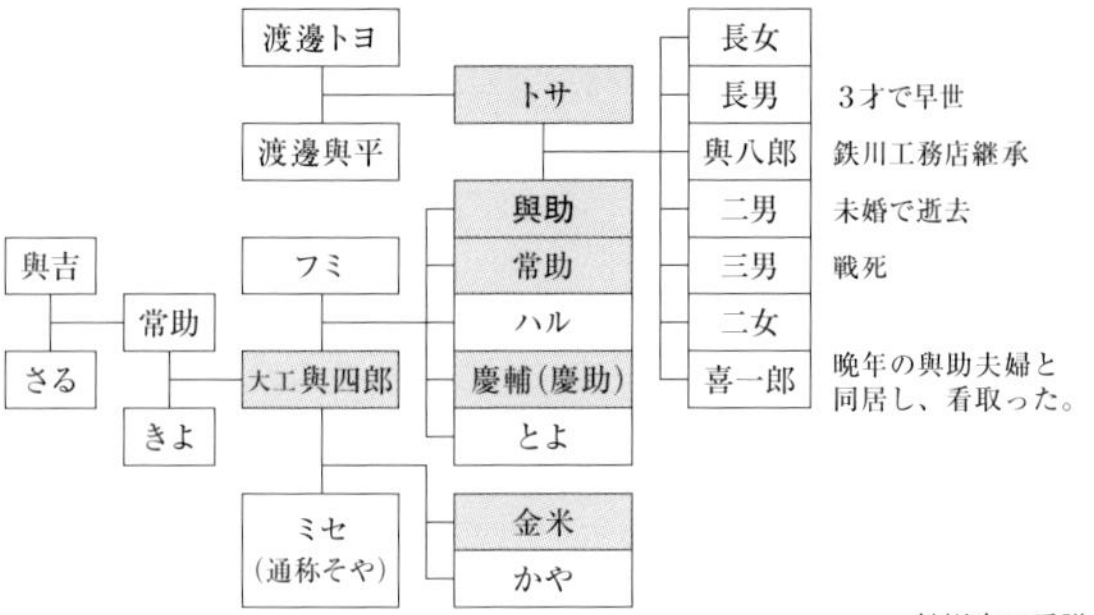

鉄川家の系譜

建築学会は会員の拡大期であった。また、従来は大工が施主と話し合い、職人を使って工事を進めていたが、全く建築デザインの素養の無い請負人が仕事を引き受け、材料を供給し、各職方を使い、工事を進めることもあった。そこで、辰野金吾等は建築請負人の質の向上を目指して、技術者は設計方面を担当し、請負者は施工方面を担当することとして、請負や契約、工事費などについての考え方を普及させる動きを始めた時期でもあった。

実に、タイムリーな時期での入会であった。毎日、寝る間も惜しむほど勉強したのではなかろうか。そのうえ、この機会に学んだことを、九州の自分の工事現場に直ぐに取り入れるという、人には真似のできないことをしている。「異色の建築家」と呼ばれる所以は、こんな処に有ると思う。

與助は、「棟梁」「建築家」「技師さん」と呼ばれ、「技師さん」と呼ばれるのを好んだというが、建築学会の顔ぶれからも、尊敬をこめた拘りが見えるような気がする。

また、昭和34年（1959）7月は建設大臣表彰、11月は黄綬褒章、昭和42年（1967）11月は勲五等瑞宝章を受章するなど、大きな評価を受けている。

（2）五島から長崎、そして九州本土へ進出

①明治期

職人は、独り立ちする前に家を離れて修業に出ることが多い。與助は、明治27年（1894）に大工棟梁前田松太郎の下で、元海寺（がんかいじ）本堂の新築工事に「小工」として従事している。小工とは、大工の下で工事に従事した技術者である。15歳の大工の修業は、寺院建築で始まったと見ることができる。

①鉄川與助の父、與四郎は大工である。與助は家業を継承し、與八郎は、第二次世界大戦後、鉄川組と統合した第一土建を継承している。

②與助は、明治39年（1906）に鉄川組を創業し、父與四郎、二男常助、三男慶輔（助）と、トサが従事している。後年、金米も大工として従事している。

③この系譜は、戸籍、ならびに菩提寺の確認により作成したもので、故鉄川喜一郎氏の提供による。

なお、この本堂の工事には、相河（あいこ）・浦桑・青方・丸尾・似首（にたくび）・榎津など近郊の大工20人と、木挽、左官が従事しているが、この中に與助の父與四郎の名前は見えない。鉄川家は元海寺の門徒である。修業は親元を離れてするから修業というのだろうが、何故、與四郎は参加していないのか疑問である。

天主堂建築工事を手伝ったのは、上五島の曽根天主堂の新築工事（明治32年／1899）に従事したのが最初とされている。20歳の時である。この他に、鯛ノ浦天主堂の工事（明治36年／1903）にも従事した記録が、板書にあるという。棟梁は、共に野原某とされている。

ペルー神父の指導で建てられた2件の新築工事で、與助は、これまでの大工仕事とは違う異国の建築に魅了されたのだろうか。

明治39年（1906）に、與助は土木建設業鉄川組を設立し、同年には曽根天主堂の修繕工事に従事し、36日半に相当する修繕費を神父から受取っている。明治32年（1899）に大工として新築工事に従事した與助は、ペルー神父との信頼関係を育て、修繕工事を任せられるほどの大工に成長していた。一大工として従事した曽根天主堂の新築工事は、その後の與助の運命を決めたといえる。

鉄川組創業後の與助は、明治期に12件の工事実績がある。

建築の範囲は、上五島の中通島の桐古里（きりふるさと）地区にある桐古（桐ノ浦）天主堂の改修工事（明治39年／1906）、網上郷にある冷水天主堂（明治40年／1907）、今は無人島となった野崎島の野首天主堂（明治41年／1908）、中通島の奈摩郷にある奈摩内天主堂（明治43年／1910）、福江島の楠原天主堂（明治43年／1910）、平戸市生月島の山田天主堂（明治44年／1911）、そして、九州本土、佐賀市の公教会（明治44年／1911）と、福岡県三井郡大刀洗町の今村天主堂（大正2年／1913）の新築工事で、カ

〈表1〉明治期の工事実績

No.	工事名	設計施工の別	構造	発注者	施工場所	用途	竣工	特記
1	桐ノ浦天主堂改築	設計・施工	木造・平屋建 一部レンガ造	ア・ヒウゼ師	長崎縣 南松浦郡若松村	教会	39.12	建替
2	冷水天主堂新築		木造・平屋建	大崎八重師	長崎縣 南松浦郡青方村		40.10	新上五島町有形文化財
3	野首天主堂新築		レンガ造・平屋建	中田藤吉師	長崎縣 北松浦郡前方村		41.11	長崎県指定文化財・世界遺産候補・廃堂
4	奈摩内天主堂新築（青砂ケ浦）		レンガ造・平屋建	大崎八重師	長崎縣 南松浦郡青方村		43.8	国重要文化財
5	奈摩内司祭館新築		木造・平屋建	大崎八重師			43.6	建替
6	丸尾鉄川宅新築		木造・2階建	（未記入）	（未記入）	住宅	40.10	解体し大正8年に再建
7	楠原天主堂新築		レンガ造・平屋建	チリ師	長崎縣 南松浦郡岐宿村	教会	43.11	現存
8	魚目村立水産学校新築	施工	木造・平屋建	魚目村長	長崎縣 南松浦郡魚目村	学校	40.10	跡地に標識
9	山田天主堂新築	設計・施工	レンガ造・平屋建	片岡高俊師	長崎縣 北松浦郡生月村	教会	44.11	現存
10	佐賀市公教会新築		木造	平山師	佐賀市		40.10	戦災消失
11	若松小学校新築	施工	木造	若松村長	長崎縣 南松浦郡若松村	学校	45.1	解体
12	今村天主堂新築	設計・施工	レンガ造	本田保師	福岡縣太刀洗	教会	45.3	国重要文化財

凡例：
①表は『鉄川工務店経歴書』を基に、明治期の工事実績12件を整理したものである。
②表は、左列からNo.、工事名、設計施工の別、構造、発注者、施工場所、用途、竣工を、特記で現存の有無などを示している。掲載の順番は工務店経歴書の記載順により、竣工は明治の年月を示している。
③No.6の、発注者と施工場所は、資料に未記入である。

トリック長崎司教区の発注である。

この他に上五島の魚目水産学校（明治40年／1907）と、若松島の若松村立尋常小学校（明治45年／1912）の2件の新築工事を施工している。表1参照。

天主堂建築では、構造や柱の組み方、壁、床や天井の造り方や仕上げ、煉瓦やステンドグラスなどの新しい材料やその使い方など、作品ごとに工夫を凝らし、完成度を高めている。

與助は腕の良い大工であった。鉄川家は代々の宮大工との説もある。小工として修業を始めた與助は大工として成長し、一家を挙げて鉄川組を興し、実績を重ねている。

仕事は出身地を離れ、九州本土の長崎市や佐賀県、福岡県に進出し、これまで全く実績のなかった新たな土地で、材料を調達し、人を手配し、作業の段取りをつける。その上で、まだ一般的ではなかった請負の契約証を作って、業者と取交し、工事の円滑化を図っている。

鉄川組創業直後に、建築学会の准員として入会し、新しい技術や知識を学び、理解に努めたのは、本人の努力の賜物であろう。また、継続して天主堂の工事を請負うことができたのは、やはり、神父等との交流の中で天主堂建築をよく理解し、宗教的な意味を建築に反映させようと、誠実に努めていたからだと思われる。

人柄の良さは各職方に対しても同じだったのだろう。建築工事は一人では完成させられない。

わずか5年程の間に、與助は出身地の上五島から、福江島と、平戸の小値賀島や生月島と、五島列島を縦断して、さらに九州本土の佐賀や福岡まで工事の地域を拡大し、自宅も新築している。

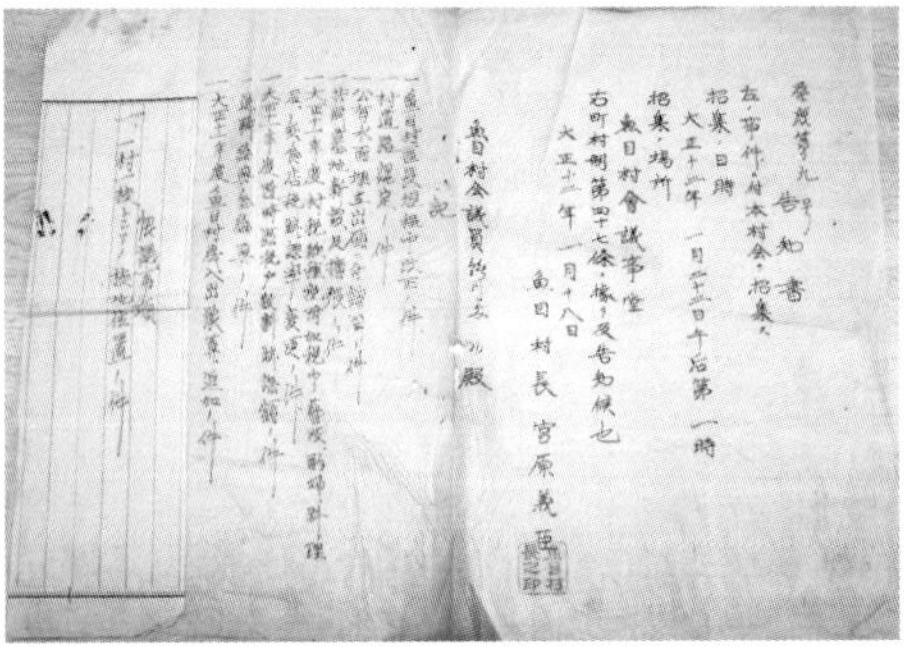

〈写真2〉大正12年
鉄川與助宛の魚目村会議の召集表

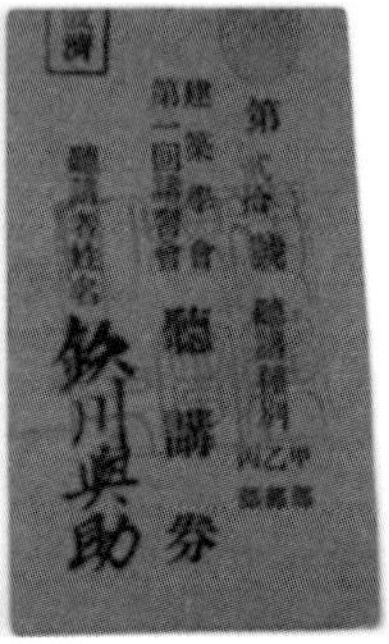

〈写真3〉建築学会　第1回講習会の聴講券

② 大正期

與助は大正2年（1913）に、長男を3歳で亡くしている。長男を亡くした後、神父等からカトリックへの入信を勧められているが、與助は、生涯仏教徒であった。

大正期の建築工事は表2に示しているが、長崎県に25件、さらに宮崎県に1件、熊本県に2件まで拡がっている。併せて大正期になると、信者でもない與助に、いつまでも教会の建築を任せることに反感を顕わにする者も出てきたといい、これを現す記録がある。

與助は大正9年（1920）に平戸大島宿舎で「久留米天主堂新築工事預算書」を作成しているが、久留米天主堂は請負っていない。また、黒崎天主堂（大正9年／1920）は、信者の川原忠蔵の設計・施工である。

さらに大正10年（1921）の『手帳』には「2月8日平戸ノ設計図　夕方　遂ニ成就ス（後略）」と、與助は田平で平戸天主堂の図面を描き、工事費は平戸の総代と相談すると決めているが、平戸天主堂は、昭和6年（1931）に末広設計事務所によって建てられている。信者にも大工などの職人がいるから無理はないことだろう。信者に工事を請け負わせるべきだという声に押されたと、喜一郎の妻は聞いている。

大正期は、第一次世界大戦が勃発（大正3年／1914～大正7年／1918）し、景気の変動が大きく、更に、大正12年（1923）9月には、関東大震災が起こり、煉瓦造は地震国には不向きと烙印をおされる。東京では下水から上物の建設まで、大きな震災復興工事が展開された時期である。

與助は、大正2～12年（1913～23）には、魚目村の村会議員を務めており（写真2）、大正2年（1913）9月から、大正14年（1925）10月までの間に、凡そ2年おきに6回、

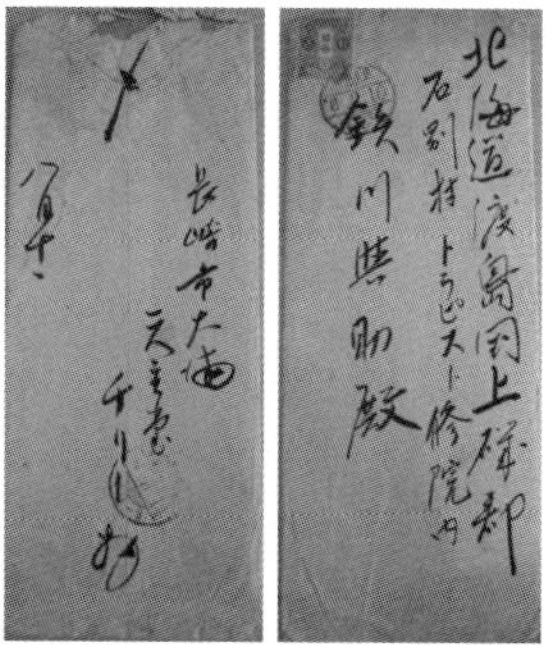

〈写真4〉チリ神父がトラピストの與助宛に出した手紙の封筒

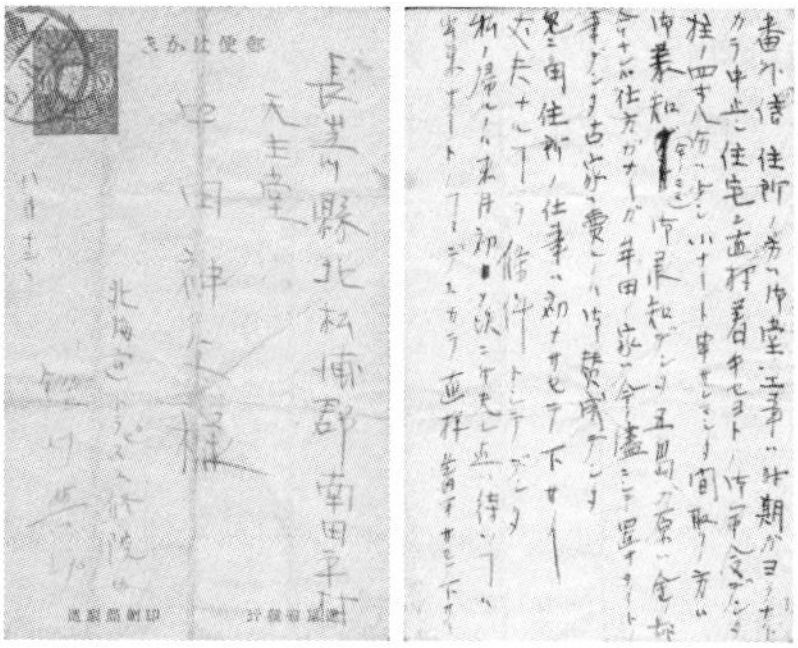

〈写真5〉鉄川與助がトラピストから南田平の中田神父へ出した葉書

東京で建築学会の講習会を聴講し（写真3）、講習会に参加しなかった大正6年（1917）8月から9月初旬まで、北海道渡島国上磯郡石狩村のトラピスト修道院に滞在している（写真4）。トラピスト修道院でも調べて頂いたが、この時期に何か行事があった訳ではなく滞在した目的は分からない。

ところがなぜか、8月12日の消印で、中田神父にトラピストから與助が出した葉書（写真5）がある。ここには、「御堂ノ工事ハ時期ガヨクナイカラ中止シ住宅ニ直着手セヨトノ御命令」とあり、8月14日は、函館区東雲町の濱岡重蔵商店で材木の見積をとっている。この後、一月ほどで、何らかの工事をしたのかどうかは分からないが、教会建築に従事する技術者として、トラピスト内の建築の見学や、修道士たちと日常を共にすることで、カトリックの文化や教会建築の技術や知識を吸収したともいえる。

教会建築工事の内訳は、旧長崎大司教館（大正4年／1915）、宮崎天主堂（大正3年／1914）、大曽天主堂（大正5年／1916）、堂崎天主堂（大正6年／1917）、大水天主堂（同年）、江上天主堂（同年）、田平天主堂（同年）、頭ケ島天主堂（大正8年／1919）、細々流天主堂（大正9年／1920）、平蔵天主堂（大正10年／1921）、半泊天主堂（同年）の新築工事と、人吉公教会増改築工事（大正11年／1922）、浦上天主堂前面両塔の新築工事（大正13年／1924）である。

建築の構造は次頁の表2の通りで、木造、煉瓦造、石造に取り組む一方で、長崎神学校雨天運動場は鉄筋コンクリート造で建築しており、新しい工法にも積極的に取り組んでいる。関東大震災後の大正13年（1924）に、浦上天主堂の正面双塔を煉瓦造で竣工させたのは、関東圏から離れているからできたことだろうか。また、同年には、上五島の元海寺の山門を

〈表2〉大正期の工事の実績

No.	工事名	設計施工の別	構造	発注者	施工場所	用途	竣工	特記
1	大浦天主堂司教館新築	設計・施工	レンガ造・2階建	ド・ロ師	長崎縣 長崎市南山手町	教会	4.2	現存
2	16番館本館増改築		レンガ造・平屋建	長崎公教会		修道院	3.6	現存
3	宮崎天主堂新築		木造・平屋建	ゴヨリ師	宮崎市	教会	3.1	戦災消失
4	大曽天主堂新築		レンガ造・平屋建	大崎八重師	長崎縣 南松浦郡青方村		5.1	現存・県指定有形文化財
5	堂崎天主堂新築			アゼペルー師	長崎縣 南松浦郡奥浦村		6.6	現存・県指定有形文化財・キリシタン資料館
6	大水天主堂新築		木造・平屋建	永田師	長崎縣 南松浦郡北魚目村		6.10	建替
7	江上天主堂新築		木造2階楽堂	島田喜茂師	長崎縣 南松浦郡奈留島村		6.4	現存・世界遺産候補・国重要文化財
8	田平天主堂新築		レンガ造・平屋建	中田藤吉師	長崎縣 北松浦郡南田平町		6.10	現存・国重要文化財
9	田平司祭館新築		木造・平屋建				7.9	再建
10	五島原修道院新築		木造・2階建				6.9	
11	獅子修道院新築		木造・2階建	マタラ師	長崎縣 北松浦郡中津村		7.8	
12	鯛の浦養育院養蚕所新築		木造・平屋建	大崎八重師	長崎縣 南松浦郡有川村	養育院	6.10	
13	頭ケ島天主堂新築		石造・2階楽堂鐘楼付			教会	8.5	現存・世界遺産候補・国重要文化財
14	丸尾鉄川宅新築		木造・2階建	―	長崎縣 南松浦郡北魚目村	住宅	8.9	居宅跡は新上五島町指定文化財
15	頭ケ島司祭館		石造・平屋建	大崎八重師	長崎縣 南松浦郡有川村	教会	8.5	現存
16	細石流天主堂新築		木造2階楽堂	島田喜造師	長崎縣 南松浦郡久賀島村		9.5	倒壊
17	平蔵(浦頭)天主堂新築		木造2階楽堂	出口一太郎師	長崎縣 南松浦郡奥浦村		10.6	建替
18	浄福寺改築		木造・平屋建	浄福寺	長崎縣 南松浦郡魚目村	寺院	10.1	
19	半泊天主堂		木造・平屋建	出口一太郎師	長崎県 南松浦郡五島市	教会	10.11頃	現存
20	浦上司祭館新築		レンガ造・平屋建	ア・ヒウゼ師	長崎縣 長崎市本尾町		11.2	再建
21	人吉幼稚園新築		木造・平屋建	脇田浅太郎師	熊本縣　人吉市	幼稚園	11.6	
22	人吉公教会改築		木造・平屋建			教会	11.1	
23	長崎神学校新築		RC造3階建	ガラセ師	長崎縣 長崎市本原町	学校	12.9	再建
24	浦上天主堂前面両塔新築		レンガ造・平屋建	ア・ヒウゼ師		教会	13.3	再建
25	元海寺煉瓦造アーチ門		レンガ造・木造	元海寺	長崎県 南松浦郡魚目	門	13	現存
26	常清幼稚園改築		木造及びレンガ造平屋建	ア・ヒウゼ師	長崎縣 長崎市上野町	幼稚園	14.1	
27	常清修道院改築		RC造平屋建			修道院	14.1	
28	長崎神学校雨天運動場新築		RC造平屋建	ガラセ師	長崎縣 長崎市本原町	学校	14.3	

凡例：①表は『鉄川工務店経歴書』と、鉄川與助の直筆史料から、No.19、No.25の2件を追加した28件を整理している。　②表は、左列からNo.、工事名、設計施工の別、構造、発注者、施工場所、用途、竣工、特記を示している。竣工は大正の年月を示しているが、教会に残されている記録とは若干のずれがある。　③No14.の発注者、および施工場所は、資料に未記入であり、「－」で表しているが、魚目村である。　④No15.頭ケ島司祭館の発注者と施工場所は、出典資料では、片岡高峻師と、長崎縣北松浦郡生月村とある。

竣工させている。この工事は、元海寺の本堂の屋根張替の工事に併せて、木造の門を煉瓦造の山門に造り替えている。既存の門の木彫の欄間を残して、造り替えた煉瓦造アーチ門は、鉄川家が普通の大工から一歩踏み出した証と捉えることもできる。

議員活動は町村誌に記録がある。道路、学校など公共工事の整備を進めることは、土木・建築業者としての請負にも繋がったと思われる。與助は教会建築工事で各地に出向きながら仕事先の役場との関わりも拡げ、役場や学校、養育院、幼稚園、病院、漁業組合の建築工事も請負っている。宣教師からは、建築業と議員の二股をかけることを反対されたというが、漁師からは漁網の相談も受け、天主堂建築工事の買物の折に、網を作る糸も購入している。大工棟梁の顔の他に、実業家としても面倒見の良い人柄が偲ばれる。

このようにみると、大正期は建築学会の講習会の聴講やトラピスト修道院での滞在を通して建築工事の技術と知識を習得し、拠点は上五島の丸尾に置きながら、工事関係者との交際を拡げ、與助と妻トサは工事現場を行き来し、議員活動を通して仕事の幅を広げた時期といえる。

③昭和期

明治39年（1906）に創業した鉄川組は、大正期も順調で、昭和19年（1944）に「第一土建株式会社」に統合している。太平洋戦争の最中である。物資不足で建築工事も思うに任せない戦時下にあって、より一層の発展を目指したと考えられる。しかし、翌昭和20年（1945）8月、長崎は広島に継いで原子爆弾が落とされたことで、事情は一変する。

昭和期の建築工事は、戦前と戦後に分けられる。

〈表3〉昭和期の工事の実績

No.	工事名	設計施工の別	構造	発注者	施工場所	用途	竣工
1	八代成美女学校新築	設計・施工	木造・2階建	副司教	熊本縣八代市	学校	2.5
2	熊本天主堂新築		RC造2階建	熊本公教会	熊本縣	教会	3.1
3	熊本天主堂附属教会新築		木造・平屋建				3.1
4	熊本上林女学校新築					学校	4.6
5	大牟田公教会新築				福岡県	教会	4.10
6	呼子天主堂新築			呼子公教会	佐賀県		4.1
7	大名町伝導場新築			ジヨリ師	福岡県		4.1
8	八代成美高女改築		木造・2階建	八代公教会	熊本県	学校	4.4
9	八幡司教館新築		木造・平屋建	八幡公教会	福岡県	教会	5.1
10	八幡天主堂新築						5.4
11	戸畑公教会新築			戸畑公教会			5.4
12	佐世保天主堂附属幼稚園及修道院新築		RC造2階建	早坂司教	長崎県佐世保市	学校	6.3
13	魚目小学校新築		RC造3階建	中口茂喜	長崎県 南松浦郡魚目村		6.6
14	魚目小学校講堂新築		木造・平屋建				6.6
15	紐差天主堂新築		RC造地下室付 2階建	荻原師	長崎県 北松浦郡紐差村	教会	4.10
16	八幡幼稚園新築		木造・平屋建	八幡公教会	福岡県	学校	7.4
17	大江天主堂新築		RC造2階建	大江村公教会	熊本県	教会	8.4
18	新田原天主堂新築		木造・2階建	新田原村公教会	福岡県		8.4
19	新田原司祭館新築		木造・平屋建			住宅	8.3
20	長崎市自宅新築		木造・2階建		長崎県		8.8
21	水俣天主堂新築		木造・平屋建	水俣町公教会	熊本県	教会	8.8
23	久留米軌道院及病院改築		木造・2階建	久留米軌道病院	福岡県	病院	9.1
24	小倉司祭館新築		木造・平屋建	ア・ヒウゼ師	福岡県 小倉市春口町	教会	9.6
25	小倉天主堂新築		木造一部鉄骨造				10.3
26	崎津天主堂新築		RC造平屋建	崎津公教会	熊本県天草郡崎津		10.1
27	崎津司祭館新築						10.1
28	純心女子学園本館新築		木造・2階建	純心女子学園	長崎県長崎市	学校	12.6
29	水ノ浦天主堂新築		木造・2階楽堂	岐宿村公教会	長崎県 南松浦郡岐宿村	教会	13.5
30	純心女子学園附属幼稚園新築		木造・平屋建	純心女子学園	長崎県長崎市	学校	11.6
31	西坂聖地整地	施工	未記入	未記入			14.6
32	海星中学校50周年記念館新築	設計・施工	木造・2階建	長崎海星学園		学校	15.6
33	平戸社会会館新築			中田藤吉師	長崎縣 北松浦郡南田平町	会館	16.7
34	純心女子学園新築	設計・施工	木造・2階建	江上ヤス	長崎県長崎市	学校	16.9
35	純心女子学園奉安殿新築		RC造平屋建				16.6
36	純心女子学園職員住宅新築		木造・2階建				16.1

37	純心女子学園弓道場新築	設計・施工	木造・平屋建	江上ヤス	長崎県長崎市	学校	16.1
38	海星中学校共同宿舎改築		木造・2階建	長崎海星学園			18.6
39	鯛ノ浦天主堂増築		レンガ造・平屋建	川口師	長崎縣南松浦郡有川町	教会	21.8
40	慈恵院新築		木造・2階建	木口マツ		保育所	25.8
41	愛野公教会新築		木造・平屋建	愛野公教会	長崎縣南高木郡	教会	26.9
42	長崎小神学校新築		RC 造4階建	山口愛次郎師	長崎県長崎市	神学校	27.1
43	諫早天主堂新築		RC 造一部木造	諫早公教会	長崎県諫早市	教会	28.9
44	純心女子学園第1期		鉄骨造平屋建	純心女子学園	長崎県長崎市	学校	31.1
45	浦上天主堂新築		鉄骨鉄筋コンクリート造	山口愛次郎師		教会	34.5
46	聖フランシスコ修道院新築		RC 造3階建	マキシムシレル		修道院	34.5
47	純心女子学園第3期			山口愛次郎 純心女子学園理事長		学校	34.5
48	聖フランシスコ病院 看護婦宿舎増築		RC 造2階建	シスターベニタ		宿舎	34.9
49	純心女子学園第4期		RC 造5階建	山口愛次郎 純心女子学園理事長		学校	36.1
50	伊王島馬込教会改修		木造	未記入	長崎県西彼杵郡	教会	37.7
51	純心女子学園第5期		RC 造4階建	純心女子学園理事長 山口愛次郎	長崎県長崎市	学校	38.3
52	純心女子学園第6期工事						38.2
53	純心女子学園第7期工事						39.7
54	純心女子学園第8期工事			日本住宅公団 福岡支所長　臼井勲			40.4
55	純心女子学園第9期工事		RC 造5階建	純心女子学園理事長 山口愛次郎			40.7
56	諫早教会新築工事		RC 造2階建	カトリック長崎大司教 岩永四郎	長崎県諫早市	教会	40.6
57	永井学生センター新築工事		RC 造3階建	宗教法人カトリック イエズス会ペトロアルベ	長崎県長崎市	学生センター	40.12
58	船隠天主堂増築工事		軽量鉄骨平屋造	浜口健市		教会	40.10
59	長崎銀屋町教会新築工事	施工	RC 造2階建	銀屋町教会代表 東道雄			40.11
60	西彼純心幼稚園新築工事	設計・施工		純心女子学園理事長 山口愛次郎		幼稚園	41.6
61	純心女子学園体育館新築工事		RC 造4階建			体育館	42.2
62	純心女子学園短期大学 保育科研究実習室新築工事		RC 造3階建			教室	42.5
63	純心女子学園シャワー室 増築工事		RC 造			シャワー室	42.5
64	純心女子学園職員寮新築工事		RC 造2階建			職員寮	42.7

凡例：
①表は『鉄川工務店経歴書』から、昭和期の工事実績355件のうち、教会および教会関係建築工事を整理している。②表は、左列からNo.、工事名、設計施工の別、構造、発注者、施工場所、用途、竣工を示している。掲載の順番は『鉄川工務店経歴書』の記載順によっている。また、竣工は昭和の年月を示している。　③発注者、および施工場所で、資料に未記入のものは「未記入」と記している。　④No.54「純心女子学園第8期工事」は「日本住宅公団福岡支所長　臼井勳」の発注になっているが、工事名から、発注者は「純心女子学園理事長　山口愛次郎」と考えられる。

鉄川與助の後継者は二男である。二男與八郎は、昭和21年（1946）に與助が代表を務めていた第一土建株式会社に入社し、昭和24年（1949）に與助から経営を引き継いでいる。與助70歳の時である。與八郎の経歴は「2級建築士選考申請書」（昭和26年／1951年4月）によるが、長崎県立長崎中学校を経て（大正15年／1926）福岡高等学校を卒業（昭和5年／1930）し、東京帝国大学工学部冶金学科に入学、卒業（昭和11年／1936）している。卒業後は、昭和12年（1937）秋田製鋼株式会社を経て、戦後、與助が代表を務めていた第一土建株式会社に入社し、第一土建を自営の鉄川工務店として、自ら店主に就いている。與助の後継者になってから、建築士の資格を取得していることからも、戦争で人生を変えられたといえるのではなかろうか。また、その経歴から職人としての修業期間が無かったことも分る。與八郎氏を知る人は今の長崎にも多く、問わず語りに「建築業者というより、学者タイプの人だった」「思いやりのある人で、つきあいがありました」「分からないことを聞くと、翌日には調べて来て、教えてくれました」と、皆、口を揃えたように懐かしがる。

昭和期は355件の工事実績があり、施工地域は長崎県333件、佐賀県1件、福岡県11件、熊本県10件へ拡大し、発展している。用途別では教会および教会関係工事60件と、公共工事81件（学校・病院・官庁・アパートなど）と、一般建築工事214件（私立学校、病院・診療所・医院・養老院、寺院・神社、住宅、アパート・共同住宅・社宅、宿舎・会館・旅館、商店・店舗、駅舎、事務所、工場、変電所、倉庫、車庫、給油所、映劇、銀行、郵便局など）である。

教会および教会関係工事60件のうち59件は、カトリックの長崎司教区および福岡教区の工事で、1件は日本基督教団の発注で、ヴォーリス設計の長崎銀屋町教会を施工している。

構造は鉄筋コンクリート造が216件と一番多く、木造61件、コンクリート造29件、鉄骨造24件、煉瓦造1件、木造と鉄骨造の混構造1件などで、鉄筋コンクリート造と木造に継いで、コンクリート造や鉄骨造が多い。

そこで名実ともに與助が代表であった昭和24年（1949）迄の実績をみると、教会および教会関係工事は凡そ63％で、構造別では木造が多いことが判る。したがって、與助が代表であった戦前期は、教会および教会関係建築を数多く手がけ、與八郎に引き継いだ後は、純心女子学園や海星学園などのカトリック系の工事の他に、公共工事や一般建築工事に移行しているといえる。また、戦後期は、構造も、新しい構造である鉄筋コンクリート造や、木造と鉄骨造の混構造にも積極的に取り組んでいることが判る。

第一土建としての與助の最後の天主堂工事は、第2章（1）⑩で述べる旧鯛ノ浦天主堂（昭和21年／1946）の増築工事である。

他にも、第2章（3）⑤で述べる西木場天主堂の新築工事では、與助は正面中央に塔とドーム屋根のある天主堂の設計を、後継者である與八郎に伝え、與八郎は昭和25年（1950）8月19日付の「2級建築士選考申請書」に添える書類に、長崎司教の山口愛次郎に証明してもらっている。父として、名実ともに、息子に技術と人のつながりを継承したと考える。

鉄川與助の史料を整理しながら、直接、與助さんの話を聞くことは叶わなかったが、史料からは大工棟梁としての高い能力は勿論であるが「気配り、目配り、心配り」を備えた人柄が浮かび上がるような気がして、これまで続けることができた。

〈写真6〉與助の旧居宅跡の目の前に拡がる丸尾港

（3）終焉の地は横浜

鉄川與助・トサ夫妻は、上五島の生まれである。與助の仕事の拡張に伴い、拠点を長崎市に移し、五島と行き来をしながら暮らしていた。新魚目町丸尾の自宅跡は、目の前に丸尾漁港が拡がる（写真6）。海岸は埋め立てられているが、昔は、この砂浜に舟を着け、人も、建築工事の材料も、道具も、天主堂工事の前準備として造った柳天井の骨や座、柱頭飾りの細工物も、飯場の生活用品も積み出されていったのではないだろうか。

與助夫妻が横浜に移り住む切っ掛けは、建築活動の場を関東地方に拡げたからではない。今も昔も変わらない、老後をどこで、誰と、どのように過ごすかという問題であった。

與助夫妻は、長崎の夏は暑いからと、時々、佐賀の鳥栖に住む娘の処に行っていた。その年は、五男の住む横浜へ旅行に来て、結局、長崎には帰らないまま、最晩年を横浜で過ごし、天寿を全うした。

五男は、働き盛りで出張も多く留守がちな仕事に就き、3人の子供も居る。介護保険もない時代である。孫の顔を見て、横浜で暫く過ごすつもりが、事情が変わった。

荷物が長崎から届き、果ては、仏壇まで送りつけられた話には、相槌を打ちつつも息をのまされる。

住民票を横浜に移した。話が暗くなかったのは、五男の妻・美也子さんの明るい性格によるものと思う。思春期の3人の子育てと、子ども達の受験もある。美也子さんは覚悟を決めて、80歳を超える舅姑の世話をした。

與助は、年金が入った時は喜んで、近くのパン屋にパンを買いに行ったりしていた。近所の人々は、魚の好きな與助に、釣りに行ってきたと言っては、新鮮な魚を届けて下さった。わざわざ茅ケ崎まで魚を買いに行ったこともある。コーヒーは、大きなカップにたっぷり飲むのが楽しみで、豆は、後からは横浜の元町で買うようになったが、最初は、長崎の大浦から取寄せていた。椿油も取寄せて、てんぷらをしていたのは、ある種の贅沢。五島では今でも椿の実がなる頃には、椿の実を干して油を絞り、化粧品替りに使う人も多い。トサも懐かしかったに違いない。

與助の妻トサが体調を崩した時、「神父様の来よんなさる。早ヨー、お茶バ出サンバ」とうわ言を言った事があったという。丸尾の浜を神父様が黒いスータンを風になびかせ、自宅に来られた夢を見ていたのであろうか。

寒くなる前にと、娘たちが一度見舞いに来て、帰る前にみんなで食事をして「一緒に食事ができて良かった」と喜んでいた。トサは、昭和49年（1974）11月28日に亡くなっている。安らかな死だった。

與助の口癖は「俺の仕事の半分は（妻の）トサがした」だったという。結婚した年に鉄川組を創業して以来、職人の食事は勿論、工事現場での布団や、暮らしの面倒もみていた。米も1回に、1升や2升ではなく、3升以上炊くこともあった。「馬車曳き弁当」といって、深い弁当箱にご飯を一杯詰めたそうだが、昔の人は、特に力仕事の男衆は、ご飯の量も今とは比べられないのだろう。

妻トサの一周忌（昭和50年）で上五島に行ったのが、與助の最後の里帰りとなった。與助は、昭和51年（1976）7月5日に、97歳で亡くなっている。

〈写真7〉鉄川家の墓地の一角にある位牌堂

当日は、朝から天気が良かった。長崎から與八郎氏が、東京に出張に来たついでに立ち寄った。その夏は冷夏で、與助は少し風邪気味となって、一週間位前から寝込んでいた。おかゆを食べながら、時々「南無阿弥陀仏、南無阿弥陀仏…」と、仏様がそこに立っているといって念仏を唱えていた。朝から「不思議なことがある。今日は、五島の浜を皆、歩いている。何事か有るんじゃないか」とつぶやいていた。午後の三時頃に往診を頼むと、医者は首をかしげながら「静かに寝かせておいて下さい」と言い、八時過ぎに、また、往診してくれた。亡くなる前には、少し痰が絡んだが、右手は喜一郎氏に、左手はたまたま上京した與八郎氏に、そして、3人の孫達と、美也子さんに囲まれて、静かに息を引き取られたという。

同居していた孫達には、それぞれに思い出がある。與助は毎日、夕方から晩酌を楽しんでいたが、甘い物も好きだった。社会人になった長女が、與助の好物だった横浜の喜久屋のラムボールをお土産に持ち帰ると、喜んでいた。そして、中学生になったばかりの長男の一男さんにも、「ありがとう」と、礼を言うのを忘れなかったという。明治生まれの與助は、男子を立てるという考え方が身についていた、と孫達は思っている。

九州各地の建築現場を渡り歩き、勲章も受け、教会の建築家として高い評価を受け、実績を残した與助である。平成に入って、長崎や天草の天主堂を世界遺産に登録する動きに連動するように、與助の建てた天主堂のうち、5件は国の重要文化財、4件は長崎県指定有形文化財、1件は新上五島町指定文化財に指定されている。

具体的には、国指定の重要文化財は、新上五島町の奈摩内（青砂ケ浦）天主堂（明治43年／1910）と頭ケ島天主堂（大正8年／1919）、福岡県三井郡大刀洗町の今村天主堂（大

〈写真8〉丁寧に弔われている位牌

〈写真9〉與助の旧居宅跡から丸尾港を望む

正2年／1913）、五島市の江上天主堂（大正6年／1917）、平戸市の田平天主堂（同年）の5件である。

長崎県指定の有形文化財は、平戸市の旧野首天主堂（明治41年／1908）、五島市の堂崎天主堂（大正6年／1917）、旧長崎大司教館（大正4年／1915）、大曽天主堂（大正5年／1916）で、冷水天主堂（明治40年／1907）は、新上五島町の指定文化財になっている。他にも、日本遺産や、国選定の重要文化的景観に認定されている。日本遺産は地域に点在する遺産を面として活用し、発信することで、地域の活性化を図るというもの。長崎県（対馬市・壱岐市・五島市・新上五島町）の申請で「国境の島　壱岐・対馬・五島・古代からのかけ橋」が認定されている。また、天草市では、風土に根ざして営まれてきた人の生活や生業の在り方を表す景観地として「天草市崎津と、今富の文化的景観」が選定されている。

文化財の指定は今後、調査などが行われると増えると思われる。このように一人の建築技術者の作品が、何件も文化財に登録されることも珍しい。なお、このような評価は、與助一人の業績が評価されたというより、地域の歴史と風土に育まれ、さらに、信者さんに守られて、與助の関与した天主堂が現存しているということだと思う。

業績が高く評価されることは間違いなく嬉しいことであるが、一言、あの世の與助さんに、明治・大正期の工事が、このような評価を受けていることの感想を聞いてみたいと思う。

與助の墓は長崎市にあり、與助の両親と兄弟達の墓は、出身地の上五島の丸尾にある。與助の実母は、與助が30才の時に亡くなっているが、その墓には「実母フミ」と刻まれている。丸尾の鉄川家の墓地には、與八郎氏が昭和50年（1975）7月に、位牌堂（写真7・8）を建てている。まるでお寺の納骨堂を小ぶりにしたような位牌堂には、與助とトサの外、3人の

〈写真10〉與助の旧居宅の煉瓦の門と塀

〈写真11〉樹木が伐採され整備された公園であそぶ地元の子どもと見学者

戒名が刻まれた石の位牌が祀られている。長崎では、戸石地域の一部に墓石とは別に、戒名を石に刻んで建てる風習があるというが、位牌堂というのは珍しいもので、他に聞いたこともない。トサの一周忌の法要に併せて、與助の生前に建立されたのだろうか。生花と水も供えられている。近所に住む親戚の方々によって、今も、ねんごろに弔われている証だろう。

（4）旧居宅跡は町の公園に

與助が鉄川組を創業した後、組の拠点として、さらに作業場としての役割を終えた丸尾の旧居宅跡は、故喜一郎氏の長男・鉄川一男氏の好意で現在は公園に整備され、新上五島町の文化財となった（写真9～11）。水甕が残されているのは、台所の有った辺りであろうか。水道が引かれたのは、戦後ではなかろうか。五島では、水を運ぶのは女性の仕事だったとも聞いた。

明治期とは違い、旧居宅跡から波打ち際までの間は埋め立てられ、海岸に沿って道路が造られ、住宅などが建てられている。

飛行機や列車、車に比べて、船の見送りは少し違い船影が見えなくなるまでには時間がかかる。見送る側は、いつの時代も「航海の安全」を祈り、仕事柄「建築現場での作業の安全」を祈るのは、勿論であろう。

仕事の区切りがついて、自宅に帰る時も、この浜に舟をあげたのだろう。1階は作業場で、2階に住んでいたという。喜びも悲しみも、目の前の海に語りかけたのではないだろうか。青く拡がる海の色と、漁港の風景を眺めるにつけ、やはり、與助夫妻には、最後は五島の古里で過ごさせてあげたかったと思う。

第2章

建築技術者・棟梁　鉄川與助の仕事——天主堂・学校・寺院

寺院と隣り合わせの教会
平戸ザビエル聖堂。五島では隣接する寺社と教会は見られないが、全国には寺町に建てられた天主堂が数多く見られる。

鉄川與助が建てた天主堂は高い評価を受けているが、併せて学校や寺院も建築している。建物を見学する時に、天主堂や学校、寺院と用途に分けて見学のポイントを確かめることもあれば、煉瓦造や石造や木造という材料別に、その特徴を見ることもある。

地域ごとに見学するのは、一般的な旅の楽しみ方ではないだろうか。私の場合は、住まいのある札幌から九州への旅になった。さらに九州本土から島へ渡るには、予想以上に時間も費用もかかる。

資料の整理が目的とはいいながら、北から南へ、しかも明治・大正期という時代を考慮しながら與助の仕事をたどる旅は、普通の観光旅行とは違う。研究機関に席を置く人が、調査研究で滞在するのとも違う。費用はなるべく押えて、できるだけ効率的にと、身についた主婦の感覚が優先する。

中でも、五島列島の新上五島の中通島や五島市のある福江島を廻った時は、與助はこの経路を通っていないと、直ぐ気がついた。陸路の開発が遅れていた地域である。現在は道路が整備されているから、海岸線に近い集落の天主堂を車で訪ねる旅になる。当時は、舟で移動することが多かったのである。内陸部を徒歩で移動するのは、時化や雪で舟が出せない時であった。そのような地域の天主堂をかれこれ15年以上も訪ねてきた。

これは鉄川與助夫妻が五島を懐かしみながら、最晩年を横浜で過ごされた様子を聞いたことと、残された資料が九州の特に長崎の資料で、これまでは分っていなかった小さな歴史が、一つ一つ分ったことである。

本章では地域を新上五島町、五島市、平戸市、佐賀・福岡・熊本、長崎市に分けて、與助の足跡を訪ねたいと思う。

（1）新上五島町＝鉄川與助の出身地

新上五島町は、五島列島の北の中通島と若松島と周辺の島々からなる。平成16年（２００４）に若松、上五島、新魚目、有川、奈良尾の五つの町が合併して新上五島町となった。島には集落ごとに小さな漁港があり、キビナゴやアゴ（トビウオ）の漁が盛んと聞く。入り江の海は深いエメラルド色で、晴れた日はずうっと眺めていても飽きることはない。南西側の桐古里地区では真珠の母貝を養殖し、伊勢志摩地域に出荷しているという。

新上五島町の人口は２万人程であるが、巡回教会も含めると30程の教会がある。大村藩の外海地方から移り住んだ信者等は、集落全員がカトリック教徒で、小学校の行事も公民館の行事も、教会の行事と調整をとりながら進める地区もあるという。

新上五島に来たら、ココもお勧め！

【江袋天主堂】明治15年（1882）の建築であったが、平成19年（2007）に火災。平成22年（2010）に焼け残った柱材などを再利用して再建。

【福見天主堂】大正2年（1913）に煉瓦造で建築。内部は折上げ天井で、ステンドグラスは、旧桐古天主堂（現土井の浦天主堂）と似ている。

【中の浦天主堂】大正14年（1925）の建築。内部は、細々流天主堂に酷似。対岸からの眺めは、水鏡になって美しい。

【土井の浦天主堂】大正7年（1918）建築の旧大曾天主堂を移築再建し、ステンドグラスは、旧桐古天主堂改修工事（明治39年／1906）での不用品を再活用している。

【鯨賓館ミュージアム】有川港のターミナルに併設されたミュージアムで、1階には捕鯨の歴史、2階には新上五島町の教会と、郷土力士佐田の山の資料を展示。

〈写真1〉現在の桐カトリック教会

〈写真2〉桐古里地域の海

①旧桐古天主堂　鉄川組の最初の請負は改修増築工事(明治39年)　現存せず

現住所：長崎県南松浦郡新上五島町桐古里郷
桐古天主堂改修工事後の建築概要　工事種別：増築工事／構造：木造を一部煉瓦造に改修／設計・施工／延床面積200㎡／階数2階
担当神父：ヒウゼ神父

桐古(きりふる)天主堂のある桐古里(きりふるさと)地域は、五島列島の中通島の南西に位置し、西の若松瀬戸には若松島・有福島・日ノ島などがある。桐古里地域は、桐郷と古里郷の2つの集落からなり、中五島の布教の拠点であった。

始めて桐古に行った時、フェリーで奈良尾に着いて道を尋ねると「私の後に着いて来て下さい」と、青年がいう。一瞬戸惑うが、親切に甘える。10分程だったが、くねくねと曲がり道もある道路を先導して「ここからは真直ぐです」と、青年は帰って行った。その後、桐は3回訪ねたが、その度に思い出しては、感謝している。今は車にナビが装備されるのは当たり前になり、行く度に道路も良くなっている。

與助は桐古天主堂の名称を「桐古天主堂」「桐ノ浦天主堂」「桐之浦天主堂」「桐天主堂」と記している。天主堂の名称も正確には知らないままで、地域の通称で呼び習わしていた時の請負と思われる。現在の桐カトリック教会堂は、昭和33年(1958)に、東側の一段高い丘の上に新築されている(写真1)。目の前には、エメラルド色の海が拡がる(写真2)。

明治39年(1906)に與助が改修工事を行った天主堂は現存していないが、與助が鉄川組を創業して、初めての請負である。與助が改修工事を行うまでの天主堂はどのような天主堂で、それをどのように改修し、工事がどのように進められたのかが分ると、その後の與助の天主堂工事の取組み方にも繋がると考えられる。

「桐之浦天主堂日誌」は1月14日に、信者総代の浜口次郎左ェ門から天井改造工事の依頼が届いて以降、5月3日までの與助による記録である。

「明治参拾九年旧正月十四日　信者惣代ノ名義ニテ　浜口次郎左ェ門殿ヨリ天井改造ニ付依頼此来ル、

十五日　曽根へ向ニ行ク
十六日　桐之浦ニ行受負
十七日　中之浦ニ神父ヲ問フ
十八日　雨天ニテ休
十九日　福見松買イ帰宅
二十日　曽根行キ神父ニ告グ
二十一日　夜青方ヨリ鯛ノ浦行　ペール様ニ會ス
二十三日　荒川へ松買ニ行ク
二十四日　長寄へ行ク
二十五日　神ノ島大浦ニ行
二十六日　長寄滞在
二十七日　仝上
二十八日　夜ノ気船へ乗込
二十九日　帰宅

〈写真3〉網天井　格子状に組まれた天井は、グラバー邸や旧羅典神学校にも使われている

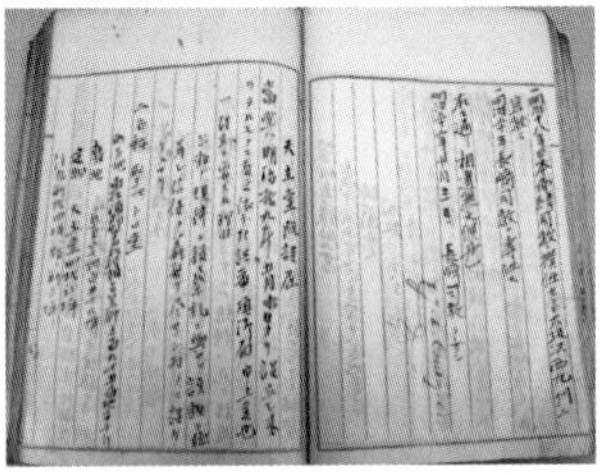

〈写真4〉桐古天主堂の「天主堂既設届」（長崎歴史文化博物館所蔵）

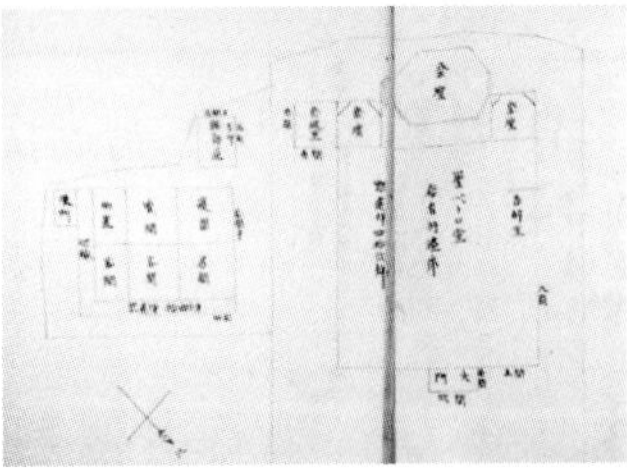

〈写真5〉「天主堂既設届」にある平面図（長崎歴史文化博物館所蔵）

二月一日　休業」

と、その日の出来事を記している。二十八日は「汽船」を「気船」と誤記しているが、ここに打合せ内容などは記されていない。これは後日、整理したもので、打合せ当時のメモなどは、他に記録されていると思われる。

ところで、五島の地名を聞いてすぐに位置関係が分る人は少ないと思うが、ここに出てくる地名は、南北に凡そ40㎞の五島列島の中通島の地名である。與助の自宅は中通島のほぼ中央部、魚目町丸尾郷にある。山と海が迫っている地形の島で、魚目、榎津、有川、青方などは道路も拓けていたが、島全体に陸路が発達したのは昭和に入ってからのことである。

最初は丸尾から曽根まで行き、翌日は桐古天主堂のある桐ノ浦に行って請負の契約である。舟で往復したのだろうか。この頃は、ビジネスホテルは勿論、宿屋は無い。特にかくれキリシタンの歴史を持つ地域で、見知らぬ人を泊めてくれる家はない。天主堂の世話人の家に泊まったとは書かれていないことから、日帰りで毎日数10キロを往復し、10日足らずで中通島の北から南西まで移動している。まるでこれから始まる、建築現場を渡り歩く請負人の人生を象徴したようなスタートである。

工事の内容は宣教師から具体的に聞きとっている。それは柳天井3面を造り替え、既設の大門を鐘塔に改修し、祭壇の後ろの壁も工事を行い、聖堂内に2階と手摺を設け、天井には網天井を施工するものだった。網天井とは、格子状に組まれたラティスのことだろうか、グラバー邸や旧羅典神学校の天井にも使われている（写真3）。

窓は丸窓と円窓、硝子障子を取付け、塔にも窓を設ける工事である。硝子障子とはステンドグラスのことである。丸窓は丸い窓で、円窓は硝子障子の上の半円の窓と使い分けている

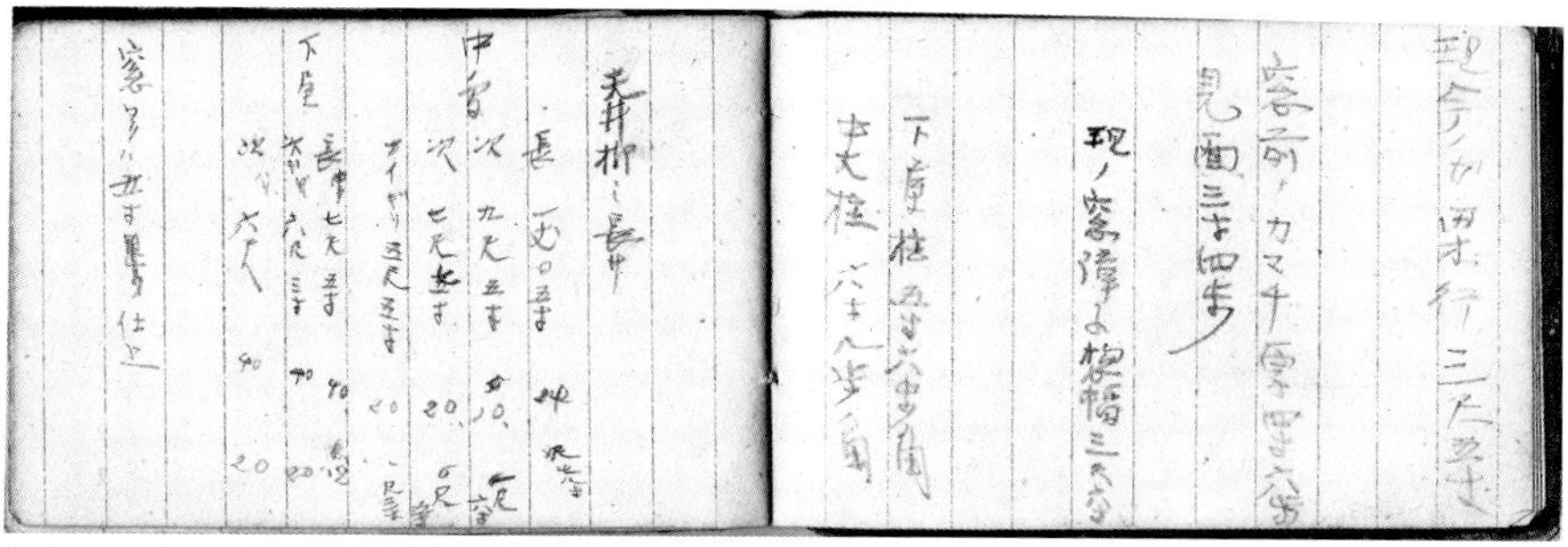

〈写真6〉改修工事前の実測をした『手帳』の記録

が、正確にその違いは分らない。この他に木造の壁の外側に基礎工事を行い煉瓦壁を設け、両側壁には小門を設け、聖堂左手の衣装部屋を3尺張り出す工事である。

では、改修工事前の天主堂はどのような天主堂だったかというと、明治39年（1906）の「天主堂既設届」（写真4）に平面図（写真5）がある。内部は三廊式で、中央は祭壇に続く身廊があり、両側に側廊がある。聖堂の間口は5間、桁行は8間で、前面には2間の大門があり、聖堂の奥には主祭壇と、その両側に脇祭壇があり、左側の脇祭壇は一坪の祭服室に続いていた。

また『手帳』には「三月二十四日　有福島へ醫師迎ノ船ヨリ行キ　松ヲ見テ帰リ　直ニ桐ノ浦へ向ク 午後七時着　一同　仕事ニ着手ス」「二十五日　天井ノ形チトリ（後略）」「二十六日　前日ト同様　晩　部屋ニ神父ヲ訪ヒ談合ス」と、24日は改修工事に使う松材を見て、桐の浦に夕方7時に着き、25日は改修前の天主堂の柱や柳天井の寸法、窓枠などを実測し（写真6）、26日は神父と打合をした記録がある。そこで「天主堂既設届」の平面図と、與助の実測から復元イメージ図を作成したところ、改修工事前の桐古天主堂は、柳天井であったことが判った（図面1・2）。さらに桐修道院から提供して頂いた写真から、明治39年（1906）の改修工事後の桐古天主堂は、煉瓦造で正面中央に塔のある堂々とした天主堂になったことが判った（写真7・8）（図面3）。岩波写真文庫『五島列島』に掲載されている写真は、台風などの影響で塔が倒壊した後の写真と考えられる（写真9）。

與助は最初に改修工事は394日間で、355円60銭と見積もっている。この請負金には鉄川組の米代が含まれている。

この他に9月に、追加で祭壇工事40円を見積っていることから、工事費は395円60銭と

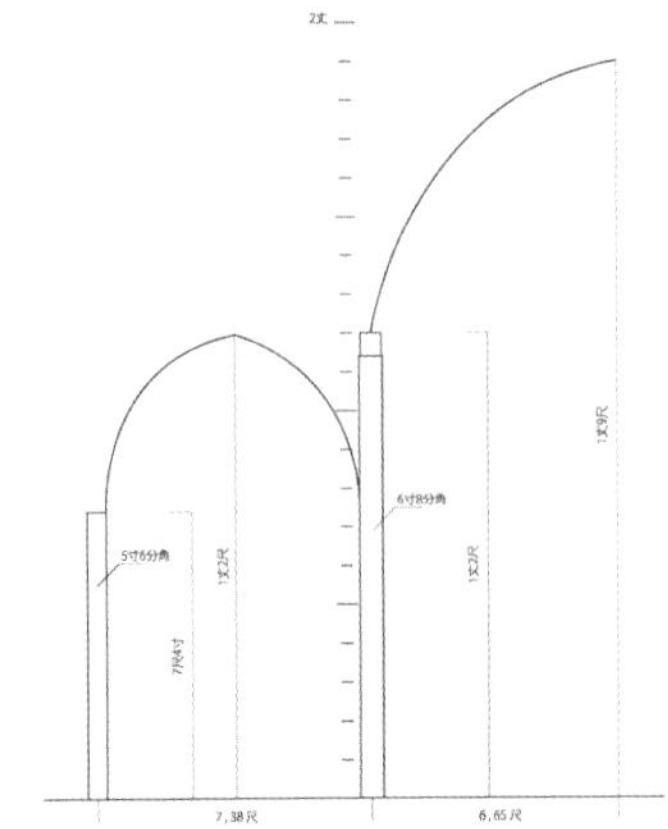

〈図面２〉改修工事前の復元イメージ断面図

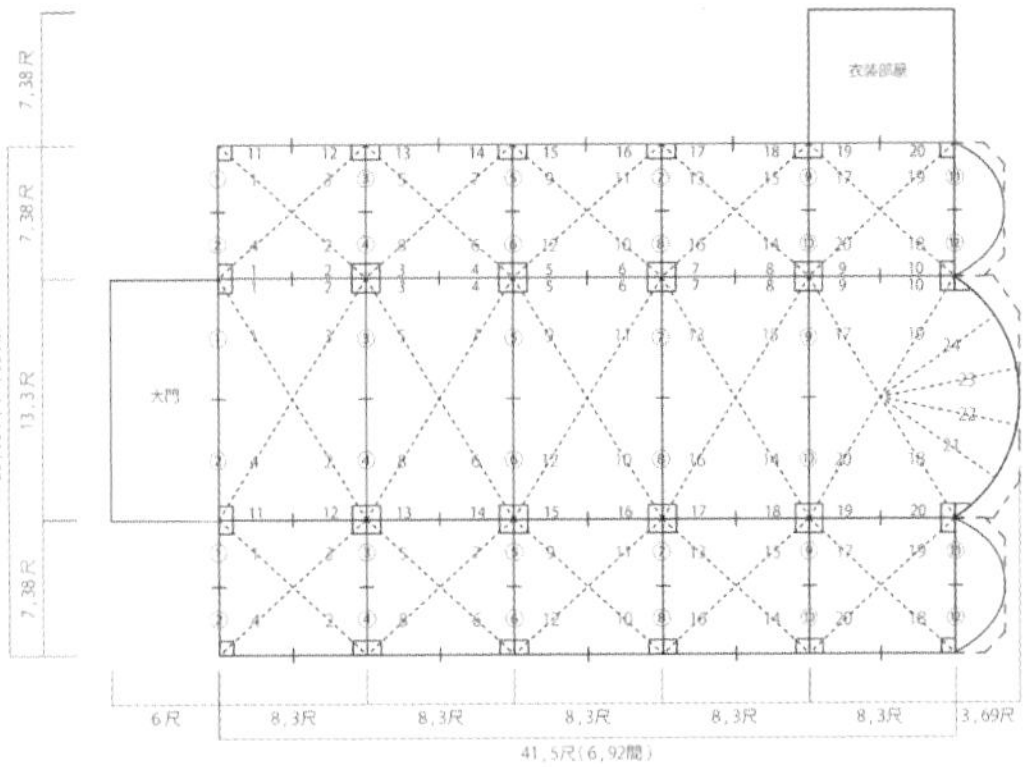

〈図面１〉改修工事前の復元イメージ平面図
（３点とも、羽深研究室 作図）

〈写真７〉改修工事後の桐古天主堂（桐修道院提供）

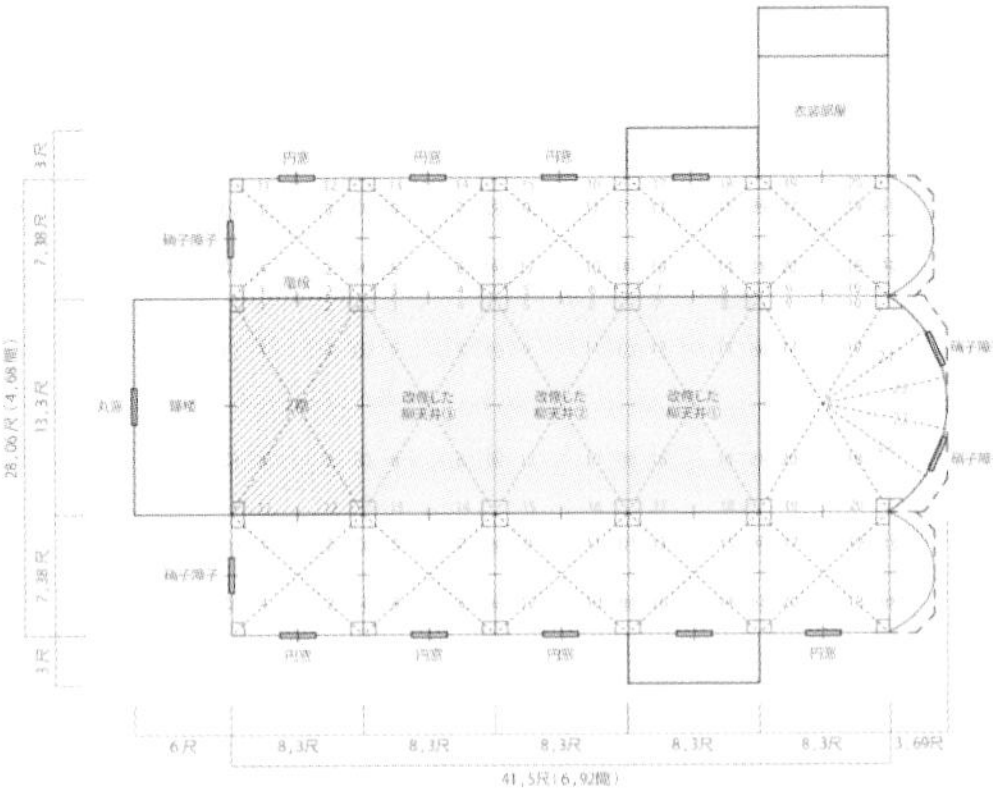

〈図面３〉改修工事後の復元イメージ平面図

〈写真９〉改修工事後に正面の塔が倒壊した旧桐古天主堂（岩波写真文庫『五島列島』より）

〈写真８〉改修工事後の桐古天主堂で
（「桐修道院50年のあゆみ」から転載）

なる。天主堂工事では信者が奉仕作業をすることが多いが、桐古天主堂改修工事でも「郷の人」と書かれた信者等は、材木の運搬や人夫として奉仕すると、工事を請け負う與助と約束している。

見積と並行して福見や荒川で松を買い、青方で檜を切出し、岩瀬浦で松を買付けている。材木はその後の運搬を考えると、桐古に近い方が良いが、福見の北側の岩瀬浦や奈摩内天主堂の近くの青方からも買付けている。柱材板材など太さや長さの充分な材木は、急に揃えるのは難しい。

また、1月23日から25日は打合せと建築金物の買物などで長崎へ出張し、大浦天主堂（元治元年／1864）や神ノ島天主堂（明治30年／1897）を宣教師と一緒に見学している。宣教師は與助に新聞や絵葉書を渡し、塔の話と壁板・小香臺・棹ブチの話を伝えている。話の具体的な内容は分らないが、大浦天主堂も神ノ島天主堂も平面は三廊、天井は柳天井、ステンドグラスも入っている。

與助は、既存の天主堂を自分の目で見て、神父に教えてもらうことができたことになる。

表1は、與助の工事の記録から工程を復元したものである。

最初の大工仕事は、柳天井の骨を造る作業であった。骨とは天井のアーチを材木で造ることである。木挽を雇い、木挽が着任する前は大工が木を伐り出し、造材している。その後、鉄川組と木挽は木材を削り出して骨を造り、次に聖堂内の柱頭を装飾する木の葉を彫刻している。彫刻は最初に與助が見本を造り、父が作業を引き継いでいる。このような部品は、丸尾の鉄川組の作業場で造り、3月24日に、舟で桐古の工事現場まで運んでいる。

與助は3月21日に『木造洋館雛形集　上下』（吉原米次郎編、建築書院、1897及び

〈表1〉桐古天主堂改修工事の日程

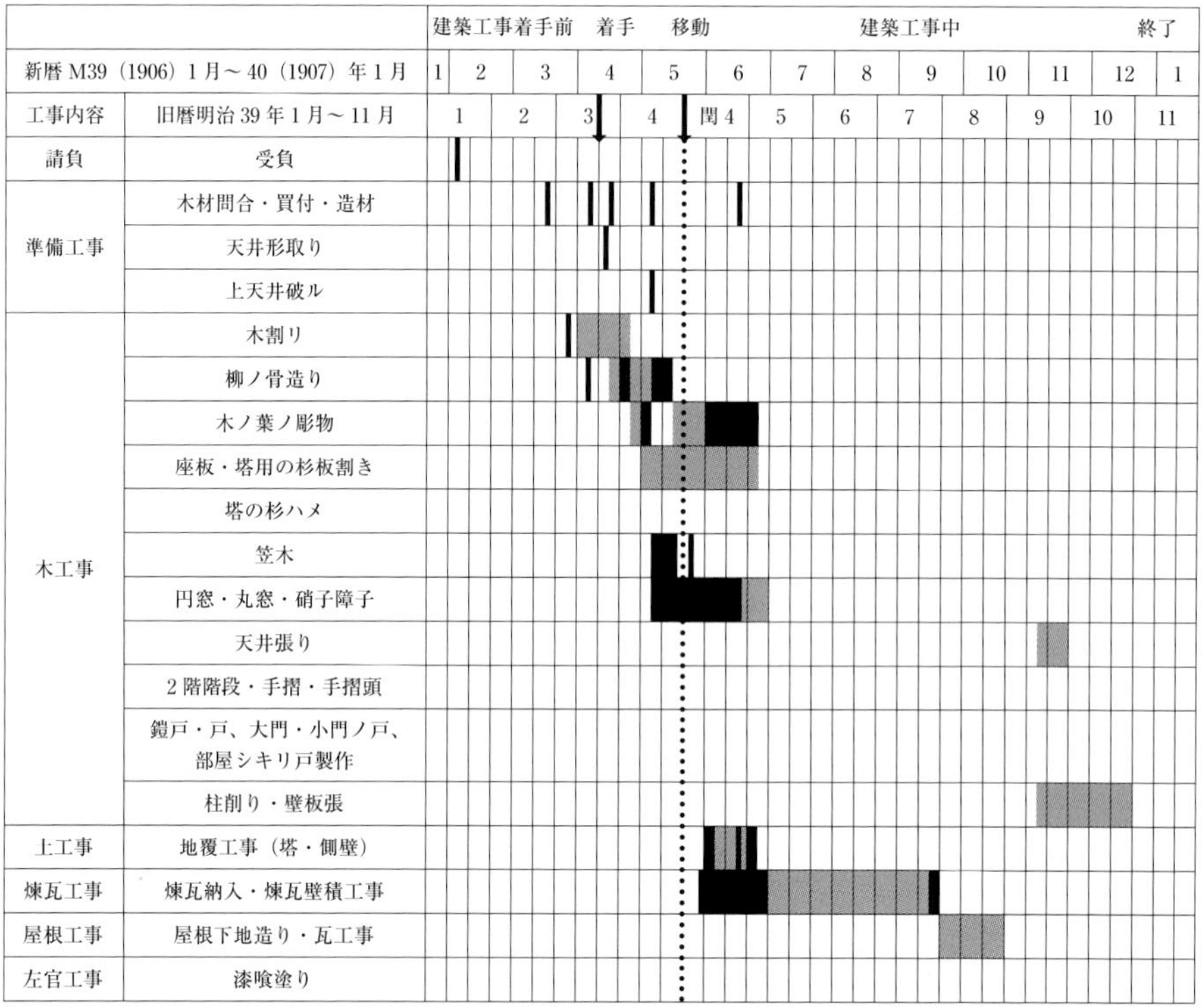

凡例：
①表は左から、工事内容と、工事日程を表している。②工事日程は明治39年で、上段に新暦を表し、下段に旧暦で表している。③工事日程は、建築工事着手前と建築工事中に分けている。④工事着手は、『手帳』の記載から3月24日で、移動は、閏4月1日に鉄川組の一同は工事場を現場に移動した日で、終了は11月10日頃に工事が終了したと思われる。⑤工事内容は、與助の『手帳』の記載内容に併せて、左列の太線には請負、準備工事、木工事、土工事、煉瓦工事、屋根工事、左官工事の工事内容を筆者が記したものである。⑥木挽工事と、屋根工事、左官工事は雇い入れた職人の工事であり、左官は、煉瓦積工事も実施している。⑦工事項目の屋根工事には、瓦工事が含まれる。⑧煉瓦工事では、7月に煉瓦職人に小使いを渡していることから、当該期間に表記した。⑨工事期間は、『手帳』から確認できる期間の他に、継続して工事が行われていると捉えられることから、その期間については、薄い色で表している。⑩5月2日から9月4日までの『手帳』の記録は、現段階では確認できない。

1898）と「議事録ノ二巻」『木造洋館詳細雛形集　第1－5輯』（三橋四郎編、高橋仁太、1900）を注文している。『木造洋館雛形集』には、彫物のデザインが纏められている。日本の伝統的な彫物とは違う天主堂の柱頭飾りや祭壇と信徒席を隔てる衝立の彫物は、この雛形集を参考にしたものと考えられる。

閏4月3日は、工事場を天主堂に移し、與助は円窓と丸窓の窓枠を造り、硝子障子の図面を引き、窓枠を試作している。窓枠作りは建具職人の仕事であるが、桐古天主堂改修工事では大工が作っている。その後、円窓の窓枠は試作をした上で長崎にて購入すると、神父に報告している。

柳天井やその交差する箇所を押える座、柱頭を装飾する彫刻、ステンドグラスは、天主堂としての体裁を整える装飾といえるが、それらは一つ一つ宣教師と打合せの上進めている。

次に閏4月7日は塔用の杉材を割き、8日には與助は木ノ葉の彫刻を柱頭と円窓・丸窓・硝子障子を組立てた上で取付け、大工と木挽は鎧戸・戸・大門・小門の戸、部屋の仕切戸を製作して取付ている。

閏4月21日に、中町天主堂（明治29年／1896）の鐘楼を見学している。閏4月25日は改修工事中の外壁の煉瓦の壁と聖堂内部の木造の壁を調整し、窓周りに使う煉瓦の形を削り、外壁を造っている。

なお、4月4日は宣教師から「食台」造を頼まれて作っているが、この「食台」は、祭壇の前に置く「説教台」のことではないかと考えられる。

9月は天井を張り始め、2階の床を張り、階段を造り、階段の手摺には彫物を施して手摺を取付け、階段と手摺を仕上げ、11月は小屋柱、根太、桁を調整し、天主堂の後壁板を張り、衣装部屋の床板や内壁を張り、仕事を終えている。竣工は11月29日で、竣工後は桐ノ浦を離れている。工事期間は1月から11月である。記録を整理すると以上のようになり、與助の工事日程の関係が分る。

職人は大工と木挽と左官で、左官は煉瓦積職人と漆喰塗りの職人が居る。煉瓦積職人は、これまでの日本建築には無かった新しい仕事である。與助はこの後、野首天主堂、奈摩内（青砂ケ浦）天主堂、今村天主堂と煉瓦造の天主堂を建築しているが、最初の煉瓦造の工事は、桐古天主堂で既存の木造の壁の外側に基礎を造り、煉瓦を積んでいる。

鉄川組は與助の父與四郎、與助、妻のトサ、二男慶介（慶輔）、三男常助、善吉、常田、友次、

〈写真10〉中の浦天主堂の祭壇に再利用されている明治39年の桐古天主堂改修工事の祭壇

〈写真11〉土井の浦天主堂のステンドグラスに再利用されている明治39年の桐古天主堂改修工事の硝子障子

善助、又造、冨助、幸太、章太の13人である。與助は宣教師や信者総代との打合わせや図面や見積を作成し、建築材料の木材や煉瓦、石灰、釘、道具類の調達、職人の手配や食事・賄いの指示、会計の処理まで行ない、雨の日には道具造をしている。彫物は與助が試作した後は、父と慶介、常助、幸太等が手伝っている。木挽は雇い入れた職人で、大工より手間賃が高かった。仕事の楽しみは食事である。食事は一緒にした方が効率が良いと思うが、鉄川組は質素だったということか、相談の上、木挽の食事は、教会の世話役である宿老に頼んでいる。

平成27年（２０１５）4月、上五島の桐修道院で、鼻山トノさん（１９１８〜２０１６）にお会いすることができた。大正7年生まれで、当時97才のシスターは、小柄で笑顔が可愛い、声のきれいな人だった。「ヒューゼ神父の話や、桐古天主堂改修工事の時は、煉瓦運びなどは皆で手伝った」と、母親から聞いたという。電気やガスが通っていなかった時は、山で薪を集めて売っていた。肥桶を舟に載せて、山を越えて運んだり、荷物を担いだりして働いたが、担って運ぶのは舟で運ぶより難しい、といわれる。シスターはまるで今でも現役のように両の手首を返しながら、上手に櫓を漕ぐ真似をされた。

桐修道院の近くには壊れた煉瓦の壁が残されている。これまでは明治39年（１９０６）の桐古天主堂の遺構と聞いていたが、実は司祭館の遺構と判った。現在の教会が新築（昭和33年／１９５８）された後も、司祭は煉瓦造の司祭館から教会に通っていたという。

思いがけないことも判った。明治39年（１９０６）の桐古天主堂の祭壇は現在の中の浦教会に（写真10）、硝子障子といわれたステンドグラスは若松島の土井の浦教会に移され、今も使われているというのである（写真11）。教会建設の時は、どこの教会でも「郷の人」とい

〈写真1〉山の中腹に建てられた冷水天主堂

〈写真2〉創建時の冷水天主堂
『旅する教会』より転載

われる信者の皆さんは、様々な奉仕をなさっている。そうして建てられた教会で、祭壇やステンドグラスが再活用されていることは驚くことではないが、鉄川與助の初めての請負で造られた祭壇とステンドグラスが、100年の時を超えて、この二つの教会に使われていることは感慨が深い。

教会の生い立ちをできる限り見聞きし、調べてきて15年になるが、疑問に思っていて、やっと分ったことも、地元のシスターは当たり前にご存じのことだった。同じ修道院で、桐出身の下村昭子シスターにもお世話になったことを感謝している。

② 冷水天主堂　明治期に與助が建てた唯一の木造天主堂（明治40年）

現住所：長崎県南松浦郡新上五島町網上郷
工事種別：新築工事／構造：木造／設計・施工／延床面積260㎡／階数2階
担当神父：大崎八重神父

冷水（ひやみず）天主堂は中通島の網上地区に位置し、奈摩湾を挟んで青砂ケ浦天主堂と向かい合う位置にある。高熨斗岳の山裾にある網上地域は、平坦な土地は少なく、冷水天主堂も山の中腹の傾斜地に建てられている（写真1）。

冷水地域は明治33年（1900）に設立された青砂ケ浦小教区に属しており、かつて信者たちは、対岸の奈摩内（青砂ケ浦）天主堂まで舟を漕いでミサに参列していた。

創建時の建物正面中央には、平面に正方形の塔が設けられていた（写真2）が、昭和5年（1930）頃、前面に拡張し、更に昭和35年（1960）頃、塔を八角形に改築している（写真3）。

〈写真3〉正面塔の部分が改修された冷水天主堂

〈写真4〉冷水天主堂内部　天井は柳天井である

平面は三廊式である。天井は身廊・側廊とも4分割の柳天井で、漆喰仕上げである(写真4)。身廊と側廊の境の柱は角柱で、柱頭には植物模様の彫物が施され(写真5)、柱に柱台はない。

冷水天主堂は明治期の與助の天主堂建築の中で唯一、木造である。桐古天主堂改修工事中の明治39年(1906)4月13日に、冷水天主堂新築工事費について相談があり、父も交えて左官工事などの話合いをしている。また、9月も11日から13日は、冷水天主堂の構造について話合った上で、結局、冷水天主堂には煉瓦は使わず、木造にすることに決めている。教会側は煉瓦造を希望したが、工事費の都合で木造になったと考えられる。

冷水天主堂新築工事は、桐古天主堂改修工事中の明治39年(1906)3月19日に、大崎神父から冷水天主堂新築用の杉買求めの依頼を受けたことに始まっている。材木は4月17日に杉85本を140円で買い付け、5月11日に山で直接杉を買い付け、12月は日の島に漂流松材を買いに行っている。このように3月から12月まで木材を買付け、運搬は冷水の信者に頼んでいる。

併せて4月19日にペルー神父と大崎神父から冷水天主堂新築の図面提出を依頼され、20日は図面を描き、大工手間を見積り、身廊部だけ柳天井にすると501日、身廊部と側廊部を柳天井にすると541日と人工(延べの人出日数)を見積っている。12月2日は冷水で宿老と打合せ、3日は5尺3寸巾(ママ)の杉板を借り、冷水天主堂新築工事の板図を描き、4日は神父に冷水天主堂新築工事の計画図を示している。

桐古天主堂改修工事を終えた鉄川組は、11月29日に一度、組の拠点の丸尾に戻り、12月5日には道具箱1年分を受取り、6日には冷水に向けて丸尾を出立し、9日は鉄川組一同の寝

〈写真5〉冷水天主堂柱頭飾りの彫物

〈写真6〉四分割されている柳天井の骨と座

起きする工事場を造り始めている。

請負は14日に「大工手間木挽手間共４００円ニテ受負（ママ）、大工３２５円、木挽は不足ノ件はオギノベク神父仲裁ス」と成立しているから、請負成立前に大工は、既に冷水の現場に就いていることになる。

したがって、教会側は冷水天主堂の新築を既に決めており、工事費の都合で煉瓦造ではなく、木造で新築することになった。神父はその後も継続的に予定されている教会建築工事で、冷水天主堂新築工事の費用の不足を補うと約束し、桐古天主堂改修工事の後、直ちに着手している。

12月15日は冷水の信者一同で木材を現場に揚げている。鉄川組は17日に桁差物を造り、桁や梁を削り、小屋桁割りをし、30日まで柱材を調整している。

與助は宣教師と建築構造について打合せ、計画図や施工図に相当する図面を作成している。柳天井の骨組み造りや柱頭飾りの彫物の記録は無いが、冷水天主堂は柳天井で、柱頭には彫物があることから、冷水天主堂新築工事の現場に移動した後に、桐古天主堂改修工事で行なった手順と同様に、柳天井の骨と座（写真6）、柱頭飾りを作ったと考えられる。

こうした作業は、従来の與助の建築組織の大工と木挽で請負われている。さらに香台や両側窓、正面中央の塔の工事を終え、瓦を葺き、竣工したと考えられる。

明治40年（１９０７）7月5日に杉代・竹代・洋釘代・船賃・人夫賃などの支払がある。支払は工事終了後と考えれば、7月初旬までは、冷水天主堂新築工事は行われていたといえる。

冷水天主堂新築工事には、ペルー神父、大崎神父、曽根で病床中の神父、鯛の浦の神父の他、與助は神父の名前を知らないまま、神父、神父様と記している宣教師も関与している。曽根

〈写真7〉冷水天主堂ステンドグラス

で病床中の神父は、請負金額や木挽賃の不足は神父が補うと仲裁した神父である。硝子障子といわれたステンドグラスは、奈摩内天主堂のデザインに類似している（写真7）。輸入されたものだろうか。

鉄川組は與助の父與四郎と與助、慶輔（慶助）、常助、友次、善助が従事している。木挽は永田貞次と伊助である。工事は竣工しているが、屋根職人の名前は記されていないことから、瓦は大工が葺いたとも考えられる。

その他、冷水天主堂用杉材の買付には、桐古天主堂の宿老濱口次郎右ェ門、奈摩の田坂多吉、平戸の小出松五郎、道土井近村の又市、山主三村喜代作の親類という近藤某等の名前が挙げられている。また、桐古天主堂改修工事で大工道具や日用品を取り扱っていた川畑安五郎は、日の島に漂流松があることを知らせており、信者一同は木材の荷揚げのほか、常助のために迎えの船を出している。他に鍛冶屋で世話役の宮原藤四郎や榎津の庄司、平田、山口長右ェ門、磯部又助、濱口周吉の名前が記されているが役割は分らない。このように冷水天主堂新築工事は、大工や木挽の他に、多くの地域の人々の協力を受けていたといえる。

③奈摩内（青砂ヶ浦）天主堂㊧　煉瓦の壁に十字架模様を配置した天主堂（明治43年）

現住所：長崎県南松浦郡新上五島町奈摩郷
工事種別：新築工事／構造：煉瓦造／設計・施工／延床面積480㎡／階数2階
担当神父：大崎八重神父

奈摩内（なまうち）天主堂（写真1・2）は現在、青砂ケ浦カトリック教会堂と名前を変えている。

〈写真1〉奈摩内天主堂 正面

〈写真2〉奈摩内天主堂 背面

中通島の北部、奈摩地区に位置し、奈摩湾の東側の山の傾斜地にある(写真3)。奈摩内天主堂は奈摩内、曽根、大浦、冷水、丸尾の上五島の拠点で、明治11年(1878)に奈摩郷に最初の教会として集会場が設立され、明治18年(1885)に聖堂が建築されている。與助は3代目となる煉瓦造の天主堂と木造の司祭館(写真4)の新築工事を請負い、明治43年(1910)に竣工させている。竣工写真と思われる天主堂の側壁部の写真が喜一郎氏のアルバムに収められている(写真5)。

天主堂は平成13年(2001)に国の重要文化財に指定されている。これに併せて駐車場などが整備された。赤煉瓦の現在の天主堂が建てられた当時から、天主堂の左側にあった司祭館は数度建直されていたが、これは解体され、新たに天主堂の右手を造成し、司祭館と信徒会館は新築されている。信者たちには、便利で新しい会館は嬉しいのだろうと察しながら、大勢の観光客が押し寄せているのを目にすると、見学者との環境の調和はこれからの大きな課題だと思う。

奈摩内天主堂は西向きの海に向かって正面があり、内部は三廊式で、天井は柳天井である(写真6)。屋根は瓦葺で、正面は切妻造、祭壇部分は寄棟造、出入口は正面中央と両側廊中央部にある。與助は奈摩内天主堂と司祭館の図面を残している(図1)。

正面の出入口は石造アーチで(写真7)、石の柱頭には植物文様の彫刻がある(写真10)。正面の壁は縦に3分し、中央には薔薇窓、両側には縦長窓があり、切妻上に十字架を揚げている。また、正面左右の控壁には、焼過煉瓦と普通煉瓦の焼色の違いを活かした十字架をデザインし(写真8)、側壁の出入口も石と煉瓦で組み上げている(写真9)。

内部は2層の構成で、天井は身廊・側廊とも柳天井にして、漆喰で仕上げてある。身廊部

〈写真4〉奈摩内天主堂の旧司祭館

〈写真3〉奈摩内天主堂から奈摩湾を望む

〈写真5〉奈摩内天主堂 竣工写真（鉄川喜一郎氏所有）より

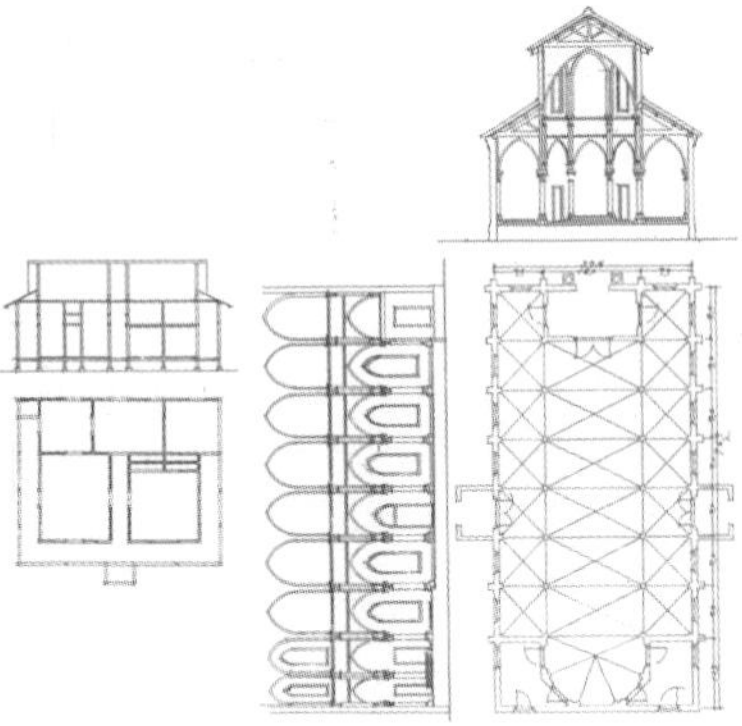

〈図1〉奈摩内天主堂と司祭館図面（鉄川與助 製図）

〈写真9〉奈摩内天主堂 側壁　出入口飾り積

〈写真8〉十字架模様を浮かび上がらせた煉瓦の飾り積

〈写真7〉奈摩内天主堂 正面
石造アーチの彫刻

〈写真6〉奈摩内天主堂 内部

〈写真10〉奈摩内天主堂 柱頭飾り

〈写真11〉柱台石に据付けた柱

分を囲む列柱は、壺型の柱台石に据付けてある（写真11）。

西洋では聖堂内に土足で入る習慣から、土間床に直接柱台石を据え、柱を据付けている。しかし日本の古い天主堂は履物を脱いで上るため、入口に下駄箱を備え、床を畳敷や板張りにし、床の上に柱台石を据え、柱を据付けている。床下には、柱台石の基礎を作っている。

祭壇は中央と両側にそれぞれ脇祭壇があり、信徒席と祭壇は低い衝立で仕切られている。


奈摩内天主堂新築工事用の松材は、明治41年（１９０８）10月21日から24日に、新築工事を行っている野崎島で買付け、伐り出している。その後、12月には野崎島で奈摩内天主堂新築工事のために人夫の手配を松次郎に頼み、野崎島で手配した勝次、政吉、清吉の3人の人夫は、12月20日から22日まで松の枝落としや松を割く仕事をしている。

與助は奈摩内天主堂の平面図、梁間断面図、桁行断面図、および付属屋の図面を作成している。付属屋は司祭館である。

また、『青砂ケ浦小教区史』（カトリック青砂ケ浦教会、２００２）には、大正14年（１９２５）ではあるが、信者が賄い部屋の敷地造成工事をしている写真がある（写真12）。このような信者の奉仕作業は、明治41年（１９０８）もあったと思われる。


奈摩内天主堂新築工事は、明治42年（１９０９）4月に工事を着手している。

煉瓦は発注から納入までに凡そ1ケ月かかることから、工事着手前に「小串煉化」に2万1千本を２０４円、「牛ノ浦煉化」に5万本を５５２円で注文し、釘を購入している。明治期には「煉瓦」を「煉化」と書いていた。小串煉化は長崎県東彼杵郡川棚で、岩崎譲治が大正時代まで煉瓦製造を続けており、牛ノ浦煉化は東彼杵郡江上村で西駒太郎が製造を続けていた。

〈写真12〉賄い部屋の整地作業をする信者達　『青砂ケ浦小教区史』より転載

石工事は時期をずらして、明治42年（１９０９）6月から8月まで基礎工事や階段石を据付け、鶴田、河内、張本、西の4人の石工が仕事をし、他に明治43年（１９１０）5月13日に着任した前田市三郎は、正面出入口の石造アーチや柱頭の彫刻、両側廊の出入口上部にも楔型の要石と石造の十字架の彫刻をして、6月7日に仕事を済ませている。奈摩内天主堂の正面出入口の石柱と直物模様の彫刻は、次の今村天主堂新築工事に引き継がれている。

煉瓦は着手前の注文に加えて、7月28日に牛浦煉化に5千本を追加注文し、7月28日と8月22日に煉瓦工賃を払い、白灰・紅柄代と煉瓦代の最終の支払をしており、8月の煉瓦積は最終段階にあると考えられる。

瓦は早岐の工場に6月1日に注文し、7月28日に瓦代金を支払っていることから、7月末頃に葺かれたと思われる。

木挽は大工と共に仕事をしているが、桐古天主堂改修工事（明治39年／１９０６）、冷水天主堂新築工事（明治40年／１９０７）、野首天主堂新築工事（明治41年／１９０８）と、継続的に仕事をし、木挽賃は盆などの区切りで支払われている。

大工は明治43年（１９１０）4月20日に柳天井の工事を行っていることから、20日より前に柳天井の骨や座を造り、柱を装飾する木葉の彫物を造っていたといえる。

左官は兼介と春市で、5月から8月まで、聖堂内の荒壁に漆喰を塗っている。

洋金物は天井鉄板を東京藤原商店から購入し、丁番、錠、引き手、樋などは長崎の金物商から買付けた物を、鉄川組が取付け、施工したと思われる。

硝子は同年5月16日に長崎で購入している。硝子が奈摩内に到着した後は、窓に硝子を取付けたものと思われる（写真13・14）。

〈表2〉奈摩内天主堂新築工事の資料から明らかになる工程

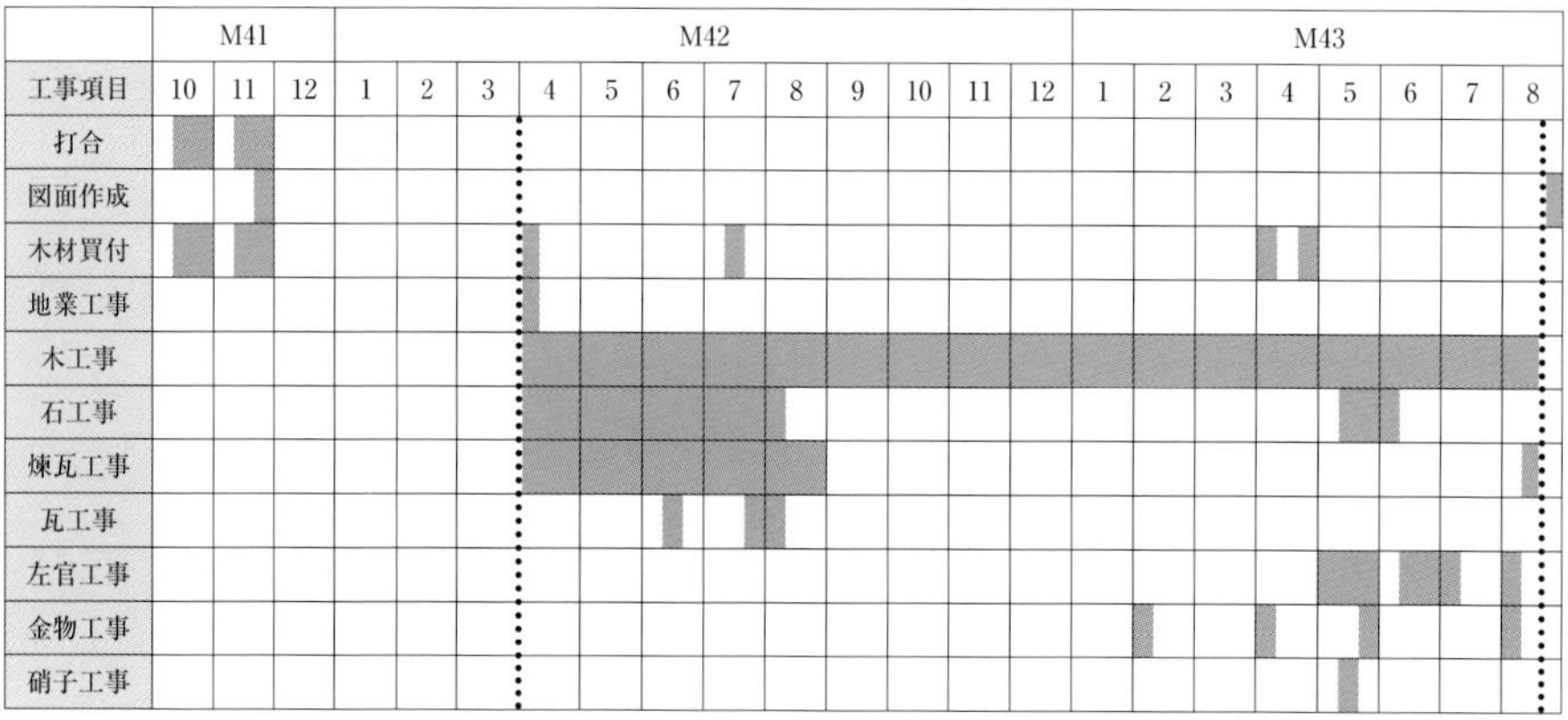

凡例：
①表中の太線は、資料に明記されている日付を表してたもので、い工事着工は、『金銭受拂簿』の外題から、明治42年4月で、竣工は、明治43年8月17日である。②塗りつぶし箇所は、関係書類から明らかになった工事期間を示す。③表上段のM41は明治41年、M42は明治42年、M43は明治43年をあらわしている。

工事期間は、凡そ1年11ケ月で、明治43年（1910）8月17日に竣工し、竣工後に香台の製図と祭壇工事を行っている。こうした作業を行う職人は、鉄川組の他に人夫、木挽、石工、煉瓦工、左官を雇い、石工は聖堂内の柱台石、階段石、石柱の工事、柱頭の彫刻や十字架の加工を行ない、大工は木工事の他に瓦を葺き、金物や硝子を取付けたと考えられる。このような記録から、表2の奈摩内天主堂の工程を復元した。

鉄川組は與助の父・鉄川與四郎、與助、妻のトサ、二男慶輔（慶助）、三男常助、喜惣太、金吉、善吉、要夫、金七、多吉、清太郎、貞吉、友吉、庄司、幸太、正吉、初ノ助の18人で、與助は宣教師や信者総代との打ち合わせ、図面や見積の作成、建築材料である煉瓦の発注、木材や竹の買付と取消、金物類の調達、職人の手配や食事・賄いの指示、会計の処理まで行なっている。

木挽は常吉、浦田與助、貞次、要吉、常助の5人で、他に野首で雇った清吉、勝次、政吉、赤波江の又吉が枝落としや根切り、伐出しを手伝っている。

石工は宇久島の石工と、濱嵜、鶴田、河内、張本、西の6名である。煉瓦職人は楠本為吉、金子、本田の3人、左官は春市、兼助の2人で煉瓦積みと左官職人がそれぞれ従事している。

材料の煉瓦は、小串煉化と牛ノ浦煉化工場に注文し、瓦は早岐から買っている。白灰は奥浦、紅柄は榎津と長崎、釘は長崎で購入している。竹

〈写真13〉ステンドグラス

〈写真14〉ステンドグラス

〈写真15〉煉瓦運搬作業　『青砂ケ浦小教区史』より転載

は松次郎が関与し、天井鉄板は東京藤原商店に注文している。

大工道具の鋸、ハキリ、ヤスリは佐世保や長崎で購入し、金物は長崎市の大久保金物、河野金物、小曾根金物、西中町金物から購入している。

米麦は丸尾や榎津、早岐で買っている。地元の一ヶ所で足りないのは、米麦が常食ではなかったといえるだろう。また、赤波江の又吉は宿の世話、松次郎は野首雇いの人夫の手配をしている。明治43年（１９１０）４月の竹の買付けには、似首の湯川重偉、宇市、貞吉、原太郎、松次郎が関与し、中村宇作は松材、前田はタブ材の買付けに関与している。

特筆するべき事項は、奈摩内天主堂新築工事では大工、木挽の他に、洋風建築で不可欠ともいえる石工、煉瓦工、左官がそれぞれ従事していたことと、左官には煉瓦職人と左官職人がいたことである。

決算金額は材料費、職人手間賃、鉄川組の請負金を含めて６７２１円32銭９厘である。

『青砂ケ浦小教区史　青砂ケ浦教会・冷水教会２００年のあゆみ』には、大正14年（１９２５）の信者の奉仕作業の写真が掲載されており、煉瓦を運ぶ少年は22枚の煉瓦を背中に背負っている（写真15）。現代の煉瓦の重さは１個約２・５kgとＪＩＳで決められているが、昔の物はそれより重いものもある。55kg以上の煉瓦をこれから２kmの山道を担ぎ揚げる。一日に何度往復したのだろうか。一度腰を下ろしたら立ち上がることも難しい重さであろう。煉瓦を運び上げる時は、女子供も手伝い、崖を崩し泥を運ぶのは男達の仕事だろうか。日頃は漁に出る男衆が、日中に整地作業に汗を流す。こうしてまた、夜間は漁に出たのだろうか。他の天主堂工事でも「郷の人」と書かれた地元の信者は、さまざまな奉仕作業に汗を流している。大正14年（１９２５）の写真は、それ以前もそれ以降も「できることは自分達でする」という

〈写真1〉祖父君神社

〈写真2〉魚目村立魚目水産学校跡の碑

姿を伝えていて貴重である。

④魚目村立水産学校　僅か5年で廃校となった不運の学校（明治43年）　現存せず

現住所：長崎県南松浦郡新上五島町浦桑郷
工事種別：新築工事／構造：木造／施工／本校舎1棟100坪／平屋
発注者：魚目村長佐々木照

明治中期以降は日本の各地に農事講習所、茶業伝習所、水産伝習所など、実業の為の教育施設が設置されている。

五島は捕鯨の基地で栄えていた。江戸時代の初期に紀州和歌山から伝えられた捕鯨は「鯨一頭捕らえれば七浦潤う」といわれたほど、五島藩の財政を潤し、村の暮らしを潤していた。現在、商業捕鯨は全面禁止になっているが、明治時代には有川を基地としてノルウェー式の捕鯨が始まり「鯨のまち有川」の基盤が築かれていた。そのような歴史を背景にして、長崎県でも唯一の水産学校として、明治29年（1896）に南松浦郡有川水産学校が開校されていた。

豊かな漁場と豊かな財政に裏付けられたということだろうか。新上五島町の浦桑郷には、明治43年（1910）10月に魚目村立水産学校が竣工している。現在、新上五島町浦桑郷の祖父君（おしぎみ）神社（写真1）の側の宮ノ川橋を渡った場所に「魚目村立魚目水産学校跡」の石碑が建てられている（写真2）。

この学校は当時の村長佐々木照が企画し、校舎を施工したのは鉄川組である。桁行120

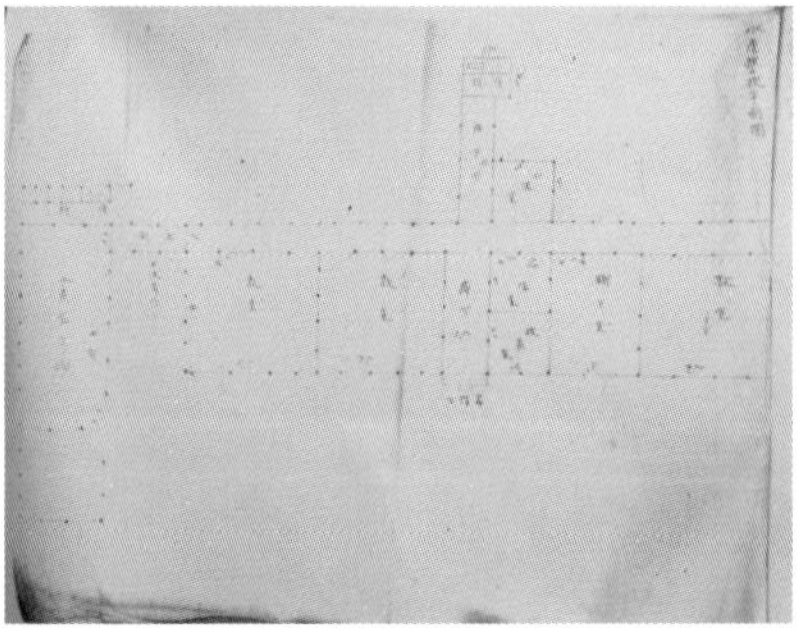

〈写真3〉魚目村立水産学校 平面図

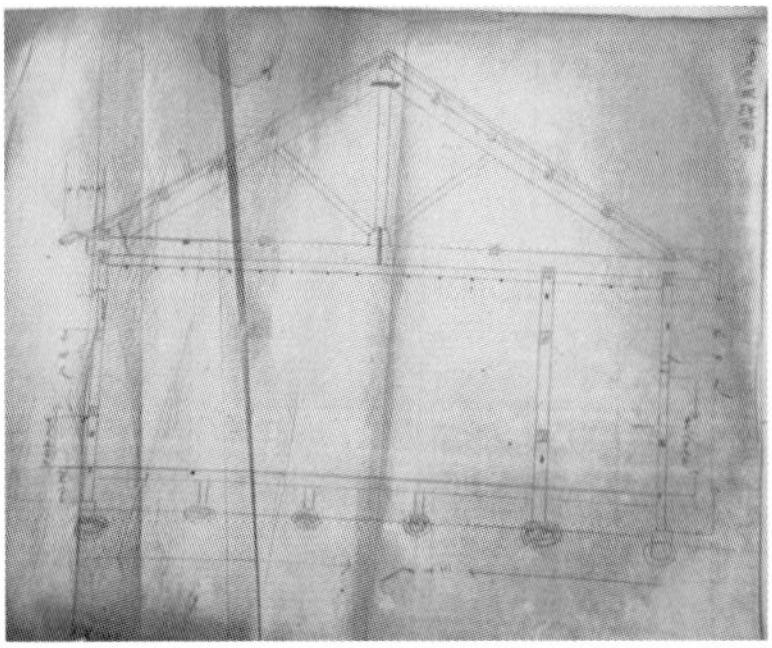

〈写真4〉魚目村立水産学校 断面図

尺で梁間30尺の本校舎と、桁行60尺で梁間18尺の水産物製造場、教員室、小使室は広い廊下で繋がり、教員便所と生徒便所があり、本校舎は西洋小屋組であった(写真3・4)。

捕鯨での潤いを水産分野全体に拡げようという村長の先進的な考えが、村民に理解されるには時期尚早ということだったのか。入学者は少なく「百方勧誘募集して維持に努めたが生徒数増加せず、却って生徒減少し遂には生徒一名もなきに至ったので大正5年7月29日廃校となった」と、『明治中期以降の長崎県実習教育発達概観』に記されている。

先進的な取組みであった浦桑の水産学校は、あまりにも短い命を終えて、小さな石碑がその歴史を伝えている。

五島の産物はイカの一夜干しや、アジ・カマスなどの干物であるが、魚目水産学校が存続していれば、今に繋がる新上五島町の産業が育っていたかもしれない。

その後、埋め立てられたという宮の川橋のたもとでは、日に焼けた近所のおじさんが、掌ほどの大きな貝を石で割り、身を取り出していた。豊かな海はまだ失われていない。

⑤若松村立尋常小学校　記憶と記録に残したい小学校(明治45年)　現存せず

現住所：長崎県南松浦郡新上五島町若松郷
工事種別：新築工事／構造：木造／施工／校舎及附属工事／平屋
発注：若松村長

若松島は五島列島の中央部に位置し、中通島と奈留島の間にある。周辺にはカトリックの住人が多い有福島や日ノ島がある。平成3年(1991)に若松大橋が開通し、現在は中通

〈写真1〉若松島をフェリーから見る

島とは陸路で結ばれ、新上五島町に属している（写真1）。

行政上の区分けで若松島、新魚目町、有川町、奈良尾町が合併して、新上五島町となったのは、平成16年（２００４）の事である。鉄川與助の出身地は新魚目町であることから、魚目の小学校を建築したことや数多くの天主堂を建築した実績は、高く評価され顕彰されている。しかし、新上五島町の若松郷を、與助の出身地という人はいない。行政区として合併されても、住民が一体と意識するのには時間がかかるのだろう。

１４０年の歴史を持つ「新上五島町若松小学校」が閉校しても、明治43年（１９１０）に請負った「若松村尋常小学校」は、鉄川組の施工であったことに着目されることもなく、解体されてしまった。

若松村立尋常小学校は、教室４室と教室と並行して廊下があり、便所と住宅流場と戸棚、事務室と教員住宅がL型に並んでいた。教室は建坪85坪５合の木造平屋建て、内部は真壁造り、瓦葺である。事務室と教員住宅は、建坪28坪５合の木造平屋建て、内部は真壁造りで板張りと畳敷、瓦葺である。６坪の便所と７坪の住宅流場と戸棚があった（図１・２）。住宅流場は教員か小使の住宅だろうか。

鉄川組は村役場が作った「若松村立尋常小学校舎住宅及附属家新築工事仕様書」を書き写して、鉄川組が請負った場合の予算を「若松村立尋常小学校新築工事費豫算仕譯書」として作成し、入札に参加し「一式請負」で請負っている。

「明治四拾三年第三月着　一式請負人心得書　若松村立尋常小学校新築工事用　五島魚目鉄川用」として書き写した書類には、工事請負者に対する条件が記されている。請負の入札は、決められた日時に現場（この場合は若松村役場）に請負金の内、決められた金額を持参

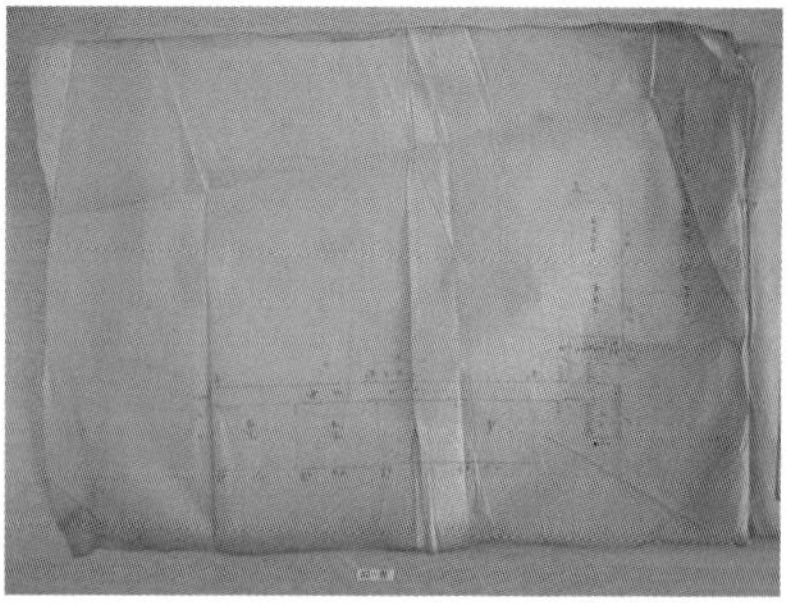

〈図1〉若松村立尋常小学校 平面図

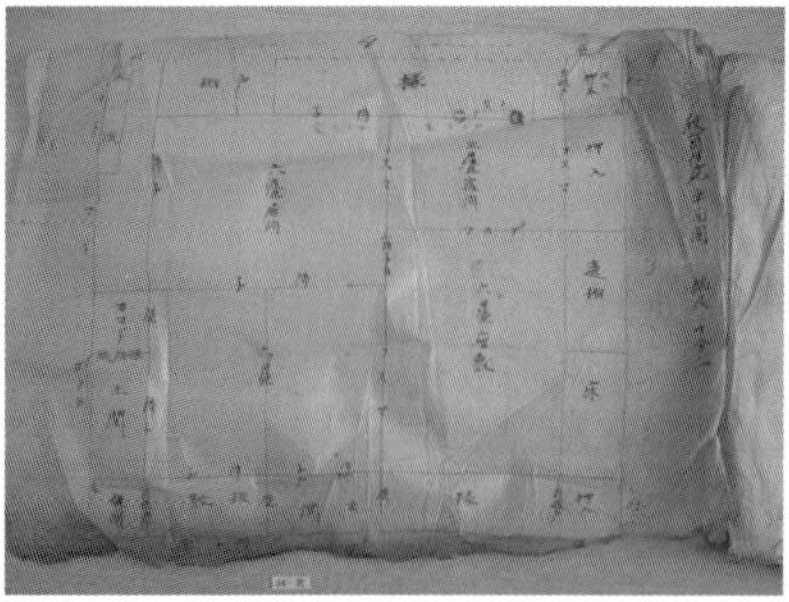

〈図2〉若松村立尋常小学校 教員住宅平面図

して入札に参加し、落札する。32ヶ条の条件で「請負人は絵図面仕様書熟覧ノ上、材料代価及手間賃共内訳明積書ナル積書差出ス可キ事」と規定しているが、現代と大きく違うのは「保証人と身元保証品」を添えて提出することである。

　このような請負は、天主堂建築では行われていない。與助は保証金や保証人を前もって用意することもなく、特命で、継続して天主堂を請負っている。しかも、新しい土地に建築工事で進出する時には旅費を受取り、調査に出向いている。信者でないにもかかわらず、西洋建築の技術や新しい材料や工法に対して興味や関心をもつ與助を、天主堂側は信頼していた証ともいえる。

　当時、公共建築の請負には、現代と同様に一定の実績のある者が入札に参加するが、これとは全く違う恵まれた請負で、天主堂建築工事は算盤上からも魅力的な請負だったと思われる。

　若松村立尋常小学校の、明治45年（1912）の新築工事の契約書は、役所の保存期限も切れており、保存されていないことは分る。しかし、明治後期に全国津々浦々に建築されていた尋常小学校の一つを、長崎県の上五島の若松島で、鉄川與助は入札に参加して請負っていた。若松島小学校の卒業記録などには何か資料はないのだろうか。鉄川與助の実績として記憶して欲しいと願っている。

⑥大曽天主堂㊋　ドーム屋根が白く輝く正面に塔のある天主堂（大正5年）

現住所：長崎県南松浦郡新上五島町青方郷

〈写真1〉大曽天主堂正面

〈写真2〉対岸から大曽天主堂を望む

工事種別：新築工事／構造：煉瓦造／設計・施工／延床面積520㎡／階数3階
担当神父：大崎八重神父／長崎県指定文化財

大曽（おおそ）の住人の先祖は、大村藩外海地方の出津・黒崎・池島などから開拓農民として下五島に移住し、さらに上五島の各地に移り住んだ人々である。

五島列島の中通島の中央部、青方の入江にある青方村青方郷裏迫に明治12年（1879）に最初の天主堂が建てられた。124坪の敷地に35坪の天主堂と、3坪7合5尺の附属屋があった。当時の司祭は山下甚五郎神父である。この天主堂は大正4年（1915）6月に解体されて、若松島の土井の浦教会に移されている。土井の浦教会には古い大曽天主堂と、桐古天主堂改修工事（明治39年／1906）の時の硝子障子（ステンドグラス）が使われている。このように建材などが再活用されるのは他にもあり、材料も決して無駄にしないで遣い回していることは珍しくない。

野首天主堂を新築した中田藤吉神父は、北魚目村の仲地の久志（樫の北山）に赤煉瓦の聖堂を計画し、教区から資金の援助も取り付けて、資材の煉瓦、木材も購入し、着工の準備を進めていた。だが予定の敷地が狭く、建設は中止となり、資材は大曽天主堂に使われた。

現在の大曽天主堂（写真1）は、崖を切り開いてできた土地に大正5年（1916）に建築され、平成28年（2016）は100年を迎える。この赤煉瓦の天主堂は対岸の国道からも、正面の塔の屋根が白く輝いて見える（写真2・3）。新築された当時の天主堂は、周辺の地域にも誇らしい聖堂だったと思われる。一段高くなっている天主堂の敷地からは青方湾が望め（写真4）、折島の方向には世界初の洋上石油備蓄基地が見渡せる。

〈写真3〉対岸から大曽天主堂を望む（長崎純心大学博物館提供）

〈写真4〉大曽天主堂境内から青方湾を望む

天主堂はキリストの像が両手を拡げて出迎えている。正面中央には四角い塔を設け、塔には十字架の付いた八角形のドームをのせている。正面の壁は中央と両側部の縦に3分され、軒も煉瓦を凹凸させた蛇腹積みで3分割されている（写真5）。側壁の入口上部の飾り積みは、煉瓦で花弁を形作った新しい試みで積まれている（写真6）。

内部は三廊式、天井は柳天井、漆喰壁である（写真7）。床を張った上に柱台石を据え、柱を据えているのは奈摩内天主堂と同じである（写真8）。柱は束柱になっている。柱頭の彫物は第1柱頭は植物文様の少し凝った彫刻で（写真9）、その上の第2柱頭の彫物はやや簡略化されている（写真10）。1階は信者席で、聖堂の身廊部分は高く伸びているが、トリフォリウムの空間はなく、壁で簡略化されている。ステンドグラスは神秘的な光の空間を演出し、塔の丸窓からも7色の光が差し込んでいる（写真11・12）。

正面の塔については、二つの資料が残されている。一つは與助の『手帳』で、福江に滞在中の大正4年（1915）6月22日に「出口、畑原、大崎、脇田、ペルー神父と、大曽天主堂の設計」と書かれている（写真13）。このスケッチは現状の大曽天主堂と同じで、三廊の平面と奥には祭壇があり、正面とさらに両側廊に出入口がある。列柱は片側8本で、合計16本ある。

二つ目は與助の弟常助が江上天主堂の工事現場から、田平天主堂の現場の與助に宛てた大正6年（1917）3月17日付の「手紙」（写真14）で、「正面中央に塔を付けるのは前からのペルー神父の意見」と伝えている。手紙の日付は、すでに大曽天主堂は着工し、田平天主堂の工事にかかる時期である。正面の単塔は大曽天主堂に設けられたのが最初で、その後、田平天主堂（大正6年／1917）、頭ケ島天主堂（大正8年／1919）、熊本の手取天主堂（昭和4年／1929）に継承されている。

〈写真5〉蛇腹積み

〈写真6〉側廊上部煉瓦の飾り積み

〈写真7〉大曽天主堂内部

〈写真8〉床の上の柱台石と柱

〈写真9〉第1柱頭飾りと柳天井

〈写真10〉第2柱頭飾り

〈写真11〉ステンドグラス

〈写真12〉塔の丸窓

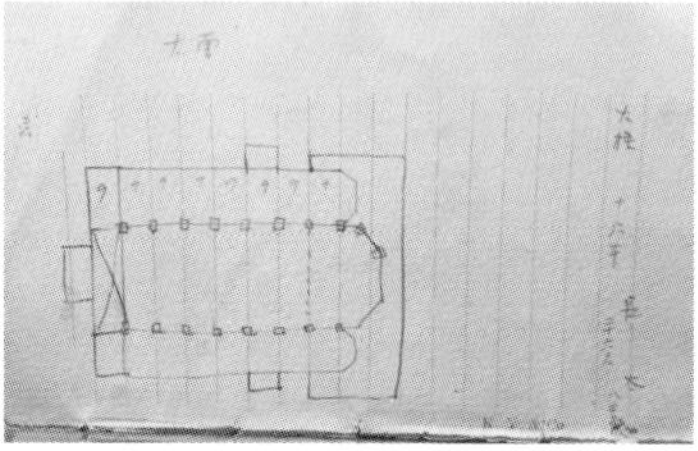

〈写真13〉塔の打合せ　手帳には、福江に滞在中の「大正4年（1915）6月22日、出口、畑原、大崎、脇田、ペルー神父と、大曽天主堂の設計」と書かれている。

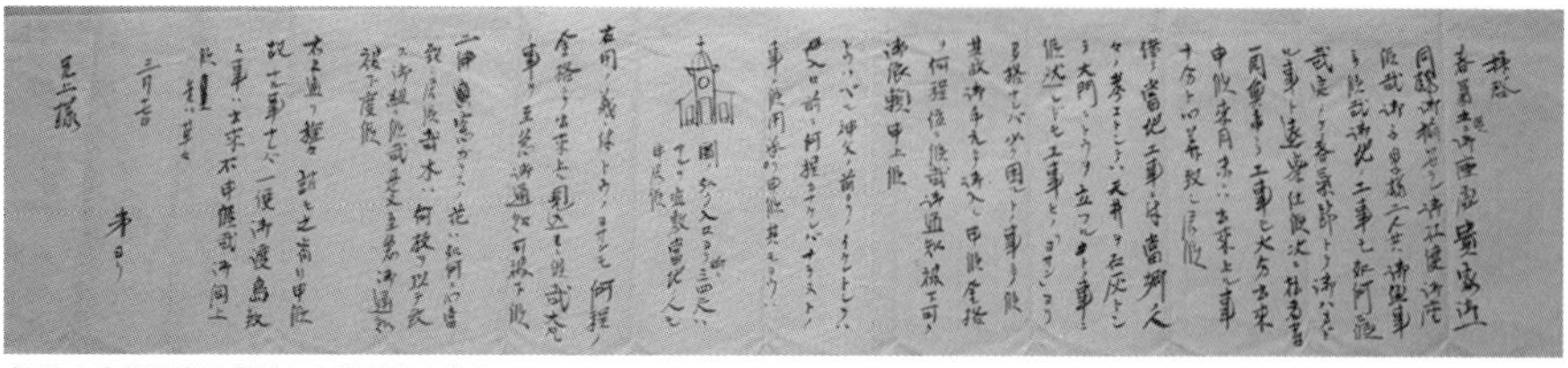

〈写真14〉鉄川常助（弟）から與助宛の手紙
正面の単塔は、ペルー神父の意見と伝えている。手紙は、江上天主堂工事場の常助が、田平天主堂工事場の與助に出している。

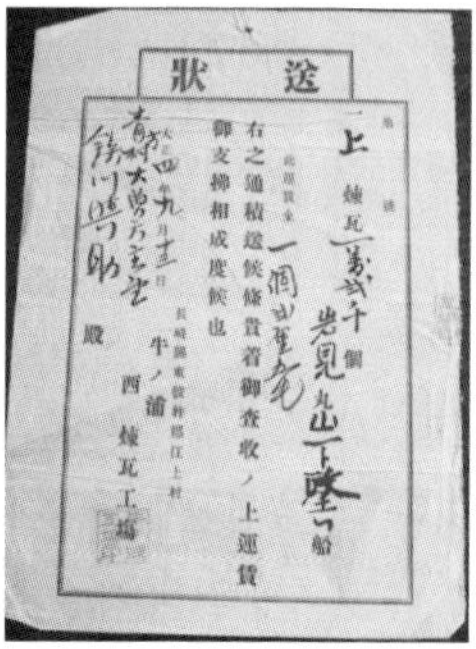

送状

一 上 煉瓦 六萬弐千 個 岩見 丸 山下堅一 船
此運賃金
右之通積送候條貴着御査收ノ上運賃御支拂相成度候也
大正四年九月十三日
長崎縣東彼杵郡江上村 牛ノ浦 西煉瓦工場
青方村大曽天主堂 鉄川與助 殿

〈写真15〉煉瓦の送状

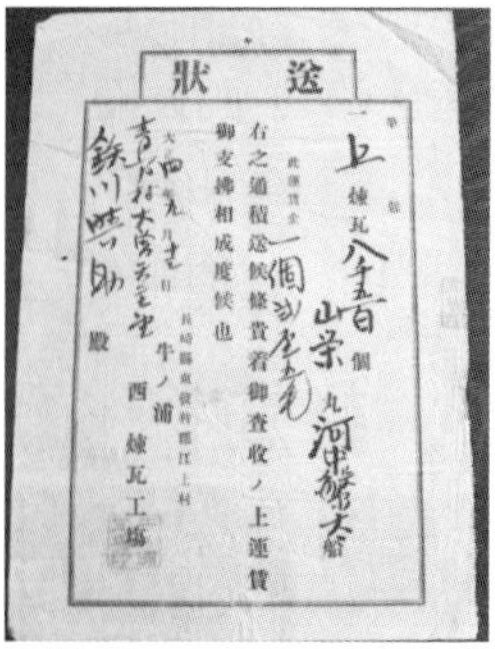

送状

一 上 煉瓦 八千五百 個 山栄 丸 河中繁太 船
此運賃金
右之通積送候條貴着御査收ノ上運賃御支拂相成度候也
大正四年九月十三日
長崎縣東彼杵郡江上村 牛ノ浦 西煉瓦工場
青方村大曽天主堂 鉄川與助 殿

〈写真16〉煉瓦の送状

〈写真17〉大曽天主堂祭壇

他に煉瓦の「送状」2枚（写真15・16）と、鉄川組の木工事手間賃の見積書がある。

「送状」は共に大正4年（1915）9月13日付で、長崎県東彼杵郡江上村牛ノ浦の西煉瓦工場から青方村大曽天主堂の鉄川與助に宛てたもので、1枚は、上煉瓦6万2千個を山下堅一の岩見丸で運び、他の1枚は、上煉瓦8千5百個を河中繁太の山栄丸で運び、運搬賃はどちらも1個2銭5厘である。大曽天主堂では、凡そ7万個の煉瓦が使われている。

また、「大正4年8月8日　調整」の「大曽天主堂木工事手間調」には、大工と木挽の人工は併せて2355日4合で、與助の工事の管理費は、別に支払われたことが記されている。

この手間調べでは、柱の廻りに付けた付柱に86・4日、小柱に46・4日、柳天井の桿（桐古天主堂では骨と表現している）に278日、桿を押える座の彫刻に108日、柱頭を飾る木の葉の彫物に340日、円窓に80・5日、硝子障子の窓枠作りに126日、鎧戸に143日と塔の小屋組に15日などである。塔の小屋組はドームなので日数が掛かっていると思われる。

東京の値段になるが、当時の大工の手間賃は日給で1円10銭である。大曽は五島なので東京よりは安いと思われるが、大工手間賃は凡そ2590円で、この他に與助の管理費が支払われている。他の資料には、建設費は当時の金で13000円とある。10000円程は、煉瓦、瓦、塔の屋根葺き材、石、ペンキ、金物などの材料費と、煉瓦積み職人、左官、塗装職人、石工などの工賃になる。他に天主堂の整地や材料の運搬は、信者の奉仕作業で行われている。

建築材料の煉瓦は牛の浦煉瓦工場から購入し、瓦は福岡県の城島瓦が使われている。この他、柳天井骨を作る松材は平戸の田平で買い、窓枠は大工が手造りしている。

〈写真18〉大曽天主堂ミサ祭壇
明治12年（1879）に建築された旧大曽天主堂の脇祭壇に使われていた。彫刻は、細かく丁寧にされている。

〈図1〉江上天主堂祭壇図
與助の旧居宅後を解体した時、天井裏から見つかった（新上五島町鯨賓館ミュージアム提供）

鉄川組の大工は與助の他に、父の與四郎、前田喜八郎（喜三太ともいう）、浦善吉、梅木友吉等、10人である。

建築工事では現場に職人が住まう作業小屋を建てて、そこで寝泊まりすることが多いが、大曽では大工は青方から通っている。「朝暗いうちから夜遅くなるまで働き、道は悪いので、這いつくばって岩場を上り、ようやく家に着くこともしばしばだった」という。

祭壇の彫刻は興味深い。大曽天主堂の聖堂（写真17）の奥に取り付けられた祭壇の1層目は縦に5分割して彫刻してある。ミサを挙げる祭壇は1層目のみで、3分割されて彫刻してある（写真18）。

與助は祭壇図面は、唯一、江上天主堂の祭壇図面を残している（図1）。江上天主堂の図面の1層目は3分割にしており、3層目より上段はどちらも同じ彫刻である。

大曽天主堂で祭壇を製作したのは、隣村の宮下才太郎である。與助の指示と図面で、祭壇の彫刻を仕上げたということだろうか。さらに現在、ミサ祭壇として置かれているのは、建替え前の旧大曽天主堂の脇祭壇の右側という。3分割した1層目の図柄は、旧大曽天主堂が建築された明治12年（1879）当時、既に知られていた図柄だったことになる。それを大正7年（1918）に竣工した江上天主堂の祭壇図に使ったのだろうか。

丁寧に手入れされた祭壇は豪華で美しいが、祭壇の彫刻のデザインは誰が、いつ、どのように伝えたものかと疑問が膨らんでいる。

また、聖堂の内部は一時、石の色に塗られたことがあった（写真19）。床を張った上に柱台石を据えて柱を建てるのは、西洋の様式を採り入れたい現れだといえるが、柱も石柱を使

〈写真19〉木造の柱が、石の色に塗られた聖堂
「大曽教会100年史」より転載

いたいという希望があったということだろうか。写真では柱と柱頭飾りは塗り分けてある。重厚な雰囲気だったのかどうかは、写真だけでは分らない。日本人は木造の家屋に住み、木に親しんでいた。石の色を落として、本来の木の柱が現れた時には、どのような感想が聞かれたのだろうか。今は、落ち着いた良い雰囲気である。

思いがけない話も聞いた。大曽地区には、神父が伝えた大島紬の工場があったというのである。明治か大正の話かと思ったら、昭和40年（1965）頃のことである。当時、大曽出身で奄美大島から大曽に転勤してきた下川英利神父は、奄美では信者が紬を織って暮らしの足しにしているのを見てきた。信者の都合のよい時間に織って、少しでも暮らしの助けになればと、奄美大島から男女の職人を2～3ケ月呼び寄せて織り方を教わり、糸を取寄せ、織り機も一時は30台を備えていたという。

大下田ミエさんは工場長だった。大曽の人は時間が有るときに、工場に来て織り、丸尾からもバスで30分位かけて通って来ては、織っていたという。

反物一反の長さは12ｍ。経糸をピンと張るのは容易なことではない。糸を染め、柄を揃えながら横に杼を飛ばす。糸が切れた時の繋ぎ方など、教わることは山ほどある。半農半漁の信者たちの夜なべ仕事で、暮らしの助けになればと大島紬を伝えたものの、10年程で工場は閉じられたのは残念である。

友人の紹介で大曽天主堂では、世話人の生田三徳さんに、これらのお話を伺うことができた。感謝している。

⑦頭ヶ島天主堂㊟重　信徒が切り出した地元産の石を利用して建築した天主堂（大正8年）

現住所：長崎県南松浦郡新上五島町友住郷
工事種別：新築工事／構造：石造／設計・施工／延床面積363㎡／平屋建
担当神父：大崎八重神父

頭ヶ島（かしらがしま）は幕末頃までは無人島で、明治末から大正にかけて砂岩の産地として知られ、長崎方面にも積み出していた。上五島の中通島の東の端で、広さは1・88k㎡程で中通島と一番近い所は凡そ150m程。頭ヶ島と中通島を結んでアーチ橋が架けられたのは、昭和56年（1981）のことである。島の南側はかなり急峻で、石は島の西側や東側と中通島の友住から切り出され、船で運ばれている。一方の九州本土寄りにある平島は、相崎瀬戸を挟んで約4㎞。今は長崎県西海市になっているが西海石の産地で、旧長崎大司教館工事にも天草と並んで石材を供給している。

昔から頭ヶ島は、冬になると風が強いところで、作物などは作れるようなところではなかったという。

慶応3年（1867）4月、クーサン神父がこの島にやって来てミサを行うと、30人程の信者が集まり「かくれキリシタン」から「カトリックの信者」になった。この時期、日本人にはキリスト教は禁制であったことから、長崎奉行は頭ヶ島の信者を捕まえ、弾圧が始まっている。拷問を受けた信者は、島民全員が島を一時脱出するなどの歴史があった。再び信者が自由になるのは、明治6年（1873）にキリスト教禁制の高札が取り除かれてからである。

〈写真1〉頭ケ島天主堂と鐘楼
当時の様子を伝えている敷地内も重要文化財に指定されている

頭ケ島では明治20年（1887）に家御堂が建てられていた。頭ケ島天主堂と司祭館は、大正8年（1919）に新築されている（写真1・2）が、大崎八重神父は地元の石を使って最初に司祭館を建設し、天主堂を石造で新築する計画を建てた。

平成13年（2001）11月に、国の重要文化財に指定されている。また、平成15年（2003）12月は、境内地の司祭館と門柱や石垣・石段と天主堂の門や階段、弾圧の歴史を語る遺構等も含めた周辺の環境が良好に保存されているとして、重要文化財に追加指定されている（写真3・4）。ユネスコの世界遺産（文化遺産）暫定リストに掲載が決まり、「長崎と天草地方の潜伏キリシタン関連遺産」を構成する教会の一つにもなっている。

頭ケ島天主堂は正面の中央に単塔を設け、八角形のドーム屋根の上には十字架をのせている。聖堂の屋根は切妻で瓦葺きである。側壁は控壁で構造を補強し（写真5）、軒には蛇腹飾りが廻されている。窓は縦長の硝子障子と、その上に半円形の窓を組合わせ、正面出入口の両側と側壁の控壁の間に配置している。外壁の石には符牒らしき漢数字が刻まれている（写真6・7）。窓周りは楔形の迫石を組み込み、軒には軒蛇腹を廻している（写真8）。

内部は単廊式で柱はなく、祭壇と信徒席の間の衝立もない。床は板張りで正面の壁は白壁のままで、祭壇が据付けてある。祭壇の両側に窓が無いため、祭壇後方から差し込む光はない。天井は格天井で天井の中心部分から壁に向かってそれぞれの折上げ部分には、大胆にデフォルメされた花模様が彫刻されている。デザインは単純化されて色合いは淡いブルーとピンクで、全体の印象はあくまでも優しく明るく、シンプルな美しさがある（写真9）。

ステンドグラスは縦長の窓の縁に色板ガラスを廻し、外開きの窓の中心部分には、4弁の花に緑や赤、黄色、青色の色を付けている。色ガラスは焼き付けと思われるが、まるで筆の

〈写真2〉頭ケ島天主堂 旧司祭館

〈写真3〉天主堂横の石垣

〈写真4〉天主堂横手にある「拷問の跡」

〈写真5〉天主堂側壁の補強壁

〈写真6〉石に彫られた符牒の漢数字

〈写真7〉石に彫られた符牒の漢数字

〈写真8〉軒下と窓廻りの飾り

〈写真9〉頭ケ島天主堂 内部

〈写真10〉頭ヶ島天主堂のステンドグラス

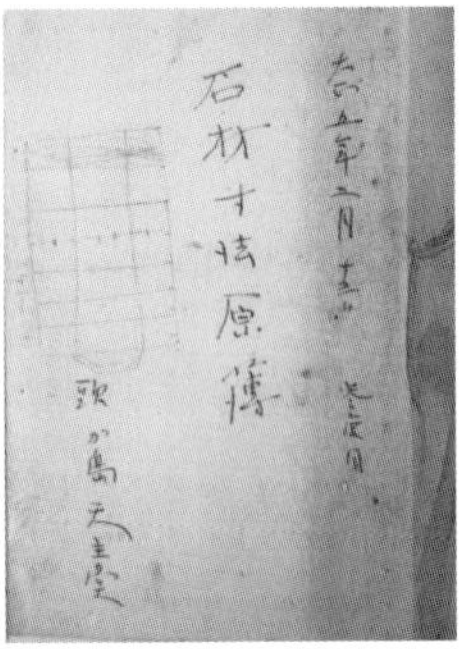

〈写真11〉「石材寸法原簿　参度目」左上には平面のスケッチがある

跡のように色が浮いて見える窓もある（写真10）。

與助は大正5年（1916）2月13日付で、「石材寸法原簿　参度目」を作成し（写真11）、「石材注文書」で石材を注文している。表紙には、頭ヶ島天主堂平面図がラフに書かれているが、それによると正面の塔は現状とは違い四角ではない。寸法は石積みの段数で「長、程、数、符号」を記している。全ての寸法原簿が残されている訳ではないが、與助は各段ごとに寸法を割り出し、数量を拾い、注文したと考えられる。外壁に刻まれた符号は、職人との約束で、搬入した石材を積み重ねたと考えられる。

他にペルー神父から、大正5年（1916）の年賀状が届いている（写真12・13）。これは石造の鹿児島の聖ザビエル聖堂の絵葉書である。

聖ザビエル聖堂は石造で明治41年（1908）に竣工し、戦災で破壊され、現在は一部がシンボル的に復元されている（写真14）。明治23年（1890）に鹿児島で布教を始めた島田喜蔵神父は、江上天主堂の担当司祭として移動してきている。頭ヶ島で石造の天主堂を計画している與助に、鹿児島の絵葉書を送ったのは偶然だろうか。聖ザビエル聖堂の前面に塔は無いが、塔を設けるのはペルー神父の考えでもある。前面の出入口を台形で張出すより、四角の塔にする方が作業の効率も良いと思われる。石は玄翁で叩き、表面に凹凸をつけた「こぶ出し」で仕上げ、1階の石積みは凡そ11段程。11段から上は「塔」として積算し、楔形の石も図示している。

頭ヶ島の砂岩は、長崎の出島にも使われていた。石の層の間にテコを入れて、1尺角にノ

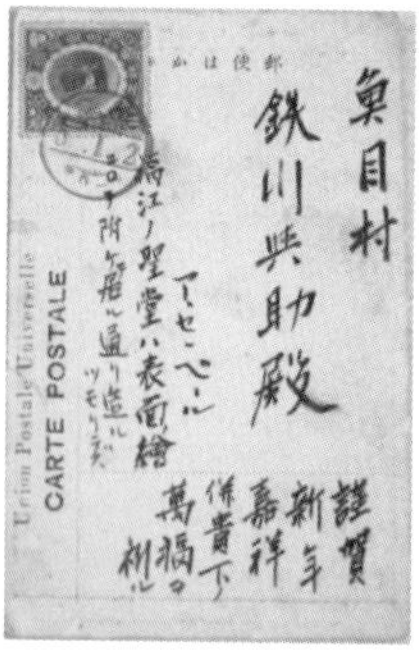

〈写真12〉ペルー神父が與助に出した大正5年の年賀状

〈写真13〉年賀状は、聖ザビエル聖堂の絵葉書

〈写真14〉鹿児島の聖ザビエル聖堂　シンボル的に復元されている

ミを入れて喰い込ませる。板石に使いやすいので、石畳のサイズに割って使っていたと、津田洋二さんに教えてもらった。津田さんの先祖は友住の出身で、今も長崎市出島町で津田石材を営んでいる。石材と一口に言っても諫早石は割合に軽くて風化しやすい。天草石は目が詰まっている。西海石は昔は砕いて割ぐり石や石垣に使っていた。そういえば、札幌で軟石を抱えた時、その軽さに拍子抜けしたことがあった。頭ケ島天主堂の石はノミの跡も鮮やかに残っている。石の割り方やノミの当て方、積み方にも格別の注意が有ったのだろうと思われる。

大正7年（1918）1月10日付で、頭ケ島の佐藤粂次（長崎在住の石工）が、平戸の田平天主堂工事場の與助に宛てた葉書がある。「（前略）御尋の工事は當地の石工が病氣其他で存外はかどらず」と、工事が遅れていることを連絡している。地元の石工については分らないが、内部は鉄川組で、父與四郎、弟慶輔と青方の大工2名が担当し、責任者は地元の信者熊谷久八であった。他に石の切り出しや運搬など、信者は奉仕作業に汗を流したと思われるが、素人ができる作業は限られていたのか、工事は何度か中断している。

與助の晩年、五男の喜一郎さんは、どの教会が一番印象に残っているか尋ねたことがあるという。「頭ケ島」の会話の中では「12年以上かかった。工事に長い期間がかかると儲からないが、信者さんは生活を切詰めて、お金を貯めては教会を建てているのを見て、工事を辞めるのは人の道に反する」と話していたという。都合で工事を中断しても、その間、職人は雇っていなければいけない。食費もかかるから、儲けは少なくなるというのだ。

頭ケ島天主堂を取材したのは3回になる。天主堂に続くアプローチには石畳が敷かれ、駐

〈写真15〉海辺の墓地

〈写真1〉元海寺山門

車場やトイレの他に花壇なども整備されてきた。天主堂入口に住まいのある頭島サナさんや信者さんは、毎日、丁寧に掃除をしておられる。

目の前には海が拡がるが、海辺には墓地も整備されている（写真15）。無人島に入植し開拓した人々も、その後の石造の天主堂の建設の奉仕作業に力を尽くした人々も眠っておられるのだろう。頭ヶ島の歴史を築いた人々が天主堂を見守っている。

世界遺産の報道を受けて、見学の大型バスが並ぶこともある。押し寄せる観光客は、小さな聖堂の中に入りきれない。天主堂は信者さんの祈りの場である。長崎市の大浦天主堂のように祈りの場が別にできれば、見学者に公開することもできるが、高齢者が多い過疎の島で、信者の負担が大きくなることはないだろうか。

福岡から頭ヶ島空港まで45分程で飛んできたこともあった。観光客が増えると、航空便も復活するかもしれない。

⑧元海寺煉瓦造アーチ門　棟梁の技で仕上げた菩提寺の山門（大正13年）

現住所：長崎県南松浦郡新上五島町榎津郷
工事種別：新築工事／構造：煉瓦と木造の混構造／設計・施工
元海寺住職：七里朋曉師

元海寺（がんかいじ）は浄土真宗本願寺派の寺院で、鉄川家は元海寺の檀家であった。上五島の県道32号線を上五島町役場に向かう方向で、山門は道路に沿って、一段高いところにある（写真1）。

本堂は明治27年（1894）に建てられている。当時15歳の與助は、大工棟梁前田松太郎

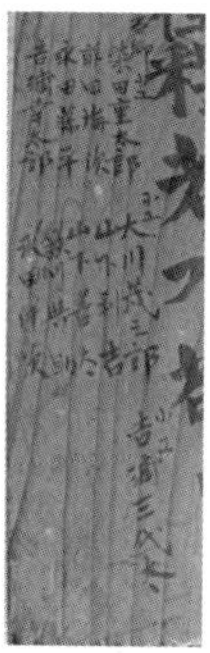

〈写真2〉與助は「小工」として工事に参加している

〈写真3〉元海寺山門

の下で「小工」として従事している（写真2）。「小工」とは、大工の下で工事に従事する職人である。ちなみに相河（あいこ）・浦桑・青方・丸尾・似首・榎津など近郊の大工20人と、木挽、左官の名前が記されているが、與助の父與四郎の名前は見えない。門徒ならお寺の為に働き時だと思われるが、與四郎の名前が無いのは、少し不思議な気がする。ともあれ與助の大工の修業は、寺院建築から始まった。

煉瓦造のアーチ門（写真3・4）は、大正13年（1924）に、與助によって建替えられている。それまでは創建時に建てられた木造の門があった。大正12年（1923）に、本堂の屋根を葺き替えた時に（写真5）、木造の旧門を煉瓦造の門に建替えたと考えられている。與助は3歳で夭逝した長男への想いもあったろう。工事全体の棟梁は他に居るが、自らが小工として修業した寺の工事に、鉄川組の棟梁として参加する誇りも有っただろう。

山門は煉瓦造の上部に欄間の彫刻をのせ、屋根には瓦を葺いている。彫刻は木造の旧門の彫刻を引き続き使っているが、與助の父與四郎も手を加えたのではなかろうか。私は平成17年（2005）に、先代の住職にお話を伺った。10年を経て平成27年（2015）に再び訪ねると、門の印象が少し違う。平成22年（2010）の修復工事で欄間部分が取替られていた（写真6）。海からの風で傷みが激しく、日頃出入りの多い門で万一の事故も許されないと、補修工事が行われたという。

大正2年（1913）に長男が亡くなった時、與助の仕事は順調で、五島から福岡県の今村天主堂と佐賀県の佐賀市公教会、長崎市の旧長崎大司教館と拡がり、他の工事も並行して行われるようになっていた。さらにこの時期、與助は魚目村の村会議員もしている。長男と一緒に過ごす時間は決して多くは無かったろうが、明治生まれの男性は、殊の外、長男に期

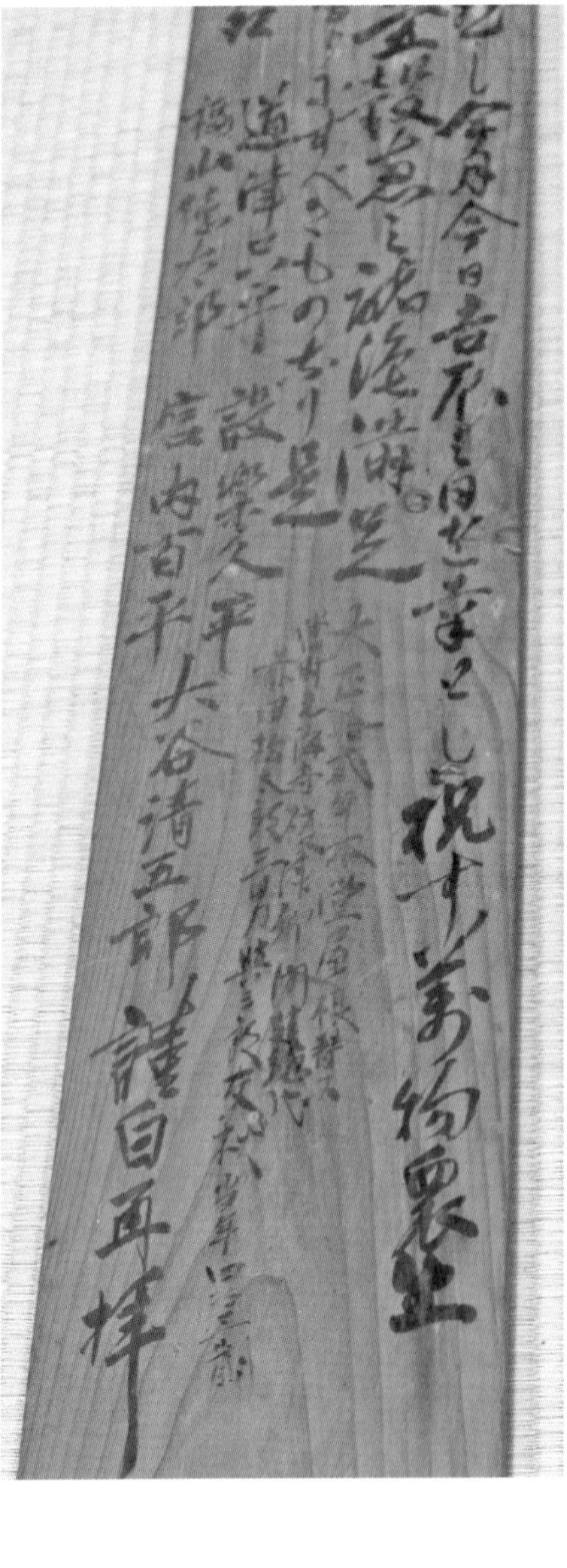

〈写真5〉大正12年の屋根葺き替え工事の記録（元海寺提供）

〈写真4〉改修工事前の山門　⬆の箇所は、芋目地といい、職人は重なるのを嫌う積み方になっているのは気になる

〈写真6〉平成22年に改修工事が行われた山門の欄間

〈写真7〉大音寺の煉瓦造アーチ門

〈写真8〉崇福寺楼門

〈写真9〉得雄寺　昭和22年から鰤の大漁が続き本堂は寄進されたという

待を寄せていたのである。可愛い盛りの息子の突然の死に家族の悲しみは深い。宣教師等からはお悔やみの言葉と共に、改宗の誘いも受けている。

煉瓦造のアーチ門は、長崎市には大音寺の旧影照院アーチ門などがある（写真7）が、元海寺の門の形は、下をアーチにして、上に木造の欄間をのせた竜宮門といわれる形式で、中国風の趣があり、長崎市の崇福寺の楼門に似ている（写真8）。

木造を煉瓦造に建替えたのは、煉瓦造に対する自信の現れともいえる。関東大震災（大正12年／1923）の被害の後、煉瓦造が建てられることはなくなったが、既存の門の欄間彫刻を残して造り替えた煉瓦造アーチ門は、鉄川家が普通の大工から一歩踏み出した証と捉えることもできる。

現在の住職七里朋暁さんに明治27年（1894）の棟札を見せて頂き、お話を伺った。元海寺の本堂は柱も梁も創建時のまま、補修を続けておられる。お寺にはお葬式や法事で行くことはあるが、昔から修行の場所であり、檀家が集い、祈りをささげる場所でもあった。

鉄川與助は天主堂の建築家として注目されているが、自分の家は浄土真宗ということも大事にしていた。昭和30年（1955）代の親鸞聖人の法要に多額の寄付をしていた板書も見せて頂いたが、寄付の額は飛び抜けて多い。天主堂建築を通して、カトリックの教えを理解しながら、家の宗教もおろそかにしないで、法要には後継者の與八郎と共に参加している。

最近は観光バスがこの山門の前で止り、ガイドが「鉄川與助が造った煉瓦造の山門です」と紹介していると笑っておられる。前もってご連絡をした上で住職の時間が許せば、本堂で與助さんとお寺の関わり等のお話を聞かせて頂くこともできそうである。

また、與助はこの元海寺の他に、新上五島町青方郷の得雄寺（写真9）の新築工事も行っている。昭和22年（1947）に着工して、昭和25年（1950）に竣工した。木造平屋建853㎡の建築は、当時の鰤の大漁が続き、門徒が寄進して建築されたと、鉄川喜一郎夫妻は聞いている。與助はこの新築工事を、自らの1級建築士取得のための工事実績として記している。図面は得雄寺の坊守が、長崎歴史文化博物館に託されたと聞いたが、今は行方が分らない。

⑨魚目村立小学校　母校は近代的な鉄筋コンクリート造（昭和6年再建）

現住所：長崎県南松浦郡新上五島町榎津郷
工事種別：新築工事／構造：鉄筋コンクリート造3階建／設計・施工／ペントハウス及地下室
発注：魚目村村長　浦團一

魚目地区には、明治26年（1893）には、榎津尋常高等学校と、似首（にたくび）尋常小学校があり、與助は、榎津尋常高等学校を卒業したと伝えられている。

昭和4年（1929）は、この二つの小学校を統合して、魚目村立小学校が新築されたもので、與助が、昭和5年（1930）9月に着工し、昭和6年（1931）3月に竣工している。

建築概要は鉄組コンクリート造で、ペントハウスと地下室があった。ペントハウスとは屋上の塔屋のことで、地下室の付いた3階建である。長崎県では、長崎市の勝山尋常小学校に次いで2番目。離島の小学校が鉄筋コンクリート造で建てられたのは初めてだろう。3階建の面積は2310㎡。與助の工事実績を記した「証明願」には、奈留島村役場漁業組合事務

〈写真1〉工事中の魚目村立小学校（新上五島町鯨賓館ミュージアム提供）

〈写真2〉竣工後の魚目村立小学校（新上五島町鯨賓館ミュージアム提供）

〈写真3〉竣工後の記念写真、與助は前列右から三人目（新上五島町鯨賓館ミュージアム提供）

〈写真4〉再建された魚目小学校

〈写真5〉再建された正面の階段

〈写真6〉旧校舎の階段手摺のモニュメント

〈写真7〉「建築技師 鉄川與助」と書かれた棟札

所や奈留島村僻病舎、得雄寺の建築工事費は記されているが、魚目小学校の工事費は記されていない。請負業者として成功を収めた鉄川與助の寄付も含まれていたかもしれない。漁業で栄えた豊かな町に、卒業生が建てた校舎である。

工事中の写真(写真1)と、竣工後の写真がある(写真2)。竣工後、完成式典の集合写真では、前列の右から3番目に鉄川與助は居る(写真3)。参列者より1段上の階段に乗っているのが、少しお茶目な雰囲気で、しかも誇らしく楽しい。鉄川與助の業績が検討される中で、平成14年(2002)に旧校舎は解体され、鉄川工務店によって再建された。

再建された校舎は創建時のデザインを踏襲し、レモンイエローの外壁で、正面には、波と3匹の魚を組み合わせた校章がある(写真4)。校舎に入ると中央に広い階段があり、階段の手摺は緩やかに婉曲している(写真5)。このような校章と階段の手摺は、モニュメントとして校舎の前に展示されている(写真6)。また、校内の資料室には、旧校舎を解体した時の棟札がある。

「建築技師　鉄川與助」と記した棟札は、誇らしげにケースに収まっている(写真7)。

⑩旧鯛ノ浦天主堂　鐘の塔に平和を語り伝える被爆煉瓦を使った天主堂(昭和21年)

現住所：長崎県南松浦郡新上五島町鯛ノ浦
工事種別：新築工事／構造：煉瓦と木造の混構造／設計・施工
発注：島田喜蔵神父

鯛ノ浦(たいのうら)は中通島の中央部への入口にあたり、南に細長く拓けた入り江で、鯛ノ浦と長崎の間には、フェリーが就航している。鯛ノ浦天主堂は有川港からも車で10分程で、中野のバス停はすぐ目の前。中野という地区の名前から、中野天主堂ともいわれる。

明治14年（1881）に最初の御堂が建てられている。その後、現在の土地に明治36年（1903）に、木造の旧天主堂が建設されている。明治36年（1903）にペルー神父の指導で建てられた工事には、大工見習として與助は参加している。

昭和21年（1946）8月、與助の施工で増築工事が行われ、建物の前面に増築し、正面に塔を設け、尖塔に十字架をのせている（写真1）。

外部は単層の屋根構成で、切妻瓦葺で、会堂部分はペンキ塗り、下見板張りである（写真2）。内部は床が板張り、三廊式の平面、天井は柳天井、柱は四角い柱、柱台石はない（写真3・4）。天井は漆喰で白く塗られ、柱頭の彫刻はシンプルな木の葉の彫刻である（写真5）。

〈写真1〉旧鯛ノ浦天主堂（鯛の浦小教区史より）

〈写真2〉旧鯛ノ浦天主堂

太平洋戦争の末期に鯛ノ浦港に特攻基地が設けられた際に、この聖堂は軍に接収されて基地司令部となっていた。終戦後、昭和21年（1946）頃に浦上の被爆煉瓦を運んで、鐘の塔を造っている。被爆後の長崎では煉瓦は片づけなければならない。親類の家で被爆した與助は煉瓦を廃棄するのではなく、平和を語り伝える煉瓦として、自分の出身地に近いこの鯛ノ浦天主堂の塔を増築するのに使ったとは考えられないだろうか（写真6）。
勿論、材料費の節約にはなるが、煉瓦に目地のついたモルタルをもう一度使えるように落とすのは、気の遠くなるような手間である。
鯛ノ浦は幕末期に、上五島の切支丹指導者として活躍したドミンゴ森松次郎の出生地であり、大村藩から移り住んだかくれキリシタンが秘かに暮らしていた集落でもある（写真7）。

〈写真3〉聖堂内部

〈写真4〉側廊部

〈写真5〉柱頭飾り

〈写真6〉正面の被爆煉瓦の塔

〈写真7〉殉教者の碑

キリシタンへの弾圧が解かれた後に戻った信者には「鯛ノ浦の6人斬り」という迫害もあった。明治3年（1870）正月、新しい刀の試し切りと称して胎児を含む2家族6人が有川村の郷士に殺害されている。また、鯛ノ浦のプレール神父が、たまたま外海のド・ロ神父の元に身を寄せていた時に、鯛ノ浦で危篤の患者が出て、地元の若者等は「神父お迎え舟」を仕立てて、五島灘を航行中、舟は時化で遭難、難破した。一行の12人は遠くに舟影を見つけて助けを求めた。舟は接岸して救助してくれたが、プレール神父が多額のお金を持っていることが分ると、それらを全て奪い取り、神父と水夫を舟棒で撲殺し海中に放り投げ、捨て去ったというのである。

天主堂の建築工事に関わることを、與助の資料を基に整理している。建築はカトリックの天主堂が多いので、宗教に関わる資料を見たり、話しを聞いたりすることもある。時々、無残としかいいようのない歴史を知る。人は優しい心配りができるが、一方で想像するのも恐ろしいことをするのも同じ人間と、パソコンのキーを打つ手が止まることもある。

事故に遭い、全員が帰らぬ人となってしまった。せめて事実を伝えることで、冥福を祈りたい。

天主堂は新しく建てられ、旧天主堂の窓辺の本棚には、子供向けの本が並んでいる。子供たちは学校の始まる前に祈り、放課後は教会に集まり勉強しているという風景は、他の天主堂でも何度か目にしたことがある。気持ちの良い使われ方をしていると感じた。

(2)福江(五島市)=カトリック布教の拠点

長崎県の西部、五島列島の南西部に位置する五島市は、福江島、久賀島(ひさかじま)、奈留島と周辺の島々からなり、福江島は長崎の大波止ターミナルから、凡そ100㎞の位置にある。

平成16年(2004)に福江島、久賀島、奈留島の三つの島が合併して五島市となった。新上五島町は縦に細長いのに比べると、福江島はコンパクトに纏まっており、生活はしやすいと、何人かに話を聞いた。

幕末の福江には、海上の防衛や異国の来襲に備えて、五島藩主の居城である石田城が築かれていた。現代の会話の中でも「遣唐使が寄港して、水を補給したとです」と、入り江の傍を通りながら、サラリと説明される。また、石田城の城内には、お城の門が校門になっている長崎県立五島高等学校や、北の丸跡には五島観光歴史資料館や図書館、五島市福江文化会館が地域の歴史を伝えている。

五島市の人口は四万人弱であるが、巡回教会も含めると20程の教会がある。漁業で栄えていた福江では、内陸部の開拓は遅れ気味であった。そこで五島藩から大村藩に開拓農民の移住が要請され、大村藩からは主に外海のかくれキリシタンの人々が移り住んだのである。そして、

五島へ　五島へ

みな行きたがる
五島やさしや　土地までも
五島極楽
行ってみて地獄

俗謡は、私も聞き覚えがある。祈り暮らす人々の言葉だろうか。

福江にある堂崎天主堂は、五島の拠点として、その後、五島列島全体に布教が展開されている。

五島市に来たら、ココもお勧め！

【旧五輪教会】明治14年（1881）に建てられた旧浜脇教会を移築している。国重要文化財。「長崎と天草地方の潜伏キリシタン関連遺産」の構成資産の一つで、久賀島にある。

【井持浦天主堂】明治28年（1895）煉瓦造で建てられたが、台風などの被害で倒壊。再建されている。福江島の西の端にあり、日本で最初にルルドが設けられている。

【貝津天主堂】大正13年（1924）に建てられている。折上げ天井や、花模様の彫刻など、与助の作品と酷似している。

【浜脇天主堂】昭和6年（1931）鉄筋コンクリート造の天主堂。

【三井楽天主堂】昭和46年（1971）に建立。島内各地で採集された貝殻は、モザイク模様の壁画として、壁面を飾っている。

【浦頭天主堂】昭和43年（1968）に建立。堂崎天主堂の老朽化に伴い、浦頭（平蔵）天主堂が建てられている。

【五島観光歴史資料館】福江市の市制35周年を記念して建てられた資料館は、石田城内にある。

〈写真1〉楠原天主堂

〈写真2〉牢屋敷跡

①楠原天主堂　切支丹牢屋敷跡に先祖を偲ぶ煉瓦造の天主堂（明治45年）

現住所：長崎県五島市岐宿町楠原
工事種別：新築工事／煉瓦造／設計・施工／延床面積280㎡／階数2階
担当神父：チリ神父

楠原（くすはら）は富江から岐宿に抜ける富江岐宿線の途中から、1km程山の方に入る。楠原天主堂（写真1）は福江港から、車で30分ほどの場所にある。また、教会堂の北東400mの東楠原に、キリシタンが最初に投獄された牢屋敷跡が復元されている（写真2）。牢屋敷跡の材木は、昭和29年（1954）に水の浦修道院楠原分院の1階となり、平成7年（1995）に解体され、翌年、残された材木で牢屋が小さく復元されている。

楠原は漁村部に比べて開拓が遅れていた農村部の開拓を進めるために、五島藩が大村藩に農民の移住を促した土地で、西彼杵郡外海の黒崎、三重、神ノ浦からの移住者が多い。

明治元年（1868）11月には、代官によるキリシタン禁制はますます強化され、水の浦、姫島、楠原の信者80名程が水の浦の牢に集められた。酷い拷問と体罰に耐えかねて、棄教を申し出て帰宅を許されても、それまでの住まいは破壊され、家財なども奪われて、さらに悲惨な暮らしになったという。

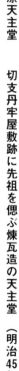

そのような地域に楠原天主堂は、煉瓦造で建てられた。正面は中央とその両側の壁3つに分けられる。1層目は、正面中央と両側廊部に出入口がある。2層目には、中央に縦長の3連の窓があり、その両側の壁には小屋根を「へ」の字形の対照に造り、丸い形で煉瓦の塞ぎ窓がデザインされている（写真3）。3層目には縦長の2連の窓があり、頂に十字架を置く。

天主堂を側面から見ると、下段に石材を積み、煉瓦を4−5段積んだ上に窓台の石を置き、

〈写真４〉側面から見た楠原天主堂

〈写真３〉煉瓦の塞ぎ窓

〈写真６〉ナルテクスのステンドグラス

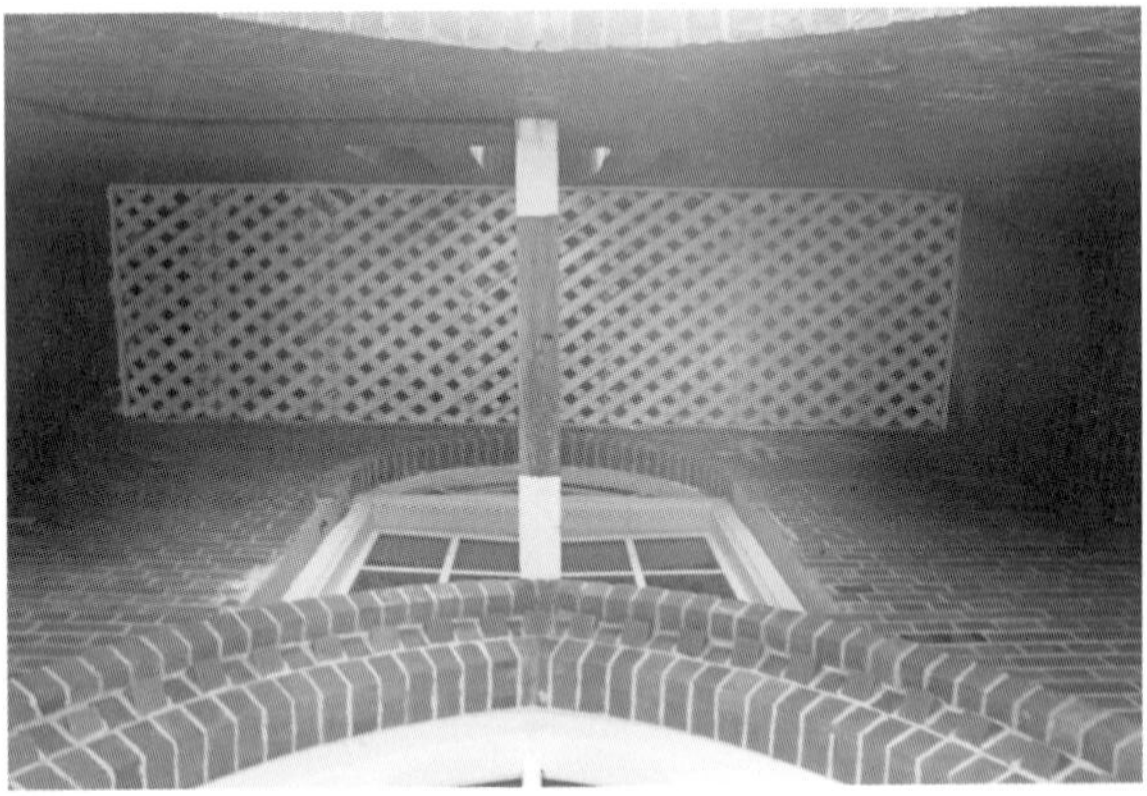

〈写真５〉ナルテクスの網天井

〈写真８〉柱台石

〈写真７〉楠原天主堂内部

〈写真９〉柱頭飾り

〈写真10〉祭壇上部の３連のステンドグラス

窓をのせている。硝子障子といわれたステンドグラスは、縦に長い（写真４）。

天主堂と外の間には、ナルテクスと呼ばれる小さな空間がある。出入口の両壁は吹き放しではなく、煉瓦の壁で囲われており、天井は網天井である（写真５）。ナルテクスの両側にも小さなステンドグラスの窓がある（写真６）。

内部は三廊で、天井は柳天井、漆喰仕上げである（写真７）。柱は柱台石に据えられ（写真８）、柱頭には彫物がある（写真９）。

中央の祭壇の奥の壁には、縦長の三連のステンドグラスがある（写真10）。祭壇の右と左の両側に小さな窓がある天主堂は多いが、三連の窓は堂崎天主堂の祭壇部と同じである。また、ステンドグラスは、創建時の紫がかった青色や緑色、黄色の四角い色板ガラスが使われていたが（写真11）、現在は色合いはそのままに十字架の模様を浮かび上がらせて、柔らかな色調のステンドグラスに取り換え（写真12）、床を張り替えている。これは、平成24年（２０１２）の百周年の記念行事で行なわれている。

また、昭和43年（１９６８）６月に会堂の一部と祭壇、および内陣にかけて大規模な改修工事が行われている。

資料は明治43年（１９１０）と明治44年（１９１１）の『手帳』と「職人出勤簿」（写真13）である。

『手帳』では明治43年（１９１０）11月６日から８日に、西楠原郷の赤迫丈吉と東楠原郷の狩浦力造を訪ねている。赤迫丈吉と狩浦力造は、ともに天主堂の世話役である。「楠原天主堂軒高　一丈四尺　コンパス　一尺　外ニ地覆」と、楠原天主堂の軒高と建設概要を決めて

〈写真11〉創建時のステンドグラス

〈写真12〉現在のステンドグラス
百周年事業で取り換えられている

いる。

明治44年（1911）5月7日の夕方は、石工と石材を見積り、翌9日には水盛をし、10日にも再度水盛をしている。9月に煉瓦職人は楠本の紹介と決まり、総代から50円を受取っている。

「職人出勤簿」の表紙は「明治四十五年　職人出勤簿　一月元旦　五島魚目村　鉄川健築工事場」とある。「建築」を「健築」と書いたのは與助の誤字であるが、出勤簿は明治45年（1913）の正月元旦に魚目村の自宅で作成し、記帳を始めている。

「職人出勤簿」では、明治45年（1912）1月元旦は休んでいるが、2日から出勤し、作業状況は○や×印で表されている。

大工は鉄川與助、鉄川常助、浦善吉、梅木友吉、前田喜三太、山戸正喜二、梅川八之助、中尾音次郎で、中尾音次郎の側には「本人者（ハ）明治四十四年十二月廿八日ニ入門ス」とある。2月と3月も職人名は記されているが、○や×の印は全く書かれていない。

鉄川組の一同は、明治45年（1912）4月12日に、福岡県の今村天主堂新築工事に着手しているが、大工は與助の父・鉄川與四郎、與助、三男常助と、浦善吉、梅木友吉、前田喜三太（喜惣太）、中尾音次郎、梅川八之助、湯川幸太、平田彌太郎で「四拾五年四月九日　五島魚目村丸尾港出発　翌日今村へ到着」と、4月9日は楠原天主堂に取りかかっていた大工の他に、湯川幸太、平田彌太郎を加えて、今村に移動している。

楠原天主堂の職人出勤簿に記された山戸正喜二は、楠原以降の建築工事では確認できない。今村天主堂の新築工事が入ったために、楠原天主堂の大工は、山戸正喜二を中心に再編成された可能性がある。

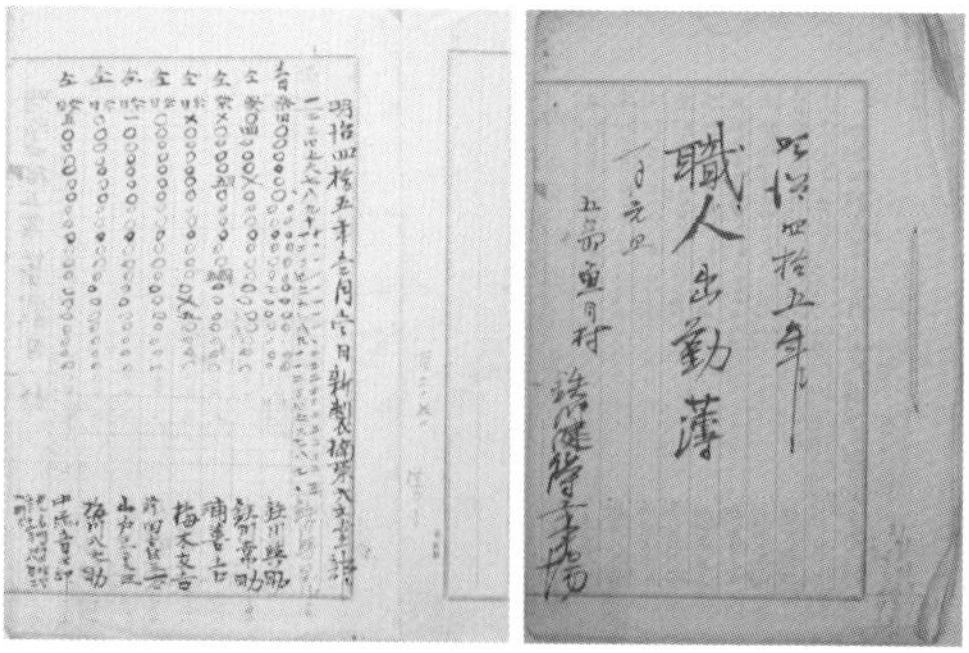

〈写真13〉楠原天主堂の職人出勤簿

〈写真14〉昭和26年頃（長崎純心大学博物館提供）

この頃になると、鉄川組は併行していくつかの新築工事を進めており、與助と父や常助などで分業化が始まる時期でもある。

明治45年（1912）正月は、鉄川組は、福江島の楠原天主堂新築工事に着手したが、その後、2月から3月には組の編成換えがあり、4月は、鉄川組は今村に移動し、楠原天主堂新築工事は、他の大工に任せたと考えられる。

楠原天主堂の煉瓦工事は楠本の紹介であることから、正面の煉瓦の意匠がこれまでと違うのも頷ける。

また、内部の柱頭の彫刻は、奈摩内天主堂の彫物より木の葉は単純化されている。一作毎に丁寧に精巧に煉瓦の飾り積みを採りいれ、柱頭の彫物も複雑になっていることを思うと、他の誰かに任せたことも納得できる。

資料が中途半端なのは、與助は設計したが、鉄川組の施工は1月だけで、他の職人集団と交代したことと、書類を整備して残すという習慣は、まだ普及していなかった時代で、そこまで求められなかったということになるのではなかろうか。

写真14は昭和26年（1951）頃で、天主堂前では子供たちが遊んでいる。通りに面した門は、まだ石垣である。子どもたちは放課後も天主堂で遊び、学ぶと聞いていたが、最近はどうなのだろうか。子どもを見掛けることは少ない。

②堂崎天主堂㊑　ペルー神父の寄留地に建つ正面に塔のある天主堂（大正6年）

現住所：長崎県五島市奥浦町堂崎

設計：不詳／施工：野原某・鉄川與助／煉瓦造、平屋、桟瓦葺／256㎡／重層屋根構造

〈写真１〉堂崎天主堂 正側面

／鐘塔／明治41年5月10日献堂式、大正6年6月6日改修
担当神父：ペルー神父

堂崎（どうざき）天主堂（写真1）のある福江島の奥浦は、16世紀から五島のキリシタンの拠点であった。五島藩と大村藩の都合で、西彼杵郡外海のキリシタンが五島に移住した時、最初に上陸したのは奥浦の六方（むかた）である。明治12年（1879）、フレノ神父は奥浦村大泊に仮聖堂を建設し、翌明治13年（1880）、マルマン神父が主任司祭として着任している。ここにはのちに慈恵院となる孤児院も設けられていた。

ペルー神父が明治32年（1899）10月に、長崎県知事宛に提出した担当者の履歴書では、明治8年（1875）に長崎に移籍し、奥浦村堂崎を寄留地として以来、西彼杵郡や北松浦郡、南松浦郡を布教したと記されている。その後、マルマン神父が離任後に着任したペルー神父は、慈恵院を移し、聖堂の建築を始めた。聖堂の建設費や敷地の拡張費用などは、フランスからペルー神父の母が送ったと伝えられている。

3枚の写真は堂崎とは特定できないが、昔はミサの時間になると、どこからともなく小舟が海岸に集まったという。ホラ貝の音を合図に、陸からは歩いて天主堂に人々が集まる風景が見られた（写真2）。時には海岸でミサが行われることもあったのだろう（写真3・4）。

堂崎天主堂は福江港から車で15分程。長崎県五島列島の福江島の北側で、奥浦湾に面している。現在は長崎県指定有形文化財で、キリシタン資料館になっている。

堂崎天主堂の設計者は不詳、施工は福江町の大工棟梁野原某で、鉄川與助は野原棟梁の元で腕を磨き、明治41年（1908）にペルー神父によって献堂式が挙げられたとされている。

〈写真2〉ミサを知らせるホラ貝（長崎純心大学博物館提供）

〈写真3〉ミサに集まる信者（長崎純心大学博物館提供）

〈写真4〉海岸でのミサ（長崎純心大学博物館提供）

〈写真7〉ナルテクス

〈写真6〉正面出入口

〈写真5〉塔の張出し

〈写真9〉札幌の旧りんご倉庫の飾り積み

〈写真8〉祭壇部分の寄棟の屋根

堂崎天主堂は煉瓦造で、重層の屋根構成、瓦葺である。堂崎天主堂の正面は、中央とその両側の側廊部分の縦に3分され、中央は四角い塔の張出しがあり（写真5）、正面中央とそれぞれ両側に尖塔アーチ状の出入口がある（写真6）。

横も3層に分けられ、1層目はナルテクスという吹き放ちの空間（写真7）で、聖堂と外を分けている。2層目は、ステンドグラスの丸窓の上に縦長の2列の窓と、その両側に縦長の煉瓦の塞ぎ窓がある。3層目は切妻の屋根に十字架を揚げ、妻面には煉瓦で丸い塞ぎ窓を現している。この塞ぎ窓は、楠原天主堂の両側の塞ぎ窓のデザインと同じである。奥の祭壇部は、寄棟の屋根になっている（写真8）。

最初に堂崎天主堂でこの出入口の煉瓦の飾り積みを見たのは、平成11年（1999）であった。

煉瓦の小口面と△形の角を交互に連ねて凸凹させ、模様を作りだしている積み方に感心した。札幌にも煉瓦の建物は多いが、同じような工夫でもそれを造った札幌の職人とは違う飾り積みになっていた（写真9）。

内部は三廊で、聖堂の右側に階段を設け、入口上部は「楽廊」になっている。天井は柳天井で、漆喰で仕上げ、四角い柱には柱頭飾りが据付けてあり（写真10）、身廊側の柱頭飾り（写真11）は小柱を束ねて天井の骨を構成している。

明治39年（1906）9月2日に、與助は堂崎で「道寄天主堂新築ノ旨神父ヨリ話アリ」と、天主堂新築工事の話を聞き、翌3日は「新築天主堂ノ圖ヲ書ク 梁間五間 内桁行キ十一間此

〈写真10〉内部

〈写真11〉柱頭飾り

ノ見積リ　凡三千二三百円　大工手間凡百四十工　木挽百三十工　材木左官白灰千〇九十円」と図面を書き、鉄川組と木挽の手間賃と材料費の見積をしている。

野原は福江の大工町の棟梁である。また、9月4日は「(前略)野原　仲直リノ件ナリ　(中略)野原来ラズ(中略)話纏マリ三人同行ノ上ペルー神父ト四人仲直リス」とある。

與助は図面を書き見積を作成したが、ペルー神父と野原と與助と、他にもう一人の四人の間で何かがあり、與助は野原と仲直りをした上で施工に参加したか、それとも積極的には参加していなかったものと考えられる。

次に大正5年(1916)6月の『手帳』には、「福江天主堂ノ図ニ付テ　塔ノ上ノ破風廻ハス事　但シ一面カシ面カ　全　具上ノ蛇腹ノ上ニ落リ一尺五寸づつセバメテ　鉄物ノ平　□ケ廻ス事　尚　側窓チツメル為メ下屋ノ壁チ直ス事　之カ□　ノ十字架其他　ニ変更スル事　上丸窓内圣内二尺五寸以内位　衣装部屋及三尺ノ廊下チ付ケル事　此ノ香台□□凡そツメル事　階段ノ窓ノ巾ハ三寸位」とある。

與助は堂崎天主堂のことを「福江天主堂」と書いているが、この記述から堂崎天主堂のことだと分る。明治41年(1908)に献堂した堂崎天主堂には、塔が無かったか、或いは有っても造り直したと考えられる。

そこで前面の改修工事は、①塔の上には一面か、四面か破風を廻し、その上は蛇腹積みに繋げ、1尺5寸(約45・45㎝)程狭くして、鉄物を廻すこと。②側窓を詰めるために、下屋の壁は積み直す事。③このために十字架その他を変更すること。④上の丸窓の経は、2尺5寸(約75・75㎝)以内位とすること。⑤衣装部屋と3尺(約90㎝程)の廊下を付けること。⑥廊下に併せて香台の寸法を調整すること。⑦階段の窓の巾は3寸(約9㎝程)位にすることなどで、かなり大掛かりな改修工事になったものと考えられる。

『長崎の教会』の解説に川上秀人博士は、堂崎天主堂の実測は「天主堂は三廊式、主廊幅15・8尺、側廊幅7・8尺、列柱間隔9・5尺」で、「楽廊は後補で、ナルテクスの天井は当初はすべてリヴ・ヴールト天井構成であったと思われる。小屋組には新旧材が混在しており、架構法も異なる。建設当初は現在よりも屋根勾配が急峻で、和小屋組であったと推定する」と記されている。

明治41年（1908）の献堂からは10年足らずであるが、妻面に何らかの不具合があり、正面に塔を設け、衣装部屋と3尺の廊下を付けて香台の寸法を詰め、階段の幅は3尺位に改修した。また、改修工事で正面中央の塔の四方には蛇腹を廻し、塔の半分程の幅で吹き放しの空間を設けた。塔の四方の煉瓦の蛇腹飾りは、直方体の煉瓦の角を凹凸させているが、吹き放し空間の尖塔アーチの煉瓦の飾り積みは、煉瓦の小口面と△形の角を組み併せて飾り積みを施工している。塔の上の破風は前1面か、四方に廻すかなどを事前に提案できるほど、與助の煉瓦工事についての理解は深まっていたといえる。

改修工事前の堂崎天主堂の写真は確認できていないが、正面中央を張出し、塔と吹き放ちの空間を設けた堂崎天主堂の印象は、大きく変わったのではないだろうか。

明治39年（1906）に與助は鉄川組を創業し、桐古天主堂改修工事に取り組み、工事が終了した後は鉄川組一同は冷水に移動して、木造の冷水天主堂工事に着手している。併せて與助にとって最初の煉瓦造の新築工事となる、野首天主堂新築工事（明治41年／1908）

を竣工させている。堂崎天主堂のある福江島と野首天主堂のある野崎島は、五島列島の南と北の端ともいえる位置にあり、距離は凡そ100㎞、定期の連絡船はない。乗り継いで数日かかる移動となる。工事の実績を重ね自信をつける中で、大正4年（1915）の福江滞在中に「正面中央に塔を付けるのは前からのペルー神父の意見」というペルー神父の意見を採り入れて、堂崎天主堂の妻面を改修して塔を設け、それに伴い階段の窓の幅や、衣装部屋などの工事を決めたと考えられる。ペルー神父は明治8年（1875）に長崎に移籍し、その後堂崎天主堂の主任司祭になり、大正7年（1918）2月までの凡そ43年もの間、五島列島のある南松浦郡や北松浦郡に布教している。

現在、堂崎天主堂にはかくれキリシタンの資料などが展示され、波打ち際の静かな資料館になっている。日頃、祈りの場として使われていない空気感だろうか。祭壇は有っても、御堂とは何かが違う。夢中になって天主堂の話をする私を見て、東京から福江に出かけ「バスを乗り継いで行ってきました」と、堂崎天主堂を訪ねた方も、やはり同じ感想を話された。聖堂ではコンサートなども開催されていると聞く。ここに参加した方々の感想は、全く違ってくると思われる。

③江上天主堂 ㊢　ステンドグラスは花を手描きで制作した天主堂　（大正7年）

現住所：長崎県五島市奈留町大串
工事種別：新築工事／木造／設計・施工／延床面積：330㎡／階数2階
担当神父：島田喜蔵神父

〈写真1〉江上天主堂

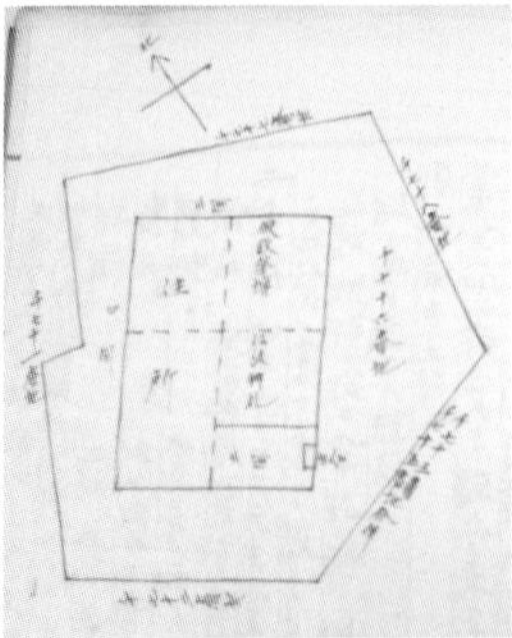

〈写真2〉敷地図　「天主堂既設届」より
（長崎歴史文化博物館所蔵）

江上天主堂（写真1）は、五島列島の久賀島（ひさかじま）と若松島の間に位置する奈留島にある。西彼杵郡の外海からの移住者が暮らしていた地域で、現在は五島市奈留町になっている。

江上天主堂の有る大串は、奈留島の西側の海沿いの廃校となった江上小学校脇の林の中に建っており、平成20年（２００８）には国指定重要文化財に指定され「長崎と天草地方の潜伏キリシタン」を構成する教会の一つになっている。

外海から移住してきた信者たちは、当初は聖堂ももたず、家でミサをあげていたという。明治32年（１８９９）10月の「天主堂既設届」は、家主の「長崎縣南松浦郡奈留島村四百九拾六番戸　江村倉蔵㊞」と、信者総代の「同縣同郡同村　五百壱番戸　江村兼吉㊞」が「長崎縣知事服部一三」宛に提出した書類である。それによると、明治14年（１８８１）から借り受けた家は「長崎縣南松浦郡奈留島村大串郷字上方江神千七拾六番地」の宅地90坪に、12坪の建坪がある。内部の設備は「假設祭壇一個及信徒席」で、敷地図（写真２）と平面配置図（写真３）が記されている。

現在の天主堂が新築されるのは、大正6年（１９１７）のことになる。

外観は重層の屋根構成で、切妻の瓦葺き、下見板張りの聖堂は白いペンキで塗られ、窓枠は水色でアクセントを付けてある。丁寧に補修が重ねられてきたことが分る。

縦に3分した正面は、中央の出入口とその両脇に縦長窓を設けている。嵩屋根には高窓もなく、十字架も載せていない。

内部は三廊で、天井は柳天井である（写真４・５）。柱は木製の八角形の上に瓢箪形の彫

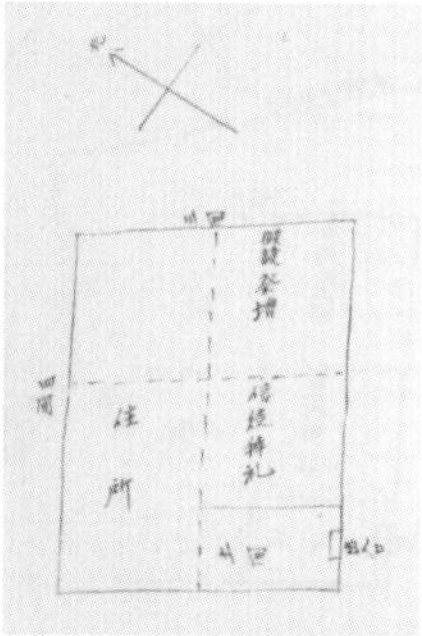

〈写真3〉江上天主堂　平面配置図
「天主堂既設届」より
（長崎歴史文化博物館所蔵）

〈写真4〉内部（長崎の教会群情報センター提供）

刻を重ねた柱台に据付けてあり（写真6）、柱頭には柱頭飾りが彫刻してある（写真7）。堂内の柱には木目模様を手描きしたというが、柱頭の部分も描かれているのだろうか。妙に木目というか、模様が浮き上って見えるのだが……。

床は板張りで、祭壇に続く中央の通路は矢筈張りになっている。

奈留島は「溺れ谷」という独特の地形で、海岸線の出入が多い天然の良港であるというが、一方、谷の方には海水が入り込みやすい難点があるともいう。江上天主堂を取材した日は、雨上がりの日になった。天主堂は海岸より1段高くなった敷地に建てられており、敷地の周囲には溝が掘られている（写真8）が、裏山からは、音を立てて水が流れている。四方の溝は敷地に水が流れ込まないような対策であろう。天主堂の床は高く取られており、床下には束石が据えられている（写真9）。

與助は大正5年（1916）には、江上天主堂のある奈留島と大水天主堂のある上五島の魚目、佐世保や平戸から田平天主堂、さらに長崎などを頻繁に行き来している。魚目は鉄川組の拠点の丸尾にも近いことから、自宅にもしばしば帰っている。

『手帳』の裏表紙には「奈留島村大串郷字江上　江上倉造」と、家主の氏名を記している。極めて断片的な記録ではあるが、大正5年（1916）7月2日には奈留島江上で杉山を見て、翌日の3日は濱窄百造から立木78本を350円で買い、手付を50円渡し、26日には、江村元右ェ門から杉代400円を受取っている。

また、7月18日には、父、前田要吉、橋本金七、渡辺の四人が丸尾を出発して奈留島に向

〈写真5〉内部〈長崎の教会群情報センター提供〉

〈写真6〉木製の柱台

〈写真7〉柱頭飾り

〈写真8〉敷地周囲の溝
裏山からは、音を立てて水が流れている

〈写真9〉床下には束石が据えられている

北松浦郡南田平村天主堂工事場
鐵川與助様
親展
事務所

〈写真10〉手紙

緘
南松浦郡奈留島江上天主堂工事場
鐵川常助
三月十七日

〈写真11〉手紙

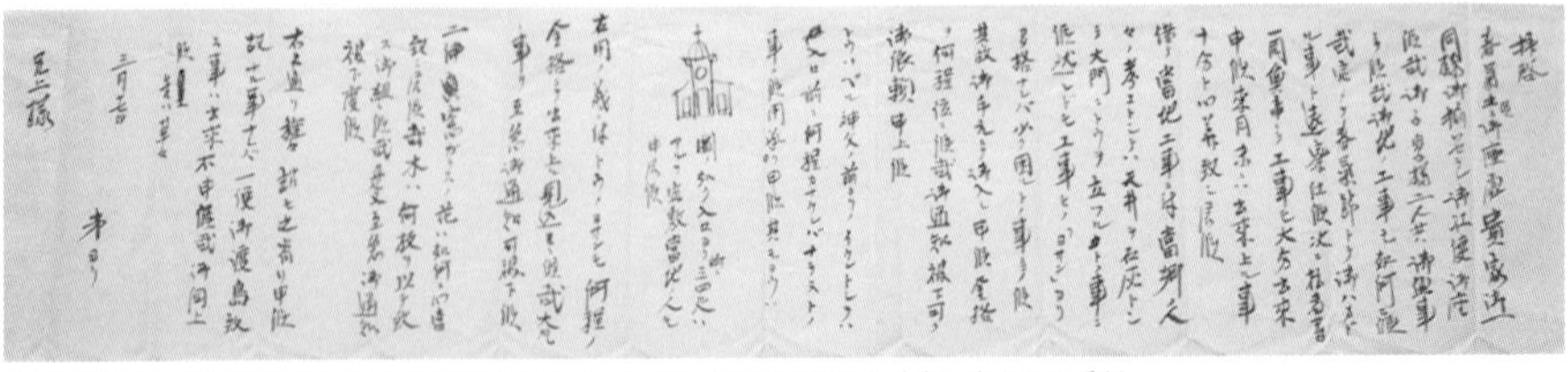

〈写真12〉江上天主堂工事現場の鉄川常助から田平天主堂工事現場の鉄川與助宛に出された手紙。
ペルー神父は、正面に塔を設ける意向と伝えている。

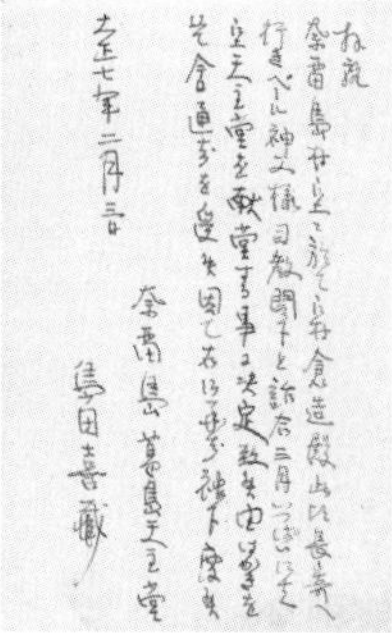

〈写真13〉島田神父からの葉書

かい、木挽は濱窄を江上で新たに雇っている。この頃に江上天主堂の工事は始まったと考えられる。

ここに常助の名前は無いが、常助は大正６年（１９１７）３月17日に、江上から田平天主堂の工事場に居る與助宛に手紙を出した。10月30日には「江上常助へ佐世保局ヨリ手紙出ス」と、與助は、江上に居る常助に手紙を出している。江上天主堂工事場の常助から田平天主堂工事場の與助に出された手紙は、「正面の単塔は、ペルー神父の意向」と伝えている（写真10～12）。

江上天主堂の正面に塔は無いが、江上天主堂にも塔を設ける検討をしたのではないだろうか。

このような内容から江上天主堂の新築工事は、與助が設計や工事費の打合せなどをし、材木の買付けを行った後、木挽の濱窄を雇い、大工は常助を中心として父與四郎と、前田要吉、橋本金七と、渡辺（左官と思われる）が作業をしたと考えられる。

献堂式については、大正7年2月3日付の葉書（写真13）で、3月いっぱいに江上を献堂すると決めたことを、奈留島の葛島天主堂に居る島田喜蔵神父が、南田平に居る鉄川與助に連絡している。

大曽天主堂（大正５年／１９１６）、大水天主堂（大正６年／１９１７）、田平天主堂（同年）と天主堂の新築工事が重なる中で、鉄川組の分業化が始まり、江上天主堂の工事の管理は信頼できる弟の常助に任せたのであろう。常助は既に、大正２年（１９１３）９月に竣工した福岡県の今村天主堂で、與助に代わって工事管理をした実績がある。

〈写真14〉祭壇図　（新上五島町鯨賓館ミュージアム提供）

〈写真15〉江上天主堂祭壇

〈写真16〉野首天主堂祭壇

この他に江上天主堂では、祭壇の図面が確認されている。祭壇図（縦６２５×横４６０㎜）は、丸尾の與助の居宅跡を解体した時に天井裏から見付かった。長い間、筒状に巻かれていたため、祭壇に向かって右手方向は破損している（写真14）。喜一郎氏が依頼したこの解体工事では、図面の他に大工道具なども複数見付かっているが、解体業者や地域の郷土史研究家を経て、新上五島町の鯨賓館ミュージアムや外海のド・ロ神父記念館に寄贈されている。

ミサの形式は、第二次バチカン会議以前と現在とでは違うが、当時の祭壇は聖堂の一番奥に置かれている。祭壇は1層目と2層目と3層目は図面の通りであるが、３層目の上部には図面にはない尖塔を設けて4層にしている（写真15）。祭壇の彫刻は十字架に葡萄の枝がからみ付き、百合がデザインされている。十字架はキリストのシンボルで、百合は純潔と聖母マリアの処女性を示し、葡萄は豊かな実りと共に、蔓がからみつくことから神と人間が隣りあうはかなさを示すという。與助は祭壇図を描く時に、宣教師からこのような教えを受け、理解した上で製図したのだろうか。2層目の中央には聖櫃（せいひつ）とよばれる特別な箱があり、屋根は小尖塔で装飾して、ゴシックの様式を顕している。

野崎島の野首天主堂（明治41年／１９０８）の祭壇（写真16）は、江上天主堂の図面と同じデザインであった。「江上の祭壇図」の裏面には、「大正六年六月二十一日調整　南田平天主堂建築所ニ於テ　五島奈留島江上ノタメ」と記されている、と、新上五島町鯨賓館ミュージアムで教えてもらった。野首天主堂の祭壇図は別にあるのだろうか。江上天主堂の祭壇は、野首天主堂の祭壇に4層目の尖塔を設けて製作されていると考えられるのだが……。ともあれこの祭壇図が見付かったことで、與助は天主堂の建築のみではなく、祭壇も設計、施工していたことが判った。

〈写真17〉ステンドグラスは手描きされた窓（長崎の教会群情報センター提供）

〈写真18〉江上天主堂硝子障子花弁の絵の跡が見える（写真 西崎悦男氏提供）

〈写真19〉江上天主堂正面出入口（写真 西崎悦男氏提供）

また、聖堂の窓は、写真からも色板ガラスのステンドグラスとは違う美しさが感じられる（写真17）。透明のガラスに花を手描きしているという。與助はステンドグラスのことを硝子障子と呼んでいた。写真18は鎧戸を開けた時の写真で、外からもガラスに絵を描いているのが分る。他にも正面出入口扉の上部は、半円の硝子窓に色ガラスが入れてあることが多いが、ここでは木彫で、外壁の窓枠の色と同じ水色に塗られている（写真19・20）。

江上天主堂は、あと2年で１００年になる。手描きの花弁の色は消えかかっているが、はかなさとゆかしさが感じられる。親・子・孫の代と繋げながら、窓ガラスを拭き、塗装を重ねて手入れされてきたと思われる。手描きの色が落ちないように気をつけて、教会を守ってきたのでしょうネと、信者さんにお話を聞いてみたかった。

ステンドグラスの手描きの例は、遠く山形県鶴岡市にもある（写真21）。鶴岡カトリック教会（明治36年／１９０３）の設計は、長崎市の中町天主堂の設計者と同じパピーノ神父である。旧庄内藩家老の末松家の屋敷跡に建てられた天主堂は、国指定重要文化財となっているが、この窓には薄い透明な紙に聖画や図案が書かれ、２枚のガラスに挟まれている。ヨーロッパのゴシックの教会などでは見られるというが、宣教師から教えてもらう他に、誰が思い付くだろうか。それにしても、器用な人が居たものと改めて感心する。

佐世保の黒島天主堂の天井でも、天井の板に木目を手描したと、案内人から説明を受けたが（写真22）、建物の材木の杢目を手描きしたり、ステンドグラスの替りにガラス窓に手描きで絵を描いたりと、一言で手間とはいえない程、気の遠くなるような献身的な作業が行われた。信者の家庭では、作業の様子などを子々孫々に語り伝えているのではなかろうか。

江上天主堂はかつては中五島の中心的な存在であったというが、現在は過疎化によって、

〈写真20〉江上天主堂正面 出入口上部の半円窓の彫刻
（写真 西崎悦男氏提供）

〈写真21〉鶴岡カトリック教会の硝子絵

〈写真22〉黒島天主堂
天井の木目を手描したという

天主堂の横の小学校も閉校されている。昭和14年（１９３９）に建てられた江上小学校は、鉄川與助の設計と施工で建てられていたことを知る人は殆ど居ない。さらに、與助と奈留島の関わりは明治36年（１９０３）にまで遡る。鉄川組の創業前になるが、船廻尋常小学校の入札に上五島の丸尾から参加している。他にも大正10年（１９２１）には、奈留島村役場漁業組合事務所を鉄筋コンクリートで造り、大正12年（１９２３）には奈留島村避病舎を木造で建築しているのだ。

船廻小学校の跡地には、閉校記念碑が建てられている（写真23）。平成19年（２００７）年に建立された記念碑には「１３２年の歴史と伝統　誇り　思い出・友情・夢　ありがとう船小」と刻まれている。全国で閉校となった学校は数え切れないほどあるが、「閉校記念碑」を建てた学校は他にあるだろうか。良い学校で、卒業生にも地域の人にも愛されてきたことが充分伝わる。

奈留島を案内して下さった西村悦男さんは、これらの建物が有った場所をご存じで、避病舎跡は、五島中央病院附属診療所奈留医療センターになっていると教えて下さった。

教会群を世界遺産にという動きの中で、重要文化財になった江上天主堂は、多くの人に注目されて、過疎の地にも拘わらず、訪れる人も多いようである。

一方、明治生まれの上五島出身の棟梁、鉄川與助に着目すると、奈留島には鉄川組を創業する前から関わりがあった。また、江上天主堂の新築工事に続いて、漁業組合事務所や避病舎、江上小学校、同校奉安殿の新築工事と地域の公共建築を請負っていた。避病舎は、おそらくカトリックの文化との関係もあると思われる。現存するのは江上天主堂のみであるが、地域の歴史は語り継いでいって欲しいと願っている。

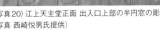

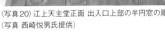

〈写真23〉閉校記念碑

〈写真24〉タブの枝の♡

実は江上天主堂の取材の日は、前夜から時化で、奈留島に着く時間が半日遅れになってしまった。船が出ないのだから、どう仕様もない。着いたのは夕方6時。直ぐに島の北側にある江上天主堂まで走って頂いた。お陰で外回りや島内は自分の目で確かめることができた。

内部の写真は、長崎の教会群情報センターに提供して頂いた。機会があれば、内部も是非拝観したいと希っている。ところで、江上天主堂の正面の入口、上の半円硝子窓の飾りが気になっている。他の天主堂では色ガラスがデザインされているのが多いが、江上天主堂では木彫に見える。そうだとすると、他には見られない試みである。誰が思いついたのだろうか。鉄川組の職人の仕事だろうか。柱頭飾りの彫刻も丁寧に彫られている。

「最近は江上天主堂のタブの枝の♡形が若い女性に人気ですよ！」（写真24）と、五島市奈留支所の城田正宏さんは教えて下さった。奈留高校の校門の横には、シンガーソングライター松任谷由美の「瞳を閉じて」の歌碑もあるという。

過疎に悩む天主堂は、森に囲まれて、あくまでも美しく、目の前の大串湾のさざ波は、優しいメロディを奏でている。ユーミンがタブの♡形を見て下さったら、江上天主堂の横の校庭にも、新しい歌碑が建つかもしれない……と期待するのは、ミーハーすぎるだろうか。

④旧細石流天主堂　白い椿が咲いた五島で一番美しい天主堂（大正9年）現存せず

旧住所：長崎県五島市久賀島
工事種別：新築工事／木造／設計・施工／延床面積313㎡／階数2階
担当神父：島田喜蔵神父

〈写真1〉久賀島の椿（五島市提供）

〈写真2〉久賀島の椿（五島市提供）

久賀島（ひさかじま）は五島列島の福江島の北にある島で、現在は五島市久賀町になる。椿は長崎県の木で、中でも五島の椿は有名だが、久賀島には赤い椿の花ばかりではなく、白い椿の花も見られ、広さ1ヘクタール程の椿の原始林がある(写真1～3)。

椿の花は首からポトリと落ちることから、仏壇に供える花としては嫌われるが、殉教者の歴史と重ねて九州地方の天主堂では、椿が彫刻などのモチーフに使われているという。五島で最も残酷な拷問が行われたと伝えられる久賀島では、1歳の幼児から79歳の男性まで入牢し、多くの殉教者を出している。

旧細石流（きゅうざざれ）天主堂（写真4）へは2つの経路があるというが、久賀島を北へ山道を奥深く分け入り、道が途絶え、さらに深く谷を下り、山を登った北の端、東シナ海の海風をまともに受ける山の頂きに建てられていたという。海岸の断崖からは、激しい海風が吹き上げ、台風の時などはものすごい。海霧も一面を覆い尽くすが、突然、強い風が山手の崖から吹き下ろして、非常な勢いで霧を四方に吹き飛ばす。山奥に深く分け入り、上り下りしてたどり着く風の強い場所も、よそ者の入り込み難い場所で、信者の聖域だったに違いはない。旧細石流天主堂の創建は大正8年（1919）で、島田喜蔵神父の時である。島田神父は上五島の北の端、江袋というかくれキリシタンの集落で育った日本人の神父である。

旧細石流天主堂は木造で、単層の屋根構造であるが、正面入口部分の2階には楽廊があり、縦長の2連の窓がある。外壁は下見板張りであった。出入り口は正面とその両側の3か所で、内部（写真5）は三廊で、天井は折上げ天井と格天井を組み合わせて、華やかな明るい空間

〈写真3〉久賀島の椿（平野梓氏撮影）

〈写真4〉細石流天主堂
（的野圭志氏撮影　五島市観光歴史資料館　提供）

〈写真5〉内部
（的野圭志氏撮影　五島市観光歴史資料館　提供）

を創り出していた。装飾模様は白い椿である。写真を見ると柱は、木製の柱台に据えられ、柱頭には彫物が見える（写真6）。

身廊の折上げ部分には、大胆にデフォルメされた白い椿の彫刻が菱形の枠の中に彫られ、折上げ部分には、椿の2分の1（凡そ1m50㎝）の幅に花模様、さらに格天井の枠の中には、十字架がデザインされて彫刻されている。

五島市観光歴史資料館には、椿のレリーフが切り取られて展示されている（写真7）。レリーフの幅は2m30㎝、高さは85㎝もある。「図面を書く」と一言でいうけれど、彫刻は実寸大で検討して製作することになる。「こんなに大きい椿を彫りましたか！」と、妙に感心した。

與助は大正9年10月22日に奈摩内天主堂で「細石流天主堂新築工事豫算数量書類」を作成している。それによると「木材と、大工・木挽手間賃は合計　五千六百八拾八円、ペンキ三百円、硝子百円、瓦と左官・竹代で千二百八拾円、ボールト・釘・樋受・樋・双番類の金物は、合計三百三拾四円四拾銭、柱石、敷居・階段石などの石材は合計百三拾五円、雑工事百五拾円で、惣計金　七千九百八拾七円五拾銭」である。

ステンドグラスの写真は、奈留島の西崎悦男さんが以前撮ったものがあると提供してくださった（写真8）。祭壇部と思われる箇所には、赤や青の色ガラスの縦長の窓が入っている。

道路は上り下りの多い山道で、建材はどのように運搬されたのかと思っていたら、松材は久賀島の材木を使い、杉材は上五島の相河（あいこ）から買入れたと記録がある。久賀島まで運ばれていた杉材を、細石流の建築予定地まで運搬するのは、やはり細石流の信者だった

〈写真6〉柱台と柱頭、祭壇部との仕切りの衝立の彫刻（的野圭志氏撮影　五島市観光歴史資料館 提供）

〈写真7〉椿のレリーフ　彫刻の幅は凡そ2m30cm、高さは85cmある。五島市観光歴史資料館に展示されている。

〈写真8〉細石流天主堂ステンドグラス（西崎悦男氏提供）

に違いない。

「五島で一番美しい天主堂を建てる」という信者の思いは、白い椿と花模様の彫刻につながったのだろう。自然に壊れるに任せて、今は見ることはできないからということもあろうが、写真で見る限り、端正で彫刻も素晴らしい。美しい天主堂だったに違いないと思われる。

　細石流天主堂は昭和46年（１９７１）に廃堂になっている。予算書が残されているとはいえ、工事の記録が多く残されている訳ではないが、五島市観光歴史資料館で椿のレリーフを見た時、何ともいえない衝撃を受けた。廃堂になってから、既に45年が経つ。今は道も分らなくなっているかもしれない。

　折上げ天井は五島市の細石流天主堂（大正8年／１９１９）、新上五島町の頭ケ島天主堂（同年）、貝津天主堂（大正13年／１９２４）、中の浦天主堂（大正14年／１９２５）、五島市の半泊天主堂（大正11年／１９２２）、熊本市の手取天主堂（昭和３年／１９２８）、平戸市の紐差天主堂（昭和４年／１９２９）、天草の大江天主堂（昭和８／１９３３）と継承されている。細石流天主堂の白い椿は、中の浦天主堂（大正14年／１９２５）では赤い椿に色を染めて、優しさと美しさに力強さも兼ね備えて、明るい堂内を創り出していると思われる。

　與助の工事実績には、五島市の半泊天主堂（大正11年／１９２２）は含まれていないが、今回、出口神父の手紙や『手帳』の記録などから、鉄川與助の工事であると判断させてもらった。他にも、三井楽町の貝津天主堂（大正13年／１９２４）（写真9）や、新上五島町の中の浦天主堂（大正14年／１９２５）（写真10）も、與助の工事ではないかと考えられるが、資料からは判らない。しかし、内部は三廊、天井は折上げ天井、椿の花を彫刻し、十字架模様を

〈写真9〉貝津天主堂（大正13年竣工）の折上げ天井

〈写真10〉中の浦天主堂（大正14年祝別）の折上げ天井と赤い椿のレリーフ

天井に彫刻する意匠を、他の職人が真似してつくるだろうか。與助ではなくとも、鉄川組の職人の関与があったと思うのだが……。

⑤半泊天主堂　信者の手で積み上げられた石垣に守られる木造天主堂（大正11年）

現住所：長崎県五島市戸岐町半泊
工事種別：新築工事／木造／設計・施工／延床面積150㎡／平屋
担当神父：出口一太郎神父

半泊（はんどまり）は福江島の北の端、福江港から車で40分程の場所にある小さな集落である。県道162号を北に進み、戸岐大橋を渡って宮原教会の案内板を見ながら左に入り、くねくねとした細い山道を抜けると、海が目の前に拡がる。半泊は半農半漁で、自給自足の暮らしを守っている。

半泊にカトリックの信者が住み着いたのは江戸時代の末で、大村藩から移り住んだのが最初といわれている。浜から上陸した人々の半分がこの地に留まり、他の人たちは三井楽などへ移って行ったことから「半泊」と呼ばれるようになったという。それまでは地名も無く、人が住み着くのも難しい程、耕作には適していない土地だったということだろうか。海はエメラルド色で、波打ち際に沿った小さな丘には樹木が繁っている（写真1）。

半泊天主堂は木造、平屋建。外壁は下見板張りで、屋根は瓦葺きである（写真2〜4）。内部は三廊（写真5）で、中央の奥に祭壇がある。柱は角柱で、柱台も柱頭の彫刻も無い。天井は折上げ天井で、淡いブルーグレーに塗られた天井の中央部には、木製の輪を大小組み

〈写真1〉半泊天主堂近隣の風景

〈写真2〉半泊天主堂 正面

合わせて、花模様を浮き上らせている（写真6）。花芯は紅い十字架である。板張り床の祭壇に続く中央部分は矢筈張りで、丁寧に磨かれている（写真7）。創建時のままではないだろうか。

與助の『手帳』には大正10年（1921）1月5日「晴　中食后　出口師ト共ニ后一時出発陸路半泊行　香台ノ件　造リ付　三百円位トス　半泊敷地狭シ　松材ハ充分アル」と記されている。この頃、手帳への記載はまばらになるが、堂崎に居た與助と半泊の司祭である出口一太郎神父は、午後一時に歩いて半泊に向かって出発し、香台は造り付で300円位と決め、敷地が狭いが松材は充分あることを確かめている。

また、3月30日に出口神父は、手紙で與助に、松材は切り倒して山中にそのままになっており、虫が発生している。見積等のために一度出張して欲しいと依頼している。

堂崎から半泊までは、直線でも凡そ6㎞。当時の路は海岸に沿った茂みの中にあるというが、舟が使えない時には、山道を歩いて行ったことが分る。

拝啓　目下議員改撰ノ期日切迫仕リ御多
忙ノ御事ト奉存候　陳レバ　半泊天主堂
工事ニ要スル松材ハ一ケ月モ前ヨリ切リ倒
シ居リ候処敷地ノ方ガハカバカシカラズ
御出張ヲ願フ事ヲモ見合ハセ居リ候処
昨今ハ敷地モ貴下ノ御望ミ通リ上隣ノ
畑ヲ購入シテ三間程長ガメ略ボ終了

〈写真3〉半泊天主堂 側面

〈写真4〉半泊天主堂 背面 祭壇部と香部屋

〈写真5〉半泊天主堂 内部

〈写真7〉半泊天主堂の床は矢筈張り

〈写真6〉折上天井の十字飾り

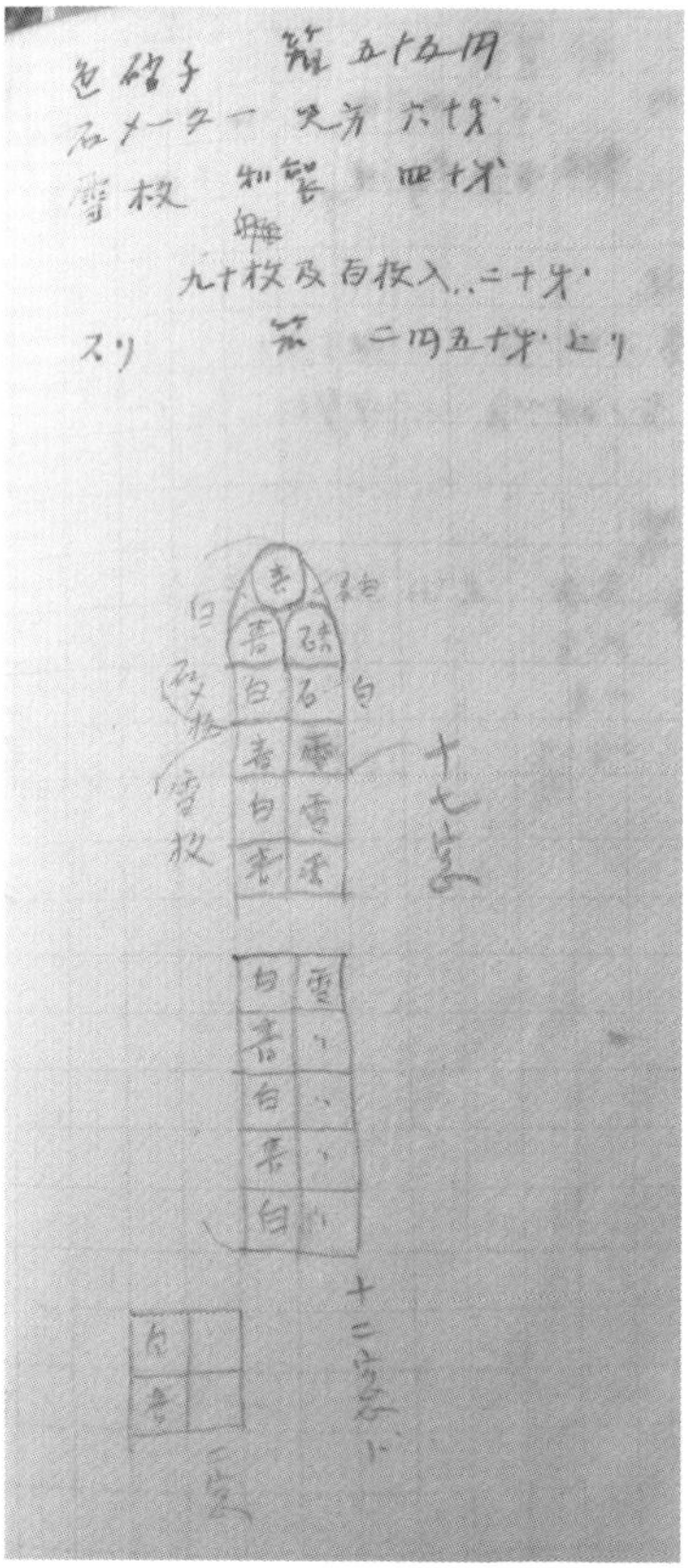
〈写真8〉硝子障子のデザインをした『手帳』

ニ近ク候ニ付何卒御都合次第松材ノ
見積モリ等ノ為メ御出張願上候
切倒セシママ山中ニ残シ置キ候処一種ノ
虫ガ付キ居ル事ヲ発見シテ心配致居候

議員改撰前ニハ御出張御困難カト
存ジ候得共　出来次第御願申上候

敬具

出口一太郎

三月三十日

鉄川與助様

二伸　小生事一月以来少シ病
気ニテ半泊ニモ其後一回出張ノミニ候
然モ松材ハ優良ナル品ヨリ撰ビテ
倒セシ旨郷ノ人等ハ申候

一方、與助は魚目で6月30日に「大工手間637日、木挽手間180日、左官150日」と見積り、他に、瓦7500枚、漆喰、金物、硝子、セメント、雑工事の費用を見積っているが、工事費は空欄になっている。工事内容が詳細には決まっていないことになる。

さらに大工と木挽の作業日数を記した半紙には、鉄川組は「常助、山下熊市、武石才一、前田要吉、橋本」が6月、7月、8月に作業をした記録がある。

〈写真9〉旧桐古天主堂ステンドグラス
半泊天主堂のために計画した硝子障子

〈写真10〉祭壇上左右の硝子窓
創建時のガラス窓と思われる

注目するのは、與助が半泊天主堂のために、硝子障子と呼んでいたステンドグラスをデザインしていることで、このように色硝子を組み合わせたスケッチ（写真8）は、他の天主堂には見られない。

「硝子注文書」には長さ7寸1分、9寸3分、7寸3分（約21〜28㎝）で、巾は2寸4分（約7・27㎝）の長方形の赤・青・黄色・ルリ色の色ガラスや、長さ巾共に7寸1分（約21・5㎝）角のスリ硝子などの数量が記されている。この型紙を作って配置してみると、若松島の土井ノ浦天主堂のステンドグラスとほぼ同じである（写真9）。これは旧桐古天主堂のステンドグラスと同じものを計画したことが判る。

ところが、半泊天主堂には色の着いたガラスは取り付けられなかった。竣工して95年になる半泊天主堂は外壁も補修されていることから、初めから無かったと断定はできないが、色ガラスは1枚も残されていない。

祭壇の両脇の縦長窓の窓枠と側壁の窓の上段の窓枠は、当時の硝子窓の窓枠と考えられる（写真10）。與助は「硝子注文書」で、赤・青・黄色・ルリ色の色ガラスではなく、8寸3分（約25・1㎝）角160枚と、7寸4分（約22・5㎝）角8枚のスリ硝子と並硝子に変更している（次頁・写真11・12）。

この他に大崎神父が與助に宛てた手紙がある。日付は不詳であるが、落成式までに工事が終わるかどうかの確認で「ガラス窓ニ窓ガラスを取付たりペンキを（窓ノミ）塗る仕事も其期限内に出来ます可　内部ノ天井や柱等もペンキデ塗るとすれば材料と手間食料一切で幾程位かかります可　ガラス取付への為め半泊に今月二十日頃にペンキ屋　渡航されます可　然シソレ迠ニハ窓ガ落成　しますす可　窓ノ調整ハ天井ヤラ壁張リヤラよりも先きに出来ません

〈写真11〉側廊の硝子障子は、造りかえられている

〈写真12〉硝子障子の上部の窓枠は、創建時のものと思われる

可」というものである。

大工は6月から8月までに粗方の工事を終わらせたが、窓硝子はまだ入っておらず、ペンキも塗られていない。「内部ノ天井や柱等もペンキデ塗るとすれば材料と手間食料一切で幾程位かかります可」と尋ねていることから、工事費の不足は明らかで、そのため工事は遅れている。献堂式には司教の予定もあることから、落成までの状況を尋ねたものである。

工事費は受取金１３３０円で、5月20日に上五島の相河（あいこ）で杉を３３０円で買付けている。松材だけでは足りなかったのである。6月6日に大崎神父より２００円、9月26日に福江で浜崎宿老から２２０円、10月1日に出口神父より１８０円、19日に４００円を受取り、支払金は、村川材木や杉買付けの費用、ペンキ代、大久保商店の金物代などであり、金額は未記入で「借金へマワス」とある。受取金の不足はそれぞれの関係先に借金したものか、與助が立替えたものかは分からない。

このようにわずかな記録ではあるが、半泊天主堂の新築工事は、鉄川組の請負で竣工し、工事費の不足はその後に計画されている工事で調整されたと考えられる。

現在の信者さんは、わずかな人数と聞いた。天主堂の周囲は、軒先と同じ位の高さの厚い石垣（写真13）で守られており、案内板が無ければ通り過してしまう民家風の建物である。石垣は新築から5年後に信者の手で積み上げられた。入り江の天主堂とはいえ、台風は吹き付ける。海岸の舗装道路は、建築後に整備されたものだろう。

石垣が天主堂を守っているように、少ない人数の信者の手で丁寧に磨かれて、半泊天主堂はひっそりと佇んでいる。

〈写真13〉信者の手で積み上げた石垣に守られる半泊天主堂

鉄川與助の建てた天主堂が注目されている中、與助の工事の実績として著されていないが、與助は工事費を見積り、ステンドグラスもデザインしている。工事費の都合でステンドグラスが施工されなかったのは切ないが、費用が足りないから飾りを省くのではなく、費用を押えても工夫を凝らし、天井には花の輪飾りを施工している。

出口神父の手紙もあり、鉄川與助の実績であることは間違いない。

⑥水の浦天主堂　大工の技を駆使して仕上げた木造天主堂（昭和13年）

現住所：長崎県五島市岐宿町岐宿
工事種別：新築工事／構造：木造／設計・施工／延床面積530㎡／階数2階
担当神父：浜田朝松神父

水の浦（みずのうら）天主堂（写真1）は福江港から福江三井楽線で凡そ40分程、福江島の中央部に位置している。岐宿町（きしゅくちょう）は福江市、南松浦郡富江町、玉之浦町、三井楽町、奈留町が合併して五島市となっている。水の浦にカトリックの信者が住み始めたのは、外海・郷の浦の5人の男性とその家族の移住に始まるとされている。

明治13年（1880）に教会が建てられていたが、老朽化に伴い現在の天主堂が建てられている。道路から石段の方向を少し見上げると、白亜の天主堂がそびえて見える。昭和13年（1938）5月に完成した天主堂は、木造、重層の屋根構成の瓦葺、外壁は白いペンキ塗りの下見板張りである。その外壁には、下見板に刻みを付けた細長い木材を打ち付け、手の込んだ手法を用いている。簓子（ささらこ）（写真2）といわれ、「大工さん泣かせ」の別名もある手法は、白い色と相まって、優雅な天主堂と印象付けている。軒にも蛇腹飾りのように木材で凹凸を付けた軒飾りになっている。妻面の印象は、大浦天主堂と同じである。内部（写真3）は三廊で、天井は柳天井、柱は柱台石にのせてあり、柱頭（写真4）は彫刻され、床は板張りである。ステンドグラスは色板硝子（写真5・6）で、緑色や淡い黄色、紫と緑を組合わせている。生月の山田天主堂や熊本の手取天主堂、天草の大江天主堂や崎津天主堂、平戸の西木場天主堂などと似た組み合わせのステンドグラスである。

元々この天主堂は、雲仙に建設する計画で與助が設計し、すでに材料の伐り込みが終っていたが、雲仙での建設が中止されたので、当時の浜田神父が信徒と協議の上、その材料を使い、與助の施工で水の浦に建てられている。この頃、信徒たちの間では、大浦天主堂が天主堂建築の原型と考えられていたというが、水の浦天主堂をみると、それがよく判る。

近くには、牢屋敷跡が復元された楠原天主堂がある。水の浦でも同じように厳しい迫害があったというのだが、繊細できれいな今の水の浦天主堂を見ていると、その様な事は忘れてしまう。平和な世の中で暮らすことの幸せを改めて思う。

（3）平戸＝キリスト教伝来の地

長崎県の北西に位置する平戸市は、長崎県と九州本土の市としては最西端に位置する。旧平戸藩松浦氏の城下町で、鎖国前は中国やポルトガル、オランダなどとの国際貿易港だった。

平成17年（2005）に平戸島と、九州本土側の北松浦郡田平町、生月町、大島村と合併して、平戸市になっている。平戸島の周囲には納島、斑島、藪路木島、大島、宇久島、黒島、小黒島などが点在し、九州本土と平戸島は橋で結ばれ、斑島と黒島は小値賀島から橋で結ばれている。五島列島の北にある小値賀島と野崎島、六島は、行政区では平戸市である。

〈写真1〉水の浦天主堂は天主堂の原型と考えられていた

〈写真2〉外壁の簓子（ササラコ）は大工の技

〈写真3〉聖堂内部

〈写真4〉柱頭飾り

〈写真5〉ステンドグラス

〈写真6〉ステンドグラス

ザビエルは鹿児島に上陸したあと、平戸を訪れてキリスト教を広めている。キリシタン信仰は、厳しい弾圧がありながらも、今なお平戸に息づいている。平戸には平戸ザビエル記念聖堂をはじめ、巡回教会も含めて凡そ18のカトリック教会がある。

また、江戸時代にオランダ東インド会社は、平戸にオランダ商館を設け、日本で最初の西洋貿易港としてイギリスやオランダとの交流を始めている。

このように、城下町や日本で最初の西洋との貿易港の歴史に、西洋から伝えられたキリシタン信仰の歴史と元々住民が持ち続けていた日本の伝統的な文化が不思議に融和し、他にはない雰囲気を醸し出しているところが、「平戸の歴史とロマン」といわれるのかもしれない。

平戸市に来たら、ココもお勧め！

【宝亀天主堂】明治31年（1898）建築。妻面は白と煉瓦色の漆喰で塗り分け、内部は柳天井で、ベランダがある。担当のマタラ神父と與助は、平戸の天主堂建築で交流があった。

【山野天主堂】大正13年（1924）建築。外観は補修されているが、内部は柳天井。

【聖ザビエル記念聖堂】昭和6年（1931）ゴシック造の建築。聖堂の周辺は寺院に囲まれ、独特な雰囲気を形成している。周辺散策も忘れずに。

【木ケ津天主堂】昭和37年（1962）建築。聖堂内の「十字架の道ゆき」は、永井隆博士の筆。

【壱部天主堂】昭和39年（1964）建築。生月島の隠れキリシタンを祖先にもつ人々の教会。

【小値賀町歴史民族資料館】小田家の事績を紹介、野崎島のキリシタン関係の資料も展示。

【平戸市生月島博物館　島の館】江戸時代日本最大を誇った益冨捕鯨、かくれキリシタンの信仰など生月島の魅力を紹介。

〈写真1〉野首天主堂　正側面

〈写真2〉野首天主堂　背面

この他に、平戸島の松浦史料館博物館、切支丹資料館、平戸オランダ商館など、平戸市の歴史を展示している。ガスパル様の十字架の碑も見学したい。

①旧野首天主堂 重 景　無人島を包み込む祈りの空間は初の煉瓦造天主堂（明治41年）

現住所：長崎県北松浦郡小値賀町野崎郷野首
工事種別：新築工事／構造：煉瓦造／設計・施工／延床面積280㎡／階数2階
担当神父：中田藤吉神父

旧野首（きゅうのくび）天主堂（写真1・2）は五島列島の北、小値賀島（おじかじま）と佐世保市の間の野崎島にある。今は無人島の野崎島は、小値賀島の東2km程の位置にある。五島列島の中通島の北の端、津和崎から凡そ600mになるが、行政区としては北松浦郡になり、五島は南松浦郡になる。

野崎島へは、小値賀島から1日2便通っている町営船で渡るが、他にも海上タクシー等がある。野首天主堂の近くには、廃校になった旧野首小・中学校が「自然学習塾」として開設されている（写真3）。自然学習塾や釣り人の他に、旧野首天主堂を見学するために上陸する人が結構いるようで、私も数人に出会った。

野崎島は、南北に6km、東西は1・6kmで、南北に細長い島である。島内の集落は野崎・野首・舟森の3つに分けられる。最初に拓かれた野崎よりも野首や舟森の集落は住み着く条件が厳しいことは想像できる。野崎集落では米もできるが、野首集落は段々畑の跡であった（写真4）。海から見ると、島の半分はこんもりとした森林に覆われている。

〈写真3〉自然学習塾（旧野首小・中学校）

〈写真4〉昭和53年頃の旧野首教会と集落（小値賀町教育委員会提供）

野崎島に最初に住み着いたのは沖ノ島神社の神官で、平成13年（2001）に最後に離島したのも、同じ神社の宮司であった（写真5）。

キリシタンが住み始めたのは江戸時代の寛政年間（1789〜1801）頃で、大村藩からの移住者が五島へ開拓農民として移り住み、その中の2家族7人が野首に移り住んだとされている。明治時代に入っても禁教令が実施され、野首と舟森のキリシタンは平戸に連行され、弾圧を受けたという。禁教令が解かれるのは明治6年（1873）である。木造の教会堂を信仰の拠り所としていた信者が、煉瓦造の天主堂の建築を計画した。旧野首天主堂の竣工は、明治41年（1908）10月で、当時の信者は僅かに17戸。住民は共同生活をして、あらゆる無駄を省きながら節約を重ね、さらにキビナゴ漁でコツコツと資金を貯め、赤煉瓦の御堂を建設した（写真6）。

島には自給自足の暮らしと、豊かな漁場があった。波打ち際で採れる海藻は、乾燥して保存食になる。山からは薪を集め、それを島の外に売りに出していた。

昭和30年代になると戦後の復興期で、島にも電気が引かれて暮らしは便利になった。その反面、現金がなければ暮らせない時代になったのである。

昭和46年（1971）頃の高度成長期になると、野首地区に残っていたカトリックの住民6世帯31人は、小値賀島や福岡・北九州方面に集団移住してしまった。

明治の末に血の滲むような努力をして建てた天主堂も、今は廃堂になっている。

廃村以来、使われなくなった天主堂にも台風は襲来する。一時は荒れ果て、壊れかけた天主堂を昭和61年（1986）に、小値賀町は長崎大司教区から譲り受けた。昭和62年（1987）に、屋根廻りの修復と窓を塞ぐ工事を行ったが、その直後の台風で屋根が被災した。そこで、昭和63年（1988）に大規模な修繕行事を行い、今の姿を取り戻している。

〈写真5〉最後に離村した神官の家

〈写真6〉旧野首天主堂（昭和10年頃か）小値賀町教育委員会提供

平成元年（１９９０）に長崎県指定有形文化財になり、今は野首天主堂のみではなく、野崎島の「野首集落・舟森集落」は、「長崎と天草地方の潜伏キリシタン関連遺産」として、ユネスコの世界遺産の暫定リストに入り、平成23年（２０１１）には「小値賀諸島の文化的景観」として、国の重要文化的景観に選定されている。

野首天主堂は、鉄川與助が初めて請負った煉瓦造の新築工事である。與助は『手帳』に日々の出来事やお金の出入りをメモし、予算書や工事の記録などを様々な形で残している。しかし、初めての煉瓦造にも拘わらず「野首天主堂」と表題の入った資料は確認できない。與助の五男一家は、小さな紙切れ1枚も大切に保存していることからすると、これは不思議なことである。最晩年を過ごした横浜に、長崎から資料を送る時などに散逸したことはないのだろうか。

無人島で今は鹿や猪も住んでいる。そこに1棟だけ残されている旧野首天主堂を取材することに、私は一大決心で臨んだが、おぢかアイランドツーリズム協会のガイド・前田敏幸さんに助けられた。自分の目で確かめて、とても興味深いことが沢山判った。

野首天主堂は野崎島の真ん中あたりの、中腹の大きな岩盤の上に建ってる。野首地区では段々畑を拓くのも苦労が多かったと思われるが、この岩盤に石積みで基礎を造り、煉瓦造の天主堂を建てたのである。

正面から入ると床との段差は4段程で、その高さで床が組まれ、床下の換気が取られている。

全体の印象は、西洋の小さなお城の砦という感じである（写真7）。正面は中央と、その両側の側廊に縦に3分割され、前面の中央と、両側の3ヶ所に出入口がある。また、横は上下に2分され、1層目は出入口で、2層目の中央には「天主堂」の文字と丸い紋章のようなデザインが記され、その両側には縦型の硝子窓に鎧戸が設けられている。前面の中央部分は、少し前に張り出し、妻面と聖堂の間にはナルテクスがある(写真8)。

興味深いのは煉瓦の飾り積みで、アーチ型の出入口は五島市の堂崎天主堂と同じ積み方で、煉瓦の角をうまく組み合わせて凹凸をつけている。また、1層目と2層目の区切りになる飾り積みは、煉瓦の角を鳩の胸のように丸く削った煉瓦を使っている(写真9・10)。これは、煉瓦が一つ一つ手造りだった時代に、特注品で造られた煉瓦に間違いない。堂崎天主堂などでは、煉瓦の小口面を凹凸させて陰影を出しているが、與助は第一作になる野首天主堂で、煉瓦を特注する智恵を既に持っていたことになる。

屋根の上には、石で西洋の砦と百合の紋章をデザインし、中央には石の十字架をあげている。

内部は三廊で、天井は柳天井である(写真11)。柱は円柱で、身廊は片側に5本の柱があり、側廊の壁の内側には半円の付柱が埋め込まれ、身廊の柱は柱台に据付けられている(写真12)。この柱台は木製である。まるで石を彫刻したように、八角型に切り揃え、その上に瓢箪形に丸みをつけた彫刻を施し、柱を据えている。壁ぎわの付柱の台も同じ手法で、木材を加工した柱台である。與助の天主堂建築の原点が野首天主堂にあった。柱台はこの後の天主堂建築では、八角型や瓢箪型の石の彫刻に替っている。

正面中央には祭壇(写真13)がおかれ、両側には脇祭壇がおかれている(写真14)。

「硝子障子」といわれたステンドグラスは、造り直されている(写真15〜18)。半円硝子窓

〈写真7〉西洋のお城の様な建築

〈写真9〉異形煉瓦の軒飾り
〈角には丸みのある異形煉瓦を使っている〉

〈写真10〉飾り積み〈煉瓦を凸凹させた飾り積み〉

〈写真8〉野首天主堂のナルテクス

〈写真11〉三廊で、柳天井の内部

〈写真12〉木製の柱台

は、創建時のものと考えられる（写真19）。小値賀町歴史民俗資料館（写真20）には、荒れ果てた野首天主堂に使われていたステンドグラスが展示されている（写真21）。壊れた天主堂で、ステンドグラスのかけらを拾い集めた人は、信者さんだったのだろうか。新築当時の先祖の苦労を見聞きしている人々には、ステンドグラスのかけらも、貴重な宝物だったに違いない。

與助の明治41年（１９０８）の『手帳』には、職人は大工と木挽のほかに「煉瓦左官住所　出身地　熊本八代　現住所　長嵜管内楠本為次」と、煉瓦職人名が記されている。「管内」は今は館内町と表示されているが、唐人屋敷と呼ばれた中国人居留地のあった地域である。当時の長崎市には、コンドル設計の長崎ホテルも煉瓦造で建てられていた。長崎新聞社の前身である長崎新報社も煉瓦造であった（写真22）。煉瓦職人には良い仕事場であったろう。楠本は父子2代で、その後も継続して與助の煉瓦造建築の職人として共に仕事をしている。

床は矢筈張りである（写真23）。日本では古くから有る張り方で、床や家の外壁に矢筈模様を使ったというが、ヨーロッパでは町の中央に煉瓦を矢筈模様に敷きつめた広場は多い。與助は天主堂の床の板張りに矢筈模様を用いている。

與助は鉄川組を創業した後、最初に請負ったのは、上五島の桐古里郷にあった桐古天主堂の改修工事であった。現在、この桐古天主堂は解体されているが、工事の記録は残されている。それによると、請負が決まった後は山に入り、柱になる材木を探し、とにかく材木を買付け、次に柱頭の彫刻や柳天井の骨を作り、天井の骨を押える座を彫刻している。

野首天主堂は桐古天主堂改修工事に続く工事で、作業の手順は同じだろう。柱頭を彫り（写真24）、柳天井の骨を作り、その骨を押える座を彫刻（写真25・26）したと思われる。作業の中心には父與四郎が座り、一つ一つ彫り物を仕上げている姿を想像する。天井の座の模様は、

〈写真13〉野首天主堂中央の主祭壇

〈写真14〉脇祭壇〈マリア像が置かれ、造花が供えられている

〈写真15〉野首天主堂で復元されたステンドグラス

〈写真16〉同

〈写真17〉同

〈写真18〉同

〈写真19〉入口上部の半円硝子窓

〈写真20〉小値賀町歴史民俗資料館

〈写真21〉展示されているステンドグラス（右側の二つは、新しく作られているが、左側の破片は、旧野首天主堂に使われていたステンドグラスを拾い集めたもの）

4弁の花弁と八重の椿に重なる。五島では明治の昔から馴染みのある椿の花弁は4枚で、それは十字架に通じる模様である。

また、野首天主堂は木造の外側に煉瓦を張った煉瓦造であると読んだことがあるが、桐古天主堂改修工事は、木造の壁の外側に煉瓦を張った造で、この煉瓦積みをしたのは煉瓦職人ではなく左官であった。

「より高くより美しく」と題して51回に亘って連載された西日本新聞の記事（1991・4・29）には、修復工事の模様が記載されている。

天井はコウモリ天井で竹を縦横に組み、現地の赤ドロを叩いて目を詰め、下から漆喰を塗っているという。私は與助が施工した天主堂の小屋裏に入ったことは無いが、大浦天主堂の小屋裏は見せて頂いたことがある。「竹を縦横に組み、ドロを叩いて目を詰め、下から漆喰を塗っている」のは、まさしく大浦天主堂の小屋裏であった（写真27）。與助は第1作となる煉瓦造の新築工事で、大浦天主堂の施工方法を採り入れたのではないか。

與助は桐古天主堂改修工事で祭壇を頼まれて造り、奈留島の江上天主堂では、祭壇の図面も製図している。現役の天主堂を取材しても、どこか遠慮があり、衝立の奥の祭壇を覗くことは少ないが、ここでは真正面にある祭壇が目に入る。そこで明治41年（1908）に竣工した旧野首天主堂の主祭壇は、大正7年（1918）に竣工した江上天主堂の図面（写真28）と同じデザインであることに気付いた。ということは、明治41年（1908）から、既にこの祭壇図で製作していたことになる。脇祭壇は小値賀島の小値賀天主堂に使われていた主祭壇をここに移しているという。

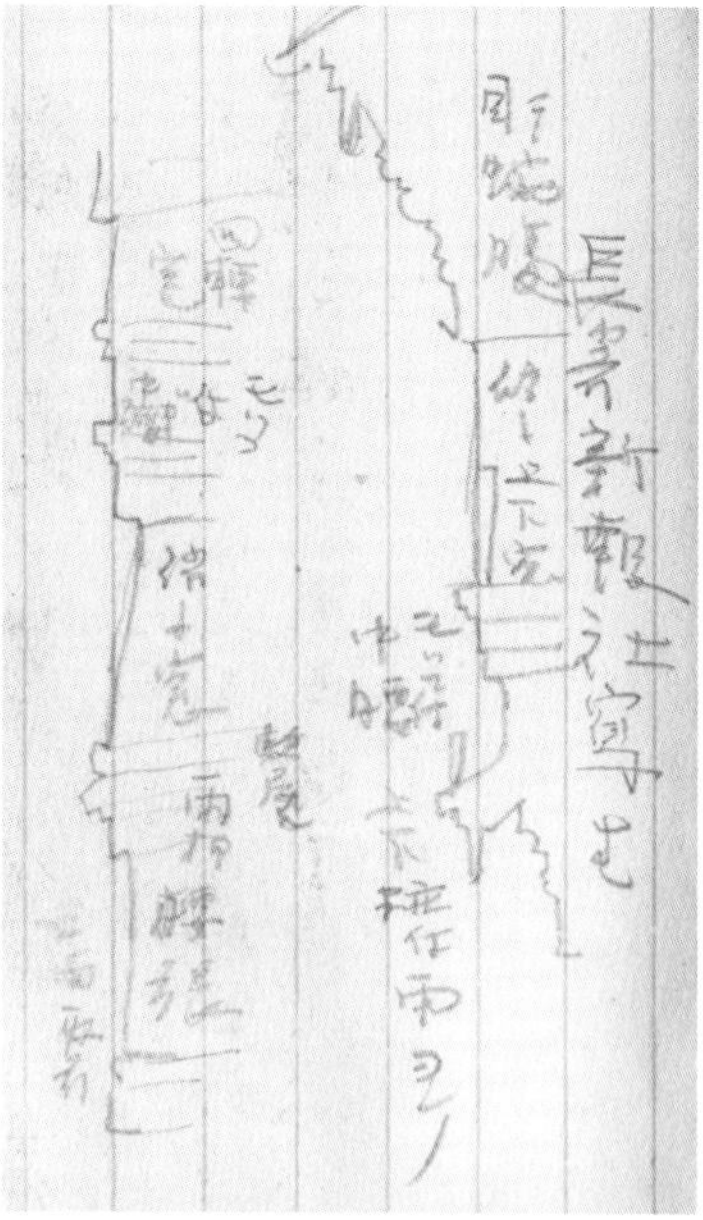

〈写真22〉長崎新報社（現在の長崎新聞社）の煉瓦積みのスケッチ

〈写真24〉柱頭飾り

〈写真25〉柳天井の骨と座の彫刻（リヴ・ヴォールトが四分割されている）

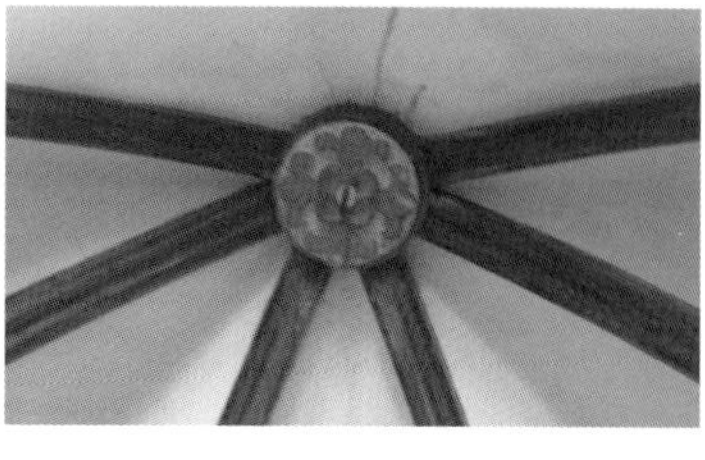

〈写真26〉祭壇部分の柳天井と座（座の彫刻は椿に見える）

〈写真23〉矢筈張りの床

〈写真27〉大浦天主堂屋根裏

〈写真28〉江上天主堂祭壇図（新上五島町鯨賓館ミュージアム提供）

この他に「野首ニ於テ切リタル　奈摩内ノ松」と、野崎島で次に計画されている奈摩内天主堂用の松材を伐り出した記録がある。中梁用4本と本梁用70本程の松材は、筏を組んで奈摩内まで運んだと考えられる。

野首天主堂の周辺にも松の木は生えていたというが、松くい虫の被害を受けて今は見られない。さらに野首天主堂の工事中（明治41年／1908）に、「大崎神父様御用　ガラス切リガラス留メ小釘」と、大崎神父にガラス切りと、ガラスを留める小釘を渡している。大崎神父は、冷水天主堂（明治40年／1907）の担当神父である。ステンドグラスの工事費を押えようと、細工を試みていたと思われる。また、同年3月25日に、「鐘ダイアゲ　其他仕事終ル又鐘ノ臺睨方　二三人仕事ノ儘写真ヲトル」とある。野首天主堂の左側にある鐘は、その後に備え付けられたものだろうか。写真もどこかに保管されているかもしれないと思う。

もう一つ、隠れている大切な資料がある。

一枚の板書（643×281㎜）（写真29）には、献堂式と工事費の記録が記されている。

明治四拾壱年旧正月に
　聖堂新築
大工
南松浦郡魚目村
字丸尾　鉄川與助
金七百五拾円ヲ受造

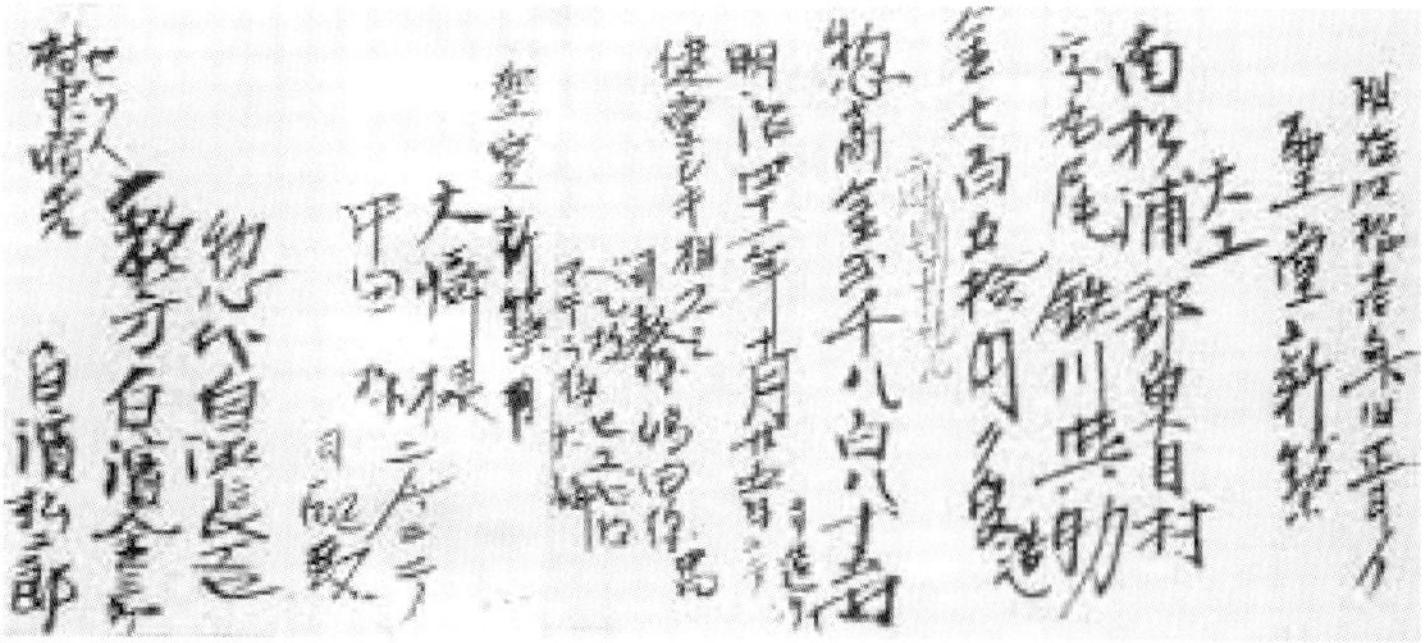
〈写真29〉野首天主堂の棟札

惣高金弐千八百八十五円ニテ
明治四十一年十月廿五日ニテ
健堂シキ相スル
司教様　嶋田様中田
ベル様ヒユゼ様
マタラ様大崎
聖堂新築用
大崎様
中田様　二人ニテ
司配致
惣代　白濱長吉
　教方　白濱金三郎
世話人
　村中宿老　白濱弘二郎

明治41年10月25日の献堂式には、司教、嶋田神父、中田神父、ペルー神父、マタラ神父、ヒューゼ神父、大崎神父が参列され、大工は魚目村丸尾の鉄川與助で、大工の請負金は７５０円、総工事費は２８８５円だったことが判る。

現在は所在不明になっているこの板書は、野首天主堂の信者が島の外に移住するとき、天主堂から外したものではないかと『仲地教会の牧舎たち』を著した下口勲神父は述べられる。

荒れ果てていた野首天主堂が、小値賀町に移管されたきっかけは、何だったのだろうか。元信者の想いだけで、町を動かせるのだろうか。今、過疎化と高齢化は珍しくない。無人島になるのは、他人事ではない。鉄川與助の天主堂が、九州に多く残されているとマスコミで騒がれる前に、小値賀町では修復・保存を始めていた。是非、多くの方にその努力を知って欲しいと思う。

野首天主堂は不思議な空間だった。無人島で廃堂になった天主堂でカトリックの祭礼などは行われない。何故、見学者が絶えないのだろうか。

見学者ばかりではない。先祖が野首地区の住人で、その子や孫たちが一年に一度、今も来島されると聞いた。脇祭壇には、造花が供えてあった。

やはりこの建物は、祈りの空気に包まれている。廃堂になった天主堂に、まるで巡礼のように人々は訪れている

〈写真1〉昭和6年撮影の山田天主堂（平戸市生月島博物館島の館提供）

②山田天主堂　再び創建時の赤煉瓦が顔を見せた天主堂（明治44年）

現住所：長崎県平戸市生月町山田免
工事種別：新築工事／構造：煉瓦造／設計・施工／平屋造
担当神父：片岡高峻神父

山田（やまだ）天主堂は平戸市生月町山田免に現存する煉瓦造の教会堂で、生月天主堂または生月山田天主堂と呼ばれている。ペルー神父は明治11年（1878）から平戸方面も布教している。

〈写真2〉創建時の山田天主堂
（『カトリック100年のあゆみ』より転載）

〈写真3〉正面に塔が取り付けられた山田天主堂

與助が一級建築士の資格取得のために作成した「証明願」には、工事実績の記載はないが、「鉄川工務店工事経歴書」には明治44年（1911）11月竣工と実績が記されている。

創建時の写真をみると、妻面に塔はない（写真1・2）が、現在は塔が設けられている（写真3）。

また、平成19年（2007）に取材した時は、外壁は塗装の下から煉瓦の目地が透けて見えた（写真4）が、今は上の塗装も剥がされて、正真正銘、赤煉瓦の教会に変身している。創建時は赤煉瓦の壁だったそうだから、元に戻ったということになる（写真5）。

天主堂内部（写真6）は三廊、天井は柳天井で、柳天井の座には彫刻もある（写真7）。與助は、柱頭飾りを上の方はくるりと巻きこんだ木の葉の彫刻で表していたが、ここの葉っぱはつるりと丁寧に磨いて仕上げている（写真8）。木の葉の彫刻を見ても、これは與助ではなく、違う人の作品ではないかと疑問がわく。

生月の山田天主堂の装飾では、祭壇の壁に貼られているのは金箔に見える（写真9）。ステンドグラスは、赤や緑の長方形の色板ガラスを組み合せてある（写真10・11）。さらに身廊の壁の上部には、蝶の羽を無数に配置してある（写真12）。初めて見る装飾に驚きながらも、飽かず見上げていた。これらの蝶は以前に担当されていた神父のコレクションで、カトリックの教えを現しているという。創建時は壁も祭壇の壁も漆喰仕上げと言うから、内外装ともに改修されたことになる。

それにしても、身廊上部の壁に無数の蝶を張付けているのは忘れられない光景で、もう一度、眺めてみたいと思う。

〈写真4〉塗装の下に煉瓦が見える外壁

〈写真5〉赤煉瓦がみえる現在の天主堂（平戸市生月島博物館島の館提供）

明治44年（1911）の『手帳』は、文字が擦れて判読困難な箇所が多いが、與助は2月15日に「午後二時　神父マタラ　大寄 島田　中田氏　マタラ神父兄 送ノ為メ来ル　生月天主堂香臺三個□一個ヲ三百円ニテ約束ス　内百円 手付トシテ受取ル」と記している。また、4月23日は「寶亀天主堂ニ於テ 五十円生月香臺代 受取マタラ神父様ヨリ 更二十円生月ノ旅費トシテ」と、平戸の生月や宝亀にマタラ神父と移動して打合せ、工事費の手付け等を受取っている。さらに5月20日、マタラ神父は與助宛に葉書で「御談合致す事が有るから　又煉瓦も私に面會致さない内ハ一枚も使フ事ハ出来申さず　私は日曜前に帰るつもりです」と連絡している。

この他に7月23日は「春市氏生月天主堂 煉瓦積ノ為メ□□」、9月9日は「大浦天主堂ニテ　マタラ様ヨリ 生月ノ為メ四十円受取った」とあることから、煉瓦積みは渡辺春市が中心となって行ったことが分る。

このように大変少ない記録を繋ぎ合せると、2月に生月天主堂の祭壇は中央と両脇の3ヶ所の祭壇を300円で請負っている。受取金は手付100円と、4月の10円、9月の40円の併せて150円で、生月の担当の片岡高峻神父からではなく、マタラ神父から受取っている。鉄川組の請負金や材木、煉瓦等を含めた材料費や、職人手間賃などの詳細は判らないが、新築工事は担当の片岡神父のみではなく、長崎司教区のマタラ神父やその他の宣教師が揃って関与しており、桐古天主堂改修工事で漆喰を塗った左官の春市が、煉瓦積職人として従事している。

巻末の知人住所録には「北松浦郡生月村字山田　宿老　小楠亀之助、佐賀縣西松浦郡楠久村　煉瓦製造場　田尻武七、京都市烏丸通五条南入　金銀箔□・金屏風□　児玉伊右衛門」の名前がある。創建時から金箔に何かの所縁があったのだろうか。京都の金銀箔の業者は、

〈写真6〉山田天主堂の柳天井と柱台石

〈写真7〉板張りの柳天井と座

〈写真8〉柱頭飾り　丁寧に磨いて仕上げてある

〈写真9〉祭壇部の壁には金泊が貼られている

〈写真10〉ステンドグラス

〈写真11〉ステンドグラス

〈写真12〉身廊上部の蝶の装飾

この住所録にしか記されていない。

山田天主堂を取材した平成19年（2007）は、まだカーナビも普及していなかった。道は間違えていないか、不安のまま山道を進んだ。尋ねようにも人にも車にも出会わない。やっとたどり着いた教会前には、広い駐車場があり、目の前にはきれいな海が拡がっていた。海岸に降りると館浦港がある。與助は山道ではなく、舟で館浦港に着き、この階段を上り下りしたのかと思うと、少しほっとした。

③田平天主堂㊣　智恵と工夫の集大成で完成させた天主堂（大正6年）

現住所：長崎県平戸市田平町小手田免
工事種別：新築工事／構造：煉瓦造／設計・施工／延床面積825㎡／階数2階
担当神父：中田藤吉神父

平戸市は九州本土の日本最西端の「たびら平戸口駅」（写真1）のある田平（たびら）町と、平戸島とその周辺に点在する島々で構成されている。田平天主堂は平戸大橋を渡る手前の田平町の丘の上にある。平戸大橋が開通したのは、昭和52年（1977）のことで、それまでは渡し船が通っていた。

田平には明治19年（1886）から26年（1893）頃に、黒島、出津、五島などの信徒が移住してきた。家族が多い信者たちは、狭い田畑を子どもに分けるとますます狭くなると、ド・ロ神父は自費で土地を買求め、伝道師は土地の登記の世話までして田平に定住することを勧めている。

〈写真1〉九州本土の日本最西端にある「たびら平戸口駅」

この移住開拓の際には、北海道などにも調査団を送ったが、結局、北海道は遠すぎるということになったとか。明治末の北海道の冬の寒さ対策や、冬期間の食料の備えは、九州の人には予測できないことも多い。田平で良かったですネ、と、長崎市で生れ、現在、札幌市に暮らしている私はホッとしている。

信者は半農半漁の暮らしで、米の飯は勿論、麦の飯も珍しかったというが、海からは魚の他に「ミナ」と呼ばれる貝類や、ヒジキ、アオサ、ワカメなどの海草が豊富に採れていた。海から拾い集めた藻類は、畑に撒いて肥料にもしたという。

浜から天主堂までは昇りの急勾配で2㎞以上はある。材木の他、煉瓦、砂、セメントなどは信者が総出で担ぎあげた。運びあげる中で、踏みわけ道もできたのだろうか。

担当の神父は、野首天主堂（明治41年／1908）と同じ中田藤吉神父。與助は、フランス人の宣教師から生活文化や建築の話を興味深く聞いていたに違いないが、日本人の宣教師とは、より深い会話で、意見交換ができたのではないだろうか。

田平天主堂は、平成19年（2007）に国の重要文化財に指定されている。

田平天主堂は重層の屋根構成で、切妻の瓦葺き、祭壇部分は寄せ棟造になっている（写真2～4）。正面の中央には四角い塔を張出し、塔の上部には十字架のついた八角ドームをのせている。正面の塔は、大曽天主堂（大正5年／1916）に設けられたのが最初で、次はこの田平天主堂に設けられている。

正面の壁は正面中央と両側の控え壁に3分され、横は煉瓦を凸凹させて積む蛇腹積で3分割している。正面中央の出入口は半円のアーチで、2層目には3連のアーチ窓、3層目にもアーチ窓を設けている。

外壁の煉瓦は印象が深い（写真５・６）。一つは煉瓦の色あいで、一つは独特の飾り積みである。

煉瓦の色合いは、普通煉瓦といわれる「赤煉瓦」と「焼過煉瓦」といわれる普通の赤煉瓦より高い温度で焼いた煉瓦がある。與助は奈摩内天主堂新築工事（明治43年／１９１０）では、赤煉瓦と、焦げたような色合いの焼過煉瓦を組合わせて、十字架の模様を浮き上がらせる工夫を見せている。また、今村天主堂（大正2年／１９１３）でも「赤煉瓦」と「焼過煉瓦」を使い分けているが、田平天主堂でも同じような試みで、外壁の煉瓦積みに表情を付けている。それにしてもここでは何か違うと思っていたら、面白い記録を見付けた。田平では、煉瓦を黒く染めるために鍋や竈のススを集め、油に混ぜて煉瓦に刷り込んだというのである。これは煉瓦を生産する人の常識には無い手法だろう。当時の煉瓦は、重油の窯で焼いたものではないが、高温で焼くと煤も燃え尽きてしまう。焼きあげた煉瓦に煤を練り込んだ油を塗り付けたのだろうか。赤煉瓦より焼過煉瓦の値段は高い。材料費を安くする工夫になる。いずれにしても、煉瓦を積むだけではなく、どのようにして赤煉瓦という素材に表情を付けるか、日夜、知恵を絞っている姿が浮かんでくる。

もう一つは、煉瓦の飾り積みである。ロンバルト帯という小さなアーチを連ねる積み方は、既に今村天主堂の外壁を飾っているが、田平天主堂でも採り入れており、３連の縦長窓を石と煉瓦でデザインしている。さらに正面中央の塔の2層目にある3連の縦長窓と、塔の側面の2層目にある2連の縦長窓は、図面も書き遺している（図１）。それぞれ、塔の正面の３連窓は写真７・８になる。

他に煉瓦のバラ窓がある。今村天主堂（写真９）では、焼過煉瓦で窓枠を表現していたが、田平では赤煉瓦で同様の飾り積みを現している（写真10）。壁の厚さは煉瓦２枚。４分の１

〈写真3〉田平天主堂 側面

〈写真4〉田平天主堂 背面

〈写真2〉田平天主堂 正面

〈写真6〉側部出入口の飾り積み

〈写真5〉煉瓦の飾り窓と飾り積み（煉瓦は焼き色の違う煉瓦を組合わせ積んでいる）

〈図1〉窓周り図面
〈新上五島町鯨賓館ミュージアム提供〉

〈写真8〉塔の2層目の側窓の3連縦長窓

〈写真7〉塔の2層目の3連縦長窓

〈写真9〉今村天主堂の煉瓦のバラ窓（焼過煉瓦と普通煉瓦を使って積んである）

〈写真10〉田平天主堂の煉瓦のバラ窓（煤を練り込んだ煉瓦と普通煉瓦をデザインして積んである）

だけを凹凸させながらバラ窓を表現し、さらに十字架模様を表現している。焼過煉瓦というほど、強く焼いた色合いではない。これが煤を練り込んだ煉瓦だろうか。イギリス積みの壁にリズミカルに数段おきにボーダーラインを入れている。これこそ図面を描いて、数量を拾い、特注した煉瓦で積んであるバラ窓である。バラ窓の図面はどこに隠れているのだろうか。小さな方眼紙を埋めながら、バラ窓を描き、長方形の煉瓦を凹凸させて積算している几帳面な姿が想像される。

新たな試みがされているのに不思議と落ち着くのは、無理のない煉瓦の組み方で１００年という時間が経過したからだろうか。職人の自信の表れに見える。

内部は、柳天井で（写真11）、平面は三廊式。色合は、柱も天井の板を押える骨や座も、少し濃い水色で、その他は軽やかな水色に塗り分けられている（写真12・13）。回廊の小柱には茶色に金の縁取りがあり、少し豪華でありながら落ち着いた雰囲気があるのは色のバランスが良いからだろう。

壁の色合いを見ると、今村天主堂の壁はクリーム色系で、柱や柳天井の骨は茶色でコントラストをつけて塗り分けている。江上天主堂の壁は、クリーム色に、窓枠は水色でアクセントをつけている。日本の伝統的な色合いには浅黄色、萌黄色、桜色、薄紅色と様々な色合いがある。與助はこの頃、ペンキは長崎市内の雪屋で購入しているが、色合いも、作品毎に洗練されている。色の感性も、與助のものだろうか。

身廊は3層の構成で、板敷の床には柱台石を据え、その上に柱を据付けている（写真14）。柱は、今村天主堂は1本の丸柱であるが、田平天主堂では中心の柱の廻りに小円柱を添えた束ね柱である。

〈写真11〉内部

〈写真12〉聖堂内部の立面

〈写真13〉天井板を押える骨と座

入口上部に楽廊を設けている。

與助は天主堂新築工事が決まると、最初に木材を見つけるために山に入り、材木を買付けている。聖堂は小部屋で仕切られる従来の和風の住宅とは異なり、聖堂に入った途端に内部を見渡せる。天主堂では柱材は構造材であるばかりではなく、全体の印象を決める大切な材料になる。ところが、一抱えにもなるような立派な材木は、いつでも容易に手に入る訳ではない。また、材木は乾燥させることが大事で、生木のままでは狂いが生じやすい。與助は材木を選びながらも「とにかく買う」と、工事の度に材木選びと買付けに苦心している。

田平天主堂では、聖堂内の柱を束ね柱にして、材木の費用を節約している。柱を据付ける石も、今村天主堂の瓢箪型から少し簡便化し、高さ2尺、太さ2尺5寸の石に替え、色合いも茶系の石を選んでいる。

柱頭の彫刻も今村天主堂では、第1柱頭と第2柱頭や、普通は見えない場所にある楽廊の柱頭と、場所ごとに植物模様を彫り分けているが、田平天主堂は1種類で仕上げている（写真15・16）。このように確実に工事の標準化と省力化の兆候がみえる。

工事費は、予算金額で１２４３０円。内訳は、假設工事費２００円、土工事費１００円、煉瓦工事費３５５０円、石工事費１５００円、木工事費４９００円、金物工事費４１０円、泥工事費１０５０円、塗工事費４００円、硝子工事費２００円、雑事費３００円、煉瓦は20万個、セメント１００樽、石灰２００俵の計画である。予算より安くあがれば幸いだが、それは難しいことに違いない。他に、與助が受け取る請負金がある。

〈写真14〉柱台石と柱

〈写真15〉第一柱頭の彫刻

石灰については「田平の貝殻焼き場跡」が天主堂の側に今も残されている（写真17）。長崎地方では現在使われているコンクリートやセメントモルタルに代わるものとして、古くから、アマカワ漆喰が使われていた。アマカワは貝灰と赤土に水を混ぜ、練りあわせて使われていた。田平では石灰を作ったというのである。原料はミナの殻。ミナというのはサザエを小ぶりにしたような小さな巻き貝で、茹でて爪楊枝や待ち針などで身を取りだして食べる。田平だけではなく、生月や平戸方面からも食べた後の貝殻を持ち寄り、最初に薪を敷き、次に貝殻を置き、また、薪を置きと、サンドイッチ状にした貝殻を昼夜兼行で燃やして、石灰を作った。

石灰200俵の予算は260円。200俵の全てを賄ったのだろうか。信者等は夜通し火の番をした。昼間はそれぞれ自分の仕事がある。「のろし」ではないけれど、遠くの島からも、この貝焼の煙は見渡せたという。このように、私の想像の範囲を越える工夫というか、智恵がいくつもある。貝殻焼き場跡は、100年の時を超えて、できることは全て自分たちでしたという強い心意気を伝えている。

決算書は手元に資料がないことから、決算金額は判らないが、與助は職人への手間賃などを、長崎大司教館工事の時と同じ「支払伝票」で清算している。

「支払伝票」で清算した費用の内訳を分る範囲で記すと、煉瓦工事費は1878円21銭で、煉瓦は牛の浦の西八郎と馬場寅太郎から買い、恵比寿丸と高力丸で煉瓦を運搬した。煉瓦職人は山口作太郎、渡辺春市、渡辺松衛、楠本為次郎が従事している。他に、納富にセメント代、片山に紅柄代を払っている。

石工事費は776円82銭で、西彼杵郡の石屋辻又作と天草石は尾下重三郎から石材を購入

〈写真16〉第二柱頭の彫刻

〈写真17〉貝殻焼き場跡

し、石工は吉村武二郎、佐藤久米次、西川松三郎である。

木工事費は1257円3銭で、山鹿に檜代、松尾久次郎に栂代、永井土井造に杉立木代、松野金作に木材代を支払い、木挽は橋本金七、永田道造、永田清太郎、松本国三郎が従事している。大工は鉄川組で、與助が支払っている。

金物工事費は684円35銭で、長崎市の松江商店と大久保商店、石塚甚之助、亀井金物店、高田商店、枝根武兵衛等へ支払っている。銅瓦板材は平戸で購入し、青木洋鉄店から銅鋲を買い、鉞力職は原藤太郎で、金物工事費は予算を超過している。

塗工事費は123円2銭で、雪屋と高田商店からペンキなどを購入しているが、塗職人への手間賃支払は記録がない。瓦は小柳太市が運搬している。

硝子工事費は200円の見積であるが、與助は硝子の費用を支払っていない。平成10年（1998）に、イタリアのミラノ市で造られた聖書の物語が描かれたステンドグラスに取替えられているが、創建時のステンドグラスは、丸や長方形を組合わせた色ガラスがデザインされていた。桐古天主堂改修工事の材料費は直接、天主堂が支払っており、また大曽天主堂のステンドグラスもドイツ製であることが分っている。田平天主堂のステンドグラスも天主堂が支払ったか、輸入されたものと考えられる。

また與助は出入口上部の半円硝子窓を「五島の教会」用として、紙片に書き残している（写真18）。「五島の教会」には同じデザインは見つけられなかったが、田平天主堂の半円硝子窓は、このスケッチと同じであった（写真19）。

硝子障子と称したステンドグラスは、旧野首天主堂でも大曽天主堂でも、輸入品が使われていたことが判ったという。長崎の志賀兄弟商會（写真20）では、輸入した材料の取り扱いがある。色ガラスは高価で、神父もガラス切りや硝子を留める小釘を手に入れ、ステンドグ

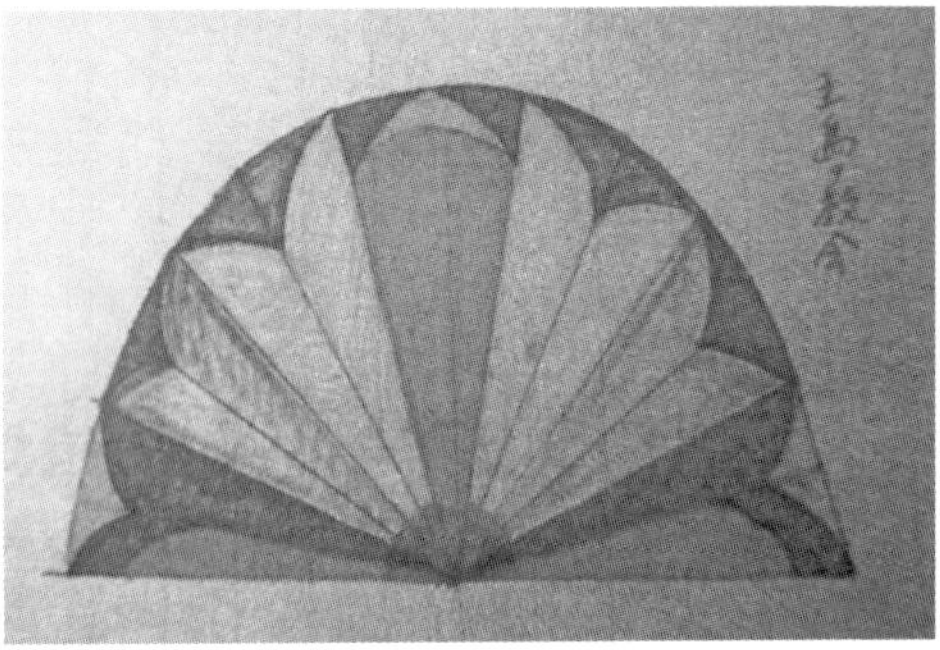
〈写真18〉「五島の教会」と書かれた半円硝子窓の與助のスケッチ

〈写真19〉平天主堂の半円硝子窓　與助のスケッチと同じデザインである

ラスを手造りできないか試みている。

與助は半円硝子窓の絵を描き、それは田平天主堂に取り付けられている。

與助は大正5年（1916）1月28日に平戸に着き、水浦神父、中田神父、マタラ神父と打合せ「田平天主堂チ一間丈減らす」と、桁行きを一間短くしている。31日は佐世保で「荻原円吉　山田　荻原　等ノ材木店ニ柱材チ見積ラス」と、柱材の見積を依頼し、「丑ノ浦ニ煉瓦五万　買入レ」と、牛ノ浦煉瓦工場に煉瓦5万個を注文している。このうち萩原材木店は、現在も営業を継続している。

3月9日は「田平着　砂ノ件　石灰　セメント小屋ノ件　材料ノ件談ス」と、砂、石灰、セメントの材料について打合せているが、5月6日は旧長崎大司教館工事で実績のある納富とセメント200樽を2円95銭と決めるが、その後100樽を平均3円と修正され、価格は宿題とするなど、粘り強く交渉している様子が窺える。

5月12日に田平に向かい、16日「地形ニ着手ス　セメント一、石灰ニ、砂七、砂利十四」、17日「雨ノ為メ休業　製図ニ着手ス」、19日「雨風（北風烈）ノ為メ休業シ製図ス」、20日「晴レ地形ニ着手ス　北側ヨリ前面迠　本日代書人測量人」、21日「日曜　午前十時半ヨリ地形ニ着手ス」、22日「北側香台ノ所ノ地形　大奇師ヨリ手紙来ル　長奇村川ヘ□六分注文ス　松野氏ニ柱代四十円ニテ契約ス」、23日「香台裏両小門　地形ス」、24日「前面ニツカウセメントチ見ル　（中略）マタラ師ト共ニ中食　左ノ件チ決議ス　一鉄物硝子戸□丈　其他ハ宿題一柱材ハ松野氏ト交渉　潮漬ノ事　一部屋ハ工事ノ都合チ見テ着手　出来丈煉瓦工事　一長奇ノ金ハ来月十四五日頃出奇ノ上□数スル事　右納富セメント代ニ百七十五円　大久保クギショベル代七十二円　八十銭ノ本部會計係ト引換書チ送ル　中田師ヘ煉瓦代ハ田平ヨリ送ル

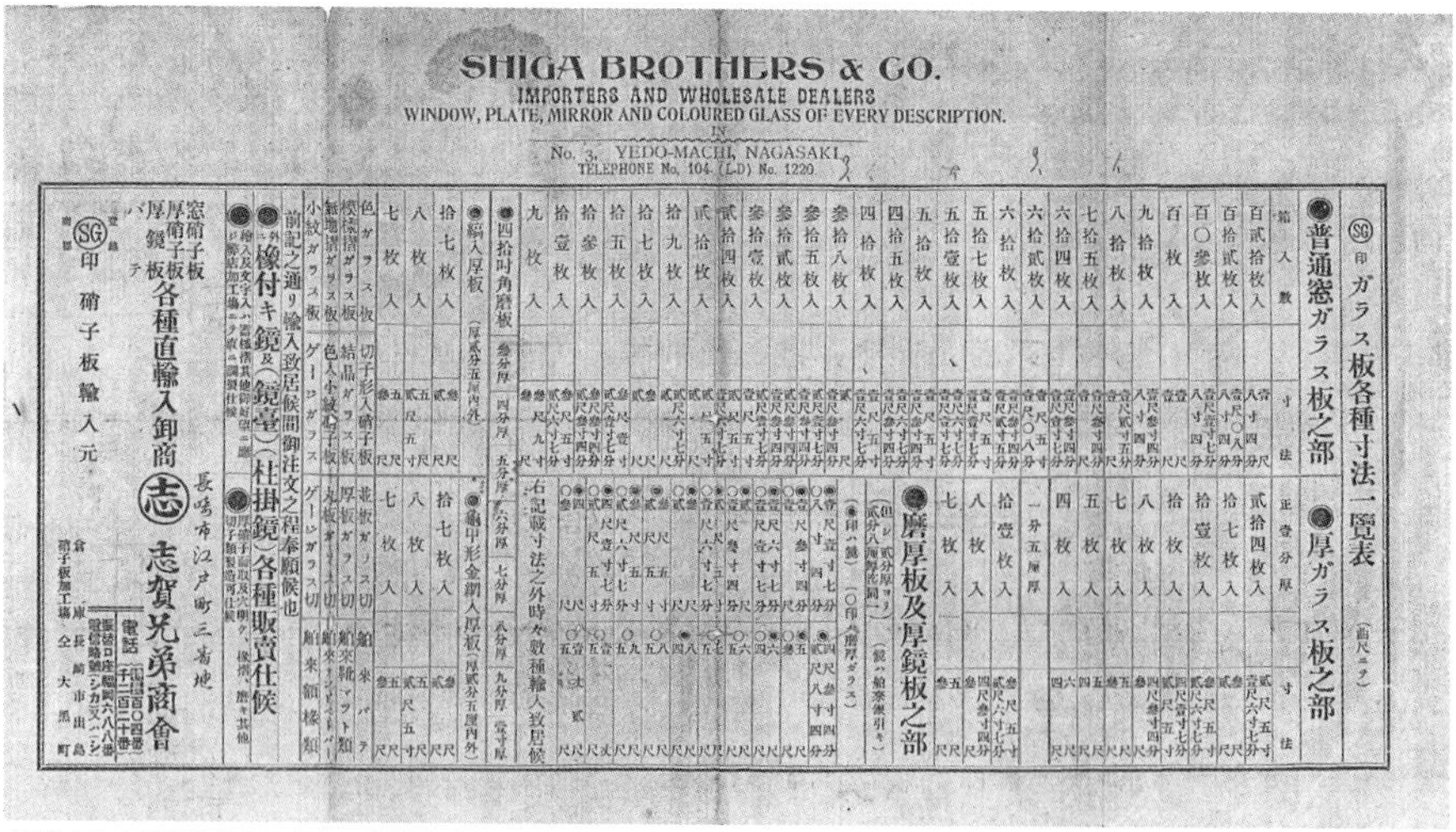

〈写真20〉志賀兄弟商會のカタログ（輸入硝子の取扱もある）

事ト申送ル　大阪藤原ヘ避雷針ノ見積リト天井鉄物ノ見積チ諸及ス」と、16日から22日までかけて、基礎工事である地業工事を行っている。

また、大崎神父とは手紙でやり取りし、材木は長崎市の村川材木店に注文し、平戸の材木商松野金作と柱材の契約をしている。24日はマタラ神父と昼食をとりながら、前面に使うセメントを見て、①鉄物や、硝子障子の丈は宿題として、②柱材は平戸の松野氏と交渉することにし、③部屋の工事は都合を見て着手し、煉瓦工事はできるだけ（早くという意味か？）と相談している。④6月14日頃、長崎で、セメント代275円は納富に、釘とショベル代は大久保金物に72円80銭分を、本部会計係に引換書を送る、と連絡している。また、中田神父へは、煉瓦代は田平から送ると連絡し、大阪の藤原商店へ避雷針と天井金物の見積を依頼することも伝えている。

この内容から材料の納入業者などは、神父に連絡した上で、與助が交渉しており、工事費の支払は天主堂本部の会計係で、伝票と引き換えに工事費を清算していることが分る。

與助は田平天主堂新築工事の現場を「天主堂新築工場」と呼び、ここに常駐し、材木や銅板と金物を購入するなど、長崎市内のみならず、平戸や大阪の業者とも取引も拡げている。

関係者とは手紙や葉書で連絡を取り、煤を練り込んだ煉瓦を注文し、福岡の今村天主堂で形にした煉瓦のバラ窓や飾り積みを一層発展させて技を凝らし、貝殻を焼いて石灰を作り、ステンドグラスもデザインするなど、様々な工夫を採り入れて田平天主堂は竣工している。

このような作業の様子からは、新しい技術や知識もどん欲に取り入れながらも、信者さんの暮らしぶりや、長崎に昔から伝わっているアマカワを用いるなど、地道な努力もないがしろにしない人柄が浮かび上がる。

④紐差天主堂　意匠を凝らした鉄筋コンクリート造の天主堂（昭和4年）

現住所：長崎県平戸市紐差町
工事種別：新築工事／構造：鉄筋コンクリート造／設計・施工／延床面積：１３００㎡／階数４階（『鉄川工務店経歴書』には鉄筋コンクリート造、地下室付２階建）
担当神父：萩原浩神父

紐差（ひもさし）天主堂は平戸大橋を渡り、平戸島のほぼ中央部の紐差町の小高い丘の上にある（写真1）。

紐差天主堂の主任司祭マタラ神父は、明治20年（１８８７）から聖堂建設の計画を持っていたが、大正10年（１９２１）に逝去し、その後はボア神父に引き継がれ、ボア神父は整地作業に着手している。次いで昭和２年（１９２７）に引き継いだ萩原神父は、與助の設計で工事を進めている。

日本では明治32年（１８９９）頃から使われた、鉄筋コンクリート造であるが、関東大震災（大正12年／１９２３）の被害状況から、組積造が敬遠されるようになり、鉄筋コンクリート造が急速に普及している。與助も自信を持って使い始めたのだろう。昭和３年（１９２８）に、熊本手取天主堂の外観は石造風に意匠を凝らして鉄筋コンクリート造で竣工させている。

〈写真1〉天主堂の丘から集落を望む

引き続き昭和4年(1929)には紐差天主堂、翌5年(1930)には、與助の出身小学校である魚目小学校を竣工させ、さらに昭和6年(1931)に佐世保天主堂附属幼稚園及び修道院を鉄筋コンクリート造2階建で建てている。竣工年からみると、これらの工事は併行して行われた可能性もある。昭和初期には、積極的に鉄筋コンクリート造に取り組んだということになる。

紐差天主堂は僅かに灰色を含んだ白色に塗られ、重層の屋根構成で、正面に階段がある。『鉄川工務店経歴書』には地下室と書かれているが、3階建にも見える天主堂は、規模が大きく、堂々としている(写真2)。

天主堂の正面は縦に3分され、両脇の控壁より中央を僅かに張出した塔があり、正面にアクセントを付け、八角ドーム屋根には十字架をのせている。横に3分にした3層目は2列の縦長窓、2層目は3列の縦長窓を設けている。出入り口は1層目の正面は3ヶ所と、両側廊部と併せて(写真3)5ヶ所にある。地下室は伝道場として計画されていた。

聖堂内部は三廊式(写真4)で、床にはカーペットが敷かれているが、創建時は板敷床だった。正面の出入口上部は楽廊で、螺旋階段がある(写真5)。山形県鶴岡市の鶴岡カトリック教会堂には螺旋階段がある(写真6)が、與助の天主堂建築には、この他に螺旋階段は見たことが無い。

床には柱台石を据え、そこに柱を据付け、柱頭には柱頭飾りがある(写真7・8)。身廊の立面は3層構成であるが、2層目は回廊ではなく、壁に奥行きを感じさせる絵を描いている。田平天主堂と同じである。天井は折り上げ格天井で、身廊部分の全面に花型とひし形、亀甲型などが彫刻され、幾何学模様で枠取りをしている(写真9)。側廊部分の天井には4

〈写真2〉紐差天主堂 正面

〈写真3〉紐差天主堂 側正面

弁の花の花芯に紅をさし、葉っぱの緑には鮮やかな色を塗り込んでいる（写真10）。窓は、半円と長方形を組合わせた縦長の窓で、硝子は、色板硝子を組合わせている（写真11〜14）。樹木の緑や外の光の変化で、差し込む光は、微妙に変わるのが神秘的である。重層の堂内からは高窓が消えている（写真15）が、格天井の彫刻の華やかな面白さに引き込まれてしまう。

取材した日、突然どしゃ降りの雨に見舞われた。聖堂の前でたまたま声をかけて下さった、信者の萩原隆夫さんと立ち話をする中で、木ケ津教会（写真16）まで、車で先導してもらうことになった。道中はひどい降りだったが、本当に不思議なことに木ケ津教会に着くと雨はあがった。凡そ4㎞。以前、信者さんはこの道を紐差教会まで通っていたと聞いた。

木ケ津教会は昭和37年（1962）に、平戸の高校の体育館の古材を移築してできたという。永井隆博士が亡くなる数ヶ月前に描かれたという「十字架の道行き」が掲げられていた。「十字架の道行き」は、イエスキリストの裁判から十字架の死に至るまでの歩みを、14の場面に分けて表しているが、長崎の浦上教会に寄進されていたものを木ケ津教会が譲り受けたという。

永井隆博士（1908〜51）はカトリックの信者で、長崎医科大学で被爆したが、一命を取り留めた。一家は父と妻、2人の子供で、浦上天主堂の近くで暮らしていた。医師として負傷者や同僚の手当てや遺体の埋葬などに追われ、原爆投下から3日目にやっと帰宅した。家は跡形もなく、台所の辺りにはいつも妻が身に着けていた十字架が焼けただれてあった。残されたのは2人の子供。後遺症に苦しみながらも2人の子供の将来を心配し、原爆の被害を伝え、平和の大切さを伝えながら亡くなっている。『この子を残して』は映画化もされたが、

〈写真6〉鶴岡市カトリック教会の螺旋階段

〈写真4〉紐差天主堂 内部

〈写真7〉柱台石と柱頭飾り

〈写真5〉楽廊への螺旋階段

〈写真9〉折上げ天井

〈写真8〉柱頭飾り

〈写真13〉色板ガラスの扉

〈写真12〉同

〈写真11〉色板ガラスの縦長窓

〈写真10〉側廊の天井の花弁

〈写真14〉楽廊と出入口扉の色板ガラス

〈写真15〉高窓のない折上げ天井

〈写真16〉木ケ津教会
（故永井隆博士の「十字架の道行き」が掲げられている）

小学校の頃から何度も読み、子供にも伝えた。被爆後の永井博士が療養生活を過ごしていた家は「如古堂」と呼ばれる2畳程の小さな建物である。この「如古堂」の見学に、小学校で連れて行ってもらったこともある。「十字架の道行き」が製作されたのも、この「如古堂」でのことに違いない。

平戸にその所縁の遺構があることに深い感慨を覚え、記憶に残る良い出会いに感謝する。

現在の紐差天主堂が新築された時に、紐差の旧聖堂は佐賀県の馬渡島天主堂に移築されている。馬渡島は呼子から船で約40分程の玄界灘に浮かぶ小さな島である。天主堂を新築するときに、これまでの建物を解体し、材料を運んで再建している。

⑤西木場天主堂　與助の指導で息子・與八郎が設計を担当した天主堂（昭和24年）

現住所：長崎県松浦市御厨町米ノ山免
工事種別：新築工事／構造：木造／鉄川與八郎　設計・鉄川工務店　施工／延床面積198㎡／階数2階
担当神父：熊谷森一神父

西木場（にしこば）天主堂は、平戸大橋から約10km程、唐津街道を松浦方向に走り、松浦鉄道の西木場駅から農道を進むと、丘の上の正面にその小さなドーム屋根が姿を見せる（写真1）。

思わず「與助さん！　ここにも来ましたか！」と声をかけたくなる。

『鉄川工務店工事経歴書』と『証明願』には工事の実績として書かれていないが、與助の後継者である鉄川與八郎氏の「2級建築士選考申請書」（昭和26年4月24日付）には、與八郎氏の実績として記載されている。「木造2階建、スパン9m、高さ11m、1階189㎡、2階9㎡、建築様式はロマネスクで、意匠及装飾に特殊の技術を要した」とあり、昭和23年4月から5月に設計し、鉄川與八郎氏は「設計責任者」である。

鉄川工務店では、昭和戦前期は鉄川與助が取り仕切っており、後継者として與八郎氏が呼び寄せられたのは戦後である。前述のとおり、與八郎氏は東京大学工学部冶金学科を卒業しているが、工務店を継承するに当たって、建築士の資格を取得する必要があった。

西木場は田平教会の巡回教会として大正末期に民家を改造して教会堂としていたが、昭和24年（1949）に聖フランシスコ・ザビエル渡来400年記念の事業として建築されている。

聖堂は木造で、正面中央に四角い単塔があり、ドーム屋根には十字架がのせられている（写真2～4）。外壁はクリーム色に塗装されており、3層に横に分割される正面の塔は、茶色の縁取りがアクセントになっている。正面の単塔は上五島の大曽天主堂や、平戸の田平天主堂を踏襲した木造版といえる。

内部は三廊式で、四角い列柱が並び、天井は折上げ天井である（写真5）。床には柱台や柱の柱頭飾りもなく、天井の折上げ部分にも装飾はない。窓は外開き（写真6）で、透明な硝子を硝子障子風の窓枠に取付け、聖堂の色合いはやわらかなブルーグレーで、穏やかな雰囲気を醸し出している。装飾を控えて、工事費を押えたと思われる。

與八郎氏は父與助の指導を受けながら、田平天主堂の外観と内部の折上げ天井を取り入れ

〈写真1〉西木場天主堂

〈写真2〉西木場天主堂 正面

〈写真3〉側面

〈写真4〉背面

〈写真5〉内部

〈写真6〉板ガラスの縦長窓

て設計したと思われる。
静かな農村の景色の中で、後継者への教育を具体的に見せてもらい、與助の父親としての優しい眼差しを見た思いがして、嬉しかった。

（４）佐賀県・福岡県・熊本県＝元長崎大司教区

與助は、長崎から、佐賀県や福岡県、熊本県に進出し、天主堂やカトリック関係の建築工事を竣工させている。これは、與助が自ら、佐賀県や福岡県、熊本県に拡げたと言うより、これらの地域は、昭和２年（１９２７）に福岡教区が分離する前は長崎司教区の所属であった。

佐賀県は、佐賀市中央区の佐賀市公教会（明治45年／１９１２）を建築し、呼子天主堂（昭和４年／１９２９）は、元の馬渡島天主堂が呼子に移築されている。福岡県の筑後今村（三井郡太刀洗町）では今村天主堂を新築し（大正２年／１９１３）、熊本県では、熊本市内には手取天主堂（昭和３年／１９２８）を新築し、天草市には大江天主堂（昭和８年／１９３３）や、崎津天主堂（昭和10年／１９３５）を新築している。

佐賀県の馬渡島や、福岡県の今村、熊本県の天草市は、長い禁教時代から、隠れてキリシタン信仰を保ち続けた信者の集落があった所である。宣教師の依頼をうけて、天主堂を建築するという立場で、活動の場所を佐賀、福岡、熊本県に拡げてきたものと考えられる。

佐賀県や福岡市や天草市に来たら、ココもお勧め！

【佐賀県公文書館】県が保存している明治期からの公文書・行政資料などを閲覧できる

【浄水通教会】昭和9年（1934）、現在の聖堂が完成。福岡市の浄水通にある。

【大名町天主堂】昭和61年（1986）に竣工した現在の聖堂は、福岡市の天神という地の利の良い場所にある。

【雲の聖母聖堂】明治29年（1896）に、福岡の旧大名町天主堂は赤煉瓦造で完成したが、その後、建替えられ、久留米の聖マリアンナ病院の敷地内に移築再建された。

【天草市立天草キリシタン館】島原・天草一揆で使用された武器や国指定重要文化財の天草四郎陣中旗、キリシタン弾圧期の踏み絵、隠れキリシタンの生活資料などが展示。

【天草コレジヨ館】天草コレジヨの開校や天草本の出版など、16世紀以降に河浦の地に伝えられた南蛮文化の資料を多数展示。本渡歴史民俗資料館もおススメ！

①佐賀市公教会　太平洋戦争の戦災で焼失した幻の天主堂（明治45年）　現存せず

創建時の住所：佐賀県佐賀市松原町字中ノ小路100番1（現在は佐賀市中央本町）
工事種別：新築工事／構造：木造／設計・施工／延床面積480㎡／階数2階
担当神父：山口宅助神父

佐賀市公教会は、戦災で焼失し、與助の工事実績には記されているが、どのような教会が建てられていたか分らない教会だった。しかし、佐賀県公文書館に、平面図が残されていた。

詳細な寸法などの読みとりは困難な青図だが、建築概要は分る（写真1・2）。

それによると教会は、「佐賀市松原町字中ノ小路100番1にあり、木造瓦葺2階建、建坪92・07坪、延坪106・38坪。司祭館兼傳道館は、木造瓦葺2階建、建坪96・07坪、延坪106・38坪で、物置（木造瓦葺平屋建、建坪9・62坪）と、便所（木造瓦葺平屋建、建坪0・5坪）」があった。明治27年（1894）頃、久留米教会から派遣されて佐賀県内で伝道していた平山牧民神父が仮教会を建て、その後、明治31年（1898）山口宅助神父が着任した。

佐賀市公教会は、福岡県三井郡大刀洗町の今村天主堂新築工事の期間中に併行して工事が行われた。與助は佐賀と大刀洗の間を頻繁に行き来し、鉄川組大工一同は佐賀に移動して建築を行っている。また、工事費は、今村天主堂新築工事の書類に整理されているが、佐賀市公教会の神父と、今村天主堂の神父の間で何らかの取り決めがあったのかは分らない。

明治44年（1911）の9月10日の『手帳』には、「佐賀教會ノ為メ 山口 大嵜両神父ト共ニ設計ス 午后ヨリ佐賀銀行芝居小屋　税務署　農工銀行ヲ見ル 仝行ニ於テ 東京清水組ノ技師ヨリ工事上ノ話シ聞ク」とあり、佐賀市公教会の建築計画は、明治44年（1911）に始まっている。木造2階建の工事は、鉄川組と木挽の従来の與助の工事組織で出来る仕事である。

農工銀行は、現在のみずほ銀行の前身で、清水組の建築である。他にも、唐津では辰野金吾の設計で、清水組施工の唐津銀行の工事が進んでいた。清水組の技師との交流は、建築界の最先端の技術や知識を学ぶ、願ってもない機会となったことだろう。

明治45年（1912）4月10日に、佐賀市公教会工事用の木材と石材は、佐賀市厘外町の宇野商店が請負うことが決まり、手付50円を支払い、領収書は、山口宅助神父宛で受取っている。宇野商店は、宇野廣吉が営む石材抗木石灰商で、5月10日から11日、12日、13日に、「送り書（送り、送り券）」で、材料を納入している（写真3）。

佐賀市公教会の工事は、5月に着工している。今村天主堂新築工事の着工は4月であるが、5月は今村天主堂の工事を中断して、佐賀に移動してきた鉄川組大工一同は、佐賀市公教会の工事に着手している。この時期は、今村では、基礎工事の段階で水が大量に発生し、工事費も不足するなど、想定外の問題が明らかになっている。そこで、佐賀市公教会の新築工事に取り掛かったものと考えられる。7月15日は「佐賀教會傳道館」の変更があり、12月は佐賀市中ノ小路の建具屋に欄間4ケ所と、杉町の建具職人には雨戸や唐戸を注文している。

佐賀市の材木町は、江戸時代から職人の町として賑わっていた。與助は、『手帳』の住所録に、材木町の前製材所や、杉野勘次、下今福の廣瀬材木支店、紺屋町の柳恒太郎（杉材）、東魚町川端の宮田嘉一、唐人町の相原材木商會、道祖元町の久米材木商店や、佐賀郡春日村の花嶋太市のほか、紺屋町の石商・真崎嘉一、本庄町の石工土橋寅作の連絡先を記している。宇野商店の他に、これらの関係者と交渉したと思われる。

工事費総額は分らないが、12月20日には、「佐賀工事費ヲ 久留米支店ニテ受取」、21日は「佐賀ノ為メ ２００円受取」と、受取金がある。

職人は與助の父 與四郎をはじめとする10人の鉄川組の大工職人で、常助は佐賀市公教会と今村天主堂の工事を掛持ちで仕事をしている。工事の計画は、明治44年（１９１１）に始められ、翌年5月に着手し、12月に竣工している。

また、與助が所有していた絵葉書に、中津三ノ町天主公教会（写真4）と、ルーテル久留米教会（写真5）の写真がある。どちらも木造2階建である。

「中津三ノ町」は、現在は「中津市三ノ丁」であるが、大分県の中津カトリック教会（写真6）にも、中津市の資料館にも木造2階建の写真などは残されていない。久留米教会（写真7）の絵葉書には、牧師館と説明があるが、当時の教会や牧師館については分らない。現在

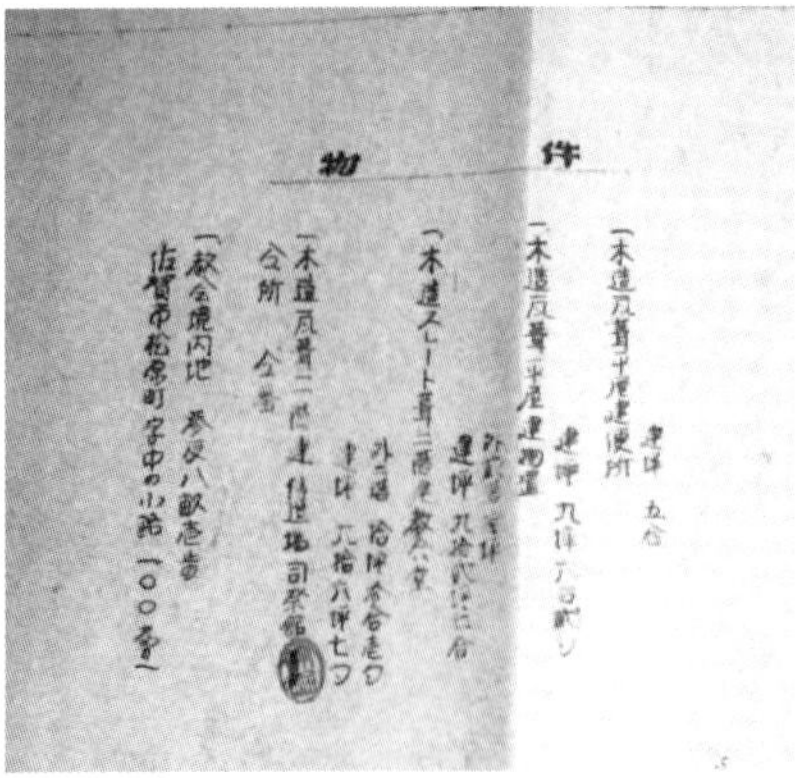

〈写真2〉佐賀市公教会の建築概要（佐賀県公文書館所蔵）

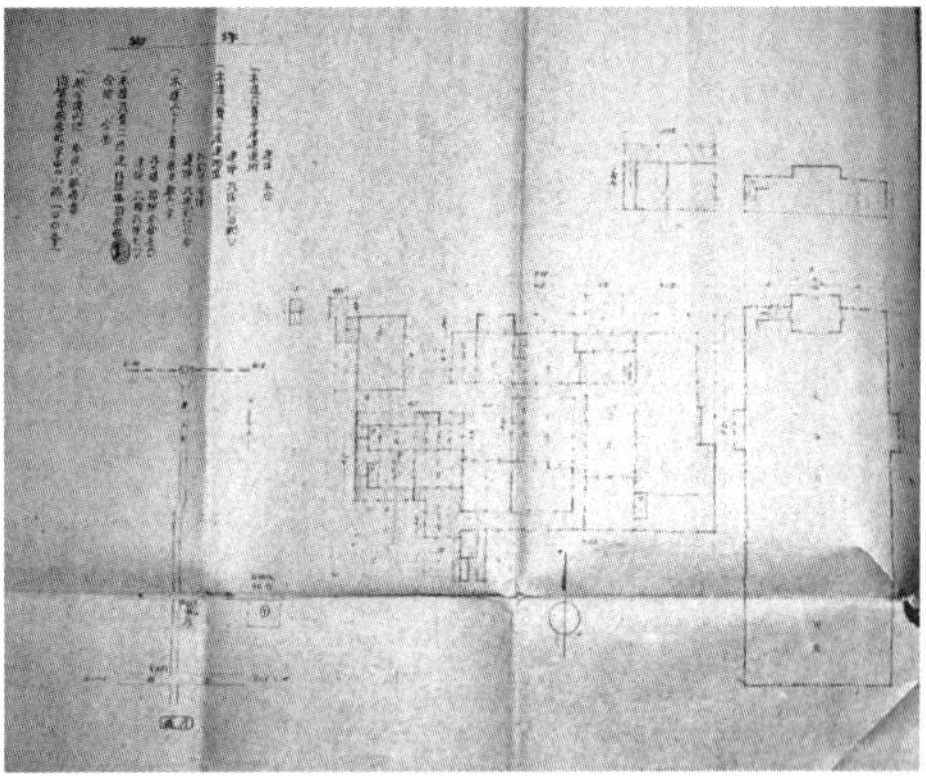

〈写真1〉佐賀市公教会 平面図（佐賀県公文書館所蔵） 教会は建坪92.07坪、司祭館兼傳道館は建坪96.07坪で、共に木造瓦葺2階建である

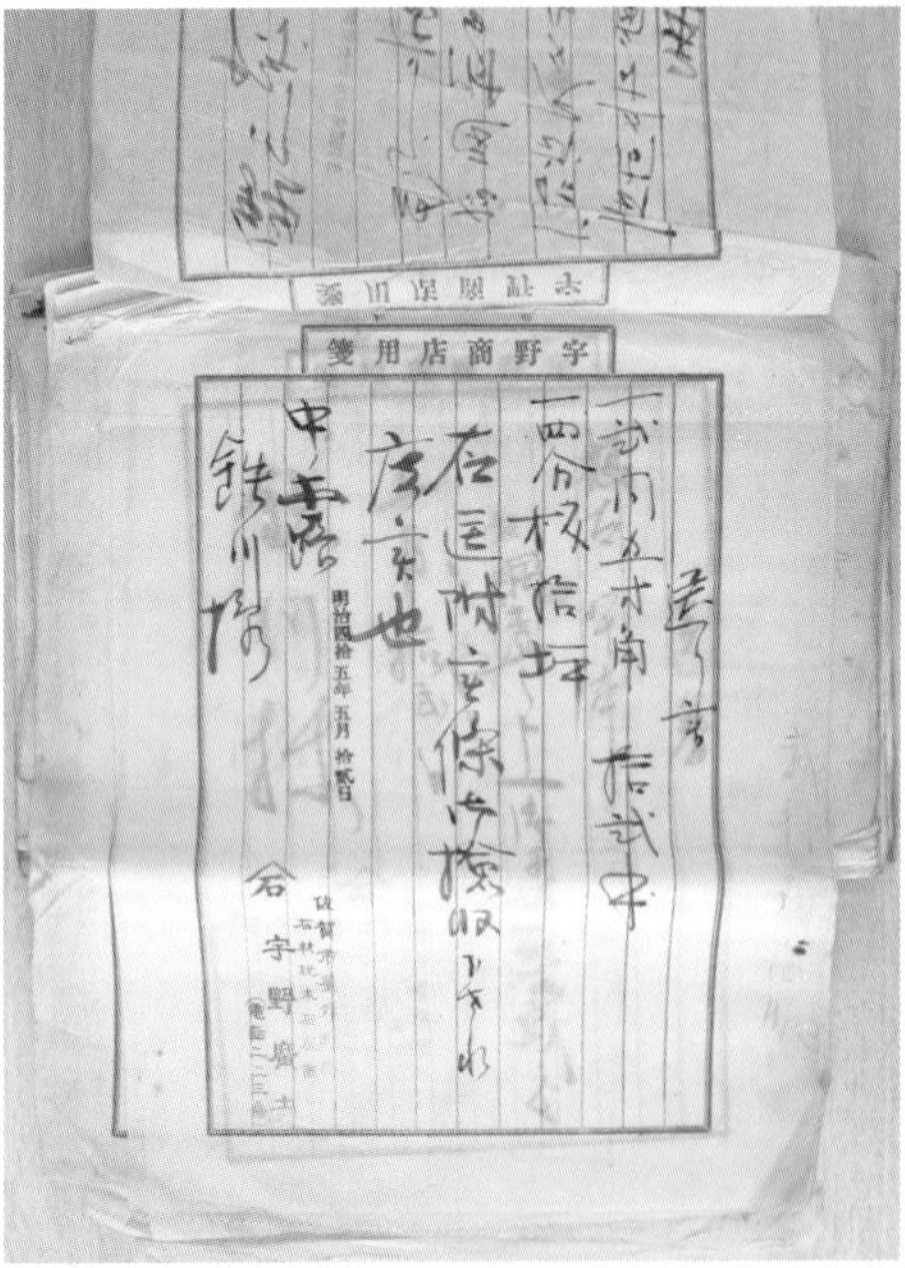

〈写真3〉中ノ小路の鉄川宛の材木の送り書

〈写真4〉中津三ノ町天主公教會（鉄川一男氏所有）の絵葉書（建築年は不詳で、教会や図書館にも残されていない）

〈写真5〉日本福音ルーテル久留米教會牧師館（建築年不詳）（鉄川一男氏所有）

〈写真6〉現在の中津カトリック教会

〈写真7〉現在の久留米ルーテル教会
（大正7年11月9日 献堂式　設計：ヴォーリス、請負：関 忠次）

の教会は、大正7年（1918）に着手されていることから、それ以前と考えられる。

今村と佐賀を往復する中で、與助は、久留米で、何度も列車を乗り継いでいる。中津はカトリックの天主堂なので、訪問していると思われる。

佐賀市公教会は、建築概要と平面図しか確認できないが、その建築概要からは和風の2階建と分かる。佐賀市公教会も、2枚の絵葉書のような天主堂ではなかったかと考えられる。

②今村天主堂 重　八角形ドーム屋根の双塔がそびえる天主堂（大正2年）

現住所：福岡県三井郡大刀洗町大字今
工事種別：新築工事／構造：煉瓦造／設計・施工／延床面積495㎡／階数2階
担当神父：本田保神父

大刀洗町は、久留米市から北東へ凡そ15km、福岡市から南東へ凡そ30km。福岡県の中南域を占める筑後平野にあり、東は朝倉市、西は小郡市、南は久留米市、北は小郡市と筑前町にそれぞれ接している。町の南東部を筑後川が流れる豊かな穀倉地帯で、道路や田んぼのあちこちには、小さな水路が入り込んでいる（写真1・2）。現在は大分自動車道などが整備されているが、当時は、まだ甘木鉄道も開通していない。昔は、久留米藩の領域に属していながら、筑前寄りにあるなど、地理的にもよそ者が入り込みにくい地域であったらしい。

慶応3年（1867）に、かくれキリシタンが確認されている。明治14年（1881）に間口6間、奥行き10間の木造の教会が建てられていたが、信者が増えて狭くなったことから、明治末から煉瓦造の天主堂が建築されている。

今村（いまむら）天主堂は、大正2年（1913）に竣工し、平成18年（2006）3月に塀

〈写真1〉大刀洗町は一面に平野が広がる

及び門を含めて福岡県指定文化財に制定され、平成20年（２００８）に南側小門にスロープが設けられ、平成27年（２０１５）３月に、国重要文化財に指定されている。

今村天主堂の正面には八角形のドーム屋根をもつ双塔がある（写真３〜５）。今村天主堂平面図（図１）と、今村天主堂断面図（図２）に表しているが、屋根は瓦葺の重層構成で、正面は切妻造、祭壇部分は寄棟造で、切妻上には十字架をあげている。

外壁は煉瓦造で、軒や３層の双塔の区切りは、煉瓦をリズミカルに凹凸させた蛇腹飾り。で、窓周りも新しい飾り積みがある（写真６）。側壁の出入口も、煉瓦と石を組み合わせ、入口上部には煉瓦のバラ窓がある（写真７）。祭壇部の出入口も庇を飾り積みし（写真８）、側壁の窓廻りも飾り積みで収めている（写真９）。

軒や窓周りの飾り積みは、水切りの目的もあるが、外周りだけみても、煉瓦職人が技を凝らした美しい天主堂である。

内部に目を向けると、内部は三廊式で３層の構成、天井は柳天井である（写真10・11）。床を張った上で、柱は壺型の柱台石に据付けており（写真12）、そのスケッチをメモしている（写真13）。２階は吹放ちの空間で、円形アーチを連続的に用いた回廊になっている。３層の高窓からは、色ガラスを通して光が射しこみ、神秘的な雰囲気を醸し出す（写真14〜16）。また、側壁の基礎も、煉瓦の壁で支え（写真17）、床下の柱台石の基礎には煉瓦が柱状に積まれている（写真18）。

與助は、工事着手前に「新築工事預算書」を作成し、着手後に「工場記録」や「工場簿」と、「雑費記入簿」、明治45年４月12日の出勤簿である「職人日記帳」と、大正２年１月元日からの「職人出きんぼ」を作成している。また、今村天主堂に関する「手紙」と「葉書」、明治43年（１９１０）から明治45年（１９１２）の４冊の『手帳』など多様な資料を残している。

〈写真2〉今村天主堂の近く

〈写真3〉今村天主堂正面

他にも、本田保神父（１８５５〜１９３２）が、ヨーロッパの信者に呼び掛けた手紙があり、そこからは、今村天主堂の工事の状況が分かる。手紙は、本田保神父が、長崎のクサン司教の推薦状を添えて、ドイツの布教雑誌の編集者宛にラテン語で書いている。

明治40年（１９０７）の手紙は、「もしここに、空高くそびえる塔のある教会堂が建つならば、異教徒たちも大勢それを見にくるだろうし、私たちは機会を得て彼らに十字架や聖人の絵を説明し、私たちの聖なる信仰についても、一言聞かせることができよう。」と、今村天主堂の新築工事に併せて、布教の可能性を説明し、寄付を呼び掛けている。この手紙から、今村天主堂新築工事は、同年に既に教会側では検討が始められていたことが判る。

その後、大正２年（１９１３）９月には、「神のお恵みにより、また、ドイツの寛大な信者たちの御協力で、私たちは１９１２年２月に新しい聖堂の建築工事を始めた。ところが、外壁がほとんどできあがった時、工事費が不足して工事を中止しなければならなくなった。それで基礎をもっと堅固にしなければならなくなったので、経費の大部分をこの困難な基礎工事で使ってしまった（写真19）。最初は異教徒たちが方々から見物に来て、この見慣れない基礎とかつて見たことのない建築を見て、とても感心していたが、今では工事が中止されたとき嘲笑っている。これはまだ大したことではない。未完成の建築が長くそのままになってしまえば、木材は雨や雪のために腐ってくる。こうして私はかわいそうな信者たちと共に悲鳴をあげている。彼らは年から年中、毎日、教会のために働いてきた。しかし１９１３年の稲はまったく不作であったので、多くは食料でも困っている。どうしたらよいか？　ほかに友達がいないので赤面しながら、もう一度、貴誌の読者によびかけたい。今までこんなによく助けてくださった皆様に、今一度お願いして、私の生涯の夢であるこの教会の完成を見るように、見捨てないでください」と訴えている。

〈写真4〉同 側面

〈写真5〉同 背面

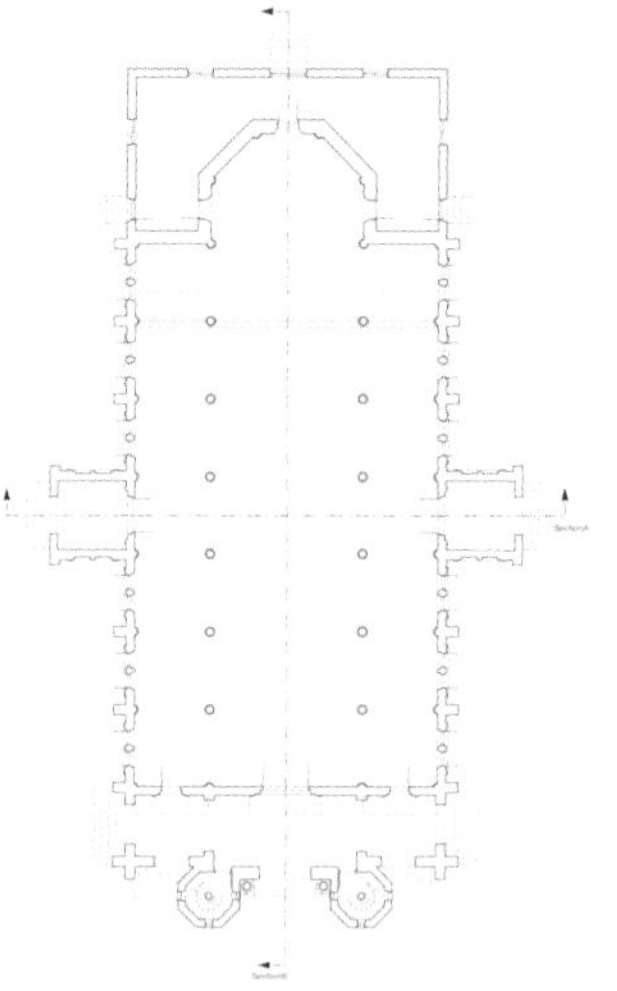
〈図1〉今村天主堂平面図 羽深研究室作図（図2も）

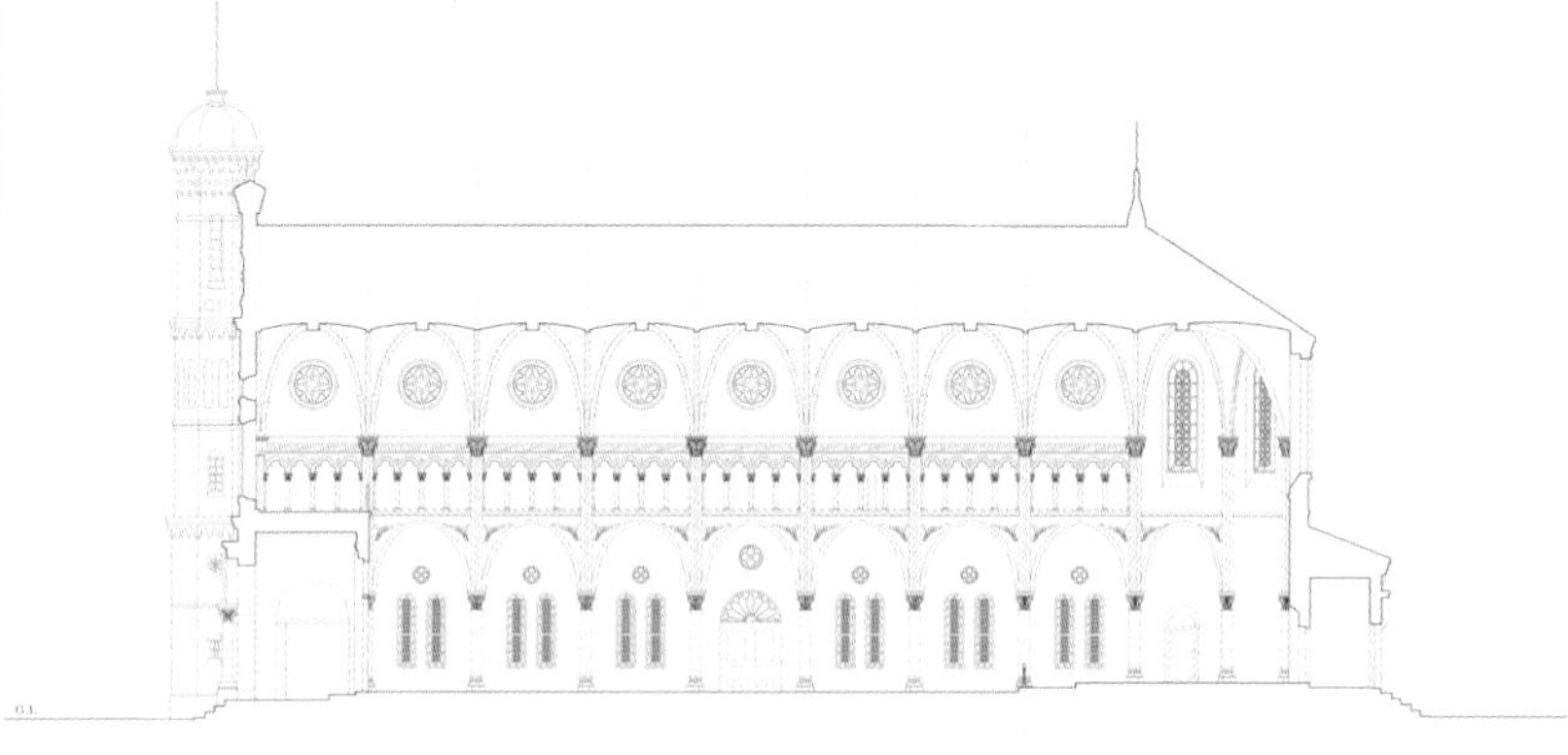
〈図2〉同 断面図

〈写真6〉外壁の煉瓦の飾り積み

〈写真7〉側壁の出入口
（石と煉瓦の飾り積みと煉瓦のバラ窓）

〈写真10〉天主堂 内部会

〈写真9〉側壁の窓廻りの飾り積み

〈写真8〉祭壇部出入口の石と煉瓦の飾り積み

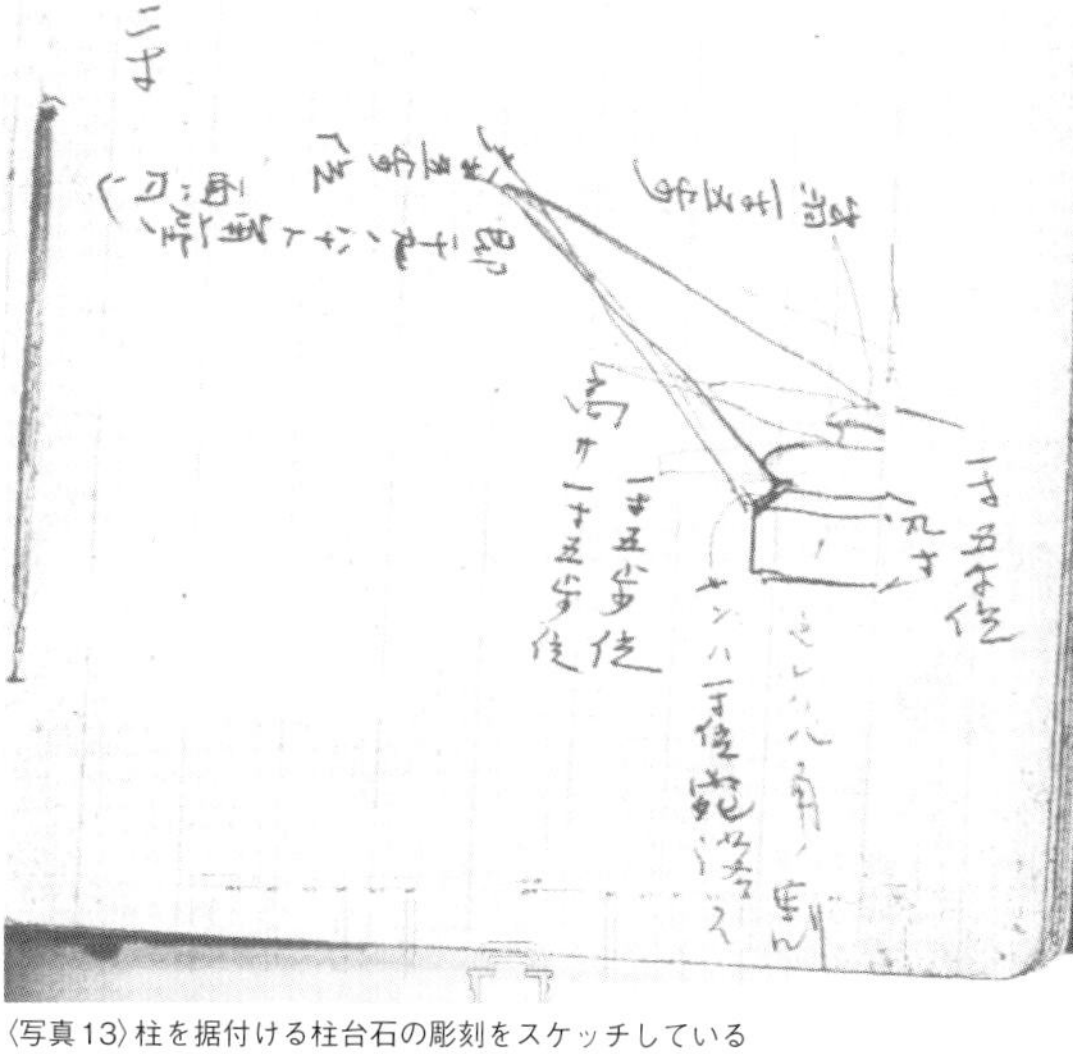
〈写真13〉柱を据付ける柱台石の彫刻をスケッチしている

〈写真11〉三層構成の内部〈2階は通路になっている〉

〈写真12〉柱台石に据付けられた柱

〈写真16〉同

〈写真15〉ステンドグラス

〈写真14〉
3階の高窓から光が差し込む

〈写真17〉側壁の基礎部分は煉瓦積

〈写真18〉柱台石の基礎は煉瓦柱

與助の工事の記録をみると、明治43年（１９１０）に最初の地質調査を行ない、翌年は、5月に2度の水盛を行い、9月12日には井戸掘機械による調査をすると決めている。肥沃な築後平野は、極めて軟弱な地盤であると工事前に承知したうえで、地盤の調査を繰返していたのだろうか。

明治44年（１９１１）4月は、「木材調書」を作成し、柱、梁、桁、根太、鴨居、天井板などを、松、杦、檜、樅の材種毎に数量を調べ、予算を見積っている。

また、契約証には、日付と契約当事者の署名捺印はないが、「石材彫刻据付工事　契約証」と「木材請負契約証」を作成している。

「石材彫刻据付工事　契約証」は、「地履石《ママ》は、天草石を2段積みで、小砂利、栗石、石灰、川砂は全部現場着で、石材は据付人夫賃を含み、期限は工事に差支えない様仕上る」と、運搬から据付までを契約し、「木材請負契約証」は、「材料は係員の指揮に従い、建家前入用の材料は契約日より20日以内に、全部は40日以内に納め終る」とした契約である（写真20〜22）。なお、「地履石」は「地覆石」の誤りで、建物の土台に用いる石のことである。

併せて、同年9月には、材木の調査や問合せを行い、15日は田主丸の業者から木材の見積書を受取り、16日は城島の煉瓦屋が来て煉瓦の打合せを始めている。今村天主堂の煉瓦の双塔は、これまでの教会にはない大切なシンボルであるが、「新築工事費予算書」は、「両階段ノ間」2ヶ所、16坪が計画されている。

着工後の「工場記録」では、屋根葺材を銅板４００枚に変更して注文している。これは、「新築工事費予算書」が作成された明治44年（１９１１）7月から、「工場記録」が作成される翌年3月までの間に、「両階段ノ間」は「八角形の双塔」に変更されたことを物語っている。

さらに、同年2月には松杭木２４０本を発注し、2月9日から11日は図面を引いている。

〈写真19〉建設中の今村教会1912
（手紙に添えられている写真）
（『聖心の使途』第31巻より）（札幌藤女子大学図書館所蔵）

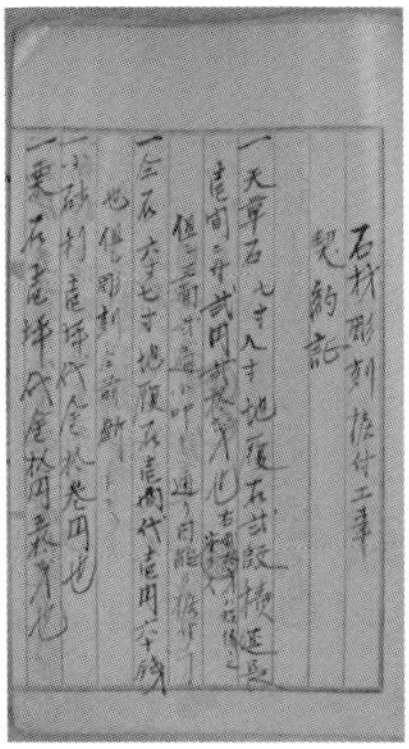

〈写真20〉石材彫刻据付工事　契約証

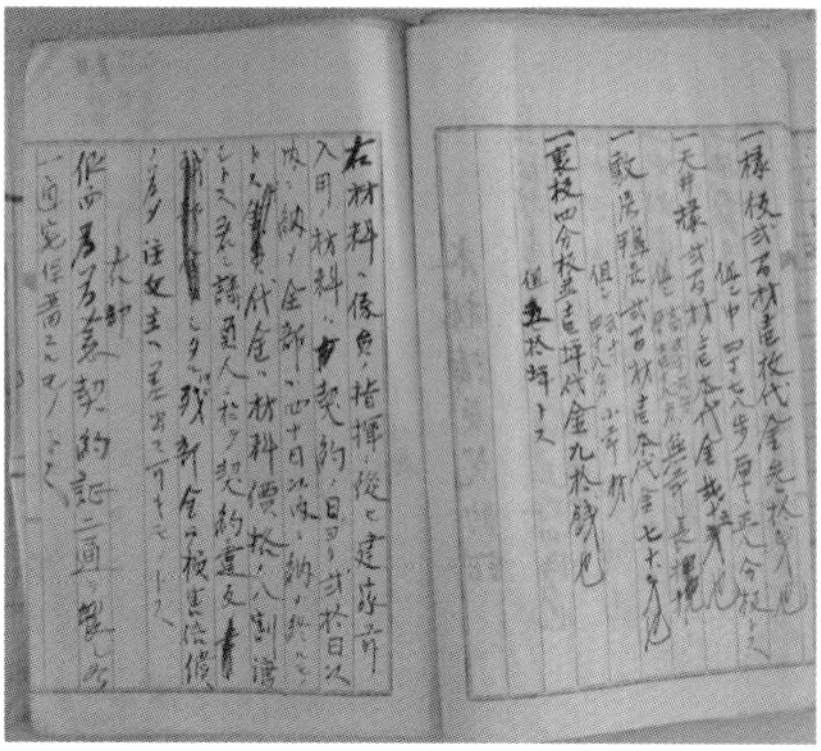

〈写真21〉同　契約証

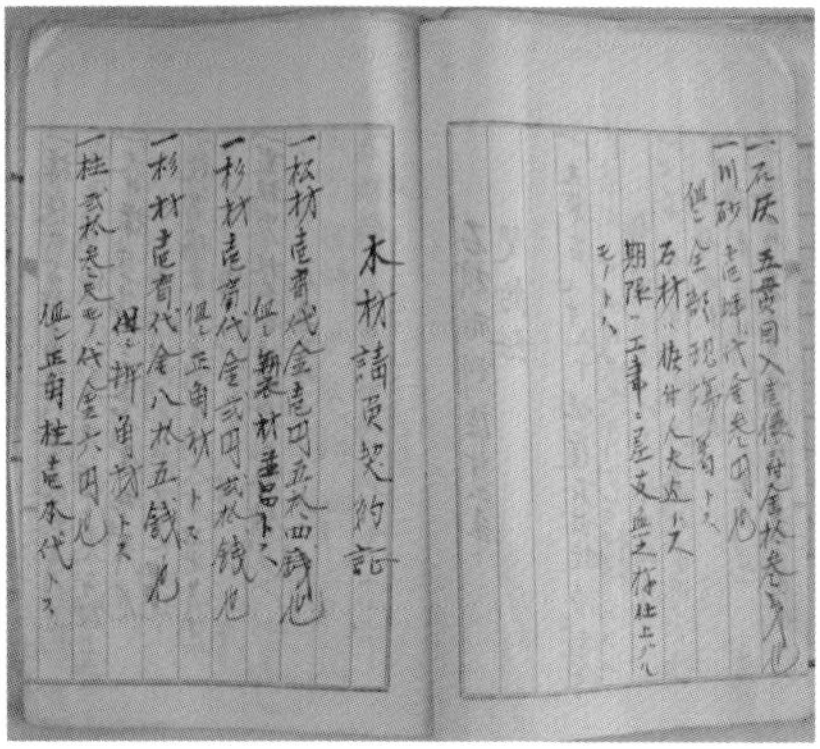

〈写真22〉木材請負契約証

2月に「340本　杭木400円」を買入れ、11日は土工事着手の件で打合せ、「焼過煉瓦5万個、セメント120樽、火山灰150俵」と、「並煉瓦22万個、上煉瓦11万個、石灰、セメント」を買入れ、3月にも杭木100本を追加発注している。

基礎工事に着手して早々に、440本を超える杭木を、両側壁、前、后、祭壇部及び、衣装部屋の仕切壁と使い分けて、基礎部分に打ち込み、地盤改良として焼過煉瓦とセメント、火山灰で基礎を固めたのは、不測の事態である。

「さすがの与助も、当時の今村の軟弱地盤には、手を焼いた。掘れば掘るほど、多量の水が出、途中で基礎工事をやり直した。そのために工事が中断、工事費も余計にかかった。」と、『今村信徒発見125周年記念誌』（125周年記念誌編纂委員会編、今村カトリック教会、1992・11）に記されている。本田神父がドイツに窮状を訴えた「外壁がほとんどできあがった時、工事費が不足して工事を中止しなければならなくなった。」原因は、地盤にあった。

そのような中で、2月6日と3月18日に石工と

〈写真23〉今村天主堂の柳天井と座

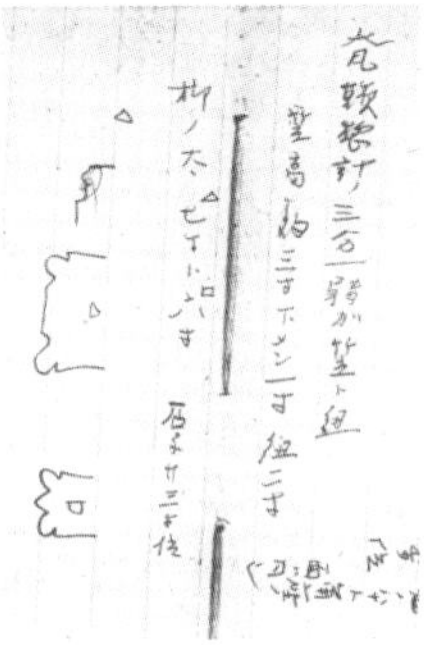
〈写真24〉柳天井の骨のスケッチ

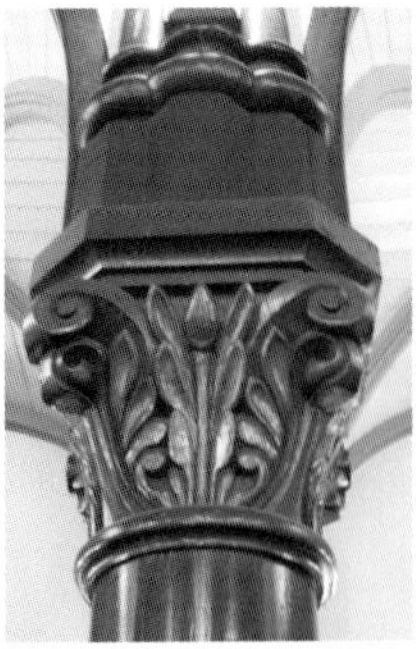
〈写真25〉1層目の柱頭飾り

打合せ、2月9日は、煉瓦職人楠本為二郎に「5月ニ煉化仕事チ始メル」と連絡をしている。楠本為二郎は、野首天主堂や奈摩内天主堂の新築工事で仕事をした楠本為吉の息子である。

明治45年（1912）の「職人日記帳」は、4月12日から記帳された出勤簿である。「四拾五年四月九日　五島魚目村丸尾港出発　翌日今村へ到着　寿　翌日拾弐日より仕事寿」と書き始めており、4月9日に五島魚目村丸尾港を出発し、翌日今村へ到着。11日は、日帰りで久留米を見物し、12日から仕事に就いていることが判る。12日の初仕事は、鉄川組が工事中に暮らす現場の仮設小屋を建てることであった。

地盤工事用の杭木を買付ける時に、併行して杉材や松材を買付け、手付を打ち、注文を繰返し、鉄川組着任の翌日の4月13日は、材木の製材について各地の製納所に問合せをしている。

5月は、鉄川組一同は今村天主堂の工事を休み、佐賀市に移動して佐賀市公教会の新築工事に従事している。その後、7月は杉材を発注し、8月は松材の不足分を契約し、10月は杉の柱材を買付け、11月は松不足材を契約し、瓦下地用の垂木と杉材を買付けている。

聖堂内の大工の細工仕事は、柳天井の骨や座（写真23）や、柱頭を飾る彫物で、與助は、寸法と彫刻のデザインを指示したスケッチを書き残している（写真24）。

第一柱頭飾り（写真25）は写真26のスケッチで製作したと考えられる。この他に、2階の回廊の小柱の柱頭飾り（写真27）、楽廊の柱頭飾り（写真28）は、それぞれ別々のデザインで、聖堂内から見渡せる2階の回廊の列柱の飾り（写真29）と、裏面は荒く削ったまま（写真30）であるなど、見えがかりで作業を分け、効率よく仕上げている。信徒席と祭壇部の低い衝立も丁寧に彫刻されている（写真31）。

一方、石工事と煉瓦工事に目を向けると、正面中央部の石柱と石造アーチでは、奈摩内

〈写真26〉１層目の柱頭飾りのスケッチ

〈写真27〉２階回廊の小柱の柱頭飾り

天主堂正面出入口と同じ植物模様の彫刻である（写真32）。正面の上部（写真33）、側廊の出入口上部には煉瓦のバラ窓がある（１７８頁・写真34）。二つの煉瓦のバラ窓は、おそらく、煉瓦の寸法などを前もって原寸大で型紙を作り、煉瓦を焼き、施工したものと推測する。精巧で美しく、他に見られない飾り積みは、「側窓 イ印 ８５０個、丸窓 ロ印６６０個、大迫 ハ印８２０個、仝外 ニ印９００個、蛇腹小迫 ホ印 １２００個、蛇腹小迫 ヘ印 １２００個」の異形煉瓦を特別注文して造っている。驚きの積算技術と、煉瓦積み職人が丁寧に施工した飾り積みは、１００年以上の時を刻んで、現存している。

煉瓦工事は、明治45年（１９１２）には基礎から窓の高さまで積み、6月には、そろそろ窓台の煉瓦積に掛かる頃と思われる。

また、8月は、洋瓦ではなく、既往の日本の瓦（「軒瓦、袖瓦、箱瓦、谷瓦、鬼瓦」）を契約し、9月末頃は屋根瓦を葺き、11月30日に瓦を追加注文している。

併行して、聖堂内では10月15日から身廊の柱建を行い、金物を取付け、八角塔の銅板を葺いている。そのうえで、明治45年（１９１２）12月には、1日から20日迄、石工と煉瓦工に工事中止を申し渡している。この期間に、佐賀市公教会を竣工させたのである。

工事には、クサン司教のほか、今村天主堂の本田保神父と、大崎神父、島田神父、マタラ神父兄弟と、片岡神父、チリ神父、中田神父、大村神父、ボア神父、ド・ロ神父、山口宅助神父等が関与している。ド・ロ神父は、旧長崎大司教館新築工事で長崎市の大浦天主堂に常駐しており、山口宅助神父は、今村天主堂と並行して新築された佐賀市公教会の担当神父である。今村天主堂は、長崎司教区が一丸となって建築されたことが分る。

鉄川組の職人は、明治45年（１９１２）には、與助の父・鉄川與四郎、與助、三男常助と、

〈写真28〉2階楽廊の柱頭飾り

〈写真29〉2階回廊の小柱の列と柱頭飾り

〈写真30〉2階回廊の柱頭飾りの裏面

〈写真31〉祭壇と信者席の間の衝立

〈表1〉今村天主堂の資料から明らかになる建築工事の工程

	M43		M44												M45						T元						T2								
工事項目			1	2	3	4	5	6	7	8	9	10	11	12	1	2	3	4	5	6	7	8	9	10	11	12	1	2	3	4	5	6	7	8	9
調査	■						■			■																									
製図																■																			
仮設工事																		■		■	■	■	■	■	■	■	■	■	■	■	■	■	■	■	■
土工事																■	■	■	■	■	■	■	■												
煉瓦工事											■					■					■	■	■	■	■	■									
石工事																■	■	■			■	■	■	■	■	■									
木工事																		■		■	■	■	■	■	■	■	■	■	■	■	■	■	■	■	■
瓦工事																						■	■		■	■									
金物工事																		■						■											
漆喰工事																																	■	■	■
塗物工事																																	■	■	■
硝子工事																														■	■	■	■		

凡例：
①明治43年に地質調査が行われ、明治44年5月と8月にも調査が行われている。②工事は土工事、煉瓦工事、石工事で、地業工事が始められている。③木工事は明治45年5月は従事せず、躯体工事は大正元年12月初旬から20日まで中止されている。③仮設工事は、木工事に着手したのと並行して鉄川組によって行われ、漆喰、塗物、硝子工事は、木工事の工程から類推して表している。④鉄川組の工事着手は、明治45年4月で、竣工は、大正2年9月18日頃で、太線であらわしている。

〈写真32〉正面出入り口
（奈摩内天主堂と同じ植物模様の石の彫刻）

〈写真33〉正面出入口上部の煉瓦のバラ窓

浦善吉、梅木友吉、前田喜三太（喜惣太）、中尾音次郎、梅川八之助、湯川幸太、平田彌太郎が従事しており、大正2年（1913）には、與四郎、常助、善吉、友吉、音次郎、幸太、彌太郎と、前田喜三太と、梅川葉智助（八之助と同人か？）、丸岡熊平、前田勘三郎、鉄川勘助、三原寛太、青木勤次、福田巡蔵、平田十蔵、青安太郎、川原又、岡、重松等が従事している。この他に、與助の妻トサも今村に来ている。

『手帳』には記載されていないが、長女も飯場などを手伝い、今村と丸尾を行き来していたと、喜一郎氏は聞いている。

明治45年（1912）の出勤簿は、4月12日の着手から11月迄の記録で、與助は、4月から11月まで従事している。その間、5月と12月は鉄川組は工事を休み、5月に佐賀市公教会に着手し、12月に竣工させている。今村天主堂の竣工は、大正2年（1913）9月18日頃である。

ここで注目するのは、同年の出勤簿に與助は職人としては記録が無いことである。棟梁だから、大工職人と一緒に名前を書かないのではない。與助は、大司教館新築工事のために長崎市の大浦天主堂境内に常駐していた。したがって、今村天主堂工事の着工年は、與助が段取りをして共に働き、竣工年は、弟の常助が、父與四郎の補佐を受けながら工事を管理し、職人を取纏めていたことが分る。このように、與助は常駐しなくとも現場管理が行える態勢が整い、鉄川組の役割分担が始まっている。また、同年には、今村近郊で新たに大工を雇い入れているが、これは、今村天主堂竣工後に、福岡教区に予定されていた新築工事に備えたためと、喜一郎氏夫妻は聞いている。実際には、戦争などの影響もあり、福岡教区の設立は遅れている。

〈写真34〉側廊部出入口上部の煉瓦のバラ窓

木挽は、三吉等が従事している。規模の大きな今村天主堂の新築工事に木挽が一人とは考えられないが、同時期に、楠原天主堂、生月山田天主堂、佐賀市公教会などの工事も進行している。木挽は鉄川組と移動しながら、仕事に就いている。

石工は、佐藤、古川、梶原の3名と、福岡県朝倉郡志波村の石工である。柱台石や階段石と、植物模様の彫刻など、作業は分れていたと考えられる。

煉瓦職人は、奈摩内天主堂で働いた楠本為吉と楠本為二郎と、楠本が紹介した職人である。瓦職人は、「仕事瓦師」の記録があるが氏名は判らない。これまでは鉄川組が瓦を葺いたこともあるが、今村では瓦職人を雇っている。他に、聖堂内の漆喰や、柱などを塗った職人がいるが名前は分らない。これらは、與助が現場を離れ、常助等が管理したことで、他に記録が残された可能性がある。今後、見つかるかもしれない。

建築材料は、煉瓦は佐賀県迎島の煉瓦工場で作られ。33万個を超える煉瓦が使われている。瓦は福岡県三潴郡城島町の荒巻貞二郎、石材は梶原辰三郎、松杭木は川村新吉、松は福岡県草町の古賀三八、杉は鳥飼村の柳弥一郎から購入し、他にも、木材・石材を扱っている佐賀市厘外町の宇野廣吉商店、草野町の小林木材店の川上丈太郎、大渕木材店から買付け、東京の藤原商店からは天井金物を購入している。また、久留米で三浦、中村、山本の人夫を雇い、鋸は久留米の青木鋸製造所から買っている。このほかに、基礎工事の前に地質調査と井戸掘りをしているが、業者名は判らない。

今村天主堂新築工事は、初めて福岡県に進出した工事であった。これまでは五島列島や平戸などで、大工としての鉄川の実績を知る地域の人々に助けられていたのである。「初メテ繁華ノ地ニ於テ施工スル為メ凡テノ　職人人夫ハ申ス及バズ　四囲ノ嵩人油断ナラヌ福岡縣人チ對手トシテ総テ有ラユル大小ノ交渉ノ果、一寸ノ油断モ出来申サズ殆ンド　之ノ方面ニ

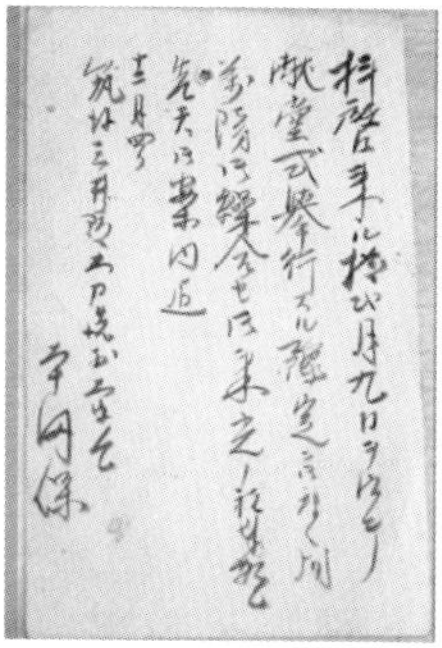

〈写真35〉今村天主堂 献堂式の案内

〈写真36〉ピサの斜塔

ハ寝食忘レル迠ニ奮励致し居候」と手紙の下書きが残っている。福岡県人が油断ならないというより、新たな土地で建築材料を揃え、職人を手配することの難しさに健闘する日々だったのではないだろうか。

建築工事竣工後は、大正2年（1913）12月9日に大浦天主堂で、今村天主堂献堂式の案内を受取っている（写真35）。翌年6月3日付の本田神父から與助宛の手紙は、竣工以来続く八角塔雨漏りの修繕依頼である。「鋼板ノ穴ヲ如何ニ閉クベキカ何ヲ以テ閉クベキカニ付テ御意見ヲ伺度し」と、本田神父からの問合せに、與助は、対応を迫られたと思われる。

今村天主堂のシンボルの双塔は、両階段の間が設計変更されている。工事は、基礎工事で手間取り、途中でドイツに寄付を呼び掛けていた。大学院のプレゼンテーションで今村天主堂の写真を見た札幌市立大学大学院の城間祥之教授は、「ミュンヘンにある聖母教会を思いだしました」とおっしゃる。ドイツのカトリック信者の寄付に助けられたというのは偶然だろうか。工事の予算額は21723円33銭で、鉄川組と木挽の請負金は4362円50銭である。大工の手間賃が65銭から75銭の頃、寄付の額は1万円を超えた。工事費総額は3万円を超える金額になる。

吊り鐘は、ブラジルに移民した今村出身の信者から大正13年（1924）に寄付されている。竣工後にも水害の被害に遭っており、軟弱な地盤から、ピサの斜塔（写真36）ならぬ、「大刀洗の斜塔」になるのではと心配する声もあったという。明治末に着工し、大正2年（1913）に竣工した今村天主堂は、難しい基礎工事も克服して100年の時を超え、双塔がそびえている。

〈写真1〉60畳の聖堂
『福岡教区50年の歩み』より

③手取天主堂　熊本地震では壁に亀裂一ヶ所の被災を受けた天主堂(昭和3年)

現住所：熊本県熊本市上通町
工事種別：新築工事／構造：鉄筋混凝土造／設計・施工／
延床面積４５０㎡／階数３階
担当神父：ボア神父

手取(てどり)天主堂は、熊本市の中心市街地にあり、市電通りに面している。賑やかな町並に囲まれ、熊本城も望める所にあるが、今ではビルの谷間に埋もれた感じである。隣に大型ホテルが建つ前の創建時の写真を見ると、天主堂は大きく存在感を放っている。

熊本県下一円を宣教した初代のコール神父(１８８９～９５在任)は、現在の上通町の土地を購入し、日本家屋で60畳程の大きな聖堂を建てている(写真１)。現在の聖堂が建てられたのは、第４代のボア神父の時である。鉄筋コンクリート造の聖堂(写真２)は、重層の屋根構成で、正面中央に鐘塔を設け、上部には八角形のドーム屋根をのせている。正面は中央と両側の控壁に３分し、中央の塔の部分も横に３分して、軒には蛇腹風に飾りを設け、外壁には横に切り込みを入れて石造の趣を出している。

與助は、大正12年(１９２３)に鉄筋コンクリート造で長崎神学校を建築し、長崎市の常清修道院の改築や、長崎神学校雨天運動場を新築しているが、天主堂を鉄筋コンクリート造で作るのは初めてである。手取天主堂では、新しい構法である鉄筋コンクリート造で、表面には石造の印象を線で刻むという手法を採り入れている。

手取天主堂の内部(写真３)は淡い色合いである。三廊式の平面で、列柱には柱頭飾りを設け(写真４)、天井は船底形で折り上げ、格天井の枠の中には、丸や四角、ひし形のピン

〈写真2〉熊本手取天主堂

〈写真4〉柱頭飾

〈写真3〉内部

〈写真5〉折上げ天井と花の彫刻

〈写真6〉彩りを添えるステンドグラス

〈写真7〉ステンドグラス

〈写真8〉八代技芸学校
鉄川一男氏所有の絵葉書より

クの花が規則的に彫刻され（写真5）ている。無機質なコンクリート造の外から入ると、一変して華やかで、縦長のステンドグラス（写真6・7）からは、赤、黄色、紫の色ガラスを通した光が柔らかく差し込んでいる。

現在の聖堂が新築されたのは、福岡教区が設立されたばかりの昭和3年（1928）で、教区長のチリー神父が祝別している。

そこには鐘楼も設けられているが、鐘は翌年にフランスから到着したという。そのような計画も見越して、聖堂は新築されたといえる。

平成20年（2008）、司祭館と信徒会館の新築工事が行われていた。趣があった木造の旧司祭館は駐車場に替っていた。

平成28年（2016）4月14日未明に、国内でも記録的な最大震度7、震度6という地震が繰返し発生した。報道では国宝の熊本城の被災の様子を連日伝えている。手取天主堂では、直後は、ミサは信徒会館で挙げていると聞いた。建物の影響を尋ねるのも躊躇される時、信者の角田久栄さんにカトリック新聞を見せて頂いた。手取天主堂は、「屋根瓦が落下。聖像が倒れ、破損。建物内は物が落ちて散乱。十字架の道行きの破損」とある。他の教会では、内壁や外壁にひびなどが確認された教会もある。詳しい調査が実施されると被害は拡がるのでは、と気になっていた。ふた月程経って、天草市の本渡教会の渡辺隆義神父にお尋ねすると、「検査した結果、一ヶ所亀裂があったが、今はミサも教会で挙げている」と教えて頂いた。修復にはまた費用もかかるが、今のところは、建物は守られたとひと安心した。

また、初代のコール神父は、熊本県の八代にも布教し、八代では、貧困者や孤児の養育など社会福祉活動にも幅を拡げている。與助の資料には、八代技芸学校の絵葉書（写真8）がある。この学校は大正15年（1926）に高等女学校、昭和4年（1929）に八代成美高等

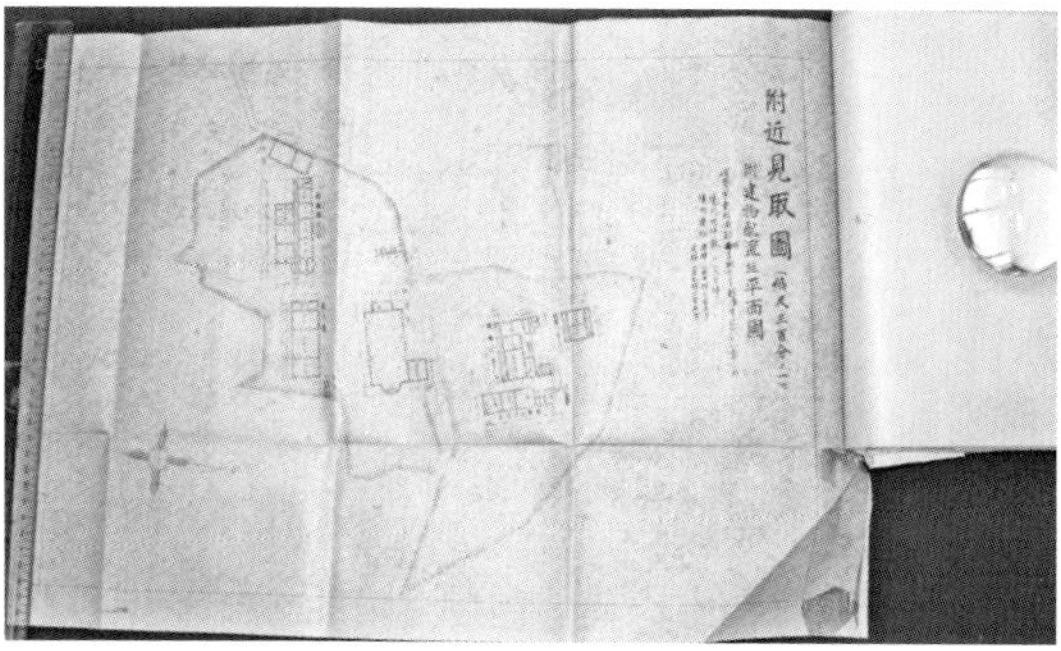

〈写真1〉呼子天主堂敷地図（佐賀県公文書館所蔵）

女学校となり、昭和16年（1941）には白百合学園と改称され、現在も継承されている。與助は、昭和2年（1927）に八代成美女学校の新築や改築工事をしている。工事記録の年代には若干のズレがあるが、大正から昭和の移行期に工事を実施したのだと考えられる。

このように、天主堂建築の仕事と併行して、社会福祉施設や、和洋裁の教習所を新築している。福祉の実態と精神も、共に学んでいたと思われる。

④呼子天主堂　明治期の建材で再建された木造天主堂（昭和4年）

現住所：佐賀県唐津市呼子町殿ノ浦
工事種別：新築工事／構造：木造／設計・施工／延床面積：360㎡／階数2階
担当神父：ブルトン神父

佐賀県唐津市の呼子（よぶこ）は東松浦半島の突端に位置し、呼子湾は天然の良港として知られ、新鮮な海産物で賑わう呼子の朝市や、大綱引きは賑やかに繰り広げられる。呼子天主堂は、海側から少し登った所にあり、丘の上の広い駐車場が車社会を印象付けている。

呼子天主堂の記録は「見取圖（縮尺三百分ノ一）」（写真1）があり、「建物配置並平面圖」と記された青図が佐賀県公文書館にある。そこには「佐賀県東松浦郡呼子町大字殿浦字辻一八七八番ノ一外　境内地建坪　一・一六三坪、境内建物　建坪一一四坪七合五勺、建坪一五〇坪七合五勺」と敷地図に記されている。

鉄川工務店の工事経歴書では、昭和4年（1929）の工事になっている。フランス人の宣教師が多い中で、平成19年（2007）に訪ねた時は、イタリア人の宣教師であった。呼子天主堂の神父様からは、旧馬渡島（きゅうまだらしま）天主堂を呼子天主堂として譲りう

〈写真2〉呼子教会 正側面

けたという資料を頂いた。馬渡島は呼子から凡そ10㎞、玄界灘に浮かぶ小さな島である。平戸から呼子に移住してきた信者も馬渡島の信者も、出身地は同じ大村領外海で、同じルーツにあたる。

呼子では、民家を仮の聖堂として20年近く使っていた。平戸島の紐差天主堂を昭和4年（1929）に新築することになり、それまでの紐差天主堂は、解体されて馬渡島に移築されている。さらに、それまで馬渡島に建っていた天主堂は、呼子の殿ノ浦丘陵に移築され、現在の呼子天主堂（写真2・3）として再建されたというのである。駐車場から背面の屋根の上に両手を拡げるキリストに導かれるように、少し坂を下りて正面に向かう。外壁は補修されており、古さは感じられない。

ところが、聖堂の内部は、一変して歴史を感じる（写真4）。入口で息をのんでいると、神父は雨戸を開け、室内の電気をつけて下さった。

内部は三廊式である。ところが、主廊と側廊の天井の構法が違う。祭壇中央に続く主廊の天井は柳天井の板張りで、その両側の側廊の天井は格天井である（写真5〜7）。しかも、格天井の正方形の板目は縦横に組み合わせてある。板張りで天井は低くなるが、穏やかな和風の空間が洋風の柳天井と不思議に調和している。このような組み合わせの天井は、他には見たことが無い。

旧馬渡島天主堂は明治14年（1881）にペルー神父が着手したとされているが、聖堂の三廊を全て柳天井で仕上げる前の段階では、主廊は柳天井、側廊は和風の格天井で仕上げたことになる。私はまた、聖堂で「そうでしたか！」と、声にならない声をあげて感心する。

柱は、木製の柱台に据付け（写真8）、柱頭には柱頭飾りが彫刻され（写真9）、柳天井の骨は座（写真10）で押えられている。

〈写真4〉聖堂内部

〈写真3〉呼子教会 背面

〈写真7〉主廊の柳天井と右側廊格天井

〈写真6〉主廊の柳天井

〈写真5〉左側廊格天井と主廊の柳天井

〈写真11〉説教台と祭壇のステンドグラス

〈写真10〉天井柳の座

〈写真8〉木製の柱台

〈写真9〉柱頭飾り

壁に取り付けられた祭壇の彫刻は確認できないが、説教台の彫刻は植物模様を思わせる曲線が彫られている（写真11）。ステンドグラスは手描きの硝子絵にも見えるが、色板ガラスを嵌め込んだようにも見える（写真12〜15）。色のついていないスリ硝子には、模様の違うものも嵌め込まれている。硝子は、解体・移築の工事で取替えたのかもしれない。熊本の手取天主堂は同じ頃の工事だが、色板ガラスが取り付けられている。

與助はこの解体工事、移築工事、さらには再建工事に携わったことになる。新築の工事では、思い通りに材料も加工できるが、解体、移築する工事では、材料の伐り込みも組立も、前の工事の跡を丁寧に維持しながらの作業になる。

解体・移築工事では、信徒等も解体作業に奉仕し、解体した材料は呼子まで運搬することになる。この運搬や陸揚げで、ひと騒ぎ有った様子が記されている。

殿ノ浦というのは遊郭などもあり賑わった漁港らしい。天主堂を移築する場所に一番近いのは、殿ノ浦の船着場で、そこに陸揚げしようとすると、「ヤソの荷物を上げるとは汚らわしい」と反対され、仕方なく「トウン下ン浜」や地浜に陸揚げし、そこから辻地区まで運び、辻からは狭い昇り道を、子供も大人も総動員で担ぎあげたというのである。「小さな子どもは、板1枚とか瓦を背負わされて運びました」というのは、これまでの天主堂工事で信者が奉仕した作業と同じである。

呼子天主堂の外壁は新しい建材で改修されていたが、聖堂の天井は、與助の言葉では「柳天井」と、格天井の組み合わせである。一瞬、火災に会い再建された上五島の江袋天主堂の天井と似ていると思ったが、主廊には柳天井で、側廊には格天井という組み合わせは、江袋天主堂より前の工事の天井の造り方の一つと思われる。そうすると、現在の呼子天主堂には、明治14年（1881）に建築された馬渡島天主堂以降の歴史が刻まれていることになる。

〈写真12〉呼子天主堂の出入口扉のステンドグラス（手描きにもみえる）

〈写真13〉呼子天主堂のステンドグラス

〈写真14〉同

〈写真15〉同

駐車場から正面玄関までの短いアプローチに、子どもたちが遊んでいた。最近は、子どもの姿も珍しいが、ほっとする光景で忘れられない。心休まる思い出を懐かしく思っていたら、今、呼子天主堂は巡会教会になっていることが分った。若者は仕事を求めて都会に出ていき、高齢化が進んでいるというどこも同じ悩みを抱えている。

⑤大江天主堂　北原白秋や与謝野鉄幹らも訪ねバテレンの宿と称された天主堂（昭和8年）

現住所：熊本県天草市天草町大江
工事種別：新築工事／構造：鉄筋混凝土造／設計・施工／
延床面積670㎡／階数3階
担当神父：ガルニエ神父

天草は、今は、九州本土の熊本から五つの橋で結ばれ、青い空と海のイメージが拡がる。雲仙・天草国立公園の名前が示す通り、対岸には雲仙岳が望める（写真1）。「島原大変肥後迷惑」と、寛政4年（1792）の島原雲仙岳の火山被害で、対岸の熊本や天草まで津波被害が襲い、肥後に迷惑をかけたと教えてくれたのは母だった。その後、雲仙の普賢岳（ふげんだけ）では、平成2年（1990）から7年（1995）にかけて平成新山も生れ、平成28年（2016）は熊本地震も発生した。天草は熊本県であるが、気持ちの上では長崎に近い島と、私は思っており、迷惑というより、心配という気持ちが大きい。

上島と下島の二つの大きな島がある天草には、ポルトガル出身のルイス・デ・アルメイダ（1525～83）によってキリスト教が伝えられた。遠く戦国時代にまで遡る。当時の天草を治めていた豪族は、次々とキリシタンに改宗したことから、領民の改宗も相次いだ。宣

〈写真1〉天草から雲仙を望む

〈写真2〉大江天主堂

教師を養成するコレジョも、当初は豊後国府内（大分）に設置され、その施設は長崎県加津佐に移動し、熊本県天草に移動していた。現在は長崎市に移されている。離島であった天草は、印刷技術も導入されて繁栄していたが、豊臣秀吉のバテレン追放令や、徳川家康のキリシタン禁教令、天草・島原の乱などで、表向きはキリシタンは姿を消し、その後は地下に潜伏することになる。天草には、かくれキリシタンの地としての歴史が生き続けている。

下島のほぼ中央の天草町の丘の上にある大江（おおえ）天主堂（写真2）には、緩やかに曲がりくねった道を登って行ったが、この道路ができたのは、天主堂ができた後という。建築当時は、もっと急峻な上り坂を、材料を担ぎあげたというのである。そう聞くと、周辺の農家から沢山の小路が丘に向かって伸びているように思う（写真3）。

大江天主堂は、外壁は白色に塗られた鉄筋コンクリート造であるが、與助の資料の中に、大江天主堂の50分の1の断面図が残されている（図1）。正面は中央と両側の控壁に3分され、内部は、中央の身廊と、その両側に袖廊がある。祭壇部には、縦に細長い窓が設けられている。横には、1層目の柱頭には柱頭飾が図示され、床に柱台石を据え、その上に柱を据えている。この図面を見ていると、塔の無い天主堂は、このような姿になっていたのかと思われる。塔があると堂々として、人に例えると胸を張っているように見えるのは、私だけだろうか。塔を張出すから、塔の部分には3層の区切が設けられ、1層目は出入口、2層目は3列の縦長窓、3層目は2列の縦長窓で、正面にはアクセントが付けられると感じる。

聖堂内部は三廊式（写真4）で、列柱で身廊と両側廊に分けている。柱は、柱台石にのせられ、柱頭には柱頭飾りがデザインされている（写真5）。身廊の2層目には回廊ではなく、壁の奥行きを絵で表現しているのは、田平天主堂や紐差天主堂と同じである。また、天井は、折上げ格天井で、身廊部分には丸に4弁の花模様やひし形をデザインし、側廊部分の天井に

〈写真3〉丘の上の大江天主堂

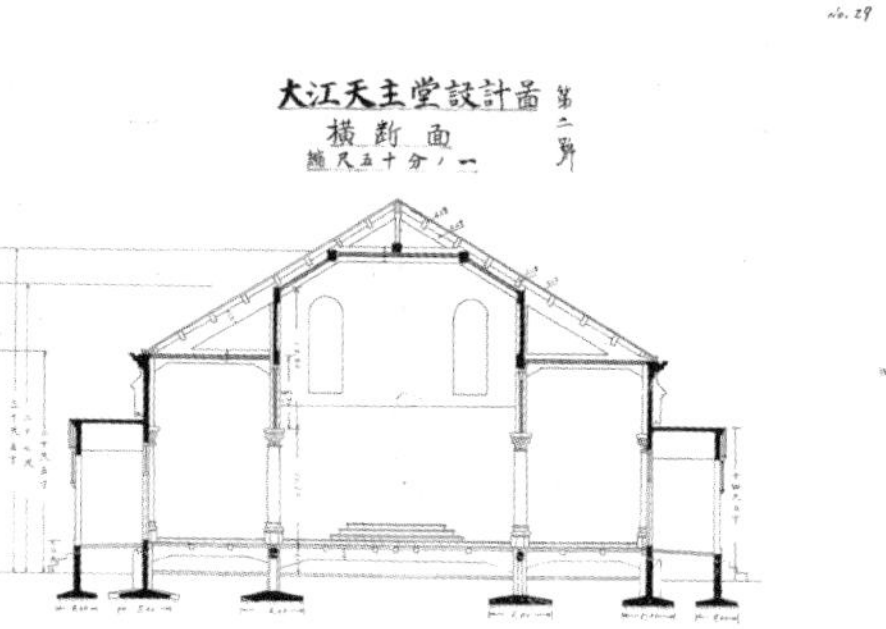

〈図1〉大江天主堂断面図

も、身廊の中央と同じ丸に4弁の花と葉をデフォルメして彫刻している（写真6）。天井と壁を同系色の肌色で統一しているのが、聖堂内に拡がりを感じさせる。

窓は、2列の縦長窓と上部に丸窓を組合せたもので、板硝子は、淡い赤・黄・緑・青を組み合せている（写真7〜11）。このようにみてくると、大江天主堂と平戸の紐差天主堂は、とてもよく似ていると感じる。

また、大江天主堂の書類と特定できないが、昭和7年（1932）8月17日付の請求書がある（写真12）。熊本市の吉田板硝子店が出した鉄川與助宛の1845円50銭の請求書は、板硝子の代金である。熊本市には、現在も吉田硝子店があるが、同年にはまだ創業しておらず、商工年鑑も昭和13年（1938）からの記録であることから、請求書を出した吉田硝子店の確認はとれない。

熊本市内の手取天主堂（昭和4年／1929）の色硝子は、縦長窓の周囲に色板硝子を嵌め込んでいる。平戸の紐差天主堂（同年）は、半紙大の色板硝子を組み込み、大江天主堂と酷似した硝子の組み合わせである。熊本の手取天主堂で使ったのが最初で、その後、吉田板硝子店は、平戸の紐差天主堂や、天草まで出荷したのではないだろうか。昭和7年（1932）に納品された板硝子はどこに使われたものだろうか。

「工事請負金は、総計二万五千円であったが、このうち二万円を神父の私財の中から出し、後の五千円は村の信者の寄付や、他郷に出ている者の寄付によることになった。しかしこれは天主堂の外部だけの工事費用であり、内部の祭壇やその他の装飾や設備は除外されていたし、祭壇だけでも現在の金額にしたら数百万円はかかるといわれるくらいだから後から後から出費がかさんで、さすがの神父も困り果てて、その心痛は一通りではなかった。」と記されている（『天草の土となりて―ガルニエ神父の生涯』：浜名志松著、日本基督教団

〈写真5〉柱頭飾り

〈写真 4〉聖堂内部

〈写真7〉色板硝子

〈写真6〉花がデフォルメされた折上げ格天井

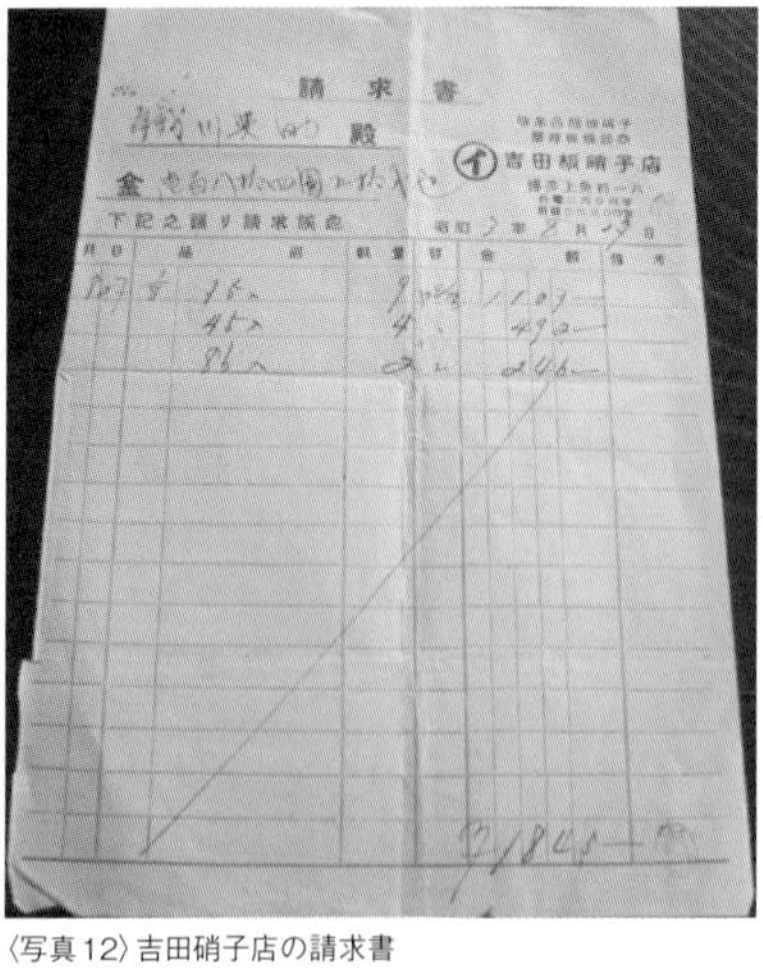

請求書

殿

金

吉田板硝子店

下記之通リ請求候也

〈写真12〉吉田硝子店の請求書

〈写真9〉入口上部の半円アーチ窓

〈写真8〉色板硝子

〈写真10〉出入口と入口上部の半円アーチ窓

〈写真11〉入口上部の半円アーチ窓

出版局、1987・7）。

工事は進み、間口16ｍ、奥行き26ｍの天主堂は、昭和8年（1933）4月に竣工している。

聖堂入口の上部には、ド・ロ神父が明治期に製作した彩色版画が掲げられている（写真13）。ド・ロ神父は、キリスト教の教義を信者に分りやすく伝えるために、悪人の最後から、善人の最後までを描いたという版画は、貴重な作品である。

それに向かいあうように、祭壇には、「お告げの聖母」の絵が掲げられている（写真14）。絵には二人の女性が描かれ、右側にひざまずいているのは聖母マリアで、左側に立っているのは大天使聖ガブリエルという。聖ガブリエルの手に持つ百合の花は、女性の清い純潔を表しているといわれている。

2ｍ四方もある大きな油絵は、画家であったガルニエ神父の姪の作品で、竣工後、神父の故郷から届けられた。聖堂建設に纏わる工事費の話も当然故郷に伝えられていたのだろう。ガルニエ神父が大江天主堂に着任してから41年。この長い間、宣教師となって日本で暮らしているガルニエ神父を、フランスの家族は見守り続けていたのだ。聖堂完成のお祝いの絵は祭壇に飾ると約束されていたのだろうか。「お告げの聖母」の絵は、思いがけなく、ガルニエ神父と、故郷の家族の結びつきも伝える贈り物になった。

大江天主堂の歴史は、ガルニエ神父を抜きに語ることはできない。明治25年（1892）から大正8年（1919）まで、主任司祭として大江で過ごしたガルニエ神父は、在日56年のうち49年を大江で過ごして、「パーテルさん」と親しまれている。大江では、ガルニエ神父の着任前から「根引の子部屋」という孤児院が経営されていた。これを引き継ぎ、身寄りのない子どもや、身体に障害のある子どもたちを集めて育てた。寮の子どもたちは10才にな

〈写真13〉ド・ロ神父が明治期に製作した5枚の彩色版画

ると畑を手伝い、14～15才になると大工や左官に就かせたりして世話をしていたという。

外国人の宣教師は、それぞれ、布教した土地に根を下ろしている。なかでも、長崎の外海では、今も、ド・ロ神父は、「ド・ロ神父様」、「ド・ロ様」と人々に親しまれ、壁は「ド・ロ壁」、ソーメンも「ド・ロ様ソーメン」と呼ばれ、宣教師の教えは日々の暮らしの中に生き続けている。

明治40年（1907）に、大江天主堂のパーテルさんに会いに、与謝野寛、北原白秋、吉井勇、太田正雄（木下杢太郎）、平野万里の5人の若き詩人は大江の里を訪れた。東京二六新聞にこの旅行の紀行文を「五足の靴」として発表し、大江天主堂を、「バテレンの宿」と紹介している。長崎、佐世保、平戸、佐賀、熊本、天草と旅する中で、バテレンさんが寄留していた天主堂は、他の地域にもあったと思われるが、外国人宣教師が大江の土地に根をおろしていることが、関東地方にも聞こえ及んでいたのだろうか。

大江天主堂を訪ねた5人の若者を、ガルニエ神父は、上手な天草弁で「上にお上がりまっせ」と丁寧にもてなしている。

天草に着いて最初に聞いたのは、「今は、日本人の神父様ですバイ」と言う言葉だった。「教会までの道も変わったらしいですよ。昔は、下のちゃんぽん屋さんの処からまっすぐ登ったらしか。」と、道路が変わった話も聞いた。鉄幹や白秋の歩いた道と、今の道路は違っていると思いながらも、少し廻りを歩いてみた。

大江天主堂は、丘の上のきれいな天主堂で、パーテルさんが伝えた福祉の心が地域に根付いている。「墓石は金をかけてつくるな。山石を持ってきて置けば良か。」と墓を作る場所まで決めて目を閉じたガルニエ神父は、天主堂の傍に眠っている（写真15）。山石どころか、立派なお墓の他に、銅像まで建てられている（写真16）。銅像を建てずにはいられない程、地域の人達に慕われていたということになる。他にも暮らしの文化も根付いているのではな

〈写真14〉ガルニエ神父の姪が描いた「お告げの聖母像」

〈写真15〉ガルニエ神父の墓

〈写真16〉ガルニエ神父の像

いかと、また、天草で、色々なお話を聞けるのを楽しみにしている。

⑥崎津天主堂㊫　漁港の景観に溶け込んだゴシック風建築の天主堂（昭和10年）

現住所：熊本県天草市河浦町崎津
工事種別：新築工事／構造：鉄筋コンクリート造及び木造／
設計・施工／延床面積６２５㎡／階数２階
担当神父：ハルブ神父

崎津（さきつ）は、天草の下島に位置する港町で、キリシタン史の中でも古くから知られている地域である。永禄12年（１５６９）には、ポルトガル人の宣教師イルマン・ルイス・デ・アルメイダが、天草下島北部の領主志岐麒泉の招きで崎津に入り、その2年後には「全国宣教師会議」が開かれている。信者は増え、コレジヨ（学校）ができ、印刷、時計組立等の西洋の文化が天草に伝えられていた。一度は開かれていたキリスト教に、寛永15年（１６３８）には禁教令が実施され、崎津でも激しい迫害の嵐が吹き荒れたが、信者はかくれキリシタンとして信仰を守り続けていた。

崎津天主堂の敷地は、浜辺に近い昔の庄屋屋敷跡で、そこは踏み絵等が行われていた場所であった。崎津天主堂から大江天主堂まで6㎞程。深い入り江と、穏やかな羊角湾にそって建つ崎津天主堂は、すっかり漁村の風景に溶け込み、天草市崎津の漁村の景観は、平成23年（２０１１）に「国の重要文化的景観」に選ばれている（写真１）。

崎津天主堂（写真２）は、正面は鉄筋コンクリート造で、ゴシック風の建築である。正面は縦に3分され、中央の塔の部分は四角で奥行きの半分程が飛び出す形になっている。出入

〈写真1〉崎津の集落と天主堂

〈写真2〉崎津天主堂（正面は鉄筋コンクリート造である）

口の上には大きな丸窓があり、塔の3層目は鐘楼で、飾り窓の鎧戸から鐘の音が響き渡る。両脇の控壁には縦長アーチの窓が設けられている。屋根は紡錘形で、尖塔にはそれぞれ小さな尖塔飾りを設け、ゴシック風の印象を強調している。

側面に廻ると、正面の鉄筋コンクリート造とは違い、祭壇部は木造である。信者さんに教えられて、改めて内部の工事を行ない、外壁を見て、違いを知った（写真3）。

天主堂の正面右側には司祭館が建てられ（写真4）、それは海に面している（写真5）。

聖堂の平面は三廊式で、天井は4分割の柳天井である（写真6）。入口から奥の祭壇方向に、鉄筋コンクリート造から木造に変わり、柱は柱台石に据付け（写真7）、柱頭には柱頭飾りがある（写真8）。床は畳敷きで創建時の姿を留めている。ステンドグラスは、大江天主堂の流れを引き継いだ色板硝子が組み込まれ、淡い色合から柔らかな光が差し込んでいる（写真9～11）。

崎津天主堂の担当司祭であったハルプ神父は、まるで、天主堂と町の人々を見守るように、通りから一段高い墓地に眠っている（写真12）。

崎津天主堂の建築については、『ハルブ神父の生涯』（広瀬敦子著・サンパウロ・2004）に記載されている。それによると、「崎津教会の建設資材は長崎から、鉄川組の発動機船と帆船で運ばれた。セメント、木材、鉄材、瓦、櫓の資材、大工道具、馬車などであった。コンクリート用の砂や砂利は信者が浜から運んだ。とくに時化（シケ）の時は、信徒全員が奉仕に出た。大人も子供も総出で聖堂苦役と呼んだこの作業に参加したのである。当初、総鉄筋で建てる予定であったが、途中で資金不足となり、3分の2を木造に変更しなければならなかった。」というのである。海砂で鉄筋コンクリート、と聞くと錆などの心配はないのかと思うが、余程丁寧に洗浄されたのだろう。崎津天主堂は、桟橋が目の前にある。建材

〈写真3〉側壁からみた崎津天主堂（左側3/5は木造である）

〈写真4〉司祭館

の運搬と荷揚げは労力の掛かる手間仕事であるが、工事現場は湾の傍で、何より、発動機船と聖堂苦役で捌かれている。五島では「郷の人」と言われる信者の奉仕作業である。

建築費については、地域の増田清吾氏の記録がある。

土地代金　１１５００円。教会建築費　９５００円。

但し、内部の負担を含めたものだろうが、１４５００円と記録している。

建物面積２６３㎡、鉄筋コンクリート（３分の1を含む）、木造瓦ぶき、ゴシック式建築、総工費合計　２１０００〜２６０００円である。

工事については、「村人が驚くような工法で、高い鉄塔までエレベーターが上下運動をして資材を運んでた。工事中はハルブ神父が、設計図を片手に、時々、現場に立って木材の検査をしたり、監督をしていた。」と、岩下澄雄氏は伝えている。また、大江と崎津天主堂の工事で鉄川組で働いたという芙頭（ふとう）丑男さんは、「大江の場合は自宅から通いましたが、当時、大江と崎津間は山道で約1里半（約6㎞）あり、ほとんど険しい道でしたから、崎津では建築現場のそばにある倉庫の2階で寝泊まりをしました。炊事は交代で若い者が作り、皆で食べていました。米のご飯でした。そのころ、大江や崎津あたりで米だけのご飯を食べる家はほとんどありませんでした。

たいてい麦飯と芋が常食で、おかずはいわしと菜っ葉類ぐらいで貧乏な生活でした。日給は大工、左官の技術者が一日一円、人夫は60銭でした」という。

さらに、左官として働いた與助の甥の渡辺一郎氏は、「私は16歳から30歳くらいまで、長崎の鉄川組で働きました。そのころ、鉄川組には大工が20人、左官、煉瓦職が5人、トビ職3人、人夫は5人以上で、全員併せて35人くらいはいました。」と語っている。與助が長崎市に自宅を構えた頃は、職人も、ここに記された35人位居たものと考えられる。

〈写真6〉崎津天主堂 内部

〈写真5〉司祭館の波打ち際

〈写真9〉ステンドグラス

〈写真8〉柱頭飾り

〈写真7〉柱頭飾りと柱台石、畳敷きの床

〈写真12〉ハルプ神父の墓

〈写真11〉同

〈写真10〉同

〈写真13〉平戸天主堂

〈写真14〉三浦町天主堂

〈写真15〉久留米天主堂

崎津天主堂の献堂式の後には、大江天主堂と同じように、餅米4俵の餅をつき、餅まきをした。これは、大江と崎津だけではなく、他の天主堂でもそうだったのではないだろうか。和洋折衷なのは、建築ばかりではなく、日本の習慣をさりげなく取り入れていたのではないかと思われる。

崎津天主堂の正面は鉄筋コンクリート造で建築されているが、奥の部分が木造になっていたのは、工事費の不足のためと判った。ゴシックの建築になったのには、どんなきっかけがあったのだろうか。

長崎県や福岡県では、昭和6年（1931）に、平戸天主堂（写真13）と、佐世保の三浦町天主堂（写真14）、久留米天主堂（写真15）がゴシックで建てられている。

大正10年（1921）の『手帳』には、「二月八日平戸ノ設計図　夕方　遂ニ成就ス　（後略）」と、與助は田平で平戸天主堂の図面を描き、工事費は平戸の総代と相談することになっている。また、與助は、大正9年（1920）に、平戸大島宿舎で、「久留米天主堂新築工事預算書」を作成しているが、久留米天主堂は請負っていない。外海の黒崎天主堂（大正9年／1921）は、ゴシックではないが、信者の川原忠蔵の設計・施工で請負われている。これは、信者でもない與助に、何時までも工事を任せるのではなく、信者にも工事をさせるべきだという声に押されたものと、喜一郎の妻は聞いている。與助にばかり仕事を任せることに反発もあっただろうが、ゴシック風の天主堂を提案する人たちが居て、信者も、ゴシック風の天主堂を選んだのではなかろうか。

丘の上にある大江天主堂は、風の強い日には風もふきあげて強く当る。そこで、正面の塔にはドーム屋根をのせ、周辺からも目立つ建物とした。次いで、羊角湾の海辺に建つ崎津天主堂は、ドームにするとそれ程目立つ訳ではない。ゴシック風の尖塔屋根は、一見、異質とも思われるが、今は、漁村の風景に溶け込んで美しく目立っている。景観に馴染んでいるが、これも、計算された結果ではなかったかと思われる。

（5）長崎＝信徒発見の聖地

長崎市は九州の西の端に位置し、鎖国時代は唯一、外国に開かれた港町で、周辺には九十九島に代表されるように島も多い。中国や朝鮮、オランダ、ポルトガルなどから多くの文化が入ってきていた。このような文化は、長崎で不思議に融合している。

また平成27年（２０１５）には「明治日本の産業革命遺産　製鉄・製鋼、造船、石炭産業」は世界遺産に登録された。重工業が街を支えた歴史もあり、軍艦島と親しまれてきた高島炭鉱は一時廃墟となっていたが、今は観光客で賑わっている。

キリスト教の歴史をたどってみると、受け入れられた布教期、禁教、迫害の時代をすごし、隠れて信仰を守り通した潜伏期を経て、大浦天主堂での信徒発見に繋がるなど、一口にはいえない程の長い歴史がある。このような経緯からカトリック教徒の数も多く、潜伏期に信仰が受け継がれた地域には、各地に教会が建てられている。長崎市や諫早市、雲仙市、大村市、壱岐市の教会は、巡回教会も含めると40を超える。

伊王島に橋がかかり、外海町など周辺の町村が長崎市に編入されたのは、平成17年（２００５）になるが、外海町はそれまでは西彼杵郡であった。西彼杵半島は地続きでありながら、幕末までは大村領であり、陸路の交通は便利とはいえなかった。

明治6年（１８７３）にキリスト教禁制の高札が撤廃されると、信者は教会を建て、人々は普通に日々を過ごしていた。そうした中で昭和20年（１９４５）8月9日、原子爆弾がさく裂した。

坂の多い、すり鉢状の地形の長崎に平地は少ない。それは古い建物を建替えて街を造ることにもなり、民間の歴史的な建物は維持されることは難しいことにもなる。

自然豊かな美しい景色と、江戸時代から受け継いできた文化と、平和を祈り、原爆の惨状を伝える被爆地の使命など、様々な歴史を、街の魅力に繋げて発信している。

長崎市に来たら、ココもお勧め！

【長崎の教会群情報センター】出島ワーフ2階にあります！　最初に訪ねては！

【出津《しつ》文化村・外海《そとめ》歴史民俗資料館・ド・ロ神父記念館】

長崎駅から一時間程の処にあるが、出津天主堂（明治15年／1882）は、ド・ロ神父の設計で建てられた。周辺一帯は、文化村として整備されている。国指定重要文化財。

【大野教会】明治26年（1893）ド・ロ神父の設計で建てられた石造の小さな御堂。地域の石を使って、ド・ロ壁で造られている。国指定重要文化財。

【黒島天主堂】明治30年（1897）マルマン神父の指導で、現在の煉瓦造の天主堂が建てられた。黒島は、佐世保から10㎞程の島。国指定重要文化財。

【三浦町教会】昭和6年（1931）建築のゴシック風の建物。佐世保駅前にある。

【雲仙教会】昭和56年（1981）、雲仙は殉教の地で、国立公園内に建てられている。

【長崎歴史文化博物館】江戸時代から近代にかけての海外交流に関する資料を扱う博物館。

【長崎純心大学博物館】キリシタン研究に関する資料が収集されている。

【島原の日野江城跡】有馬氏の居城で、日本キリスト教史における初期の中心地として、国の史跡に指定された。

①旧長崎大司教館㊋　旧羅典神学校と共に博物館として蘇える大司教の住居（大正４年）

現住所：長崎市南山手町５
工事種別：新築工事／煉瓦造／設計・施工／延床面積：８２５㎡／階数４階
担当神父：ド・ロ神父／天主堂工事係代人：鉄川與助

長崎市南山手町の国指定史跡大浦天主堂境内には、国宝の大浦天主堂（元治元年／１８６４・設計プチジャン神父、施工者小山秀）、重要文化財の旧羅典神学校（明治８年／１８７５、設計ド・ロ神父、施工者不詳）、長崎県指定文化財の旧長崎大司教館（大正４年／１９１５、設計ド・ロ神父と鉄川與助、施工鉄川與助）と旧伝道師学校（旧聖婢会本部）がある（写真１・図１）。

旧長崎大司教館（以後、司教館と表記する）（写真２）は、大浦天主堂の正門の右手に在る煉瓦造の建物で、現在は公開されていないが、旧羅典神学校（写真３）と共に、博物館として活用する計画が進められている。

司教館は司教の事務室と神父の宿舎を兼ねた建物であった。ド・ロ神父と與助の設計とされているが、ド・ロ神父はその上段にある旧羅典神学校を基本として、傾斜地の地形に併せて東西に90度回転させ、食堂と厨房、司教の事務室などを加えて計画したのではないか、と、神学校と司教館の中廊下のプランを見ていると、そう思えてしまう。その結果、大浦天主堂と、旧伝道師学校と旧羅典神学校、および司教館などの境内の建物は、対岸の西坂（二十六

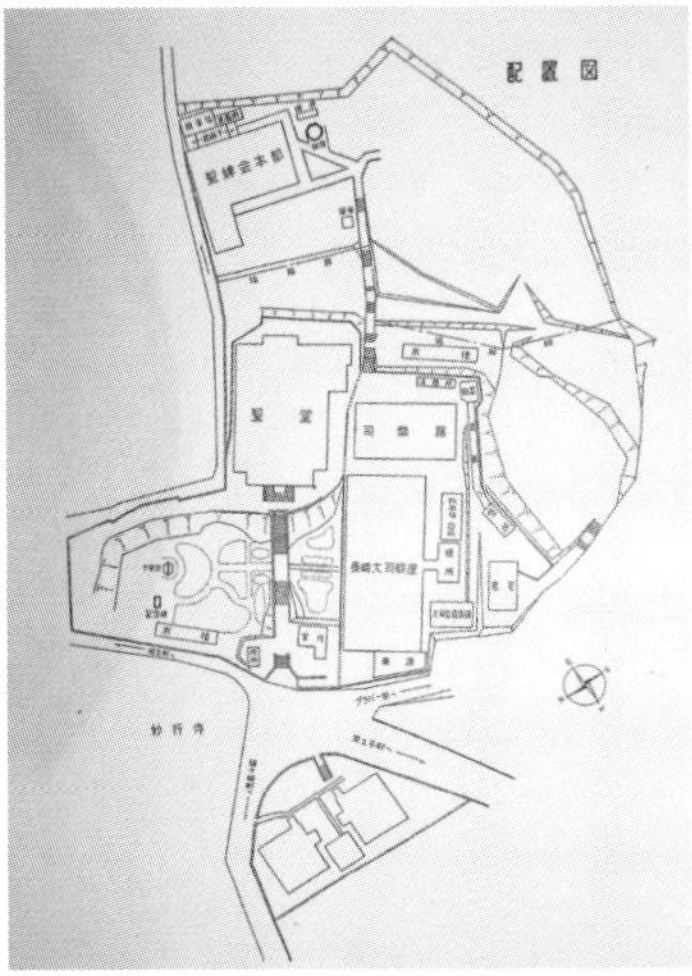

〈図1〉大浦教会配置図　『カトリック大浦教會百年の歩み1965』より転載。旧伝道師学校もある。

〈写真1〉大浦天主堂境内（左大浦天主堂，中央羅典神学校，右旧長崎大司教館）

聖人殉教碑がある）の方向からも、一体として見渡すことができたことになる。

大正4年（1915）に竣工した司教館工事は、司教館本館の工事と裏側の司教館西側の傾斜地を整地して、別棟に便所と湯場を造り、さらにそこに小使住宅を建てる工事であった。この工事で與助は、天主堂工事係ド・ロ神父の代人として工事を管理している。

工事に当っては、設計の次に材料の手配が重要になるが、ここに、ド・ロ神父と與助の関係と共に、工事の進め方が分る1通の貴重な手紙がある（写真4）。

大正2年（1913）6月10日付で、福岡県の今村天主堂の工事現場に居た與助に宛てた手紙には、

「拝啓　梅雨の候ニ候得共益々御健勝奉賀候御注文の焼過ぎ煉瓦一萬個　到着仕候　代價は壱個壱銭〇五毛の　通知書及び運賃長崎港まで壱個一厘四毛の送状に接し候　荷揚げの為めに者石工道上某　に周旋を頼み候度壱個に付　天主堂境内まで一厘弐毛にて　貴下と契約整ひ居り候由　申候運送船の到着の節ハ　日曜日に當り居り候を以て荷揚げ　滞り申候故　船主は急ぎ且又波止場　ハ假り置場の許可無之候故船より　且荷揚げ　するを船主にて好ま　ざるより　弐円の水揚げ賃を出して近傍の明地ニ荷　揚致候由　此水揚げ賃は誰の負擔に属す　べきか貴下より何の通知も　無之候故　実に困却し居候間　右煉瓦の件ニ付至急明細なる　御通知あらんことを希求仕候　大正二年六月十日　敬具　二伸　煉瓦の代金ハ誰れに又　何日支払ふべきか　鉄川與助殿　長崎大浦天主堂　ドロ拝」と書かれている。

この手紙から、①焼過煉瓦1万個は既に與助が手配していること。②

〈写真2〉旧長崎大司教館 正面

〈写真3〉旧羅典神学校　設計ド・ロ神父、大正8年（1919）

煉瓦の代金は1個1銭5毛で、長崎港までの運賃は1個1厘4毛であること。③長崎港から天主堂境内までの荷揚げは、道上某の請負、1個1厘2毛で、與助は契約していること。④運送船は日曜日に着く予定で、波止場に仮置き場がないことから、2円の水揚げ賃を出して近くに荷揚げしたいが、この水揚げ賃は誰が負担するのか、⑤（ド・ロ神父に、與助は連絡していないので）、煉瓦の代金は、誰に、何時支払ったらよいのか、という問合せの手紙である。

煉瓦の代金を決め、注文し、道上某と、長崎港までの運搬の契約をしているのは與助で、事前に神父と詳細な打合せはしていない。しかし、煉瓦の代金や運搬費用の支払は、天主堂工事係であるド・ロ神父であることが分る。さらに與助は、今村天主堂の工事と並行して、次の工事予定の、司教館工事の材料を手配しているのである。工事係代人という立場であるが、材料の生産者や請負人との交渉は、與助を抜きにしては進められなかったことも分る。

司教館は間口35・86m、奥行13・68m、床面積は凡そ490㎡で、1部地下室が有る煉瓦造3階建を新築する工事である。そこで、

①司教館の裏手にあたる西側斜面に石垣を施工する。
②司教館地下室の土掘取工事を行う。
③石垣工事で新たに造成した土地に、小使住宅1棟と、便所と湯場1棟を新築する。
④地下室の土掘取り工事の跡に地下室を造る。これは司教館の1階から3階の基礎にもなる。
⑤司教館新築予定地にあった既存の建屋1棟（旧司教館の可能性がある）を解体撤去する。
⑥地下室工事終了後、司教館の1階から3階の新築工事を行うという工事になる。

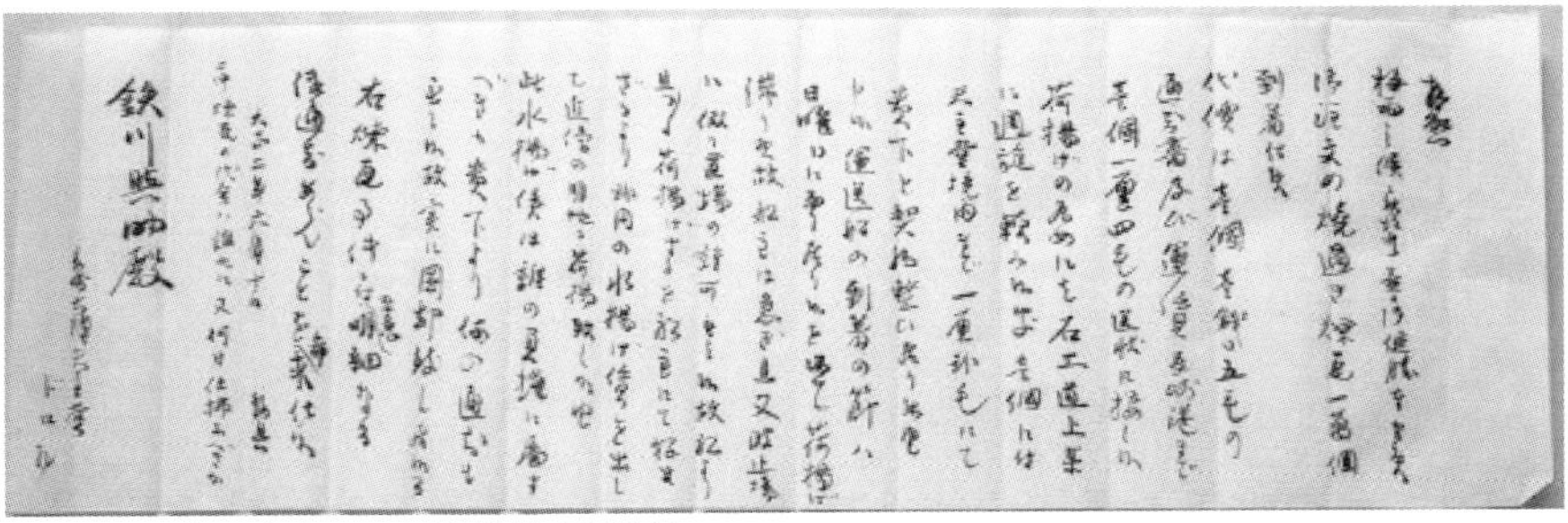

〈写真4〉ド・ロ神父が與助にあてた手紙（鉄川一男氏所有）

石垣は長さ凡そ12間（約21ｍ）で、高さは1尺（約30㎝）から道路側に向かってさらに高くなり、現存している（写真5）。この土工事には便所間仕切りと、小便所溜桝の工事を含んでいた。

小使住宅（写真6）は建坪15坪の木造で、四畳半の室が6室あり、外部は板張、内部の壁は漆喰塗、板天井、床は板張と、藁の畳床を使わない板畳を敷いていた。屋根は桟瓦葺である。小使住宅は現在は解体されている。便所と湯場（写真7）は、建坪18坪6合7勺で、基礎は割栗地形、コンクリート打、外壁は煉瓦の腰積、板壁、柱石を据付け、天井は無く内外共上鉋削り、屋根は瓦葺、便器を造り付け、風呂は長州風呂（五右衛門風呂）を据付けている。

地下室（写真8）は煉瓦工事で、焼過煉瓦3万個を使って大正2年（1913）8月12日頃から始められ、引き続いて普通煉瓦15万個を上層階に積んでいる。建家一棟の解体工事は、同8月12日から着手し、9月1日に材料全部を取り除く契約である。

9月1日は、小使住宅と便所・湯場を竣工した後、司教館新築工事の予定地にある建屋を解体・撤去し、その跡地を整地した上で、司教館を新築したと考えられる。

次に工事費の支払状況を見ると、土工事費は8月1日までは現金で支払い、その後は「支払伝票」（写真9・10）での支払に移行している。1冊に100枚が綴じられた「支払伝票」（縦130×横187×厚8㎜）は、小切手帳に良く似ているが、金融機関名や小切手の振出地は記入されていない。伝票は印刷されていることから、他に使われた例もあると思われるが、日本銀行の貨幣博物館などに問合せても、その使用例はまだ見付からない。司教館工事では、

〈写真5〉現存する石垣

〈写真6〉小使住宅跡地（プレハブが建てられていた）

11冊・１１００枚以上が請負人や材料の納入業者、職人や人夫賃の支払いに使われている。この「支払伝票」というのは、書類の整理上、私が付けた名前である。

伝票の支払を工事内容毎に整理すると、仮設工事、基礎工事、煉瓦工事、石工事、木工事、金物工事、瓦工事、塗装工事費、硝子工事、雑工事、左官工事に分けられる。

この他に便所、湯場、廊下、階段、窓、保証金、神父と、工事の場所や支払先別に分けた費用もある。「学廊・学校・階段」は司教館を学校とよび、その階段とベランダの工事で、鉄川大工38日賃と人夫賃、土管、瓦代である。「窓」は窓の運搬賃と考えられ、「保証金」は工手間請負人と材料運搬請負人や、新しく取引を始めたセメントや瓦の業者から預った保証金の返還金で、「神父」はチリ神父、ド・ロ神父、浦川神父に渡した司教館の収納庫と祭壇工事の費用で、他に與助の妻トサの松江商店での買物がある。

工事費は総額で１６４３３円22銭になるが、この中には與助の天主堂工事係代人としての報酬は含まれていないことから、別途、契約があったと思われる。

一方、工事費の支払は工事の終了後、材料費などは材料納入後で、職人の手間賃も工事が終った後と考えると、工事の工程が見えてくる。

大正2年（１９１３）の入梅の前に、地下室の土掘取工事を終了し、引き続いて石垣工事と司教館の基礎工事を行っている。

仮設は9月から大正3年（１９１４）5月まで設置されている。地下室の煉瓦工事は6月に始まり、大正3年（１９１４）9月まで行われ、煉瓦工事と並行して石工事が行われている。

〈写真7〉トイレ　内部には湯場が残されている。

〈写真8〉地下室出入り口

材木は大正2年（1913）8月21日から順次入荷し、地下室から順に上層階に向けて構造材を組立てている。また11月8日は人夫が窓を搬入し、10月末頃には窓枠の取付段階に入っていたと考えられる。

金物の取付けは、大正2年（1913）12月から翌年10月と、12月から大正4年（1915）2月に行われている。左官工事は大正3年（1914）の1月と、7月から9月に行われている。地下室から順に煉瓦を積み、最後に棟を上げ、3月7日に建屋の祝儀が支払われ、5月から7月頃、学校・階段・廊下の内外装工事が行われたと考えられる。瓦は6月に入荷し、7月14日に瓦葺賃を支払っていることから、この頃に瓦工事は終わっている。硝子は大正3年（1914）8月27日～12月と、大正4年（1915）2月に取付け、並行して9月19日から大正4年（1915）3月に塗物工事が行われている。便所・湯場の工事は、大正2年（1913）8月より前に土工事が終了し、翌年2月頃、窓硝子を入れ、4月に長州風呂を据え付けている。小使住宅は9月24日に15坪分の材木代を支払っていることから、8月20日より若干遅れて落成したものと考えられる。

大正4年（1915）は1月に便器を製作し、3月に司教館の収納庫と祭壇工事を行ない、便所・湯場と門番所に樋や便器を取付け、厨房のガス工事と電燈の工事を行い、4月に風呂桶と焚口を据付けている。

このように、工期は凡そ5年程を費やし、明治43年（1910）に計画が始められ、大正2年（1913）6月頃基礎工事を行ない、大正4年（1915）3月頃に、司教館、小使住宅、便所・湯場が竣工している。

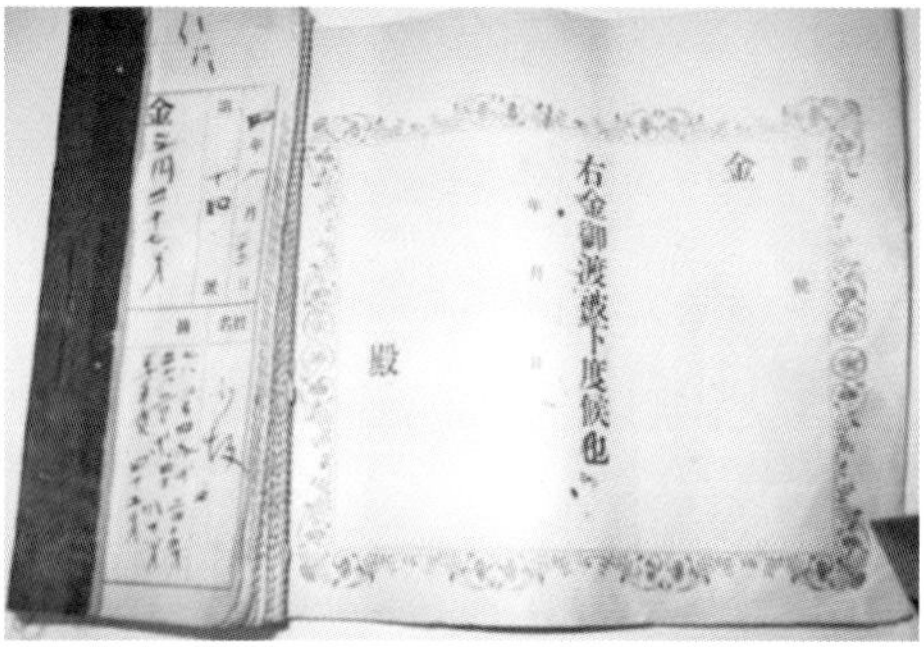

〈写真9〉「支払伝票」

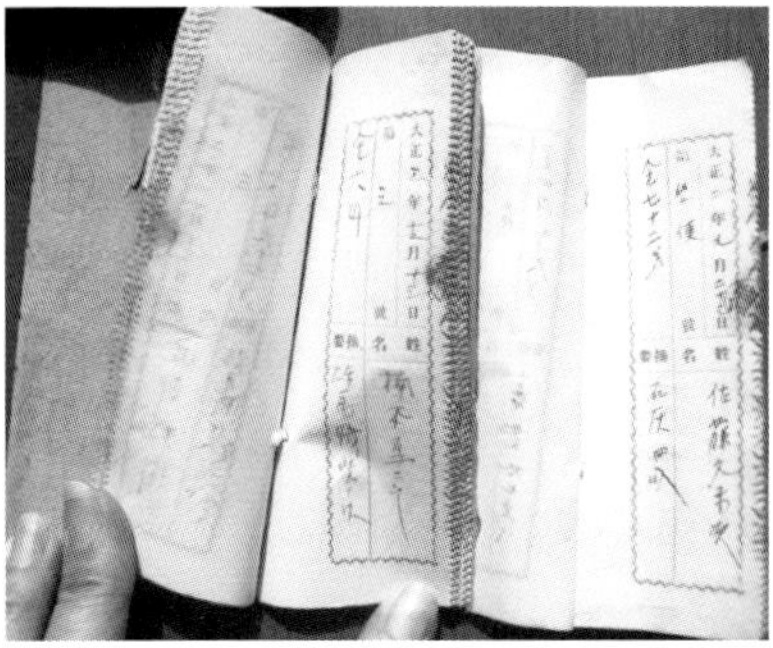

〈写真10〉精算された後の伝票の控え

また支払伝票や契約書からは、旧長崎大司教館工事の請負者や、建材の産地が判る。司教館工事の工事係はド・ロ神父で、與助は大浦天主堂工事係代人である。附属工事のうち、石垣工事と地下室工事の請負人は長崎市国分町の道上利作である。小使住宅と便所・湯場の新築工事は、一式の工事として、岡本藤寿、道上利作、山崎徳太郎が請負っている。

主な建築材料と職人は、仮設は石橋商店で、大久保商店から針金等を買い入れ、足場丸太は野下左吉と村川材木が扱っている。基礎には松尾福市の取引で、福田コッパ石を使っている。福田は現在の小江原に繋がる一帯で、今も砕石場がある。

煉瓦は東彼杵郡江上村牛ノ浦の西八郎の煉瓦工場から買い、煉瓦職人は長寄市管内稲田町の楠本為二郎、與助の義弟の渡辺春一、渡部松衛、一之瀬である。

石材は南高来郡田結産の石材を平林三代吉が納入し、他に五島石や西海石も使っている。石工は田結石は平林三代吉、五島石は小阪、西海石は尾下重三郎である。

材木は宮崎県の飯野駅から長崎駅まで列車で運び、他に長崎市船大工町の村川材木店、長崎市千馬町の木友商店、長崎市本五島町の磯辺商店、青木材木店で買入れている。

木挽は永田清太郎で、鉄川組は常助、慶輔、永田、天野、前田、微石、出口、丸岡、山下、善吉、友吉、庄子他2名である。

金物は大久保金物、内田鉄工所、石塚商店、高田屋、中津屋、松江商店、柴田仙商店、志賀、佐藤丈太郎から購入し、樋は村上栄次郎の扱いである。

瓦は福岡県の城島瓦で、下地材などは村川材木や松江商店で買い、瓦漆喰職人は、左官の渡辺春一で、瓦職人は矢木富三郎である。

塗装工事は石塚商店、森庄商店、中津屋、松江屋、柴田仙商店、コールタールは松江船具・

〈表〉旧長崎大司教館工事の工事工程

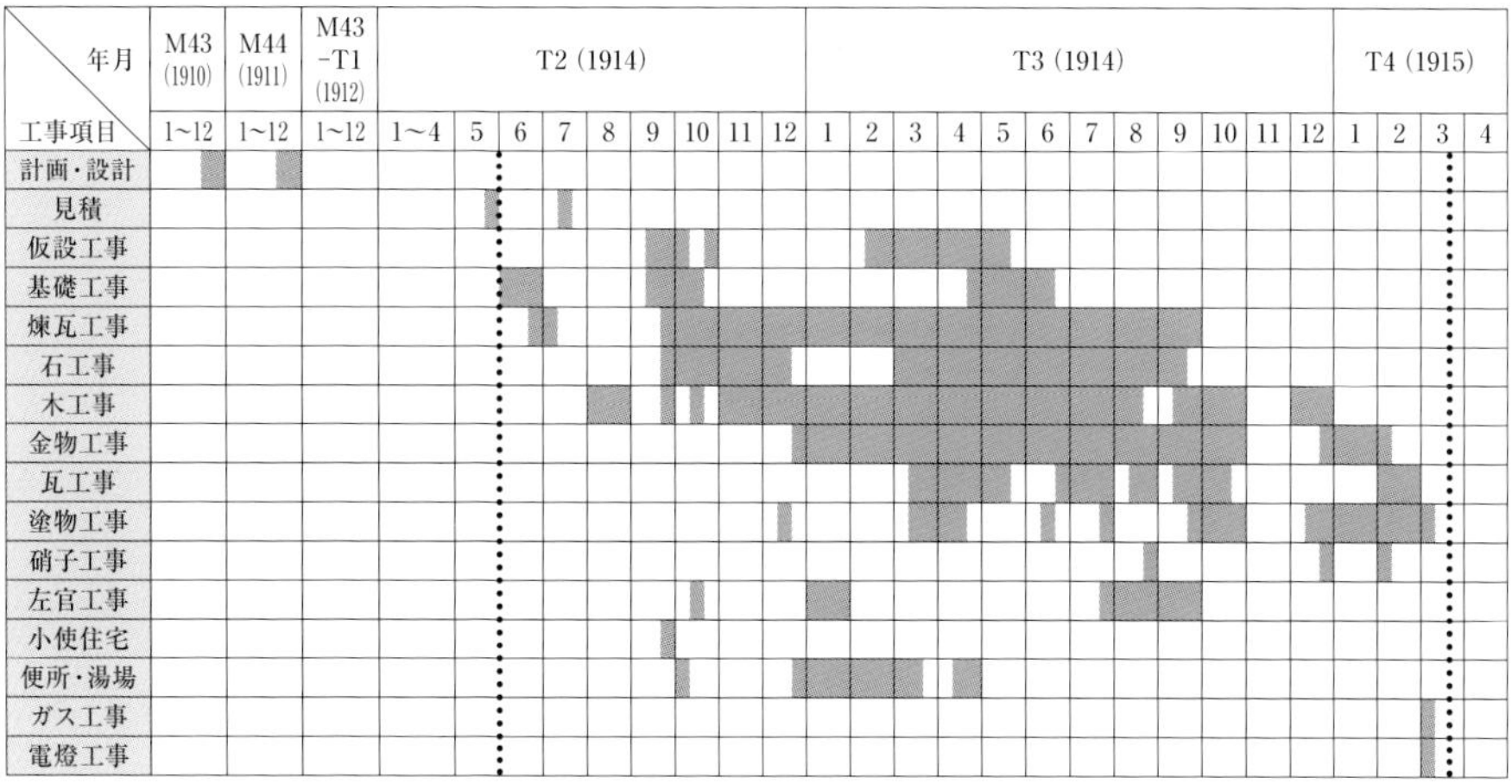

凡例：
①本工程表は、『支払伝票』の支払期日をもとに、工事工程を復元した。②計画は、明治43年(1910) に始められている。③工事は、大正４年(1915) ３月に、硝子を入れ、ガスと電燈の工事を終えて終了したと判断される。④大正２年(1913) ６月の工事着手と、大正４年(1915) ４月の竣工は、太点線であらわしている。

柴田仙の扱いで、塗装職人は山添馬之助や木下幸一郎である。

硝子は志賀兄弟商会から買入れている。

瓦斯工事は東邦瓦斯株式会社が八千代町で営業しており、電気工事は大正３年（１９１４）に九州電燈株式会社が営業している。資料には「電気（横田電燈會社）」とあるが、横田は電燈会社の担当者の名前ではないかと思われる。

左官工事は柴田商店の左官職人（大森啓吉他11人）が従事している。

雑工事に区分されている司教館の収納庫、祭壇、祭具庫、御像台などは、チリ神父と、ド・ロ神父、浦川神父と鉄川組で造り、樋と門番所は、村上栄次郎の工事である。なお、門番所は当初計画には無かったが、追加されたものと考えられる。

小使住宅の材木は村川商店から買入れ、西海石を使い、鉄川組が施工している。

便所工事は土工事などは道上利作と佐藤久米次の請負で、煉瓦職人は渡部松衛、風呂釜は大久保商店から買入れ、施工は鉄川組である。

石垣工事と本館地中室工事は道上利作の請負で、工手間と材料運搬は佐藤久米次の請負で、保証人は佐藤千代次である。木材は宮崎線飯野駅の田島運送店が運搬請負人であるが、受取人と送り主は共に與助である。與助は宮崎の飯野まで材木を買付けに行ったことになる。

砂は蚊焼、生石灰は熊本の八代産で、請負は小柳嘉吉、セメントは佐賀産で、請負は長崎市本船町4丁目の納富甚吉、瓦は福岡県城島の執行藤太郎の請負である。セメントと瓦は長崎県外の請負人になることから、セメントは平原猪作を保証人とし、瓦は小柳嘉吉を代理人としている。この他に、工手間請負、並びに建築材料運搬請負の請負人は長崎市小島778番地の佐藤久米次で、保証人は佐藤千代治である。

このような、旧長崎大司教館工事の関係者は次頁の図にすることができる。

設計はド・ロ神父と鉄川與助で、與助は天主堂工事係の代人として工事を管理している。建築工事は、設計者・施工者がどんなに優れていても一人では竣工させられない。納入業者の中には百年を超えて、現在も長崎市で営業を継続している大久保金物店や村川材木店がある。この棟梁のためだったら少々の無理も聞いて仕事をしようという仲間たちに支えられて工事の完成を見ることは、今も昔も変わらない。

大浦天主堂の境内は、平成10年（1998）年から最初は煉瓦の調査で、その後は司教館の工事内容の調査で、何度もお世話になった。

司教館の1階は、天主堂を管理しておられる諸岡清美神父の事務室兼居室があり、応接室や食堂と厨房などは今も使われている。厨房ではバザーのお菓子作りの最中だったこともある。旧羅典神学校の石垣と司教館の間の通路には、竈がある。厨房の釣り扉や食堂のドアや鍵などは、創建時の金具で錆ついているが、丁寧に扱われている。また、煉瓦で井桁を組み込んだワインラックもある。

〈図〉旧長崎大司教館における請負者の構成

天主堂工事係　ド・ロ神父

代人　鉄川與助

旧長崎大司教館工事

（本館工事）

仮設工事		石橋商店、大久保商店(針金)、足場丸太(野下佐吉)、村川(縦4分板)
基礎工事		福田コッパ石(松尾福市)
煉瓦工事		煉瓦職人(楠本為二郎、渡辺春一、渡部松衛、一ノ瀬)
石工事		田結石(平林三代吉)・五島石(小坂)・西海石(尾下重三郎)・鏡石
木工事	材木	村川商店、木友商店、磯辺商店、青木材木店
	木挽	永田清太郎
	鉄川組	常助、慶輔、永田、天野、前田、微石、出口、丸岡、山下、善吉、友吉、庄子他2名
金物工事		大久保金物、内田鉄工所、石塚商店、高田屋、中津屋、松江商店、柴田仙商店、志賀、佐藤丈太郎、樋(村上栄次郎)
瓦工事		村川、松江商店、瓦漆喰手間(渡辺春一)、瓦職人(矢木富三郎)
塗装工事		石塚商店、森庄商店、中津屋、松江屋、柴田仙商店、松江船具・築田　仙(コールタール)、塗装職人(山添馬之助・木下幸一郎)
硝子工事		志賀兄弟商會
瓦斯工事・電気工事		電気(電燈會社横田)・瓦斯(瓦斯會社)
左官工事		柴田商店・左官職人(大森啓吉他11人)
雑工事		司教館の収納庫、祭壇、弃具庫、御像台(神父／チリ・ドロ・浦川、鉄川組)、樋(村上栄次郎)、門番所(村上栄次郎)
小使住宅工事		材木(村川商店)、西海石、施工鉄川組、
便所工事		道上利作、佐藤久米次、煉瓦職人渡部松衛、施工鉄川組
湯場工事		道上利作、佐藤久米次、煉瓦職人渡部松衛、大久保商店(風呂釜)、施工鉄川組
門番所		

（附属工事）

石垣工事	(請負)道上利作
本館地中室工事 便所・湯場新築工事	(一式請負)岡本藤寿、道上利作、山崎徳太郎

工手間請、材料運搬負	(請負)佐藤久米次、(保証人)佐藤千代次

（建築材料）

煉瓦	牛ノ浦	(請負)西八郎
石材	田結	(請負)平林三代吉
木材	宮崎	(運搬請負)田島運送店
砂	蚊焼	(請負)小柳嘉吉
生石灰	八代	
セメント	佐賀	(請負)納富甚吉、(保証人)平原猪作
瓦	城島	(請負)執行藤太郎、(代理人)小柳嘉吉

凡例：
①旧長崎大司教館工事は、本館工事と附属工事がある。②本館工事にける関係者は、『支払伝票』の記載内容から記入している。③工手間、ならびに材料運搬請負の請負人と保証人は、請負契約書をもとに記載している。

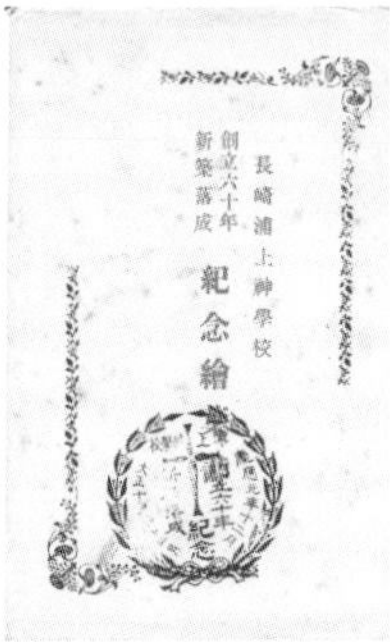

〈写真１〉長崎浦上神学校 創立六十年 新築落成紀念繪葉書の表紙（鉄川一男氏所有）

〈写真２〉旧長崎浦上神学校　鉄川與助所有の絵葉書より

フランス人の宣教師が居られた頃は、台所仕事は「ボーイ」と呼ばれた小使がしており、神父が台所に入る事は無かったという。司教館が建てられたのは大正４年（１９１５）であるが、江戸時代の末から司教館には、多くの神父様が寄留された歴史がある。工事の内容を整理しながら、居留地から伝えられた幅の広い文化に思いを拡げている。

②旧長崎浦上神学校　被爆と老朽化で昭和44年に解体（大正13年）　現存せず

現住所：長崎県長崎市小峰町
工事種別：新築工事／鉄筋コンクリート造／設計・施工／延床面積：２７６０㎡／
階数４階
担当神父：ガラセ神父

旧長崎浦上神学校は大正13年（１９２４）、長崎市元原町に建てられたが、現存はしていない。外観は「長崎浦上神学校　創立60年　紀念絵葉書」（写真１～４）の３枚の写真から判る。また、『カトリック大司教区１００年の歩み』には、本原に建った新校舎（大正14年／１９２５）の学生のほかに教師と思われる人々も複数含まれている写真がある（写真５）。なお元原町は、その後本原町、さらに小峰町と町名を変えている。

この神学校は、昭和20年（１９４５）３月に、浦上第一病院として結核診療所を開設していたが、昭和20年（１９４５）８月９日には原子爆弾で大きな被害を受けた（写真６）。爆心地から１５００ｍの距離にも拘わらず奇跡的に倒壊は免れて、11月には聖フランシスコ診

〈写真3〉同

〈写真4〉同

療所が開かれている。

旧長崎浦上神学校の構造は、「鉄川工務店工事経歴書」にも與助の工事の実績を記した「証明願」にも、「鉄筋コンクリート造、4階建」と記されているが、『長崎原爆記―被爆医師の証言』（秋月辰一郎、平和文庫）には、「鉄骨煉瓦造」3階、地下1階で2640㎡、瓦葺、木造小屋組と記されている。残されている写真を見ても、「鉄筋コンクリート造」ではなく「鉄骨煉瓦造」に見える。診療中の医師らが一次的に放射能から守られたのは、分厚い煉瓦の壁と床のお陰という。被爆当時、配膳室用にエレベーター設置の計画があり、3m四方の穴を開けていたのが煙突効果となり、内部は燃えたことは残念で、昭和44年（1969）に、新築のため解体されている。

現存していない旧長崎浦上神学校のことをここに詳しく記すのは、『手帳』のスケッチなどから、各階の配置と備品の1部が分り、與助は備品になる家具もデザインしていたと思われることによる。

『手帳』には、見開きで6頁にわたってスケッチがある。「食堂棚、中廊下、1階と2階のフサギ戸」（写真7）、「20尺1寸の棚など」（写真8）、「洗面棚と、マカナイ棚押板」（写真9）、「教室用机、食台、腰掛」（写真10）などで、「教室用机30、食台3、腰掛5脚」と、「自習室用椅子30、教室と自習室用30」とある。「御堂用の長椅子」（写真11）と「食堂は小さいのを3台と、腰掛け6個」と「図書室のため」に「食台ノ棚ナシ一ツ、腰掛二ツ」、「洗面台8段と6段で、前ノ戸ハ両ヒラキで、在来スルモ開戸ニスルコト」とある。

また「2階、授業室30人分、自習室30人分。御堂6脚の椅子」（写真12）のスケッチと、「寝

〈写真5〉本原に建った新校舎の学生（大正14年 /1925）
『カトリック大司教区100年の歩み』より転載

〈写真6〉被爆後の旧浦上第一病院（長崎市原爆資料館提供）

室□室　大45人、小20人、足台2つ、棚24、下駄箱」などのスケッチもある。

したがって、神学校には1階に食堂と賄室があり、食堂の食台は3台、腰掛5脚があった。2階は教室（授業室）と自習室と図書室、ならびに御堂があり、それぞれ30人分の机と椅子があった。3階は大人45人分、子供20人分の寝室と、下駄箱、棚などが備え付けてあった。與助は神学校では、教室用として机や椅子を設計した上で製作し、食堂や賄室の棚、御堂の椅子など、家具に相当する備品を製作していたことが判る。これらの全てが被爆で類焼したことは残念としかいいようがない。

鉄骨煉瓦造に見える長崎浦上神学校の構造は、鉄筋コンクリート造とある。しかも3階建で、與助のこれまでは実績の無い規模の大きな建築であった。神学校の工事では、「コンクリートを固める時に使った木製の型枠で、木目の跡が残るのを模様に見立てる」と、與助は話していたという。

「型枠」は、その建物と同じ床面積の木造家屋と同じ位の量の木材を使い、仕事は、主に大工や木挽が行い、予算に占める型枠工事費の割合は大きかった、と鉄筋コンクリートの工事の参考書に書かれている。與助はこの時にコンクリートの壁も造り、型枠の創り出す木目の面白さに気づき、工事費の節約にも繋げていたことになる。

当時、コンパス司教は、與助の設計図を上海に居たフランス人の建築家に見せると決め、與助は図面を持って上海に渡る用意をしていた。折から第一次世界大戦（大正3年／1914～大正7年／1918）後の混乱と、大正12年（1923）の関東大震災の発生で、與助の海外渡航は実現することはなかった。戦争や大震災という大きな混乱の中で、技術的な裏付けや建設工事費、建設資材の調達など、様々な都合から鉄筋コンクリート造で計画さ

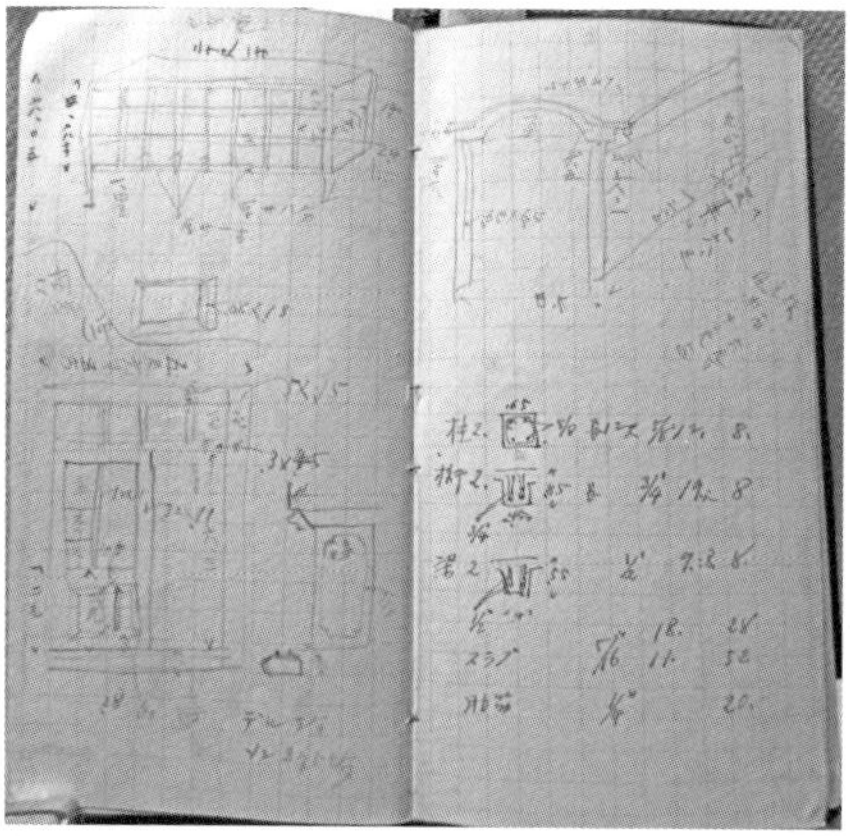

〈写真8〉同「20尺1寸の棚など」

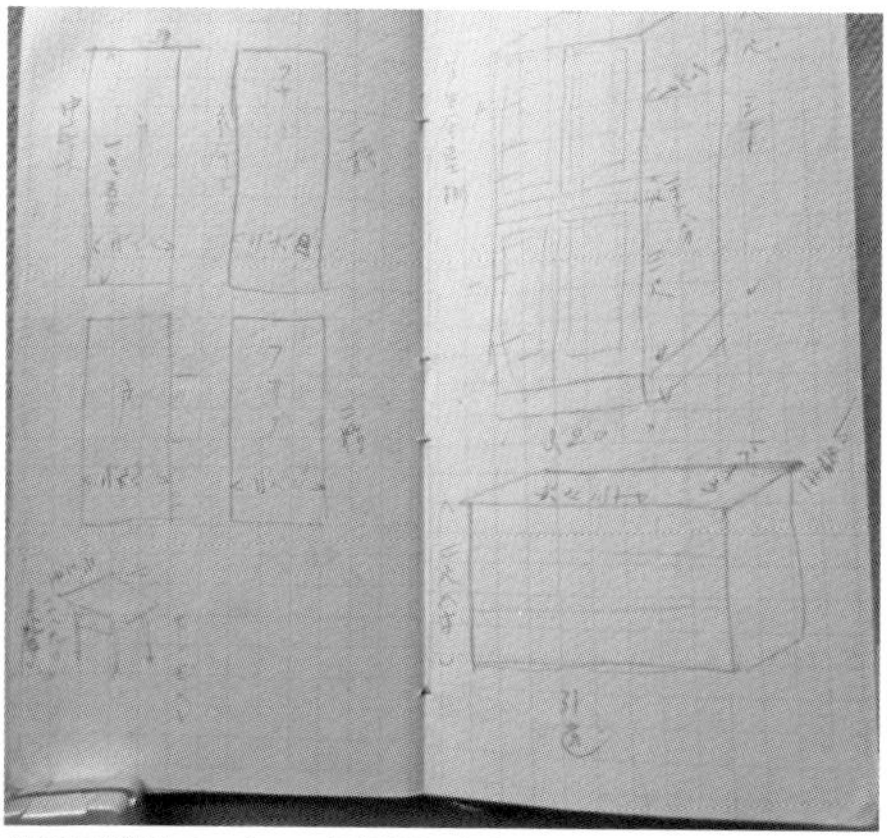

〈写真7〉與助のスケッチ「食器棚、中廊下、一階と二階のフサギ戸」

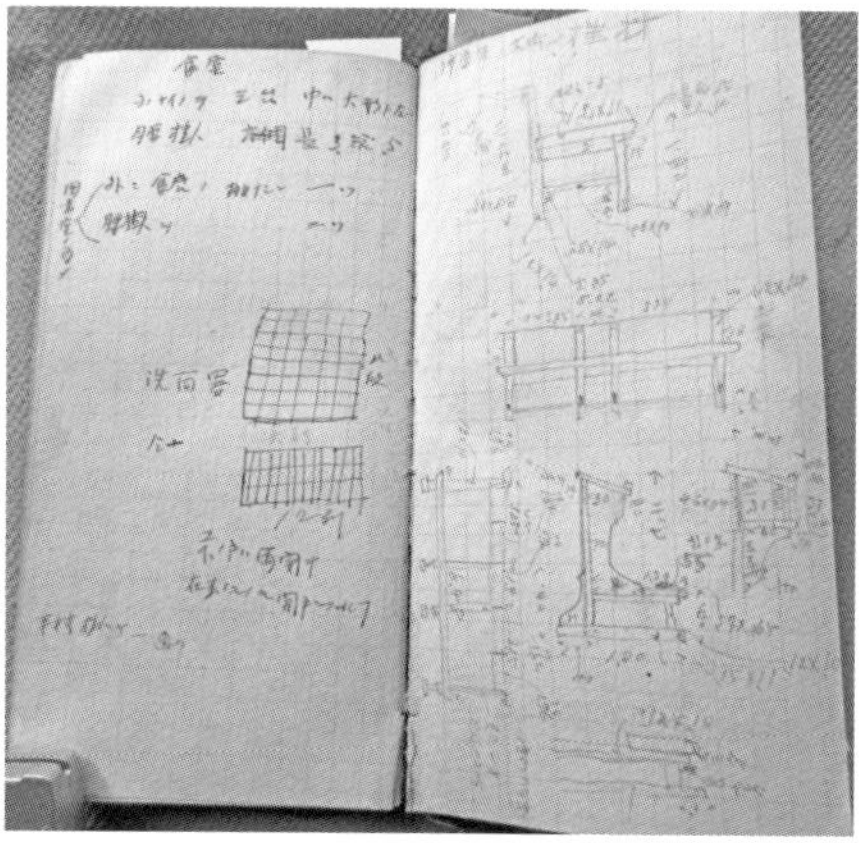

〈写真10〉同「教室用机、食台、腰掛」

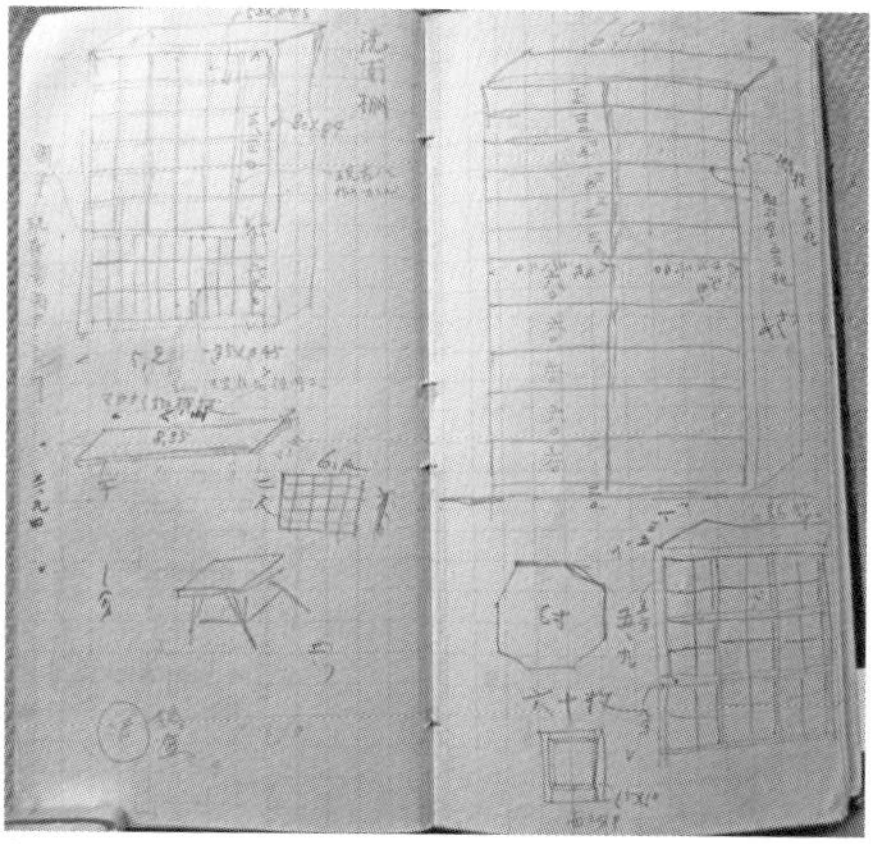

〈写真9〉同「洗面棚と、マカナイ棚押板」

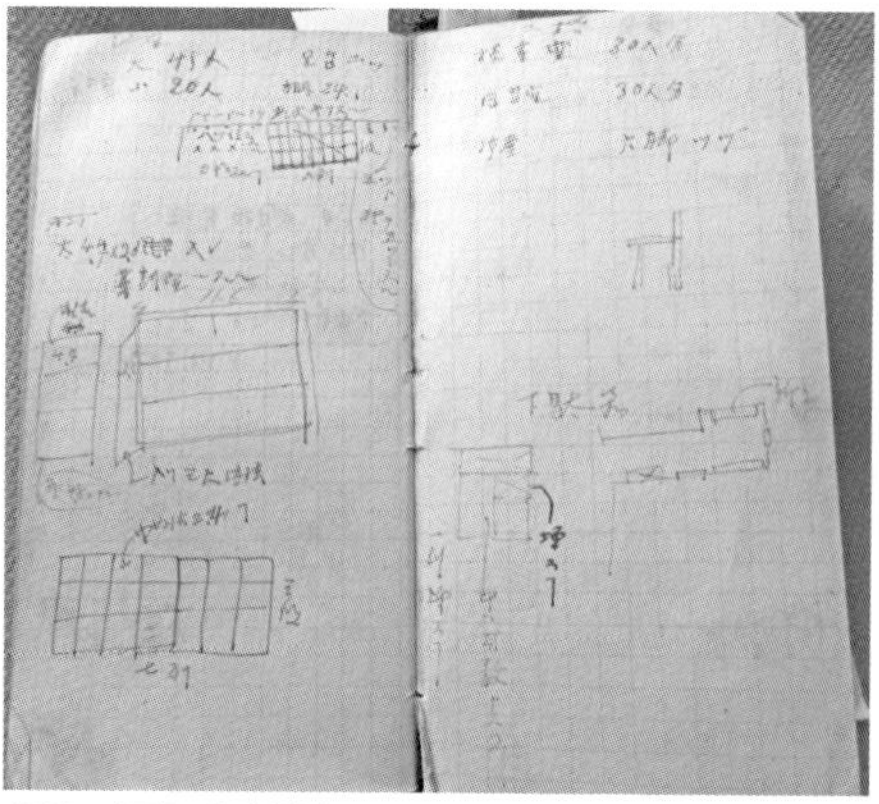

〈写真12〉同「二階、授業室30人分、自習室30人分。御堂6脚の椅子」

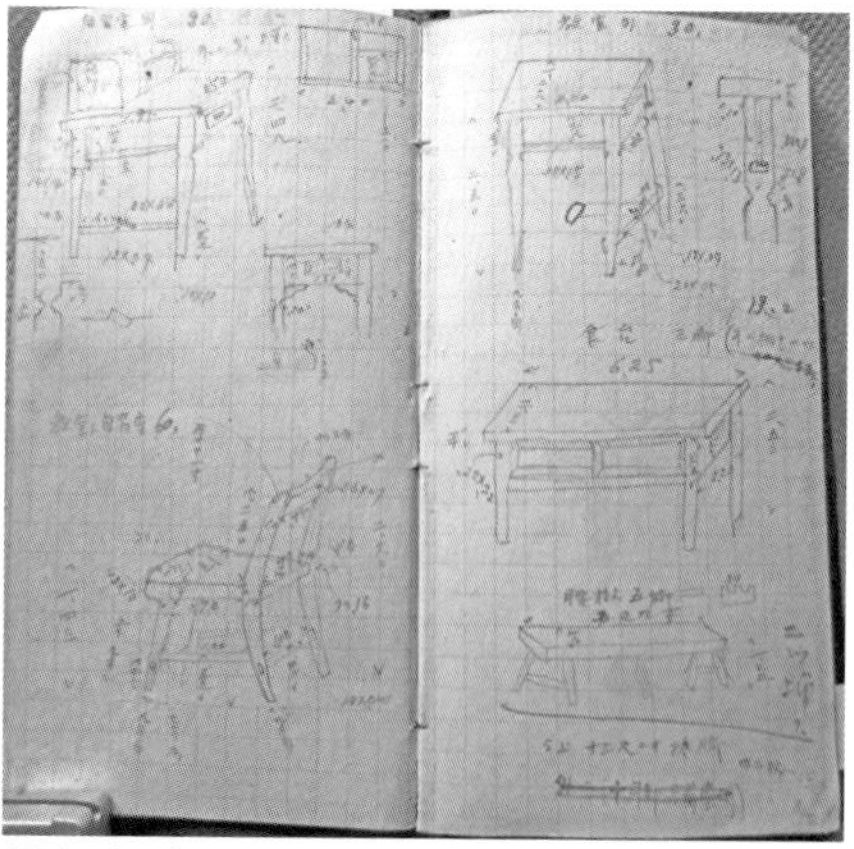

〈写真11〉同「御堂用の長椅子」など

れたが、一部は鉄骨煉瓦造で建築されたと考えられる。

③旧浦上天主堂　30年の歳月をかけて竣工した双塔の天主堂(大正13年再建)

現住所：長崎県長崎市本尾町
工事種別：双塔の新築工事／煉瓦造／設計・施工
担当神父：ヒウゼ師

現在の浦上天主堂は、旧浦上天主堂が原爆で破壊された後、同じ場所にほぼ同じ規模で鉄川工務店によって再建されている。本稿では、被爆前の旧浦上天主堂の建設の経緯と、大正13年（1924）に、前面に双塔を設けて竣工した当時の経過を書き記す。

浦上天主堂の現在の住所は長崎市本尾町であるが、明治期は長崎県西彼杵郡浦上山里村で、禁教の頃からキリシタンが隠れて住んでいた地域であった。明治13年（1880）に、山里村で庄屋を世襲していた高谷官十郎の屋敷が売りに出された。この土地は信徒等にとっては迫害を受け続けた場所であったが、初代の宣教師ポアリエ神父は1600円で購入し、庄屋の屋敷を仮聖堂に改修をはじめている。

第4代の主任宣教師として明治22年（1889）に着任したフレノー神父は、信徒が増えて手狭になった天主堂の新築工事を計画している。聖堂は煉瓦造で、屋根に大ドームをのせるロマネスク様式、竣工までに5年間を考え、明治28年（1895）に聖堂建設に着手している。途中、明治37～38年（1904～5）に日露戦争が勃発し、工事は中断を余儀なくされる。資金不足もある中で、明治44年（1911）1月24日に、フレノー神父は永眠。後任には、ラゲ神父が就任している。工事は継続されるが、ラゲ神父はフレノー神父の煉瓦造の計画のうち、上半分を木造に設計変更して工事を終わり、大正3年（1914）3月17日にコンパス司教の元で献堂式を挙行している。

また日本建築学会の「建築雑誌」第105号（明治28年／1895・9・25）には、「一は十一萬圓にて浦上山里村に建築せんとて西上町山下某一切を受負ひ既に工事にかかり　浦上山里村の分亦専ら經營中なる」とあり、浦上天主堂は11万円の予算で、西上町の山下某が一切を請負ったと書かれている。西町も上町も現在の長崎市内の町名にはあるが、西上町は不詳で、山下某についても分らない。

この他に、明治32年（1899）9月25日付の「天主堂既設届」は、天主堂の設立者（長崎縣西彼杵郡浦上山里村九百九十九番戸　深堀徳栄㊞、同縣仝郡仝村六百三十九番戸　松本辰五良㊞、同縣仝郡仝村千百四十八番戸　深堀市之助㊞）の3人が、長崎県知事服部一三に提出した書類である。

①　天主堂ハ明治二十九年十月一日起工　建設中ニテ自今五ヶ年間ノ完成期限ヲ要ス
②　名称　所在地　敷地　建物ニ関スル重要ノ事項
一　名称ハ　礼拝所ヲ天主堂トシ　説教所ヲ公教會ト称ス
二　所在地　長崎縣西彼杵郡浦上山里村七百七十番地
三　敷地　　民有地第一種　坪数一千五百六十一坪
四　建物　公教會建坪六十五坪　天主堂建坪三百九十二坪　外付属建物坪数ハ図面ノ通リ

浦上天主堂の建築の流れ

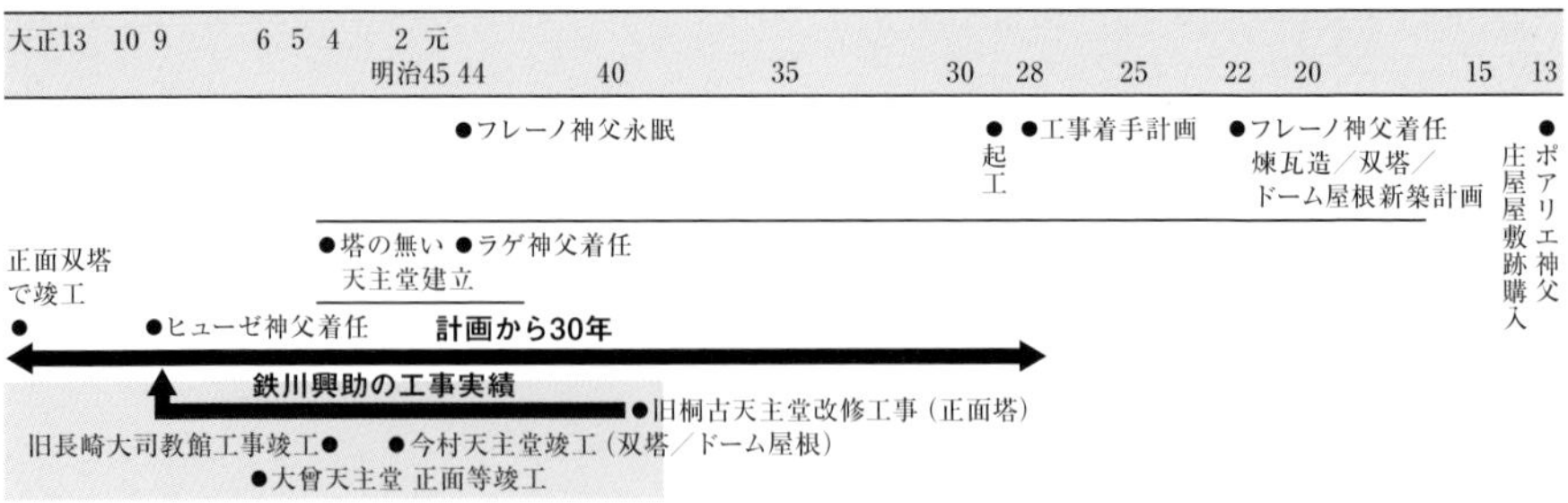

五　内部ノ設備　公教會ハ説教臺　及　聴衆席ヲ備フ
天主堂ハ祭壇大小三個　及信者礼拝席　説教室　告解室　洗礼臺ヲ備フ
③　管理及維持ノ方法
堂宇及ヒ會堂ハ長崎市南山手町乙壱番地寄留仏国人司教クーザン氏ノ管理ニ属シ
堂宇及ヒ
會堂等総テノ事務ハ司教ノ指揮ニ従ヒ担当布教者
司教フレノー氏之ヲ担当ス
維持費ハ信徒ノ寄付金　及　公教會ノ補助ニ依ル

とあり、平面図が添えられている（図1）。

天主堂の起工は明治29年（1896）で1年遅れているが、長崎縣西彼杵郡浦上山里村770番地の、1561坪の民有地に、建坪392坪で建築されている。平面は前面にナルテクスをもつ三廊式で、祭壇に近い部分の左右に張出しを持つラテン十字型である。祭壇は身廊と脇祭壇の3ケ所で、左右に告解室がある。

大正4年（1915）3月20日の「長崎新聞」には、塔のない状態で献堂式を挙げた様子が掲載されている（写真1）。明治28年（1895）に双塔の計画で着手して以来、実に20年を経過している。

竣工の12年後、大正9年（1920）10月に、第6代の主任司祭として着任したのはヒウゼ神父である。

浦上天主堂を双塔にして献堂することは、世紀の大イベントと思われるが、ヒウゼ神父

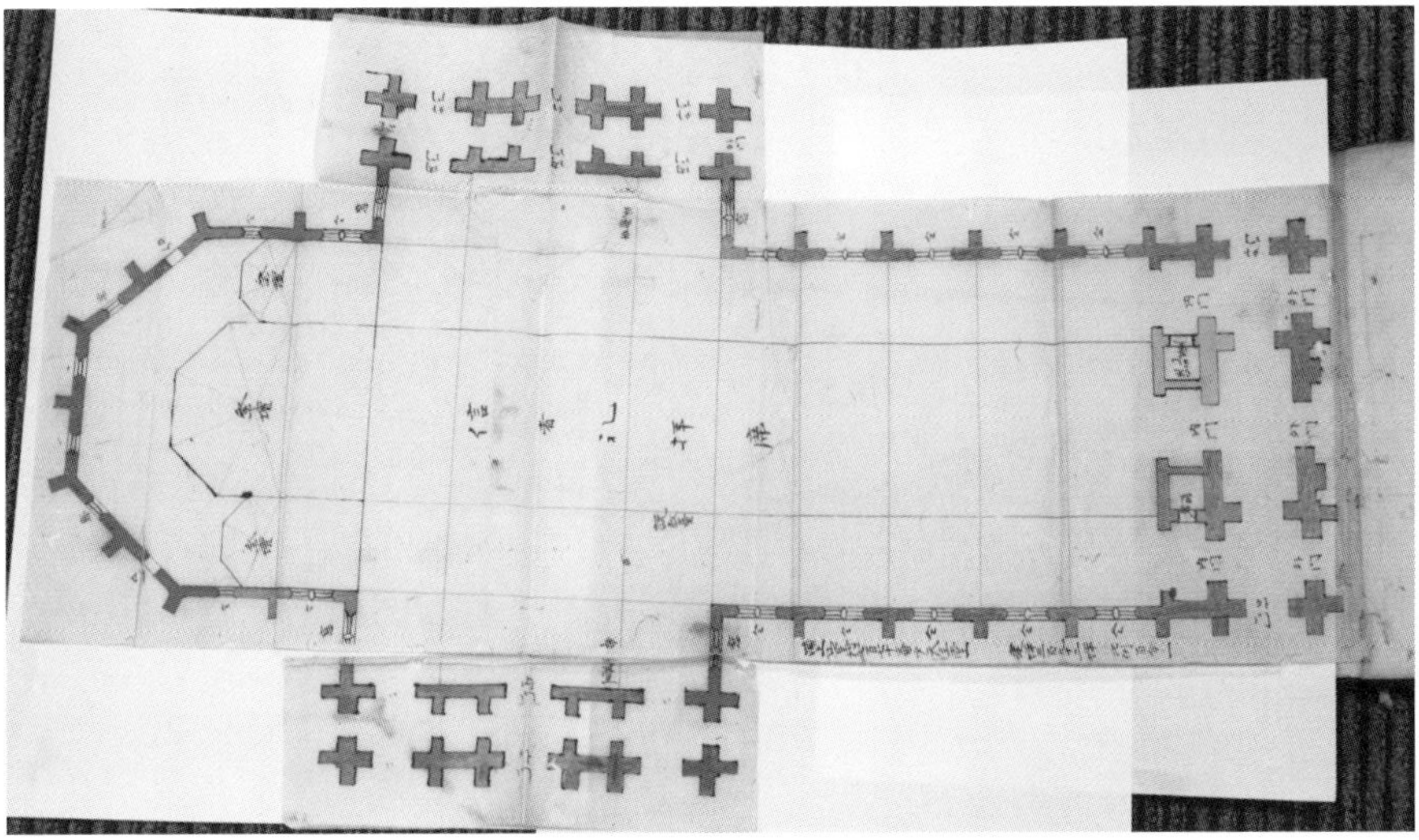
〈図1〉旧浦上天主堂 平面図（長崎歴史文化博物館所蔵）

と與助の2人の間ではどのような話になったのだろうか。ヒウゼ神父の在任期間は、大正9年（1920）10月から昭和3年（1928）1月までの8年間である。與助は鉄川組を創業して初めて請負ったのは、ヒウゼ神父が主任司祭となる上五島の桐古天主堂改修工事（明治39年／1906）であった。

僅かに14～15年前のことであるが、ヒウゼ神父は浦上天主堂の主任司祭として、與助は工事の実績を積み重ねて、お互いにそれぞれの立場で自信を持って仕事をしている。「浦上天主堂の双塔を、当初の計画通り、竣工させせましょう！」と、話が弾んだとしても不思議ではない。

大正14年（1925）5月、主任司祭ヒウゼ師は、浦上天主堂の正面にフレノー神父の計画通り、双塔を設け、塔にはアンゼラスの鐘を取付けて完成させている。30年をかけた工事となった。写真2は、双塔再建後の浦上天主堂の写真であるが、正面には双塔を設け、塔には小さなドーム屋根をのせている。塔は横に3分して蛇腹飾りを施し、1層目は出入口で、2層目と3層目は縦長の窓を設けている。2層目の中央には小さな円窓と大きな丸窓を設けている。

片岡弥吉氏（1908～80）はキリシタン史の研究家として知られているが、旧浦上天主堂は「身廊立面は3層構成、束柱の柱頭から付柱が壁頂まで伸び、高い天井のリヴ・ヴォールトに連なっている。内部空

〈写真1〉大正4年竣工の塔のない浦上天主堂
（長崎新聞　大正4年3月20日より転載）
（長崎県立長崎図書館所蔵）

〈写真2〉双塔再建後の浦上天主堂（鉄川一男氏提供）

間には、強い垂直性がみられていた。アーケードやコロネードのトリフォリウム、また、クリアストーリーの縦長高窓など身廊立面の3層構成は、当時の日本では他に見られない大規模な宗教空間をみせていた。この御堂は、梁間19・8m〜28・8m、桁行48・6m、塔の高さ24m、1161㎡の堂々たる天主堂であった」と『長崎の天主堂建築』に著している。

イタリアのピサの大聖堂は1063年に起工され、1118年に完成し、完成までに55年を要し、パリのノートルダム大聖堂は1163年から200年の歳月をかけて建造されているが、日本では教会堂を30年かけて完成した例はみられない。

與助はこの時期、福岡県の今村天主堂に、正面に双塔のある天主堂を竣工させている（大正2年／1913・9）。実は今村天主堂の双塔は、当初の計画では「両階段ノ間」2ヶ所であり、それは復元する前の浦上天主堂の姿であった。浦上天主堂では、正面に双塔を設け、ドーム屋根を計画している事は知っていたと思われる。その後、大曾天主堂（大正6年／1917）の正面中央には塔を設け、ドーム屋根をのせるスタイルが定着している。

原爆で吹き飛ばされた天主堂の鐘楼の一部（写真3）は、天主堂の北方約30mの地点に落下した。被爆当時は小川の中であったが、川は流れを変えて整備されて、今もそのまま保存されている。また旧浦上天主堂の遺壁（写真4）は、松山町の爆心地公園内に移築・保存されている。今、天主堂の遺構は、図らずも平和の大切さを伝えるという次の役目を果たしているように見える。

④西坂公園　日本二十六聖人殉教碑のあるカトリック教徒の巡礼地（昭和14年）

現住所：長崎県長崎市西坂町

工事種別：整地

長崎駅から歩いて5分。長崎の駅前広場を渡り、ＮＨＫの裏手の方に少し坂を昇ると西坂公園がある（写真1）。昭和25年（１９５０）に、カトリック教徒の公式巡礼地と定められた西坂公園を、長崎県は昭和31年（１９５６）に史跡に指定し、鉄川工務店は昭和34年（１９５９）に、この整地作業をしている。

西坂公園には二十六聖人の等身大のブロンズ像を嵌め込んだ、日本二十六聖人の殉教記念碑（写真2）と、記念館が建てられ、道路を挟んで聖フィリッポ教会がある。

二十六聖人の殉教は、慶長2年（１５９７）、豊臣秀吉のキリシタン政策によるもので、6名の外国人宣教師と12歳の少年を含む20名の日本人信徒が犠牲になっている。

日本二十六聖人殉教記念碑は船越保武氏の作品で、昭和37年（１９６２）に、高さ5・6ｍ、幅17ｍの御影石の台座に、二十六聖人の等身大のブロンズ像を配して建立された。

この殉教記念碑は、記念館に続いている。記念館にはキリスト教の布教から弾圧の歴史、二十六聖人の殉教とかくれキリシタンの信仰の歴史などの資料が展示されている。

聖フィリッポ教会は日本二十六聖人記念館と同じ、今井兼次氏の設計によるもので、双塔が目を引く。教会の壁や塔には、無数の焼物のカケラが埋め込まれているが、これらの陶片は、殉教者が歩いた道のりを現しているという（写真3）。

〈写真3〉被爆で飛ばされて現存する鐘塔の一部

〈写真4〉旧浦上天主堂の遺壁

〈写真4〉西坂公園から港を望む

〈写真5〉お寺の墓地と隣り合う聖フィリッポ教会

〈写真6〉朝夕の祈りの時間に行き交うシスター

〈写真1〉西坂公園

〈写真2〉日本二十六聖人殉教碑

〈写真3〉聖フィリッポ教会（タイルが埋め込まれている）

今も、西坂公園からは長崎港が見渡せるが、目の前にはビルが拡がる。殉教の当時、ここは崖地で、駅前はその後に埋め立てられている。当時はこの西坂公園からばかりではなく、長崎の周辺の山の上からも、対岸の大浦天主堂を見渡せたのだろう。

実際の殉教地はこの公園から少しずれた場所にあったというが、聖堂の裏手は墓地で、お寺の墓地と教会が隣り合っている(写真4・5)。

西坂公園では、昭和30年代まで、地域の人々が盆踊りをしていたと聞いた。信者たちは、盆踊りを装って、祈りをささげていたともいう。外海では移動販売の車を待っている年老いた婦人に話を聞いたことがあるが「ウチはお寺です」と、この時も宗教をはぐらかされた気がした。

かつての殉教の地は現在、巡礼者が集う西坂公園として生まれ変わり、信者のみならず、世界の人々の祈りの地、慰霊の地として記憶されていると感じる(写真6)。

（6）天主堂の美＝様々なデザイン

天主堂は「祈りの家」と呼ばれている。信者は神に感謝をささげる場所でもある。鉄川與助の資料を整理しながら、実際はどうなっているのか、建物に着目し、どのような地域に建てられ、現在はどのように使われているのかなど、取材を重ねてきた。

それは木造や煉瓦造、石造や鉄筋コンクリート造の天主堂の外観であり、塔の有無や窓周りの仕上げ、煉瓦の飾り積みなどである。さらに、聖堂に入ると、天井の形、柱や柱台、祭壇と信徒席の衝立、ステンドグラス、祭壇の彫刻などである。

與助の『手帳』などの記録（写真1）と照らし合わせながらも、聖堂内の雰囲気に、気持ちが落ち着いて、チェック項目を忘れそうになることもある。

聖堂に入った途端に、ステンドグラスが織りなす光の模様に息をのんだことも一度ではない。「朝の七時頃がきれいですよ。今度は、是非、朝にいらして下さい（笑）」と神父に教えられたこともある。この項では、そのような「天主堂の美」をまとめてみた。

〈写真1〉『手帳』塔のスケッチ

①塔のある天主堂

塔の最上階には、祈りの時などを知らせるために、鐘楼が設けられていることが多い。鐘楼には小さな窓や空間が設けられ、窓から差し込む柔らかな光は、聖堂内に神秘的な空間を創り出し、鐘の音は時刻やさまざまな合図を伝える。「正面に塔を設ける」のは、ペルー神父の考えであると、與助の弟・常助も、手紙に書き残している。

與助は明治42年（1909）の記録のある『手帳』に、塔のスケッチをしている。長崎では、

〈写真２〉新上五島 旧桐古天主堂（明治39年）（桐修道院提供）

〈写真３〉新上五島 創建時の冷水天主堂（明治40年）『旅する教会』より

大浦天主堂（元治元年／１８６４）や、中町天主堂（明治29年／１８９６）には、先が尖っている塔があった。神ノ島天主堂（明治39年／１９０６）にはドーム屋根の塔があり、それぞれ神父等と一緒に與助は見学している。

與助が鉄川組を興してから初めて請負ったのは、明治39年（１９０６）の旧桐古天主堂の改修工事であった（写真２）。この天主堂は既に建替えられて現存しないが、改修工事は既設の大門を鐘塔に改修し、煉瓦造で正面中央に塔のある堂々とした天主堂となったことが判っている。

冷水天主堂（明治40年／１９０７）は木造であるが、創建時は建物正面中央に、正方形の平面の塔が設けられていた（写真３）。昭和５年（１９３０）頃の改修工事で、前面に拡張し、更に昭和35年（１９６０）頃、塔を八角形に改築している。

山田天主堂（明治44年／１９１１）の創建時の写真を見ると、妻面に塔はないが（写真４）、現在は塔が設けられている（写真５）。

今村天主堂（大正２年／１９１３）の正面には、八角形のドーム屋根をもつ双塔がある（写真６）。双塔が最初に計画されていたのは、長崎市の浦上天主堂であったが、工事費の不足や、新築工事を計画したフレノー神父が、工事の途中で亡くなった事などから、塔の無い形で竣工させている。この塔の無い天主堂は、今村天主堂では「両階段ノ間」として計画されていた。

今村天主堂の工事では、地盤に問題があり、基礎工事に大きな費用がかかって工事は遅れ、工事費の不足はドイツなど外国からの寄付で、竣工させることができた。「両階段ノ間」を「八角形の双塔」に変更し、長崎の浦上天主堂より早く、日本で最初に双塔のある天主堂を完成していた。

〈写真4〉昭和6年撮影の山田天主堂
（平戸市生月島博物館島の館提供）

〈写真5〉平戸 山田天主堂（明治44年）塔は昭和45年に改修されている。（平戸市生月島博物館島の館提供）

今村天主堂の煉瓦の双塔の屋根は、銅板で葺いたが、銅の釘を使ったのも初めてのことだったと考えられる。双塔はこれまでの天主堂にはない大切なシンボルであるが、竣工以来、雨漏りにも悩まされている。

堂崎天主堂（写真7）を新しく煉瓦で建て直したのは、明治41年（1908）であった。與助は堂崎でペルー神父から、天主堂を新築すると話を聞き、図面を描いて、見積を作っているが、その工事にどのように参加したかは、はっきりしたことが分らない。ところが、この工事は僅かに10年程で、正面の塔などを造り替えることになった。この改修工事は鉄川組で行ない、現在の堂崎天主堂が完成している。

改修工事は、正面中央に四角い塔の3分の1程を張出した工事になっている。この改修工事で與助は、塔の一面に煉瓦の飾り積みをするか、四面に廻すかなども含めて、細かく検討し、数人の宣教師とも相談している。

大曽天主堂（大正5年／1916）では、正面中央には四角い塔を設け、塔には十字架の付いた八角形のドームをのせている（写真8）。

今村天主堂では雨漏りに悩まされているが、大曽天主堂にはそのような記録はないという。正面の単塔は、大曽天主堂に設けられたのが最初で、塔の小屋組には15日程の時間がかかっている。その後、田平天主堂（大正6年／1917）（写真9）、頭ヶ島天主堂（大正8年／1919）（写真10）、熊本の手取天主堂（昭和3年／1928）（写真11）に継承されている正面の塔である。

頭ヶ島天主堂の正面の塔は、設計変更で四角い塔になっている。與助は石造の工事は初めてであった。鐘も鐘楼ではなく、天主堂左手に別に設けられている。

大正13年（1924）には、塔の無い天主堂で竣工していた浦上天主堂に、双塔を竣工さ

〈写真6〉福岡県大刀洗町 今村天主堂（大正2年）

〈写真7〉五島市 堂崎天主堂改修工事（大正6年）

〈写真8〉新上五島 大曾天主堂（大正6年）

〈写真9〉平戸 田平天主堂（大正7年）

〈写真10〉新上五島 頭ケ島天主堂（大正12年）

〈写真11〉熊本市 手取天主堂（昭和3年）

〈写真12〉長崎市 旧浦上天主堂（大正13年）
『ながさき原爆の記録』より

〈写真13〉平戸市 紐差天主堂（昭和4年）

〈写真14〉天草市 大江天主堂（昭和8年）

〈写真15〉天草市 崎津天主堂（昭和10年）

〈写真16〉新上五島町 旧鯛ノ浦天主堂（昭和21年）

せている。担当神父は、與助が鉄川組を創業して初めて請負った、旧桐古天主堂の担当のヒウゼ神父であった。旧浦上天主堂の双塔が実現するまでには、実に30年という長い年月がかかっている（写真12）。被爆後、天主堂は復元されているとはいいながら、被爆前の天主堂の内部も拝観してみたかったと思う。

熊本手取天主堂（昭和３年／１９２８）と紐差（ひもさし）天主堂（昭和４年／１９２９）（写真13）は、鉄筋コンクリート造で正面中央に鐘塔を設け、上部の八角形のドーム屋根には十字架をのせている。

大江天主堂（昭和８年／１９３３）（写真14）には、断面図が残されているが、この図面を見ていると、まるで塔の無い図面を見ているような気がしてくる。野首天主堂（明治41年／１９０８）や奈摩内（青砂ケ浦）天主堂（明治43年）、楠原天主堂（明治45年）、江上天主堂（大正６年）にも塔が設けられたら、一体どの様な印象になるか、見てみたいと思う。

崎津天主堂（昭和10年／１９３５）（写真15）は、正面は鉄筋コンクリート造で、ゴシック風の建築である。中央の塔の部分は四角で、奥行きの半分程が飛び出す形になっている。

與助の作品ではないが、長崎県や福岡県では昭和６年（１９３１）に、平戸天主堂と佐世保の三浦町天主堂、久留米天主堂がゴシック風で建てられている。

塔と一言でいっても、ドーム屋根の塔とゴシック風の尖塔屋根の塔では、まるで印象が違ってくるのは面白い。

木造の旧鯛ノ浦天主堂（写真16）は、昭和21年（１９４６）８月、與助の施工で増築工事が行われ、建物の正面に塔を設け、尖塔に十字架をのせている。この塔は煉瓦造であるが、浦上の被爆煉瓦を運んで、鐘の塔を造ったものである。

〈写真17〉平戸市 西木場天主堂（昭和24年）

〈図1〉リヴ・ボールト天井

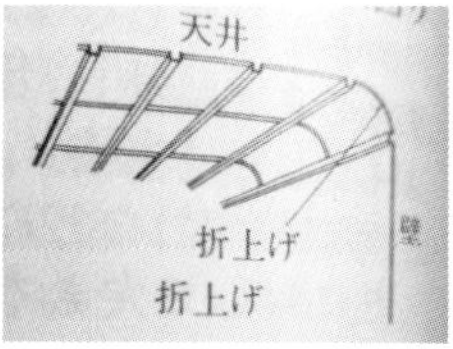

〈図2〉折上げ天井

〈図3〉ハンマービーム

西木場天主堂（昭和24年／1949）（写真17）は、正面に小さなドーム屋根をのせている。この作品には與助の後継者、鉄川與八郎氏の設計と記録がある。父・與助は、後継者となった二男に、塔のある天主堂の歴史を伝えたものと考えられる。

②天井の形（リヴ・ヴォールトと折上げ天井と格天井）

與助が天主堂建築に用いた天井の形は、リヴ・ヴォールト天井（図1）と、折上げ天井（図2）と、陸梁をつかわないで小屋組を支えるハンマービーム（図3）という工法も用いている。與助は、リヴ・ヴォールト天井を「柳天井」や「コウモリ天井」と表現し、この天井は、板張りか、漆喰で仕上げている。折上げ天井（図2）は、天井の中央部分を周りより高く仕上げるもので、和風の建築でも伝統的に造られてきた様式である。リヴ・ヴォールト天井を板張りで仕上げたのは、山田天主堂（明治44年／1911）（写真1）と今村天主堂（大正2年／1913）（写真2）、田平天主堂（大正6年／1917）（写真3）がある。この他に、呼子天主堂（昭和4年／1929）（写真4）も板張りで仕上げている。

漆喰仕上げの例では、旧桐古天主堂改修工事（明治39年／1906）があげられる。この改修工事前に、既にリヴ・ヴォールト天井で建てられていたことが、與助の工事前の記録から分っており、左官が漆喰で仕上げている。

冷水天主堂（明治40年／1907）の天井（写真5）は、身廊・側廊とも4分割の柳天井で、漆喰仕上げである。

引き続いて、旧野首天主堂（明治41／1908）（写真6）、奈摩内（青砂ケ浦）天主堂（明治43年／1910）（写真7）、楠原天主堂（明治45年／1912）（写真8）、堂崎天主堂（大正6年／1917）（写真9）、大曽天主堂（大正5年／1916）（写真10）、江上天主堂（大

●板張りで仕上げたリヴ・ヴォールト天井

〈写真1〉山田天主堂（明治44年）

〈写真2〉今村天主堂（大正2年）

〈写真3〉田平天主堂（大正6年）

〈写真4〉呼子天主堂（昭和4年）（明治14年の馬渡島天主堂の再利用）

●漆喰塗りで仕上げたリヴ・ヴォールト天井

〈写真5〉冷水天主堂（明治40年）

〈写真6〉旧野首天主堂（明治41年）

〈写真7〉奈摩内（青砂ケ浦）天主堂（明治43年）

〈写真8〉楠原天主堂（明治45年）

〈写真9〉堂崎天主堂改修工事（大正6年）

〈写真10〉大曽天主堂（大正5年）

〈写真11〉江上天主堂（大正7年）（長崎の教会群情報センター提供）

〈写真12〉崎津天主堂（昭和10年）

〈写真13〉水の浦天主堂（昭和13年）

〈写真14〉旧鯛ノ浦天主堂（昭和21年）

●折上げ天井

〈写真17〉手取天主堂（昭和3年）

〈写真19〉大江天主堂（昭和8年）

〈写真20〉西木場天主堂（昭和24年）

〈写真21〉貝津天主堂（大正11年）（與助の工事実績には含まれていないが、内部のデザインが酷似している。）

〈写真15〉細石流天主堂（大正10年）現存せず（的野圭志氏撮影 五島市観光歴史資料館提供）

〈写真16〉半泊天主堂（大正11年）

〈写真18〉紐差天主堂（昭和4年）

〈写真22〉中の浦天主堂（大正14年）（與助の工事実績には含まれていないが、細石流天主堂の内部デザインと酷似している。）

●ハンマービーム

〈写真23〉頭ヶ島天主堂（大正8年）ハンマービーム工法

正7年／1918）（写真11）、崎津天主堂（昭和10年／1935）（写真12）と、水の浦天主堂（昭和13年／1938）（写真13）、旧鯛ノ浦天主堂（昭和21年／1946）（写真14）は、三廊で、柳天井は漆喰で仕上げてある。

折上げ天井で造られているのは、旧細石流（きゅうざざれ）天主堂（大正9年／1920）（写真15）、半泊天主堂（大正11年／1922）（写真16）、手取天主堂（昭和3年／1928）（写真17）、紐差（ひもさし）天主堂（昭和4年／1929）（写真18）、大江天主堂（昭和8年／1933）（写真19）と、西木場天主堂（昭和24年／1949）（写真20）である。

半泊天主堂（大正11年／1922）は、天井の中央部分に花模様を彫刻しているが、その他の天主堂では、折上げ天井中央部分と、格天井を組み合わせて、四角形や菱形のなかに様々な模様がデザインされて、華やかさを演出している。

それにしても、貝津天主堂（大正11年／1922）（写真21）は半泊天主堂と類似しているし、中の浦天主堂（大正14年／1925）（写真22）の、折上げ部分の椿や天井のデザインは、旧細石流天主堂（大正9年／1920）に酷似していると思うのだが、與助の工事実績という記録は見つけられない。

頭ヶ島天主堂（大正8年／1919）（写真23）は、左右の壁の面を利用したハンマービームで、単廊の聖堂内は広く感じられる。

空間の演出といおうか、折上げ天井と一言で表現しても、その空間は彩りや、花の描き方は、作品ごとに洗練されたきれいな天井模様になっている。

モチーフは、五島の椿。花をそのままに描いたのも良い。デフォルメされたデザインからも、與助の感性に、驚き、感動する。

③聖堂を飾る彫刻（柱や天井・祭壇と信徒席の衝立）

聖堂には、様々な彫刻がある。日本建築にも欄間などの彫刻はあったが、聖堂内の柱頭の植物模様のデザインは、これまでの日本建築にはなかった。また、彫刻は、建具職人の仕事と思われるが、與助は、旧桐古天主堂改修工事（明治39年／１９０６）で最初に取り組んだのは、この彫刻であった。

與助は、木挽を雇い、木挽が着任する前は大工が伐採した材木を削り出して、柳天井のアーチを造っている。アーチは「骨」と呼び、骨の太さは「七寸と六寸」と『手帳』に記している（写真１）。この幅の材木の角を面取りして、下から天井を見上げた時に、きれいに見えるようにしたのは與助の感性だろうか。天井の座の彫刻は、手帳の（写真２）と（写真３）にも、スケッチを残している。

（写真４）の呼子天主堂（昭和４年／１９２９）から、（写真10）の田平天主堂（大正６年／１９１７）に表しているが、スケッチにあるように、丸い花に花弁がデザインされている。続いて、聖堂内の柱頭を装飾する木の葉を彫刻している。西洋の建築は、植物模様で装飾されているが、與助は、『手帳』に、この模様もスケッチしている（写真11）。

（写真12）の呼子天主堂（昭和４年／１９２９）から、（写真31）の崎津天主堂（昭和10年／１９３５）に、様々な柱頭飾りを表しているが、全体に、スケッチにあるような葉っぱを巻き込んだようなデザインにしている。なかでも山田天主堂（明治44年／１９１１）と、楠原天主堂（明治45年／１９１２）は、少し違って見える。また、第１柱頭飾りに比べて、第２柱頭飾りは簡略化してみえ、今村天主堂（大正２年／１９１３）の楽廊の柱頭飾りは、更に簡略化している。

●天井の骨を押さえる「座」の彫刻

〈写真1〉『手帳』の柳天井の骨のスケッチ

〈写真2〉『手帳』の柳天井の座のスケッチ

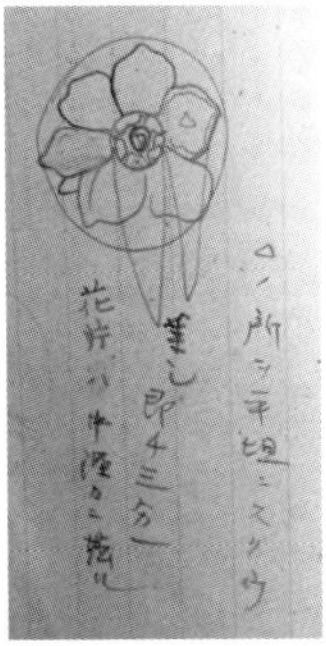
〈写真3〉同

〈写真4〉呼子天主堂 天井柳の座（昭和4年）明治14年の馬渡島天主堂の再利用。

〈写真5〉天野首天主堂（明治41年）井の骨を押える台座。花模様を十字形に彫る。

〈写真6〉野首天主堂（明治41年）祭壇部の天井の骨を押える座。信徒席より、少し複雑。

〈写真7〉奈摩内天主堂（明治43年）柳天井と座

〈写真8〉今村天主堂（大正2年）柳天井と骨を支える座

〈写真9〉大曽天主堂（大正5年）柳天井の座

〈写真10〉田平天主堂（大正6年）天井柳と座

●柱頭飾り（1）

〈写真11〉『手帳』の柱頭飾りの植物模様

〈写真12〉呼子天主堂（昭和4年）旧馬渡島天主堂（明治14年）を、解体・移築。

〈写真13〉野首天主堂（明治41年）

〈写真14〉冷水天主堂（明治40年）

〈写真15〉堂崎天主堂（大正6年）

〈写真16〉奈摩内天主堂（明治43年）

〈写真17〉山田天主堂（明治44年）

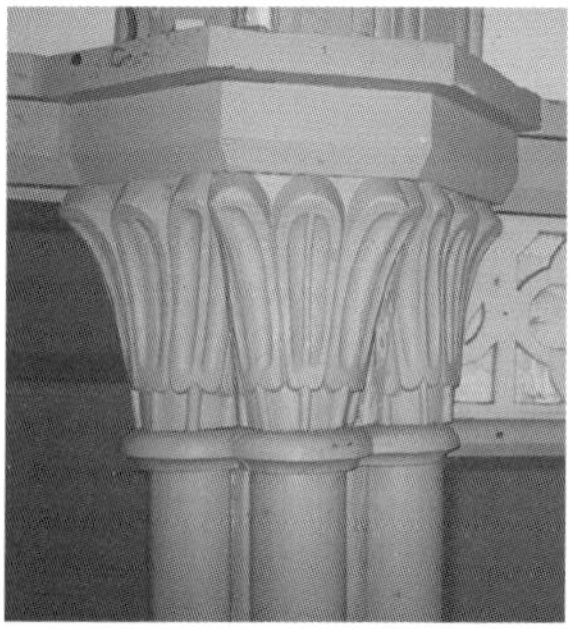
〈写真18〉楠原天主堂（明治45年）柱頭飾り

〈写真19〉今村天主堂（大正2年）第1柱頭

〈写真20〉今村天主堂（大正2年）第2柱頭

〈写真21〉今村天主堂（大正2年）2階 楽廊

●柱頭飾り（2）

〈写真22〉大曽天主堂（大正5年）第1柱頭

〈写真23〉大曽天主堂（大正5年）第2柱頭

〈写真24〉江上天主堂（大正7年）
長崎の教会群情報センター提供

〈写真25〉田平天主堂（大正6年）第1柱頭

〈写真26〉田平天主堂（大正6年）第2柱頭

〈写真27〉手取天主堂（昭和3年）

〈写真28〉紐差天主堂（昭和4年）

〈写真29〉大江天主堂（昭和8年）

〈写真30〉旧鯛ノ浦天主堂（昭和21年）

〈写真31〉崎津天主堂（昭和10年）

西洋では、土足で天主堂に入るが、明治期の日本では、履物を脱いで聖堂に入っている。そこで柱は、床の上に柱台を据え、そこに柱を据付けている。

與助は、『手帳』に、柱台石を瓢箪型に彫刻したスケッチを記している（写真32）。柱台は（写真33）の呼子天主堂（昭和4年／1929）から、（写真45）の崎津天主堂（昭和10年／1935）まで表しているが、初期の柱台は木製で、材木を石のように加工して、床の上に柱を据付けている。やがて、石材に瓢箪型の彫刻をして、柱を据付けている。

祭壇と信徒席の間の衝立は全ての天主堂にあるものではないが、旧野首天主堂（明治41年／1908）（写真46）や、今村天主堂（大正2年／1913）（写真47）と大曽天主堂（大正5年／1916）（写真48）に設けられている。野首天主堂の衝立の透かし模様は、十字架や椿の実が開いた形と感じる人もいる。彫刻の模様も複雑になり、仕上がりも薄く繊細になっている。

聖堂内には、様々な色どりがある。花で彩られた天主堂は、聖堂内を明るく華やかにしている。

（写真49）の旧細石流（大正9年／1920）から、（写真59）の大江天主堂（昭和8年／1933）までに表しているが、デザインも簡略化され、中間色を使った色合いは、現代的ですらある。半泊天主堂（大正11年／1922）（写真51）では、工事費の不足を、天井板に花模様を彫刻することで補い華やかさを添えたと思われる。

彫刻に注目してみても、與助が請負う前に、既に、柱台や、柱頭飾り、天井柳の座などは、設けられていたことが分る。そこで、更に、デザインや彫り方を工夫し、與助は、材料の幅を拡げて、柱台は石材に変更したと思われる。

スケッチを基に、最初に與助が見本を造り、父が作業を引き継ぎ、大工は、柱頭になる材

●柱台

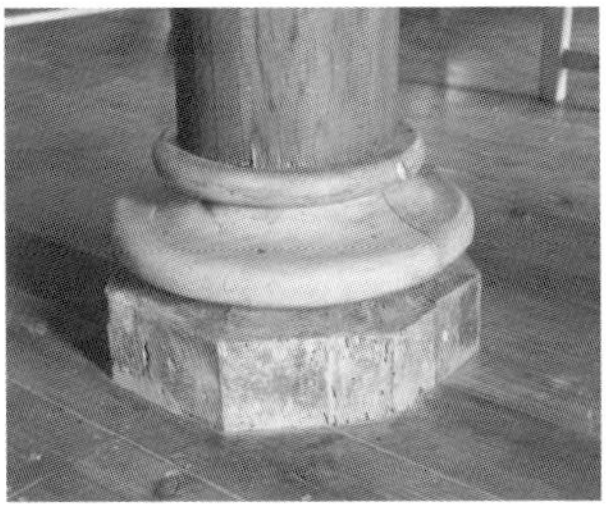

〈写真34〉野首天主堂（明治41年）柱台 材木で、下段は8角形の台座、上の段は瓢箪形に加工

〈写真33〉呼子天主堂（昭和4年）柱頭飾り

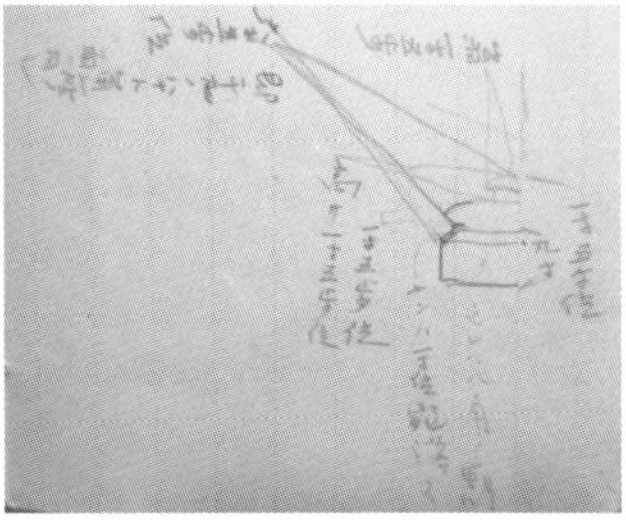

〈写真32〉『手帳』の柱台のスケッチ

〈写真38〉今村天主堂（大正2年）柱台石

〈写真37〉楠原天主堂（明治45年）柱台

〈写真36〉山田天主堂（明治44年）柱頭飾りと柱台石（明治44年）

〈写真35〉奈摩内天主堂（明治43年）柱台石と付け柱

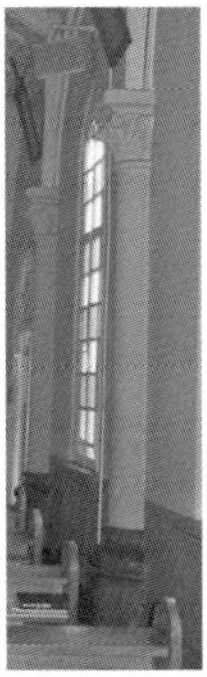

〈写真42〉手取天主堂（昭和3年）柱台石

〈写真41〉細石流天主堂（大正9年）柱頭と柱台（的野圭志氏撮影 五島市観光歴史資料館提供）

〈写真40〉江上天主堂（大正7年）柱台は木製（長崎の教会群情報センター提供）

〈写真39〉大曽天主堂（大正5年）柱台

〈写真45〉崎津天主堂（昭和10年）柱頭飾りと柱台

〈写真44〉大江天主堂（昭和8年）側廊と柱台石

〈写真43〉紐差天主堂（昭和4年）側廊と柱台石

●祭壇と信徒席の間の衝立の彫刻

〈写真46〉野首天主堂（明治41年）信徒席と祭壇の間の衝立。円の中に、十字模様を彫刻。十字架と、椿の実の殻が開いた形との説もある。

〈写真47〉今村天主堂（大正2年）祭壇部と信徒席の間の衝立

〈写真48〉大曽天主堂（大正5年）祭壇と信者席の衝立

●花で彩られた天主堂

〈写真51〉半泊天主堂（大正11年）天井には花模様の彫刻がある

〈写真50〉細石流教会（大正9年）天井折上げ部分の椿の彫刻
取り外した物が、五島観光歴史資料館に展示されている

〈写真49〉細石流教会（大正9年）
（的野圭志氏撮影 五島市観光歴史資料館提供）

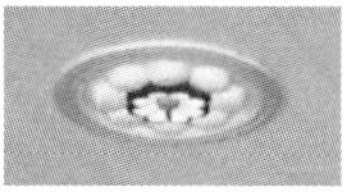

〈写真54〉頭ケ島天主堂（大正8年）天井の花模様

〈写真53〉頭ケ島天主堂（大正8年）椿の彫刻

〈写真52〉頭ケ島天主堂（大正8年）

〈写真58〉紐差天主堂（昭和4年）側廊部の天井の四弁の花の彫刻

〈写真55〉頭ケ島天主堂（大正8年）折上げ部分の菱形の中の花模様

〈写真59〉大江天主堂（昭和8年）明るい花模様で彩られている

〈写真57〉手取天主堂（昭和3年）側廊の天井

〈写真56〉紐差天主堂（昭和4年） 折上げ天井には幾何学模様の彫刻

〈写真1〉外交官の家

〈写真2〉外交官の家

木を抱えこんで彫刻している。宣教師の話を丁寧に聞きながら、日本の、しかも五島列島という九州の西の端で天主堂を建て続けた、與助の姿が想像される。

④ステンドグラス（硝子障子と硝子絵と色板ガラス）

ステンドグラスは、着色した硝子の小片をつなぎあわせて、様々な絵柄を表現したもので、天主堂内に荘厳な雰囲気を醸し出している。また、硝子に絵を描き、時には、そのガラスを窯で焼きつけた硝子絵もある。昭和に入ると、與助は、色ガラスを「色板ガラス」と呼び、枠に嵌め込んで窓に取付けている。

日本に伝えられ、日本的な風景や、洋風のデザインを表したステンドグラスは、まだ、あちこちで見学することもできる。

東京渋谷に建てられ、現在は横浜市に移されている「外交官の家」（明治43年／１９１０）（写真１・２）にも、繊細な模様のステンドグラスがある。

天主堂のステンドグラスは、文字の読めない人にも分るように、キリスト教の教えを表したものもあるというが、五島など、九州の天主堂で見るステンドグラスは、丸や正方形などを組み合わせたち抽象模様で、與助は、「硝子障子」と呼んで、窓枠を試作し、時には色を組み合わせて、硝子障子をデザインしている。

明治村にある聖ザビエル聖堂（明治23年／１８９０）（写真３）の祭壇上部のステンドグラスのデザインは、九州の天主堂のステンドグラスに似ている。年代が比較的近いことも関係があるのだろうか。野首天主堂や、大曽天主堂のステンドグラスは、成分を調査したら、輸入品と分ったという。

〈写真3〉現在は明治村にある聖ザビエル聖堂 祭壇部の硝子障子（明治23年）（京都から明治村に移築されている）

同上

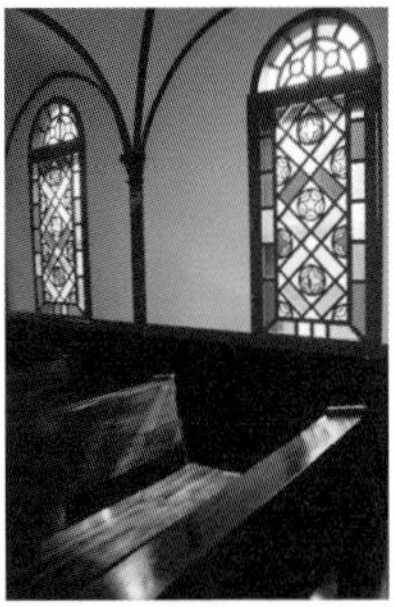
〈写真4〉旧桐古天主堂（明治39年）のもので現在は土井の浦天主堂に使われている

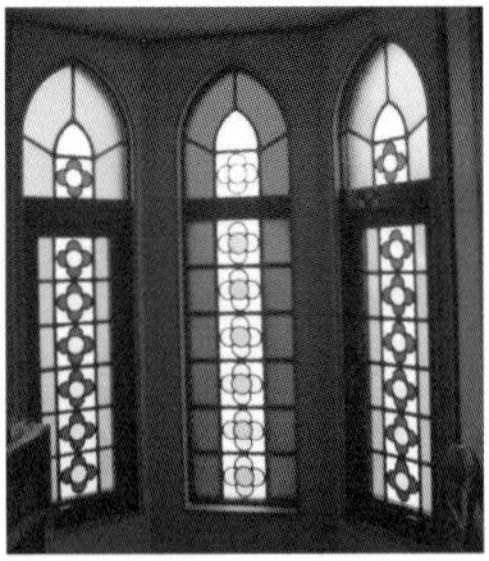
〈写真5〉冷水天主堂（明治40年）

〈写真6〉旧野首天主堂（明治41年）の、再建された時、作り変えたステンドグラス。

〈写真7〉同

〈写真9〉奈摩内（青砂ケ浦）天主堂（明治43年）

〈写真10〉同

〈写真11〉同

〈写真12〉堂崎天主堂（大正6年）

〈写真8〉同 窓上の半円飾り窓

〈写真15〉今村天主堂の高窓の硝子窓（大正2年）

〈写真13〉今村天主堂 硝子障（大正2年）

〈写真14〉同

〈写真17〉大曽天主堂（大正5年）

〈写真16〉今村天主堂 祭壇部の硝子障子（大正2年）

〈写真22〉「五島の教会」用として與助が手描きした半円硝子窓のスケッチ。

〈写真18〉大曽天主堂（大正5年）

〈写真19〉同

〈写真20〉同

〈写真23〉頭ケ島天主堂（大正12年）

〈写真21〉田平天主堂（大正6年）半円硝子窓は與助手描きのデザインと類似

〈写真24〉山田天主堂（明治44年）祭壇後部のステンドグラスは取り換えられていると考えられる

〈写真25〉山田天主堂（明治44年11月）創建時のステンドグラスと思われる

〈写真26〉同

〈写真27〉紐差天主堂（大正7年）色板ガラス

〈写真28〉紐差天主堂（大正7年）

〈写真29〉同

〈写真30〉熊本手取天主堂（昭和3年）

〈写真31〉大江天主堂（昭和8年）

〈写真32〉大江天主堂（昭和8年）色板ガラス

〈写真33〉同

〈写真34〉同

〈写真35〉同

〈写真36〉崎津天主堂（昭和10年）

〈写真37〉崎津天主堂（昭和10年）

〈写真38〉同

〈写真39〉同

〈写真40〉同

〈写真41〉水の浦天主堂（昭和13年）

〈写真42〉同

●手描きのガラス絵

〈写真43〉呼子天主堂（昭和2年）（明治14年建築の馬渡島天主堂が移築再生されている）

〈写真44〉同

〈写真45〉同

〈写真46〉同

〈写真47〉同

〈写真48〉楠原天主堂（明治44年）創建時のステンドグラス。手描き絵に見える。

〈写真49〉同

〈写真50〉同。百周年で取り替えられたもの。

〈写真51〉江上天主堂（大正6年）窓には黄色で五弁の花が手描きされていたが、現在は消えかかっている（長崎の教会群情報センター提供）

●スリ硝子と板ガラス

〈写真52〉半泊天主堂（大正11年）色硝子での計画をしたがスリ硝子に変更

〈写真53〉同。上部の窓枠は、創建時の窓枠と思われる。

〈写真54〉西木場天主堂（昭和24年）普通の板ガラスが、硝子障子風の窓枠に取り付けられている

工事費の中でも高価なステンドグラスを、どうしたら安くできるか、神父も硝子切りを購入し、細工をしていたと思われる。

與助は、最初に請負った旧桐古天主堂（明治39年／1906）（写真4）で、ステンドグラスを硝子障子と言い、窓枠を試作しているが、結局、長崎で購入している。次いで、硝子障子は、冷水天主堂（明治40年／1907）（写真5）、旧野首天主堂（明治41年／1908）（写真6〜8）、奈摩内（青砂ケ浦）天主堂（明治43年／1910）（写真9〜11）、堂崎天主堂（大正6年／1917）（写真12）、今村天主堂（大正2年／1913）（写真13〜16）、大曽天主堂（大正6年／1917）（写真17〜20）、田平天主堂（大正6年／1931）（写真21・22）、頭ケ島天主堂（大正12年／1919）（写真23）である。

旧野首天主堂では、野首集落の廃村（昭和46年／1971）に伴い、長崎大司教区より天主堂を無償で譲り受け、再建したのは、昭和62年（1987）である。奈摩内（青砂ケ浦）天主堂（明治43年）では、硝子を長崎で購入している。4〜5年の間に、実績を積んで、窓枠にガラスを取り付けられるようになっていたということになる。

今村天主堂と田平天主堂は、創建時の硝子障子は取替えられているが、田平天主堂の半円硝子窓は、與助が「五島の教会」としてデザインした半円硝子窓を、平戸の田平天主堂の出入り口上部の窓に取り付けている。

その後、與助は、「硝子障子」とは言わず、「色板ガラス」と表記している。色のついた板ガラスが手に入り易くなったということだろうか。板ガラスも、長方形や正方形などを組合わせてデザインされている。感心するのは色合いで、どの天主堂でも思いがけない色をとり併せ、それが不思議にマッチしている。

色板ガラスは、山田天主堂（明治44年／1911）（写真24〜26）、紐差天主堂（大正7年／1918）（写真27〜29）、熊本手取天主堂（昭和3年／1928）（写真30）、大江天主堂（昭和8年／1933）（写真31〜35）、崎津天主堂（昭和10年／1935）（写真36〜40）、水の浦天主堂（昭和10年／1935）（写真41・42）に使われている。

手描きの硝子絵は、江上天主堂（大正6年／1917）（写真48）で確かめられた。伝えたのは、宣教師であろう。五島の奈留島の江上天主堂で、忠実に再現したのは、五島や長崎の職人たちということになる。この他に、明治14年（1881）の建築で、昭和2年（1927）に馬渡天主堂が移築された呼子天主堂の硝子（写真43〜47）は焼付けの色の具合が手描きに見える。また、楠原天主堂（明治45年／1912）（写真48〜50）は、一部は百周年の記念事業で取替えられているが、創建時の硝子は、呼子天主堂と同じようにガラスの色斑が、手描きと考えられる。また、半泊天主堂（大正11年／1922）（写真52・53）は、工事費が足りなくて、スリ硝子を取付ており、西木場天主堂（昭和24年／1949）（写真54）では、外開きの「硝子障子」窓に、無色のガラスを入れている。

九州のこれらのステンドグラスの特徴の一つは、鉛を使わずに、木製の窓枠に色ガラスを嵌め込む形式の物が多いことだと思う。與助は、その名を「硝子障子」と表現しているが、言い得て妙。良い表現だと思う。日本には、雪見障子もあり、硝子越しに入る陽の光を楽しむ文化をもっていた。このように見てくると、豪華なステンドグラスのバラ窓には無い、素朴な優しさが、光を通して伝わってくるように思える。

⑤煉瓦の飾り積み

與助の天主堂と私の出会いは「煉瓦の教会」を通してであった。いくつかの偶然が重なり、

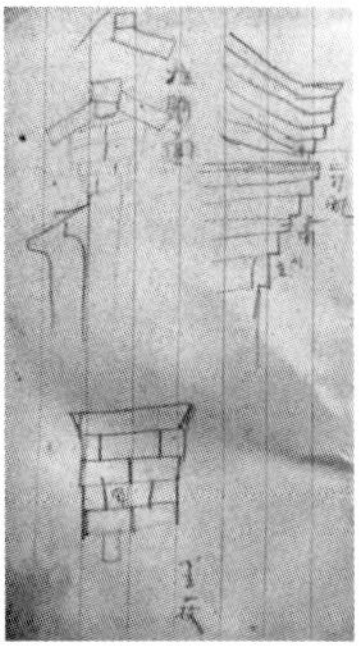

〈写真1〉煉瓦の軒蛇腹のスケッチ

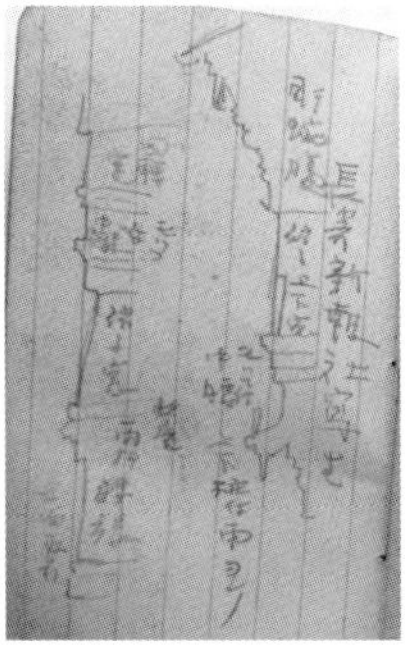

〈写真2〉長崎新報社の煉瓦の積み方のスケッチ

私は煉瓦の積み方や煉瓦の歴史と日本の近代建築などに興味を持ち、札幌から五島まで煉瓦の天主堂を見て歩き、それは建築史の研究という思いがけない展開につながり、15年近くの時間が経っている。

與助は旧桐古天主堂（明治39年／1906）では、木造の壁の外側に基礎工事を行い、煉瓦壁を設けて煉瓦造として改修工事をしている。煉瓦積職人は、これまでの日本建築にはなかった新しい仕事で、煉瓦積みの仕事は左官がしている。

桐古天主堂改修工事中の明治39年（1906）に、冷水天主堂新築工事について相談があり、父の與四郎も交えて左官工事などの話合を行い、また、9月も冷水天主堂の構造について話合った上で、結局、冷水天主堂には煉瓦は使わず、木造に決まっている。教会側は煉瓦造を希望したが、工事費の都合で木造になったと考えられる。

次は、旧野首天主堂（明治41年／1908）を煉瓦で造っている。與助の明治41年（1908）の『手帳』には、軒先等の煉瓦積みのスケッチがある（写真1・2）。軒を出すために、煉瓦を下から順に積重ねていき、上の方にいくに従って、少しずつ、煉瓦を外側に出すように積んでいくが、その積み方に気がついてのスケッチである。

長崎では、長崎新聞社の前身「長崎新報社」の建物の煉瓦積みもスケッチしている。

煉瓦や石などを積み重ねることを組積造（そせきぞう）というが、旧野首天主堂の建築から、煉瓦のみではなく、石材も組み合わせて使っている。

また、旧野首天主堂（写真3～6）では、煉瓦の飾り積みも理解して、アーチの出入り口は、煉瓦の角をうまく組み合わせて凸凹をつけている。これは五島市の堂崎天主堂（写真25

●煉瓦の飾り積み

〈写真3〉野首天主堂（明治41年）

〈写真4〉同正面飾り積み（明治41年）

〈写真5〉同煉瓦の小口面に丸みを付けた特別注文の煉瓦

〈写真6〉同軒先（明治41年）特別に注文した異型煉瓦で積まれている

〈写真7〉青砂ケ浦天主堂（明治43年）

〈写真8〉正面両側の袖壁には、焼過煉瓦と普通煉瓦で十字架模様を浮かび上がらせている

〈写真9〉同側壁出入口。石と組合わせている

〈写真10〉楠原天主堂（明治45年）

〈写真11〉同正面出入口

〈写真12〉同正面両側の2層目の飾り積み。丸い輪を浮かび上がらせている

〈写真13〉今村天主堂（大正２年）

〈写真14〉塔の部分を側面から見る

〈写真15〉正面中央上部の飾り積み

〈写真16〉側壁の出入口の飾り積み

〈写真17〉同側壁出入口上部の飾り積み

〈写真18〉同 側壁出入口上部の煉瓦のバラ窓

〈写真19〉同 正面中央上部の煉瓦のバラ窓

〈写真20〉同 側壁の基礎は煉瓦で積まれている

〈写真21〉大曽天主堂（大正５年）

〈写真22〉同正面中央の塔を横から見る

〈写真23〉側壁中央出入口の上部には丸に十字架の花模様の飾り積みがある

〈写真24〉同側壁 壁の横には、焼過煉瓦でアクセントを付けている

〈写真25〉堂崎天主堂（大正６年）

〈写真26〉同 正面中央塔の張出し部分

〈写真27〉正面のナルテクス部分を横から見る

〈写真28〉正面右側の出入口飾り積み

〈写真29〉田平天主堂（大正６年）正面

〈写真30〉正面の塔の部分を横から見る 数段置きに少し色のついた煉瓦でアクセントをつけ、２層目には石と組合わせた塞ぎ窓をデザインしている

〈写真31〉側壁中央 出入り口。軒先はロンバルト帯の飾積みがあり、上には煉瓦のバラ窓がある

〈写真32〉煉瓦のバラ窓は、今村天主堂より焼過煉瓦を少なくして、中心の十字模様（花模様にも見える）を浮かび上がらせている

〈写真33〉同 側壁 窓周りは、煉瓦と石を組合わせてある

〈写真34〉正面左側の出入り口の飾り積み

〈写真35〉バス通りから１段上がった元海寺 山門

〈写真36〉元海寺 山門

〈写真37〉中心よりやや右寄りに、芋目地がある。下から積んできて、調整したものと思われる。

～28）と同じ積み方である。さらに、野首天主堂では、角を鳩の胸のように丸く削った特注の煉瓦を使っている。これは、煉瓦が一つ一つ手造りだった時代の仕事である。請負業者として仕事を始めたばかりともいえるこの時期に、與助は煉瓦を特注する智恵と技術を既に持っていたことになる。

奈摩内（青砂ケ浦）天主堂（明治43年／1910）（写真7～9）では、正面左右の控壁に、焼過煉瓦と普通煉瓦の焼色の違いを活かして十字架をデザインしている。焼過煉瓦とは、普通煉瓦という赤煉瓦を焼く時に、温度をさらに高くして、褐色になるまで焼き色をつけた煉瓦である。吸水率が小さく、硬くなるという利点がある代わりに、値段は少し高いものになるが、この焼き色の違いを利用して、模様にしている。

楠原天主堂（明治45年／1912）（写真10～12）では、出入口の飾積みは凸凹を上手に使っているが、妻面の両側の壁に小屋根を「へ」の字形に対照に造っている。さらに、両側の上部には、丸い形で煉瓦の塞窓をデザインしている。

今村天主堂（大正2年／1913）は、煉瓦職人が技を凝らした美しい天主堂である。煉瓦の角をリズミカルに凸凹させて積み、窓周りも煉瓦の飾り積みをしている。上に行くに従って外側にせり出す積み方で、庇のように飾り積みをし、水切りの機能も持たせている。

煉瓦のバラ窓は、「側窓 イ印 850個、丸窓 ロ印660個、大迫ハ印820個、仝外 ニ印900個、蛇腹小迫 ホ印1200個、蛇腹小迫 へ印1200個」の異形煉瓦を特別注文している。これもやはり宣教師の口添えがあったのだろうか。それにしても、口で教えただけでできるものだろうか。

「原寸大で型紙を作り、異型煉瓦の寸法や数量を確かめながら、煉瓦を焼き、積んだのではないか」と、現代の煉瓦職人は話してくれた。

これらの煉瓦の飾り積みは、大曽天主堂（大正5年／1916）（写真21～24）では、側壁の出入口の花弁のような煉瓦の飾り積みに繋がり、田平天主堂（大正6年／1917）（写真29～34）の煉瓦のバラ窓に繋がっている。

田平天主堂（大正6年／1917）では、異型煉瓦の種類と数量は記されていないが、焼き過ぎ煉瓦より普通煉瓦を多用している。今村天主堂（大正2年／1913）（写真13～20）より異型煉瓦の種類は少なくして、バラ窓を積んだのではないかと考えられる。

飾り積みの他に、壁には色の違う煉瓦でボーダーラインを入れている。最初は大曽天主堂であり、次は田平天主堂である。

與助は煉瓦積み職人ではないが、煉瓦積み職人を凌ぐ程に、煉瓦積みを理解しているといえる。相棒は長崎市の館内に住む楠本為次で、その息子も、鉄川組の煉瓦工事を請け負っている。

元海寺の煉瓦造アーチ門（大正13年／1924）（写真35～37）は、屋根の修復工事に併せて造り変えられている。門の中央よりやや右寄りに1ヶ所、芋積みがあるのが気になるが、お寺に煉瓦が使われるのは珍しい。出身地で與助は「小工」として、子供のころから修業を重ねたお寺である。棟梁として成功し、お寺の山門を煉瓦で造っていることは、成功の証を地域に知らせる誇りの仕事でもあったと思われる。なお、元海寺は天主堂ではないが、與助は門徒で格別の関わりがあったことから、本稿に加えた。

⑥祭壇

與助は天主堂の建物を請負って建てているが、頼まれて祭壇も製作している。

旧桐古天主堂（明治39年／1906）の祭壇は、現在、中の浦天主堂（大正14年／1925）（写真1）の祭壇として使われていることが判った。

旧野首天主堂（明治41年／1908）の祭壇（写真2・3）は、正面中央とその両側に脇祭壇がある。この脇祭壇は小値賀島の小値賀天主堂に使われていた祭壇を移したものである。

大曽天主堂（大正5年／1916）には、正面の壁に取り付けられた祭壇（写真4）の他に、信者に向き合う形で、ミサを挙げる祭壇がある（写真5）。大曽天主堂の正面の祭壇を製作したのは、隣村の宮下才太郎である。壁に取り付けられた祭壇の1層目は、縦に5分割にして彫刻してあり、信者席に向かい合ったミサ祭壇の1層目は、建替え前の旧大曽天主堂（明治12年／1879）の脇祭壇の右側が使われている。

與助は唯一、江上天主堂（大正6年／1917）の祭壇図面を残している（写真6）。祭壇図の裏には、「大正六年六月二十一日調製　南田平天主堂建築所ニ於テ　五島奈留島江上ノタメ」と記されていると説明を受けている。

ここで明治41年（1908）に竣工した旧野首天主堂の主祭壇は、大正6年（1917）に作成した江上天主堂の図面と同じデザインであることに気付いた。明治41年（1908）から、既にこの祭壇図で製作していたということか。それは與助の指示で彫刻されたのだろうか。江上天主堂の図面の1層目は3分割にしており、2層目より上段はどちらも同じ彫刻である。江上天主堂の祭壇（写真7）は、野首天主堂の祭壇に、4層目の尖塔を設けて製作されていると考えられる。

ともあれ、この祭壇図が見つかったことで、與助は天主堂の建築のみではなく、祭壇も設計していることが判った。

●祭壇

〈写真1〉中の浦天主堂 祭壇。旧桐古天主堂（明治39年）の祭壇を再利用

〈写真2〉旧野首天主堂 主祭壇（明治41年）

〈写真3〉同上 脇祭壇（明治41年）（小値賀天主堂の祭壇を再利用）

〈写真4〉大曽天主堂 祭壇（大正６年）

〈写真5〉大曽天主堂の信徒席に向くミサ祭壇（旧大曽天主堂 脇祭壇を再利用）

〈写真7〉江上天主堂 祭壇（大正6年）（長崎の教会群情報センター提供）

〈写真6〉江上天主堂祭壇図（新上五島町鯨賓館ミュージアム提供）

〈表〉天主堂の美 様々なデザイン

No	工事名	塔	天井の形		彫刻		ステンドグラス		煉瓦の飾り積み	祭壇	平面	楽廊	構造	発注者	竣工年月	特記
		有無	柳天井	折上げ天井	柱頭飾り	柱台	ステンドグラス	色板ガラス								
1	旧桐古天主堂	単塔	○		○	○	○		不詳	○	三廊	有	木造・平屋建／一部レンガ造	ア・ヒウゼ師	M39.12	建替。ステンドグラスは土井の浦、祭壇は中の浦教会に再利用
2	冷水天主堂	単塔	○		○	×	○		—		三廊	有	木造・平屋建	大崎八重師	M40.10	新上五島町有形文化財
3	野首天主堂	—	○		○	○	○		○	○	三廊	無		中田藤吉師	M41.11	世界遺産候補・廃堂
4	奈摩内(青砂ケ浦)天主堂	—	○		○	○	○		○		三廊	有	レンガ造・平屋建	大崎八重師	M43.8	国重要文化財
5	山田天主堂	単塔	◎		○	○	○		×		三廊	有		片岡高俊師	M44.11	現存
6	佐賀市公教会	—			不詳	不詳	不詳		—		三廊	不詳	木造	平山師	M40.1	戦災消失
7	楠原天主堂	—	○		○	○	○		○		三廊	有	レンガ造・平屋建	チリ師	M45.00	現存
8	今村(大刀洗)天主堂	双塔	◎		○	○	○		○		三廊	有	レンガ造	本田保師	M45.3	国重要文化財。與助の資料から、大正2年4月と解明されている。
9	大曽天主堂	単塔	○		○	○	○		○	○	三廊	有	レンガ造・平屋建	大崎八重師	T5.1	県指定有形文化財
10	堂崎天主堂	単塔	○		○	○	○		○		三廊	有		アゼペルー師	T6.6	県指定有形文化財・キリシタン資料館
11	江上天主堂	—	○		○	○	硝子絵		—	○	三廊	有	木造2階楽堂	島田喜茂師	T6.4	世界遺産候補・国重要文化財
12	田平天主堂	単塔	◎		○	○	○		○		三廊	有	レンガ造・平屋建	中田藤吉師	T6.10	国重要文化財
13	頭ケ島天主堂	単塔		○	柱が無い		○		—		単廊	有	石造・2階楽堂鐘楼付	大崎八重師	T8.5	石造。世界遺産候補・国重要文化財。竣工は大正12年説もある。
14	細石流天主堂	—		○	○	○	○		—		三廊	有	木造2階楽堂	島田喜造師	T9.5	現存せず
15	半泊天主堂	—		○	×	×		○	—		三廊	無	木造・平屋建	出口一太郎師	T10.11頃	現存
16	浦上天主堂前面両塔新築	双塔	○		○	○	○		不詳		三廊	有	レンガ造・平屋建	ア・ヒウゼ師	T13.3	再建
17	元海寺煉瓦造アーチ門	—	—	—	—	—	—	—	○	—	—	—	レンガ・木造	元海寺	T13	現存
18	手取天主堂	単塔		○	○	○		○	—		三廊	有	RC造2階建	熊本公教会	S3.1	現存
19	呼子天主堂	—	◎		○			?	—		三廊	不詳	木造・平屋建	呼子公教会	S4.1	現存
20	紐差天主堂	単塔		○	○	○		○	—		三廊	有	RC造地下室付2階建	荻原師	S4.10	現存
21	大江天主堂	単塔		○	○	○		○	—		三廊	有	RC造2階建	大江村公教会	S8.4	現存
22	崎津天主堂	単塔	○		○	○		○	—		三廊	有	RC造平屋建	崎津公教会	S10.1	現存
23	水の浦天主堂	—	○		○	○		○	—		三廊	有	木造	浜田朝松神父	S13	表面には下見板張りに篦子の細工
24	旧鯛ノ浦天主堂増築	単塔	○		○	×		○	×		三廊	有	レンガ造・平屋建	川口師	S21.8	被爆煉瓦の再利用で塔を建設
25	西木場天主堂	単塔		○	×	×		○	—		三廊	有	木造	熊谷森一師	S24.7	現存

摘要：①本表には、今回検討した明治・大正・昭和の天主堂建築と、元海寺を表している。元海寺は天主堂ではないが鉄川家との関わりから記載した。②竣工年月のMは明治、Tは大正、Sは昭和を表している。

山田天主堂（明治44年）柱頭飾り

呼子天主堂（昭和4年）旧馬渡島天主堂（明治14年）を解体して移築。

今村天主堂（大正2年）2階 楽廊の柱頭飾り

今村天主堂（大正2年）第1柱頭飾り

呼子天主堂（昭和２年）明治１４年建築の馬渡島天主堂のものが移築再生されている

旧桐古天主堂（明治39年）現在は土井の浦天主堂で使われている

紐差天主堂（大正7年）色板ガラス

同右

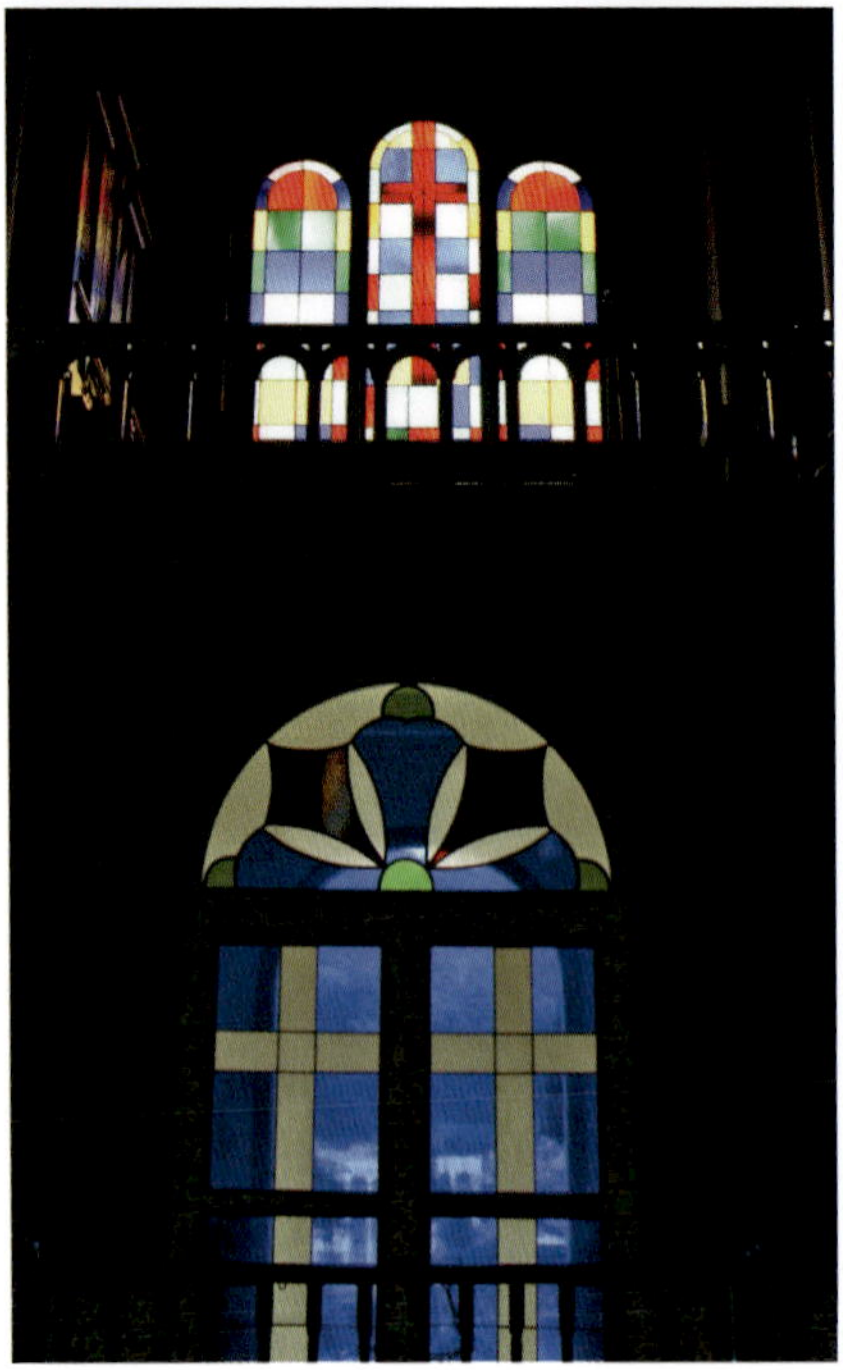

同上

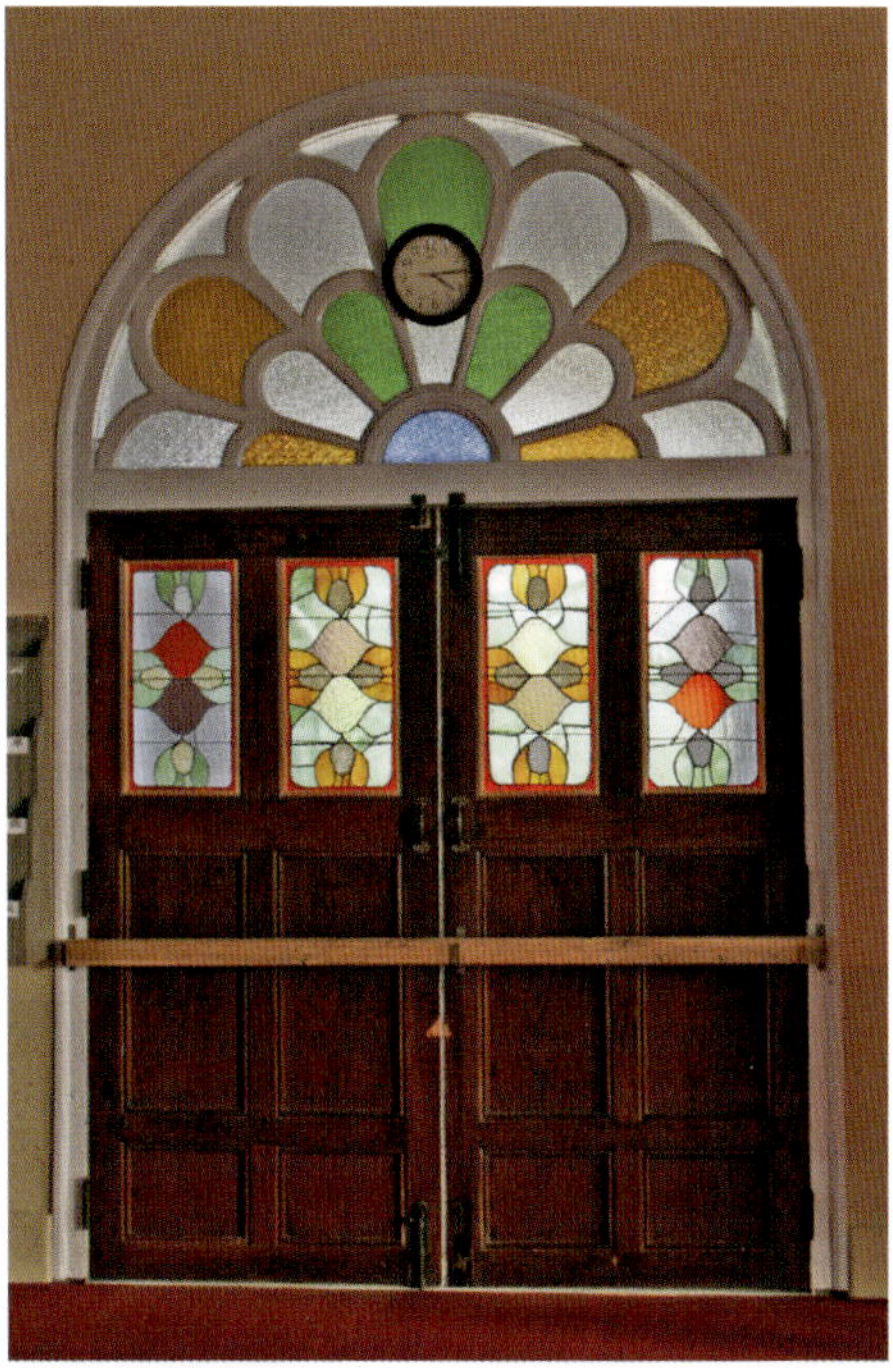

大江天主堂（昭和８年）

水の浦天主堂（昭和13年）

崎津天主堂（昭和10年）

旧野首天主堂（明治41年）は、再建された時、ステンドグラスは作り変えた。

同右

大曽天主堂（大正5年）

同右

旧野首天主堂 主祭壇（明治41年）

中の浦天主堂 祭壇　旧桐古天主堂（明治39年）の祭壇を再利用

大曽天主堂 祭壇（大正6年）

今村天主堂 側壁出入口上部の煉瓦のバラ窓

同上 正面中央上部の煉瓦のバラ窓

青砂ケ浦天主堂側壁出入口。石と組合わせている（明治43年）

田平天主堂側壁中央 出入り口 軒先はロンバルト帯の飾積みがあり、上には煉瓦のバラ窓がある

第3章

新しい建築材料と長崎の天主堂

創建時の長崎・大浦天主堂　元治元年（1864）
創建の工事は天草の小山秀之進による。明治11年（1878）から増築工事を行う。創建時の正面扉は現在の玄関扉として使用。（江崎べっこう店提供）

(1)西洋の建築の影響

明治期は、長い鎖国が終わって、急速な近代化を目指して、あらゆる西洋の文化と技術を導入した時代である。

安政5年(1858)にアメリカ・オランダ・ロシア・イギリス・フランスと修好通商条約を結び、長崎・横浜・函館に続いて、神戸・新潟・大阪・東京には居留地が設けられた。居留地には外国人のための住宅・旅館・商館、教会堂などが建築され、日本の各地に製鉄所・造船所・紡績所などの官営の工場、官庁、学校、軍需施設、民間の銀行、商店などが建てられている。

居留地の建築工事に従事した匠たちは、和洋折衷の建築様式を生み出し、構造は和風、外観は下見板張りで、窓には窓上飾りを設け、雨戸に替えて鎧戸を取付け、バルコニーや塔を設け、壁は漆喰塗りで大壁造りにするなど、独特の様式や、住まい方などを町中に普及させている。

それらの匠たちのなかには、職人を配下に組み入れ、専門の技師を育成し、設計・施工の近代的建築請負の組織である総合建設業として発展していったものも多い。現代ではゼネコンといわれる清水建設、大林組、鹿島建設、大成建設、竹中工務店などがそうである。

また、明治政府は進んだ外国の技術や学問、制度を導入するために多くの外国人技術者を雇い、日本人技術者の指導・育成に努めさせている。

我が国に日本人の建築家が誕生するのは明治12年(1879)11月である。工部大学校造家学科の第1回卒業生、辰野金吾(1854~1919)、片山東熊(1853~1917)、曽禰達蔵(1852~1937)、佐立七次郎(1856~1922)の四人は、日本人技術

〈写真１〉ハルデス
（三菱重工㈱長崎造船所史料館提供）

〈写真２〉長崎製鉄所の煉瓦造の建屋がみえる文久２年（１８６２年）（三菱重工㈱長崎造船所史料館提供）

者として建築の設計と監督にあたり、建築材料の調達と材料の製造、ならびに施工法の指導、技能者の教育、施工組織の編成などを行っている。

(2) 新しい建築材料——長崎では

新しい建築材料は、煉瓦・セメント・硝子・洋釘・鋼材・ペンキなどである。それまで見たこともない日本人に材料を示して、作り方や使い方を教えている。

煉瓦は幕末の長崎と横須賀では、長崎製鉄所（文久元年／１８６１竣工）や横須賀造船所（慶応元年／１８６５起工）に使われている。大量の煉瓦が必要になり、渋沢栄一（１８４０～１９３１）等は、埼玉県深谷に日本煉瓦製造会社（明治21年／１８８８）を建設している。

長崎ではオランダ人ハルデス（写真１）の指導で、長崎製鉄所（写真２）に使う煉瓦を、飽ノ浦の窯で焼いている。また、小ケ倉の煉瓦工場から煉瓦を運んだと記録もあることから、長崎近郊には何ヶ所か煉瓦工場があり、小菅修船場（明治元年／１８６８）（写真３）や、コンドル（１８５２～１９２０）設計の長崎ホテル（明治31年／１８９８開業）（写真４）などに煉瓦は使われている。

セメントは横須賀製鉄所（慶応元／１８６５起工）の建設で、多量の輸入品を使用したことがきっかけとなり、内務省土木寮は東京深川清住町に摂綿篤（せめんと）製造所を設立し、製造を始めた。この摂綿篤製造所は、浅野セメント工場に払い下げられ、旧来の竪窯に替り、明治35年（１９０２）に回転窯が設置され、品質の向上が計られている。

セメントは長崎では、長崎港伊王島の洋式灯台（明治３年／１８７０）に使われたのが最初とされている。また、長崎では現在使われているコンクリートやセメントモルタルに代わ

〈写真4〉長崎ホテル（鉄川一男氏提供）

〈写真3〉小菅修船場（明治元年1869）（三菱重工業（株）長崎造船所史料館提供）

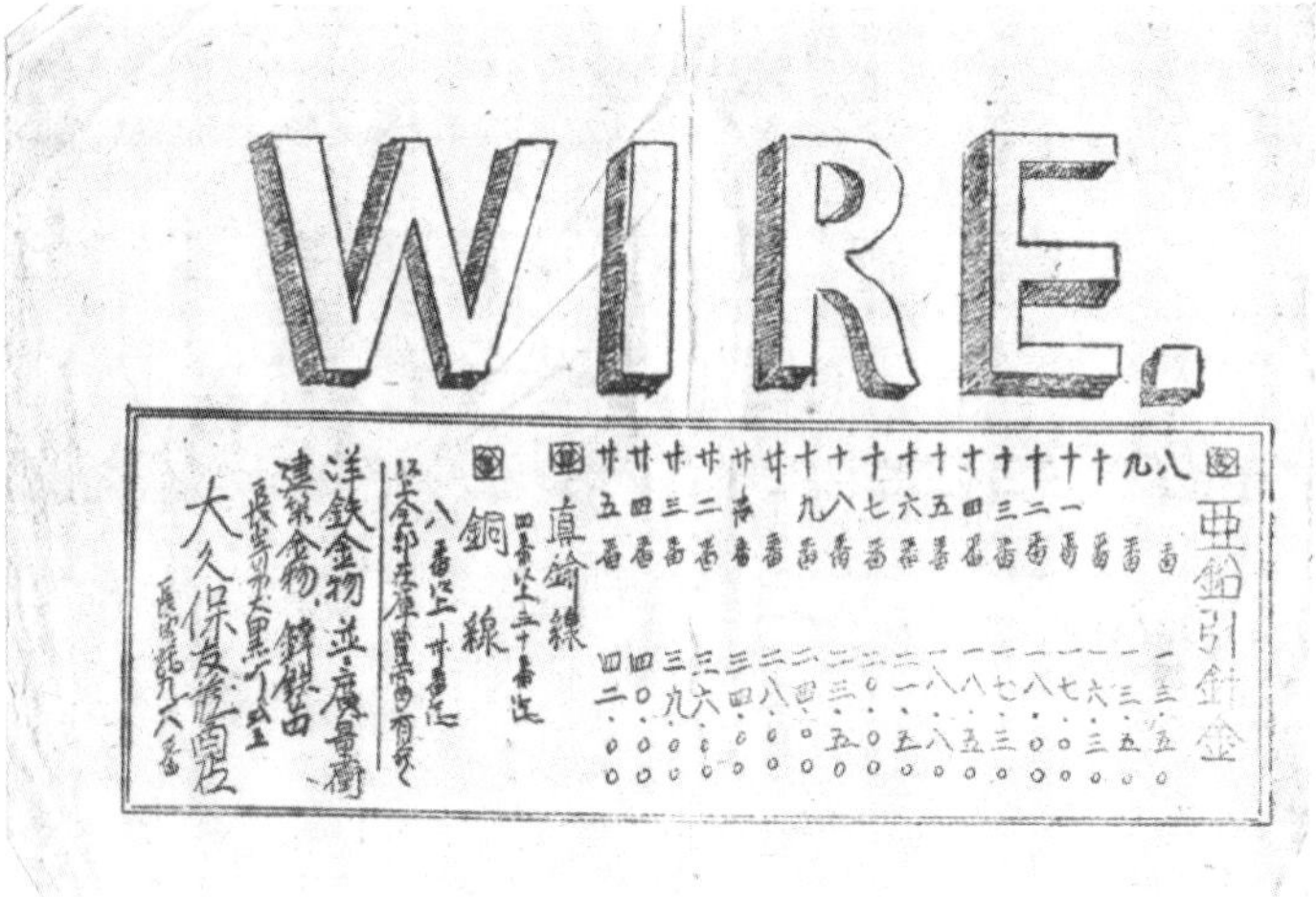

〈写真9〉大久保金物 1921年カタログ　WIRE

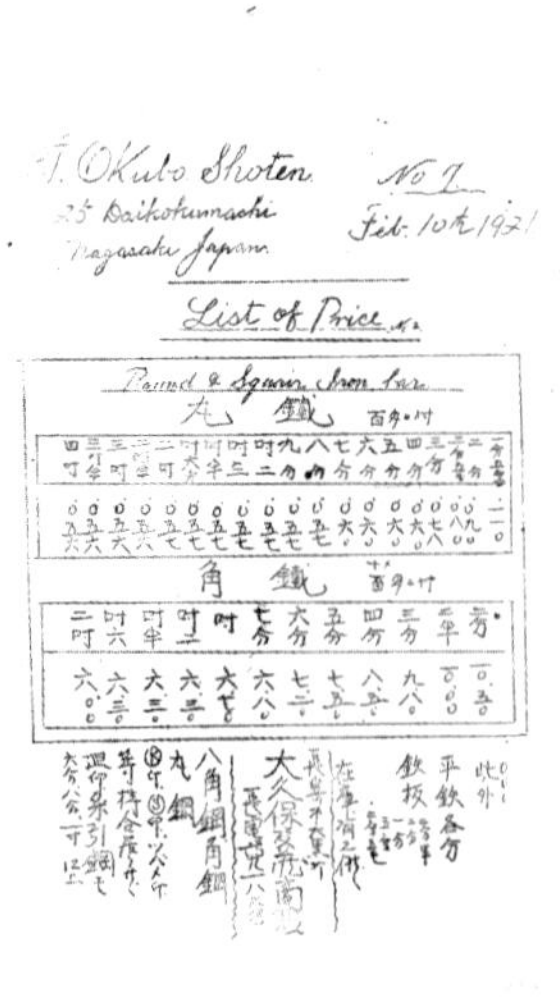

〈写真8〉大久保金物 1921年カタログ 鋼材

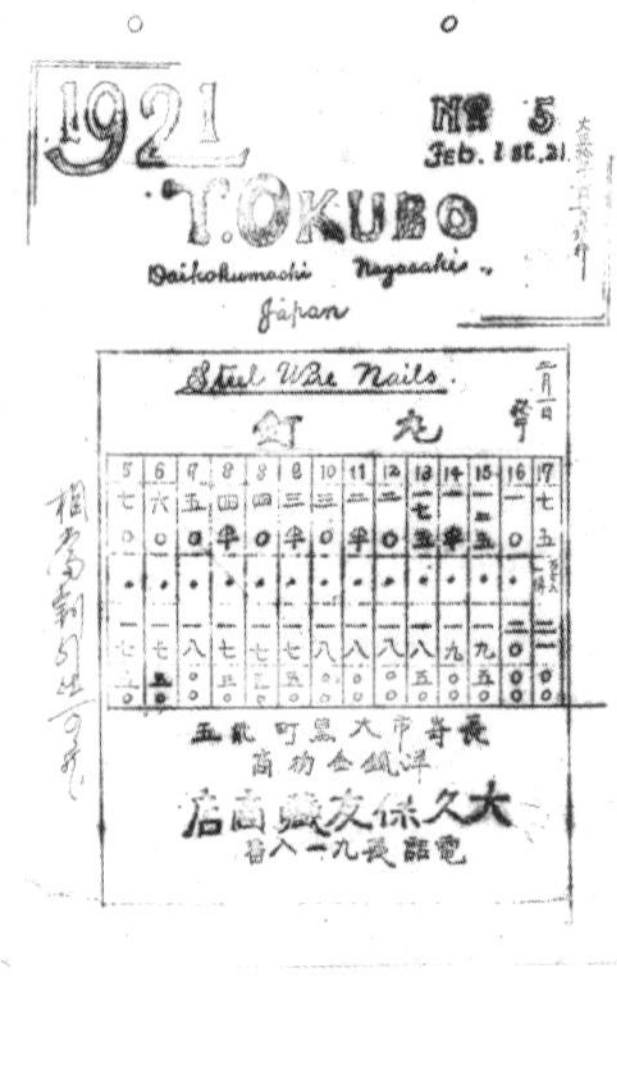

〈写真7〉大久保金物 1921年カタログ 丸釘

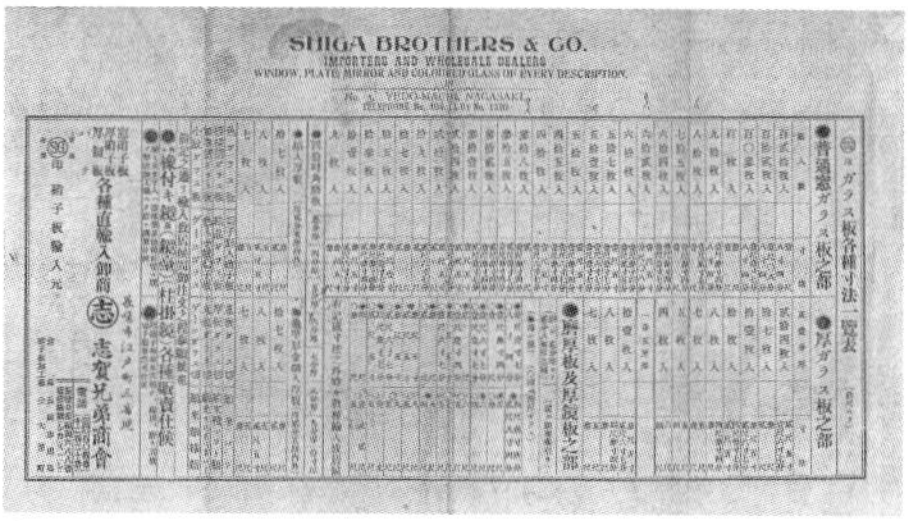

〈写真5〉志賀兄弟商会のカタログ 1921

〈写真6〉グラバー邸（文久3年）

るもので、古くからアマカワ漆喰が使われていた。アマカワは、長崎近郊の小島、風頭山方面の山土を掻き出し、これに貝灰と水を混ぜ、練り合わせたもので、基礎工事や煉瓦や石積み用として使われていた。

硝子は明治9年（1876）に、品川硝子製造所が設立されて生産が始められている。板ガラスが造られるのは、明治40年（1907）に旭ガラス株式会社が設立されてからである。

長崎では平戸藩の役人で、出島の交易所に勤めていた川添甚衛門が、文久元年（1861）に、フランス船シラリヤ号の玻璃板（はりいた）ガラス2箱を仕入れ、明治12年（1879）に20箱を注文している。輸入した板ガラスは、出島の倉庫に陸揚げし、台湾や朝鮮に輸出していて、現在の川添硝子に繋がっている。この他に、江戸町には志賀兄弟商会（創業年不詳）（写真5）があったことから、長崎では交易品として流通した硝子が、全国に先駆けて使われていたと考えられる。

釘は我が国では伝統的に鍛冶屋が鍛えた角釘を用いていたが、洋釘は明治31年（1898）に安田善三郎（1870〜1930）が深川猿江町で製釘業を始めていた。ちなみに、安田善三郎はビートルズのジョン・レノン（1940〜80）の妻、オノ・ヨーコ（1933〜）の祖父にあたる、というと、少しは身近に感じられるだろうか。

長崎では洋釘は、どこで作られ、いつから使われたのかは分からないが、グラバー邸（写真6）など居留地の建築では、金具類やドアーなどの建築材料は支給された例もあることから、洋釘も支給され、幕末から使われていたと考えられる。なお、上五島の奈摩内天主堂（明治43年／1910）では、長崎市の大久保金物から金物を買入れている。商品カタログは大正10年（1921）のものであるが、丸釘・鋼材・針金のカタログには英語も併記されている（写真7〜9）。

図1　明治期の洋風建築と材料などの時代背景

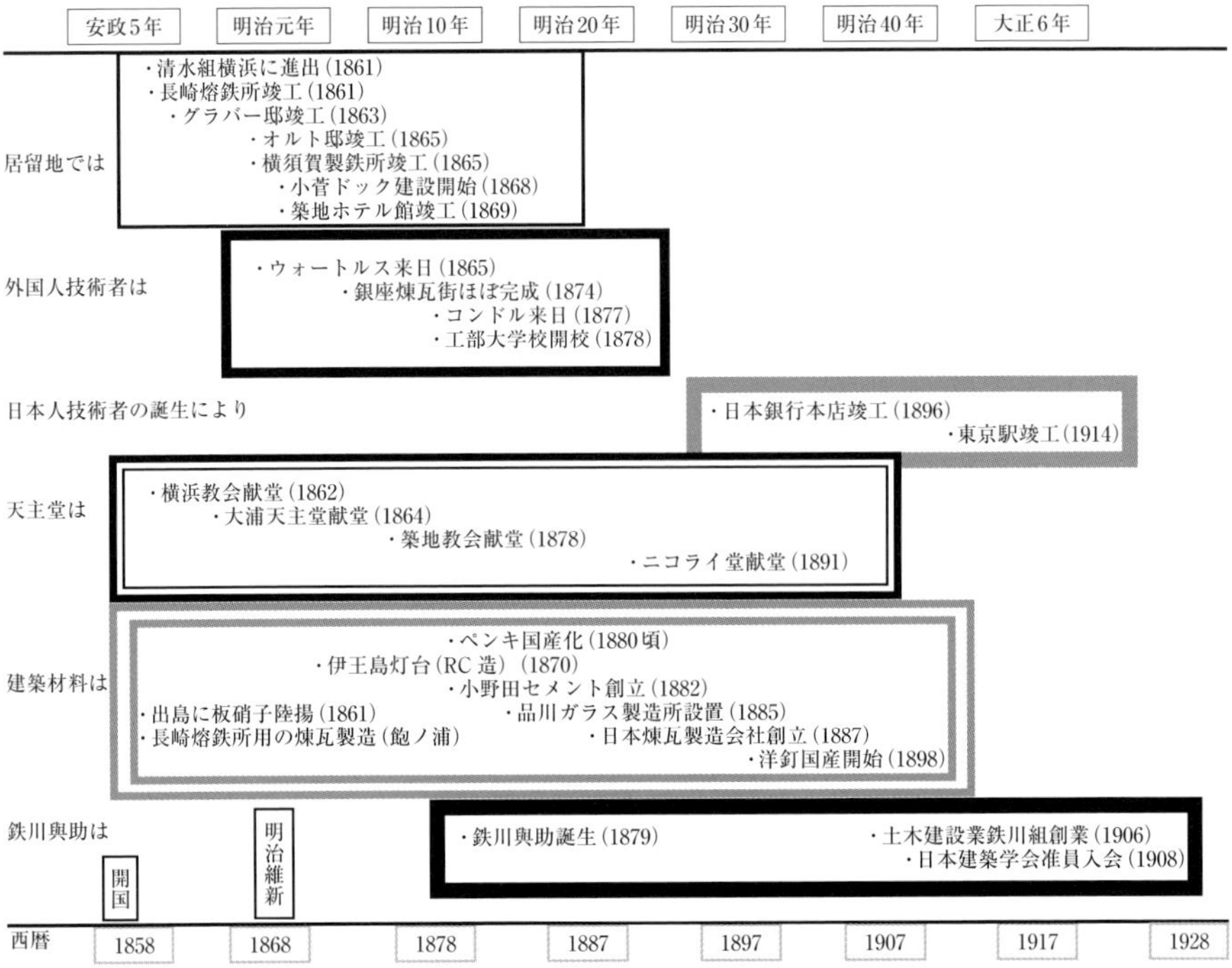

鉄は古くからタタラ製鉄が行われていたが、構造用鋼材が生産されるのは、明治34年（1901）に官営八幡製鉄所が創業を始めてからである。

與助は奈摩内天主堂（明治43年／1910）で、東京藤原商店から鋼鉄天井を購入し、その後も、大阪藤原商店と取引を重ねている。藤原商店は、欧米の最新建築材料を扱う輸入代理店で、明治43年（1910）1月25日付の日本建築学会の「建築雑誌」には、藤原商店の広告が出ている。構造用の鋼材が国産化されてから9年程経っているが、建築学会のつながりからか、輸入品を購入したのではないかと考えられる。

ペンキは嘉永6年（1853）、ペリーの来日により日米談判所をアメリカ式のペンキ塗りで仕上げることになり、アメリカからペンキを譲り受け、塗り方も教わったのが最初とされている。国産化は明治13年（1880）頃、茂木重次郎が国産堅練り塗料（ペンキ）の生産に成功し、明治14年（1881）東京市三田に光明社を設立し製造を始めている。

このように新しい建材が輸入される一方で、我が国で伝統的に使われていた木材や石材も用いられている。しかし、木材は製材機械の導入や木造の仕口・継手が洋釘

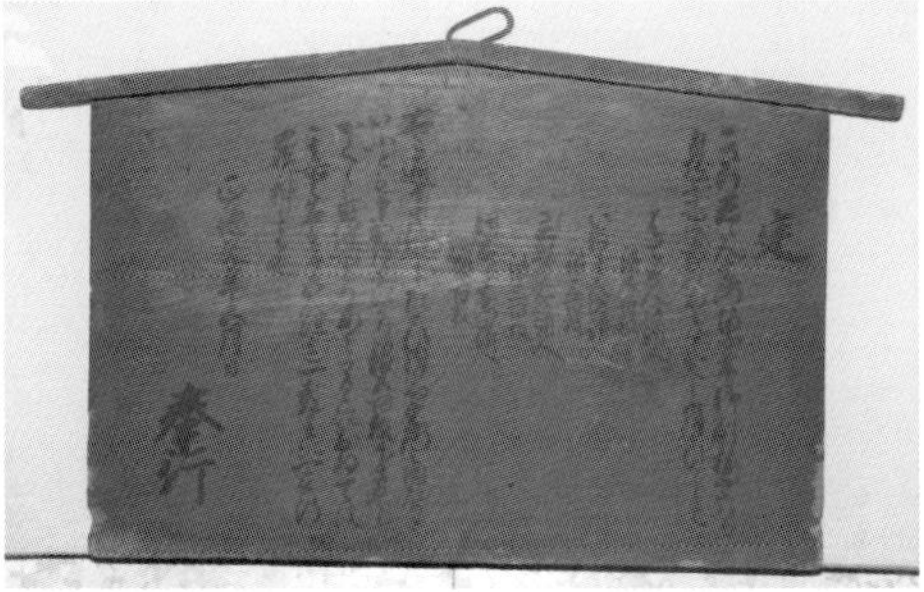

〈写真１〉キリシタン高札（五島市観光歴史資料館提供）

〈写真10〉めがね橋

の使用で合理化され、洋風の建築技術に併せて変化している。石材も昔から城郭建築などに使われ、長崎のめがね橋（写真10）や熊本の石橋にも使われてきた。このような石造技術は、煉瓦造や石造の洋風建築の基礎的な技術に繋がると考えられる。また、洋風建築では石に彫刻を施し、煉瓦などと組合せて使用されている。

お雇い外国人のベックマン（１８３２～１９０２）は、明治19年（１８８６）に、妻木頼黄（１８５９～１９１６）と、渡辺譲（１８５５～１９３０）、河合浩蔵（１８５６～１９３４）の３人の建築家と、17名の職工をドイツに派遣している。

職工としては石工、大工、人造石左官、煉瓦職、飾職、ペンキ職、屋根職、石膏職、ステンド硝子、エッチング、美術家、建具職で、この他にセメント会社や深谷煉瓦会社の実地経験のある青年の技術に、さらに磨きをかけることを目的に同行留学させている。

建築家は共に工部大学校造家学科の出身であり、妻木等はベックマンの事務所で建築の設計製図に励み、職工たちは日中は工事現場に配属されて作業にあたり、夜間は学校で学び、苦労して技術の習得に努め、明治22年（１８８９）に帰国し、その後は我が国の明治期の建築技術の向上や、普及に貢献したと評価されている。

しかし、同時期の長崎では、既に新しい建築材料を使う職人が洋風建築を建てていたといえる。

（３）長崎県の初期の教会

日本人信徒のために日本の各地に教会が建てられたのは、キリシタン禁教令が撤廃された明治6年（1873）以降で（写真1）、初期の教会は日本家屋を転用したものや新たに建築した御堂（みどう）もある（写真2～4）。

長崎市の大浦天主堂は、当初は「フランス寺」と呼ばれていた（写真5）。浦上地区で隠れて信仰を守り続けていた信者等が、新しく建築された大浦天主堂を訪れ「私たちは、あなたと同じ心。サンタマリアの御像はどこ？」と尋ねたことがきっかけとなり、約250年に亘る長い期間、潜伏して信仰を守り続けていた信者の存在が分り、奇跡的な信徒発見となった。

国宝になっている大浦天主堂（元治元年／1864）の設計はフランス人宣教師フュレ神父、施工は天草の小山秀（1828～98）（写真6）である。創建時は正面中央には大尖塔、左右に小尖塔があり、三廊式の小規模な聖堂であったが、台風で小尖塔が倒壊している。現在の天主堂は、明治8年（1875）に、正面中央には八角形の尖塔、平面は5廊式の聖堂になり、ポアリエ神父の指示によって竣工している（写真7）。屋根は重層の構成で、天井は8分割のリヴ・ヴォールトで漆喰仕上げ。内部の列柱は束ね柱で、主廊部の壁面は3層構成（写真8）で、柱頭飾りもある（写真9）。大工の中には、浦上の溝口市蔵、伊王島の大渡伊勢吉が居た。

旧大明寺教会（明治12年／1879頃）（写真10）は、現在は明治村に移築されているが、長崎湾の伊王島に建てられていた。大工は伊王島に住んでいた大渡伊勢吉で、大浦天主堂の工事にも従事していた。正面に鐘楼があるが、外観は和風の民家風で、内部は中央の身廊と両側廊の三廊からなり、天井はリヴ・ヴォールト（写真11）で、柱頭飾りもある（写真12）洋風である。

出津（しつ）教会（明治15年／1882）（写真13）のある出津は、長崎県西彼杵郡外海（そ

〈写真2〉深堀教会兼司祭館（キリスト信者発見100周年行事委員会編：『カトリック長崎大司教区100年のあゆみ』より転載）

〈写真3〉中野教会（キリスト信者発見100周年行事委員会編：同書より転載）

〈写真4〉焼崎教会（キリスト信者発見100周年行事委員会編：同書より転載）

〈写真5〉創建時の大浦天主堂（江崎べっ甲店 提供）

〈写真6〉小山秀 夫妻（崎津教会史料館 提供）

〈写真7〉現在の大浦天主堂

〈写真8〉大浦天主堂 内部

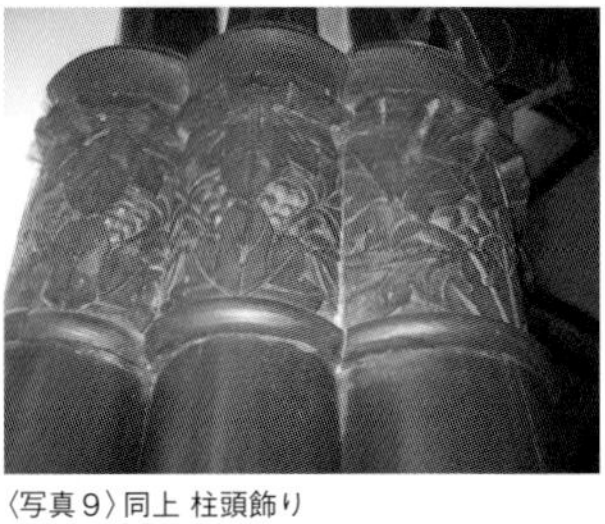

〈写真9〉同上 柱頭飾り

〈写真10〉旧大明寺教会（現在は明治村に移築されている）

〈写真11〉旧大明寺教会内部（天井はリヴ・ヴォールト天井である）

〈写真12〉同 柱頭飾り

〈写真13〉出津教会

〈写真14〉出津の明治大正昭和の波止場（明治の波止場は「ドロ波止場」といわれている）

とめ）町出津だったが、現在は長崎市西出津町に属している。五島灘に面して風の強い地域であるが、明治時代から波止場が造られていた（写真14）。大浦天主堂から出津に赴任したド・ロ神父は、明治14年（1881）に教会の建設に着手している。外観は長方形の平屋で、壁は煉瓦造（写真15）、上には白い漆喰が塗られ、屋根は瓦葺である。正面中央と祭壇部の屋根には四角い塔が設けられ、正面の塔は鐘楼で、上には聖母マリア像がそびえ、祭壇部の上にも十字架が飾られている。内部（写真16）は三廊で、柱は丸柱、柱台はない。天井は折上げ天井であるが、折上げ部に飾りの彫刻はない。

昭和47年（1972）に長崎県の有形文化財に指定され、平成23年（2011）に、国重要文化財に指定されている。周辺にはド・ロ神父の関連施設として、旧出津救助院（明治16年／1883）や、旧鰯網つくりの工場跡（明治18年／1885）がある。旧出津救助院はド・ロ壁（写真17）といわれる地元の玄武岩を漆喰で固めたものを積重ねた2階建ての建物で、マカロニ製造機などの器具が備えられている。地元の娘たちに仕事がなく、悲惨な状況にあるのを見たド・ロ神父は、鰯網つくりの工場で働かせ、託児所なども開設、福祉の心を伝えている。旧出津救助院跡は、現在は「ド・ロ神父記念館」として開館している。

「長崎と天草地方の潜伏キリシタン関連遺産」を構成する一つとして、ユネスコの世界遺産の暫定リストにも入っている。

江袋天主堂（写真18）は、上五島中通り島の北端、海に向かった急斜面の中腹に位置する。明治15年（1882）に設計者不詳、施工不詳で建築された、木造平屋195㎡程の聖堂である。屋根は単層の屋根で、変形の寄棟造り、瓦葺きである。内部（写真19・20）は中央と両側廊の三廊式で、内陣部は矩形平面、柱は円柱、台座は無く、天井は8分割のリヴ・ヴォー

〈写真15〉出津教会の煉瓦壁（聖堂内の一部に構造壁としての煉瓦を見せている）

〈写真16〉出津教会の内部（三廊で天井は折上げ天井である）

〈写真17〉ドロ壁

〈写真18〉火災前の江袋天主堂

〈写真19〉火災後の江袋天主堂 内部

〈写真20〉同右 柱頭飾り

〈写真21〉大野教会

〈写真22〉同教会外壁（ド口壁と煉瓦で積まれている）

〈写真23〉同教会 内部

ルトで、板張りである。平成19年（２００７）２月12日の夕方、漏電が元で全焼したが、驚異的な速さで明治時代の創建時の姿に復元された。火災にあったことで、改めてかけがえのない建物だったと広く知られることになった。

大野教会（写真21）は、明治26年（１８９３）に建てられた建坪27・6坪の小さな聖堂である。ド・ロ神父の設計と指導で建てられた、平屋造り、瓦葺きで、外壁は「ド・ロ壁」で固め、窓周りの上半分には煉瓦を積み、アーチを形成している（写真22）。内部は列柱がなく、床は一段高くなっている（写真23）。平成16年（２００４）に解体修理が行われ、平成20年（２００８）には国重要文化財に指定され「長崎と天草地方の潜伏キリシタン関連遺産」を構成する一つとして、ユネスコの世界遺産の暫定リストにも入っている。

中町天主堂は長崎駅から程近い１３００坪の旧大村藩屋敷跡に、明治29年（１８９６）に建てられていたが、第2次世界大戦の被爆で、外壁と尖塔を残して焼失している。現在の聖堂は、被爆の遺構である正面の尖塔部分を活かして、昭和26年（１９５１）に再建されている（写真24）。

「天主教の二大建築（長崎新報）」（「建築雑誌」第１０５号　２３２頁・明治28年（１８９５）９・25）には、「一は豫算經費四萬圓にて市内西上町元大村屋敷に　一は十一萬圓にて浦上山里村に建築せんとて西上町山下某一切を受負ひ既に工事にかかり　浦上山里村の分亦専ら經營中なるが甲は純然たる教會堂にして乙は宗教的學校に供するものなり」と、紹介されている。

また、明治32年（１８９９）９月19日に、天主堂管理者の島内要助神父が、長崎県知事の

〈写真24〉被爆後の中町天主堂（原爆資料館提供 小川虎彦撮影）

〈写真25〉現在の中町天主堂

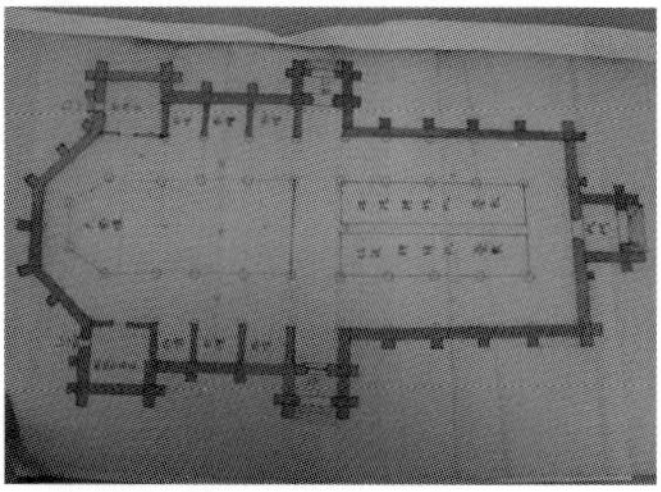

〈図1〉被爆前の中町天主堂（長崎歴史文化博物館所蔵）

〈写真28〉神ノ島天主堂柱頭飾り

〈写真26〉神ノ島天主堂

〈写真30〉黒島天主堂 内部

〈写真29〉黒島天主堂

〈写真27〉神ノ島天主堂 内部

〈写真31〉黒島天主堂 柱頭飾り

〈写真32〉黒島天主堂 有田焼タイル床

服部三一に提出した「天主堂既設届」では、設立の理由を「天主堂は旧外国人の居留地に設けていたけれど、（明治6年のキリスト教解禁後は信者が増え）大浦天主堂一つでは不十分なことから、長崎市内の信徒のために設立する必要があり、また、長崎の地は昔から殉教の地として欧米に知られた土地でもあり、この記念の為に設立したものである」と記している。内部には「信徒礼拝の場所は畳敷で、其他は一切板敷で大小七個の祭壇と、告解室　演壇　洗礼臺等」があったことが記され、平面図が添えられている（図1）。

したがって、被爆前の中町天主堂は、4万円の予算で山下某の請負、長崎市内に住む信者の為に設立されたことが分る。設計はパピーノ神父で、煉瓦造、重層の屋根構成で、屋根は瓦葺き、祭壇は主祭壇の他に、側廊部にもそれぞれ3個の祭壇があり、鐘楼も備えられていた。なお、創建時の中町天主堂の概観は、被爆後の姿（写真25）から推測することができる。

神ノ島は現在では九州本土と繋がっているが、昭和30年代までは離島であった。昭和24年（1949）に海岸の大岩に建てられた「岬の聖母像」は、出船入船の人々の安全を祈っているように見える。

神ノ島教会（写真26）は、長崎市神ノ島町の急斜面を切り開いた狭い敷地に、デュラン神父が着任後の明治30年（1897）に竣工している。設計者不詳、施工者不詳で、煉瓦造平屋建、290㎡、単層屋根構成で瓦葺である。真っ白な外観で、正面中央部には大きな八角形のドーム屋根の鐘塔が目を引く。三廊式（写真27）で、列柱には半円形の付柱が付けられており（写真28）、天井は4分割のリヴ・ヴォールトである。

黒島は長崎県佐世保市の九十九島の中で、一番大きな島である。黒島天主堂（写真29）は設計者不詳・施工者不詳、煉瓦造3階建、539㎡、重層屋根構造で、瓦葺きである。明治11年（1878）にポアリエ師が来島し、現在地に木造の聖堂を建てた。その後、明治30年（1897）に来島したマルマン師は、資金不足からフランスに渡り募金活動を行い、明治35年（1902）に、総額15363円60銭で現在の教会を完成させている。

外部は中央と両側に縦に3分割し、横は煉瓦の蛇腹積みで3層に分け、正面中央と両側の控壁にはアーチ型の出入口と、盲アーチ窓を連続させて装飾に変化をつけている。内部（写真30）の平面は三廊式で、柱頭には飾りが彫刻され（写真31）、階上階は楽廊になっている。内陣は円形の平面で、床には白地に青色模様の有田焼タイルが敷かれ（写真32）、内部の列柱は石の台座に据付けられている。天井は4分割のリヴ・ヴォールト天井で、板張りである。

このように、長崎では明治30年代には既に、煉瓦造などの洋風建築で祭壇を設け、天井はリヴ・ヴォールト、彫刻やステンドグラスなどを設えた天主堂が建てられていたことが判る。一方、伊王島の旧大明寺教会や上五島の北端にある江袋天主堂は、概観は和風で、天井はリヴ・ヴォールトなど洋風の天主堂として体裁が整えられている。これはキリスト教禁教時代の影響を留めていると見ることもできるが、煉瓦などの建築材料は高価であったことや、新しい材料を扱う職人は簡単に揃わないなど、様々な事情が絡み合っていると思われる。

（4）日本の各地の教会

教会は最初、居留地に住む外国人のために建てられ、キリシタン禁教令が撤廃された後は、日本人の信者のためにも広く建てられている。

教会建築は、塔屋もあれば、これまでは見られなかった色ガラスの窓や蝶番を使う開き戸もある。聖堂内の天井は「柳天井」や「コウモリ天井」と呼ばれるリヴ・ヴォールト天井もある。これは、板材で天井の骨を造り曲面に天井板を貼り、塗装されている。また、聖堂に入る時は下足を脱ぐ日本の風習に併せて、入口には下駄箱がある。床は土足で出入りする習慣の外国とは異なることから、基礎に土台を造り、畳や床板を貼り、床上に柱台石を置き、柱を据付け、柱頭には彫刻を施している。このような日本独特の天主堂が各地に造られている。

明治期の教会および教会関係建築では、設計・施工者、もしくは請負人の判らない建築も多いが、初期は外国人の宣教師や修道士等が、本国から本や材料などを取り寄せ、本国で見てきた天主堂を日本人の大工に伝えて建てられている。

お雇い外国人として多くの建築家が日本の建築の近代化に関わっているが、外国人の建築家では、コンドル（1852〜1920）がニコライ堂（明治24年／1891）（写真1）を設計し、ガーディナー（1857〜1925）は聖アグネス教会（明治31年／1898）（写真2）や、聖ヨハネ教会（明治40年／1907）（写真3）を設計し、ヴォーリス（1880〜1964）は福島教会（明治42年／1909）（写真4）を設計している。

松室重光（1873〜1937）は、京都府旧庁舎など京都を中心に活躍した日本人設計者で、京都ハリストス正教会（明治36年／1903）（写真5）を設計している。

その後、日本人の宣教師が誕生したことも関係があると考えられるが、明治30年代後半頃からは、日本人の宣教師や修道士も、担当する天主堂の宣教師として設計に関与しているといえる。

修道士の本間俊平は旧東奥義塾外人教師館（明治36年／1903）（写真6）を設計してい

〈写真1〉ニコライ堂（コンドル設計）

〈写真5〉京都ハリストス正教会（松室重光設計）

〈写真2〉聖アグネス教会（ガーディナー設計）

〈写真4〉福島教会（ヴォーリス設計）
（2011東北大地震で被災を受け解体）

〈写真3〉聖ヨハネ教会（ガーディナー設計）

〈写真７〉冷水天主堂（大崎八重神父）
『旅する教会』より転載

〈写真６〉旧東奥義塾外人宣教師館（本間俊平設計）

〈写真９〉野首天主堂（中田藤吉神父）

〈写真８〉奈摩内天主堂（大崎八重神父）

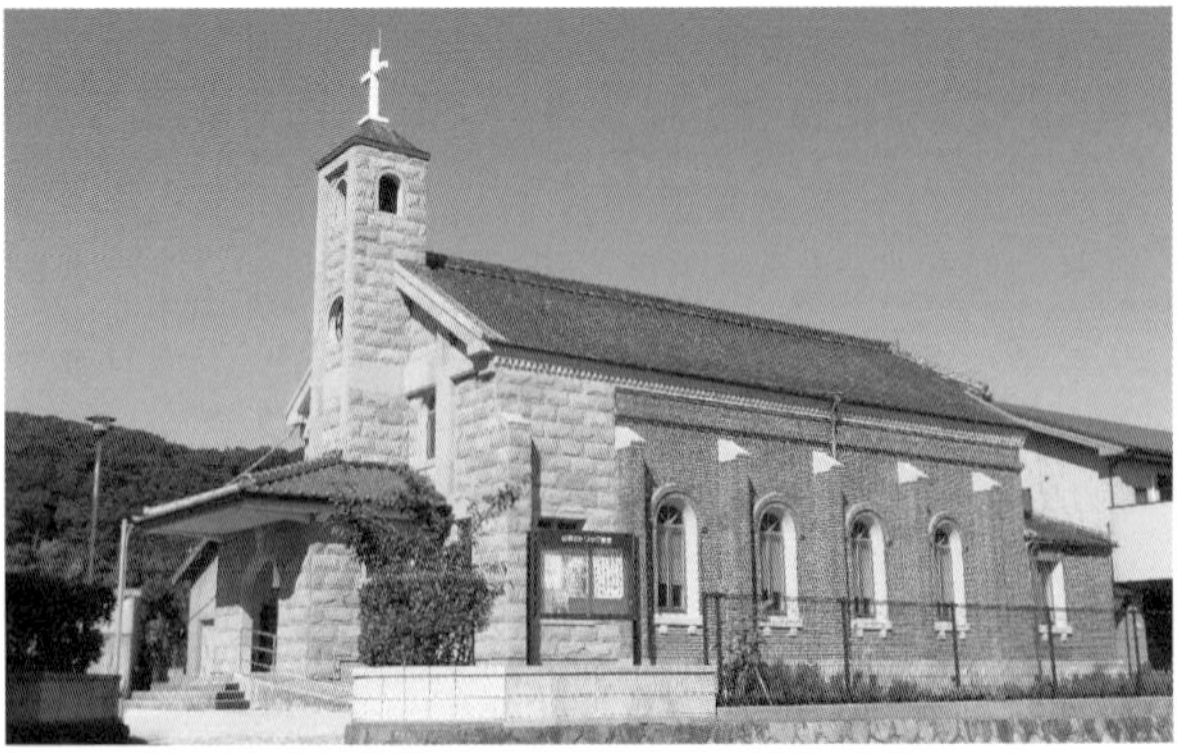

〈写真10〉山田天主堂（片岡高峻神父）（平戸市生月島博物館島の館提供）

〈表〉日本の各地の教会建築と設計・施工者

和暦(西暦)	建築名	設計者	施工者	所在地	特記	写真番号
元治元(1869)	大浦天主堂	ヒウレ神父・ プチジャン神父	小山秀	長崎市	国宝。現存	
明治7(1878)	築地教会	マラン神父		東京都 中央区	ゴシック造は関東大震災で焼失。現在は昭和2年に再建。	
明治8(1875)	旧羅典神学校	ド・ロ神父		長崎市	国重要文化財。現存	
明治15(1882)	出津天主堂	ド・ロ神父		長崎市	国重要文化財。現存	
明治19(1886)	日本基督教団元浦河教会		音瀬忠左衛門	北海道 浦河郡	現在は札幌市開拓記念館	
明治23(1890)	聖ザビエル聖堂	パピーノ神父	ペテロ横田	京都市	現在は明治村	
明治24(1891)	ニコライ堂	コンドル	長郷泰輔	東京都 千代田区	関東大震災で被害。再建	1
明治26(1893)	大野教会	ド・ロ神父		長崎市	国重要文化財。現存	
	笠岡教会	浅野富平／小林芳太郎	小林芳太郎	笠岡市	現存	
明治27(1894)	大明寺教会	ペレール神父	大渡伊勢吉	長崎市	現在は明治村	
明治28(1895)	井持浦天主堂	ペルー神父		五島市	台風で倒壊・再建	
	千葉教会	ゼール	近江某	千葉市	県指定有形文化財。現存	
明治29(1896)	中町天主堂	パピーノ神父	山下某	長崎市	第二次大戦で被爆・建替	
	宮津天主堂	ルイ・ルラール神父	太井正司	宮津市	現存	
明治31(1898)	マリア園	センネツ修道士		長崎市	現存	
	聖アグネス教会	ガーディナー宣教師		京都市	平安女学院校内。現存	2
明治32(1899)	宝亀天主堂	マタラ神父	柄本庄一	平戸市	現存	
明治33(1900)	黒島天主堂	マルマン神父		佐世保市	国重要文化財。現存	
明治36(1903)	鶴岡天主堂	パピーノ神父	相馬富太郎	山形県 鶴岡市	国重要文化財。現存	
	京都ハリストス正教会	松室重光		京都市	現存	5
	旧東奥義塾外人宣教師館	本間俊平修道士		弘前市	現存	6
明治37(1904)	札幌教会	間山千代勝	前野増蔵	札幌市	現存	
明治39(1906)	旧桐古天主堂		鉄川與助	長崎県 新上五島町	建替	
	神ノ島天主堂	デュラン神父		長崎市	現存	
明治40(1907)	聖ザビエル教会	ラゲ神父		鹿児島市	戦災消失。建替	
	聖ヨハネ教会	ガーディナー宣教師		京都市	現在は明治村	3
	冷水天主堂	大崎八重神父	鉄川與助	長崎県 新上五島町	現存	7
明治41 (1908)	堂崎天主堂	ペルー神父	野原某	五島市	現存	
	灯台の聖母修道院	スワガー		北海道 北斗市	現存	
	旧野首天主堂	中田藤吉神父	鉄川與助	長崎県 北松浦郡	野崎島に現存しているが、無人島で廃堂。	9
	旧佐賀教会	山口宅助神父	鉄川與助	佐賀市	戦災消失	
明治42 (1909)	福島教会	ヴォーリス		福島市	東北大震災で被災。再建。	4
明治43 (1910)	楠原天主堂	チリ神父	鉄川與助	長崎県 五島市	現存	
	横浜司教館	妻木頼黄		横浜市	復元・建替	
	奈摩内(青砂ケ浦)天主堂	大崎八重神父	鉄川與助	長崎県 新上五島町	旧教会名は奈摩内天主堂。現存	8
明治44 (1911)	宮寺教会	メイラン神父		入間市	現在も畳式	
	山田天主堂	片岡高峻神父	鉄川與助	平戸市	現存	10
	若松栄町教会	ヴォーリス説もある		福島県 会津若松市	現存	

る。また、九州地方では大崎八重神父は冷水天主堂（明治40年／1807）（写真7）と青砂ヶ浦（奈摩内）天主堂（明治43年／1910）（写真8）、中田藤吉神父は旧野首天主堂（明治41年／1908）（写真9）、山口宅助神父は佐賀市公教会（明治44年／1911）、片岡高峻神父は山田天主堂（明治44年／1911）（写真10）等が、担当する天主堂の設計段階から関与している。

表の日本の各地の教会建築と設計・施工者は、主に『日本近代建築総覧』（日本建築学会編、1983・3）を参考にして明治期の工事の実績を整理している。『日本近代建築総覧』に掲載されている天主堂建築は、調査当時に現存していたものが殆どで、家御堂と呼ばれた初期の天主堂は含まれていないなど、問題点を指摘する声もあるが、他に調査された記録もないことから、本書を参考にしている。

それよると38件の建築工事は、長崎県17件、京都府5件、北海道3件、東京都2県、福島県2件と、青森県、山形県、埼玉県、千葉県、神奈川県、岡山県、福岡県、佐賀県、鹿児島県にそれぞれ1件で、全国に広く建築されていると考えられる。

一方、施工者に視点を当ると、それぞれ従事したのは1件であるが、鉄川與助は7件に従事している。これは長崎県に天主堂が多いこともあるが、注目に値すると考えられる。

第4章

宣教師が伝えた教会建築

綸子地着色聖体秘蹟図指物（天草四郎陣中旗）国重要文化財。
幕府の弾圧に反抗した農民は天草四郎時貞を首領として、島原の原城に籠もった。乱の後、弾圧は強化され鎖国へとつながる。（天草市立天草キリシタン館提供）

クリスマスやバレンタインなどは、キリスト教徒ではない人々にも、年中行事としても定着している。それは、まるで、一億総キリスト教徒であるかのように、街中にクリスマスソングが鳴り渡り、クリスマスケーキが食卓を飾る。

このように、現代の日本人に親しまれているキリスト教の文化も、日本に伝えられて以来、穏やかに受け入れられ続けてきた訳ではなく、皆が教会に足を運んでいる訳ではない。キリスト教の信者の方々のクリスマスの過ごし方と、そうではない人々の過ごし方が違うことも知っている。

第2章では、與助は、どのように工事を請負、竣工させてきたかを、関係書類を検討し、整理してきた。そこでは、與助本人は、卓越した技術者として、材料を揃え、職人を管理して、天主堂を完成させてきたことが判った。中でも、宣教師の役割は大きかった。與助と計画段階から相談し、工事の説明をし、時には工事を管理し、工事費を渡している。

宣教師はキリスト教の布教が目的なのだと思うが、いつ、どの段階で、建築について学習し、どの程度の技術を身に着けていたのだろうか、というのは、大きな疑問だった。

長崎県の場合であるが、宣教師はそれぞれの天主堂の管理者として、「履歴書」を県知事宛に提出していた。そこで「履歴書」を見ると、建築についての学習歴が判るかもしれないという期待感があった。

また、日本に伝えられたキリスト教の歴史を、今一度、整理してみる。このような作業を通して、キリスト教が伝えられ、定着していった過程と、誰が、どのように、西洋の天主堂建築を伝えたかを考えてみたいと思う。

（1）長崎のキリスト教の歴史

日本にキリスト教が伝えられたのは、と振り返ると、それは遠く、戦国時代の天文18年（1549）に、ザビエル（1506～52）が鹿児島に上陸して以降の歴史になる。日本史、世界史、美術、音楽、宗教、その他の文化とのかかわりや歴史など、キリスト教文化の研究は盛んだが、ここでは主に長崎県のキリスト教の歴史について、『キリシタン・バテレン』（岡田章雄著、日本歴史新書、至文堂、1955）を参考に整理してみたい。

時代は室町後期の戦国時代、安土桃山時代、江戸時代、明治時代、それ以降という流れを、大きく6つの時代に分けることができる。

第1期「布教期」

ザビエルは鹿児島、平戸、山口、京都、豊後府内などを訪れ、2年ほどの間に各地に布教し、後のイエズス会進出の基礎を築いた。肥前大村の大村純忠、その兄の原城主有馬義貞、その子晴信、五島の領主五島玄雅、豊後府内の大友義鎮らの大名は、進んで洗礼を受けた。京都ではガスパル・ビレラによって布教が始まり、将軍足利義輝の保護を受け、京都を中心に摂津、河内、和泉から大和方面まで拡がり、高山飛騨守、その子右近、内塔如安、結城山城守らが改宗した。織田信長の入京後は、その保護を受け布教は拡大し、宣教師ヴァリニャーノの来日後は、伝道の最盛期ともいえ、天正10年（1582）には、ローマに少年使節団を送っている。

長崎ではザビエルが平戸に来て、ポルトガルは横瀬浦でも貿易を始め、キリスト教を布教している。

第2期　「布教黙認の時代」

天正15年（1587）に豊臣秀吉は、バテレン（宣教師）追放令を発令し、信者たちは神社仏閣を破壊し、キリシタン大名は領内の農民達に改宗を試み、幕府は宣教師らを実際に国外追放するが、この禁止令は徹底せず、布教活動を制約するだけに終わっている。

長崎では、最初の教会堂トードス・オス・サントスが現在の春徳寺の場所に設立され、セミナリヨやコレジヨに印刷所も設置されるが、一方、西坂では26人が処刑されている。

第3期　「禁教と迫害の時代」

第2期の終わりには宣教師はすべて処刑されたり投獄され、キリシタン信徒も公然と信仰を表明する者はなくなり、キリシタンの布教史はこの頃で終わる。しかしキリシタンの子孫はなお大勢いて、キリシタンの信仰が彼らの間でまったく消滅したのではない。そのために幕府当局は、以後もなおキリシタン信仰を殲滅（せんめつ）し、根絶させるために種々の手段を講じた。長崎でも厳しい迫害が行われている。

第4期　「殲滅（せんめつ）期」

幕府は踏絵や宗門改の制度を設け、さらにはキリシタンの密告を奨励する高札を掲げた。寛永17年（1640）宗門改役に任ぜられた井上筑後守は、江戸と長崎の間を往来しつつキリシタンの殲滅に専念し、嫌疑者を訴え出ることを奨励したので、全国各地からおびただしい人々が告訴された。長崎でも同様であった。

〈表１〉キリシタン年表

期間	時代	和暦	長崎の出来事		日本・世界の出来事	
伝来布教期	戦国時代	天文18年～天正15年（1549-1587）	天文19（1550）	平戸にポルトガル船来航、ザビエルが平戸に来る	天文18（1549）	フランシスコ・ザビエルが来日、日本にキリスト教伝える
			永禄5（1562）	横瀬浦、ポルトガル貿易に開港。キリスト教布教	永禄12（1569）	織田信長がルイス・フロイスに京都での宣教を許す
	安土・桃山時代		永禄12（1569）	トードス・オス・サントス建立（長崎で最初の教会／現春徳寺境内）	天正7（1579）	ヴァリニャーノが来日
			天正8（1580）	有馬にセミナリヨ設立。長崎と茂木がイエズス会知行所になる	天正9（1578）	豊臣秀吉がバテレン追放令を出し、キリスト教を禁止する
			天正10（1582）	大友宗麟・大村純忠、有馬晴信がローマに少年使節団を送る		
布教黙認期		天正15年～慶長19年（1587-1614）	慶長2（1597）	トードス・オス・サントスに、セミナリヨ（中等学校）・コレジヨ（十年制大学）と金属活字印刷所が一時付設された	天正15（1587）	豊臣秀吉が九州を平定。宣教師追放令を出す
				キリシタン26人が西坂で処刑される		
	江戸時代		慶長6（1601）	サンタ・マリア教会が、今の県庁の場所に建つ	慶長8（1603）	徳川家康が江戸に幕府を開く
			慶長14（1609）	オランダは平戸に商館を設置	慶長17（1612）	幕府が直轄領にキリシタン禁教令を出す（踏み絵等実施）
禁教迫害期		寛永17年～明暦4年（1614-1640）	元和2（1616）	ヨーロッパ船の貿易を平戸と長崎に限る	慶長19（1614）	幕府が全国にキリシタン禁教令を出し、宣教師を国外に追放する
			元和3（1617）	大村領で殉教		
			元和4（1618）	長崎で殉教	元和4（1618）	キリシタン訴人に賞金を与える
			元和8（1622）	長崎で大迫害	元和5（1616）	京都で迫害
			寛永4（1624）	雲仙地獄の殉教		
			寛永7（1630）	大村で迫害	寛永9（1632）	会津で迫害
			寛永14（1637）	島原の乱	寛永13（1636）	陸中（南部）で集団処刑　／　日本人の海外渡航禁止
			寛永16（1639）	宗門改め制度始まる	寛永16（1639）	ポルトガル船の来航を禁止し、鎖国
殲滅期		寛永17年～明暦4年（1640-1658）	寛永18（1641）	平戸のオランダ商館を出島に移す		
				オランダ人を出島に移す（鎖国の完成）		
			明暦3（1657）	「群崩れ」大村に起こる	承応2（1653）	パリ外国宣教会設立
			明暦4（1658）	この頃、仏事の檀家や、踏み絵実施	明暦4（1658）	北条安房守宗門改めに就任（親族監視などで在牢者や獄死者多数）
潜伏期		明暦4年～安政5年（1658-1858）	寛政2（1790）	浦上一番崩れ	延宝8（1680）	キリスト教禁制の高札を各地に立てる
			寛政9（1797）	彼杵半島の潜伏キリシタン3000名余が五島へ移住（青砂ケ浦・福江・仲地・土井の浦・浜串・桐・三井楽・水の浦・奈留島・大曾・鯛の浦・曾根）		
			寛政12（1800）	野崎島野首地区に大村藩の信者移住	嘉永6（1853）	ペリー浦賀に来航
			嘉永2（1849）	野崎島舟森地区に大村藩の信者移住	安政元（1854）	日米和親条約
					安政3（1856）	日蘭和親条約
禁教撤廃・復活発展期		安政5年～明治-昭和2年（1858-1889）	安政5（1858）	長崎奉行、踏み絵を廃止	安政5（1858）	五カ国と通商条約を結ぶ　／　パリ外国宣教会の宣教師入国
			安政6（1859）	長崎、開港令	安政6（1859）	長崎・神奈川・函館の3港で貿易開始
			文久2（1862）	ヒューレ・プチジャン神父長崎に来る		この頃、函館・横浜・長崎で天主堂建設
			元治元（1864）	大浦天主堂献堂。信徒発見		
			慶応2（1866）	クーサン神父長崎に渡来		
			慶応3（1867）	浦上四番崩れ。浦上キリシタンが流配される	明治2（1869）	西日本の19藩へ流刑　／　神道へ改宗を諭る
	明治時代		明治元（1868）	ド・ロ神父来崎／この頃、五島崩れ始まる	明治5（1872）	ペルー神父新潟に来日
			明治6（1873）	キリシタン高札撤廃される／浦上信徒の放免	明治6（1873）	キリシタン高札撤廃される　／　フレノー神父来日
			明治8（1875）	ペルー神父長崎に移転（西彼杵郡及南北松浦郡などに布教）	明治9（1876）	日本カトリック教会は、南緯・北緯の両司教座に分れる
					明治24（1891）	日本カトリック教会は、東京・函館・長崎・大阪の四司教座になり、東京は首都大司教座になる
	昭和		昭和2（1927）	長崎は、日本人として初めて早坂久之助神父が司教に叙階され、法人司教区になる	昭和2（1927）	鹿児島司教区（鹿児島・沖縄）設立。福岡（福岡・佐賀・熊本・宮崎・大分）司教区設立

〈写真1〉クーサン神父
（「鯛ノ浦100周年史」より転載）

第5期　「潜伏期」

北条安房守は万治元年（1658）に宗門改役に就任し、貞享4年（1687）には、転宗者とその周辺、あるいは子孫のうちからキリシタン信仰に立ち返る者が出ないように厳重に監視しようとして、キリシタン類族制が施行された。これにより、男子は6代、女子は3代先までの一族が監視されることとなり、子々孫々に至るまで監視されることとなった。一方、平戸や長崎、天草方面には、集団的かつ組織的に、表面は仏教徒を装いながらキリシタン信仰を保持する人々がいた。「かくれ（潜伏）キリシタン」として、潜伏したのである。

このような時代に、ペリーが神奈川の浦賀に来航し、日米和親条約や日蘭和親条約が締結されている。

第6期　「禁教撤廃・復活発展期」

安政5年（1858）に幕府は、アメリカ・イギリス・フランス・ロシア・オランダの五ヶ国とそれぞれ条約を結んでいる。キリシタンの信仰と弾圧については、明治初年までは新たな弾圧が加えられ、国際問題となっていたが、明治6年（1873）にキリシタン禁制中止の高札が掲げられて、解禁になる。長崎では元治元年（1854）に献堂した大浦天主堂に、浦上のかくれキリシタンが訪れて、信仰を告白した。

キリスト教はこのように布教を拡げているが、戦国時代はカトリックが主であった。プロテスタントや正教会など、各派が布教を展開したのは、明治以降である。また、日本国内には多くのキリスト教系の学校が設置されている。

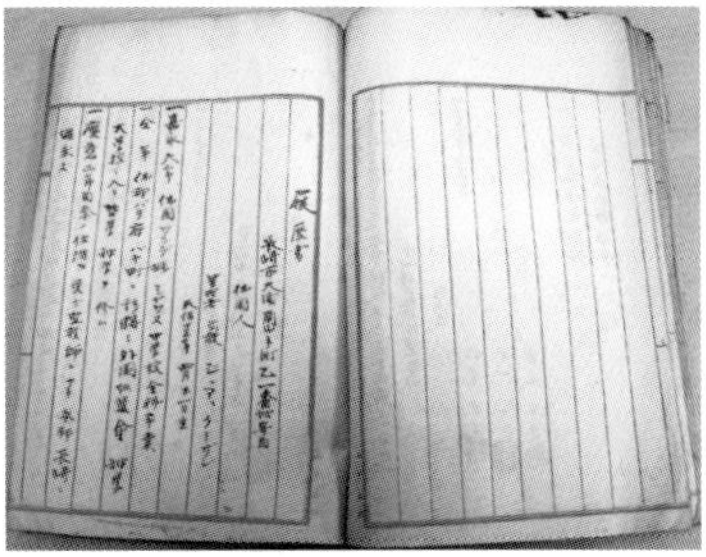

〈写真２〉クーサン神父履歴書
（長崎歴史文化博物館所蔵）

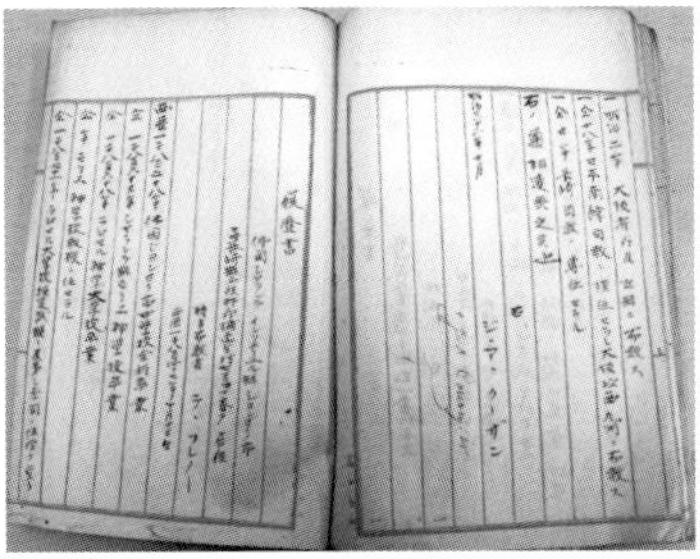

〈写真３〉クーサン神父サインと、フレノー神父履歴書
（長崎歴史文化博物館所蔵）

（2）宣教師の履歴書

明治期に長崎では、天主堂の所在地や管理者等を長崎市長や県知事に届け、宣教師は天主堂の管理者として履歴書を提出している。この届けは複数あるが、本書では主に、鉄川與助が関わった宣教師の履歴書を掲載している。

クーサン神父（1842～1912）（写真1～3）は、クーザンとも称され、慶応2年（1866）に長崎に渡来し、明治20年（1887）に長崎司教に就いている。カトリック長崎司教区の資料によると、大正8年（1919）まで、第3代の司教の座に就いていることから、與助が大工として、天主堂工事に従事し始めた頃から、次のコンパス神父（～1926）にその座を譲るまで、司教として、日本、なかでも、長崎における天主堂工事の推移を見守っていたといえる。

履歴書

長崎市大浦南山手町乙一番地寄留

佛国人

管理者　司教　ジ・ア・クーザン

天保十三年四月廿一日生

一嘉永六年佛国ワンデ縣シャワヌ中學校全科卒業

一仝年佛都パリ府バキ町ニ移轉シ外国派遣會　神學

〈写真4〉コンパス神父
（「カトリック100年のあゆみ」より転載）

〈写真5〉フレノー神父
（「鯛の浦100周年史」より転載）

大學校ニ入リ哲學神學ヲ修ム
一慶應二年司祭ノ位階ヲ受ケ宣教師トナリ本邦長崎ニ
渡来ス
一明治二年大阪府内及近縣ニ布教ス
一仝十八年日本南緯司教ニ撰任セラレ大阪以西九州ニ布教ス
一仝廿年長崎司教ニ専任セラル
右ノ通相違無之候也
明治三十二年十月
右　ジ・ア・クーザン
本人サイン

フレノー神父（1847〜1911）（写真5・6）は、明治6年（1873）に日本に着き布教に従事している。日本ではキリシタン高札を撤廃したその年である。

履歴書

佛国シヤランテ　インフエリユル縣ジョンザク市
當時長崎縣西彼杵郡浦上山里村七百七十番戸居住
擔当布教者　ラ・フレノー
西暦一千八百四十七年十月十日生
西暦一千八百五十八年佛国ジョンザク市中学校全科卒業
仝　一千八百六十三年シャランテ縣モリス神學校卒業

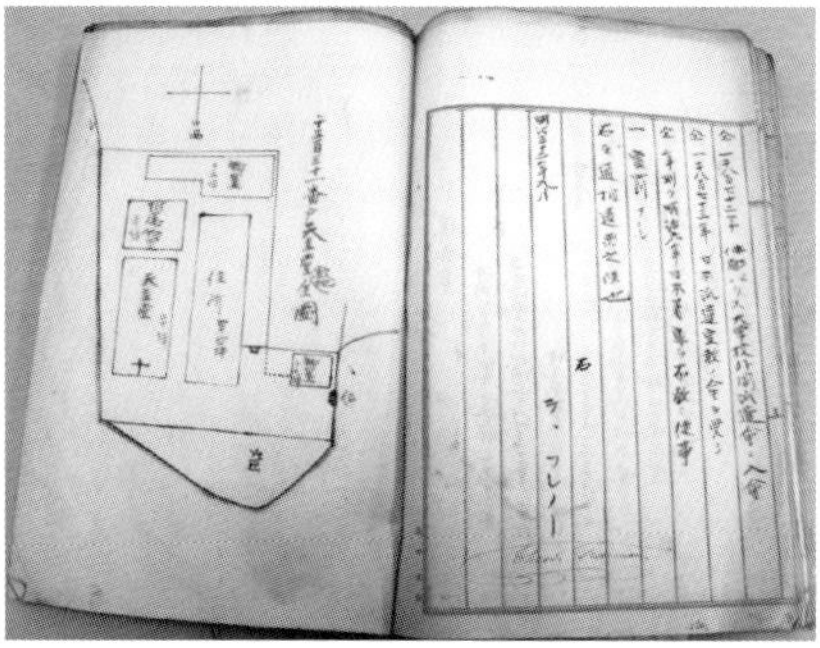

〈写真6〉フレノー神父履歴書サイン
（長崎歴史文化博物館所蔵）

〈写真7〉プチジャン神父
（「カトリック100年のあゆみ」より転載）

仝　一千八百六十八年ラロセル神学大學校卒業
仝　一年モリス神學校教授ニ任セラル
仝　一千八百七十一年ラロセル大学校検定試験ニ及第シ祭司ノ位階ヲ受ク
仝　千八百七十二年佛都パリス大学校外国派遣會ニ入會
仝　千八百七十三年日本派遣宣教ノ命ヲ受ク
仝　年則チ明治六年日本着専ラ布教ニ従事
一賞罰ナシ
右之通相違無之候也
右
明治三十二年九月　テ・フレノー
本人サイン

プチジャン神父（1829～84）（写真7）は「禁教令撤廃」後の、日本での布教拡大に応えて送られてきた宣教師の一人で、浦上に配されている。その後の経歴は『テオドール・フレノ神父　浦上の使徒』山口正著、聖母の騎士社によるが、明治10年（1877）に五島に赴任し、明治13年（1880）には、長崎神学校の校長になっている。再び、上五島に転任し、明治22年（1889）に浦上天主堂の主任に着任。煉瓦造で双塔にはドーム屋根のある天主堂の新築工事を計画し、明治28年（1895）に着手したが、日露戦争が勃発し、資金不足で、工事は中断され、明治44年（1911）1月24日、志半ばで永眠している。

〈写真8〉ド・ロ神父（鉄川一男氏所蔵）

ド・ロ神父（1840〜1914）（写真8・9）は、明治元年（1868）に長崎に渡来している。ド・ロ神父の履歴書は、役所の届けには見当たらないが、外海の「ド・ロ神父記念館」に保管されている。「履歴書」は破れており、何らかの理由で役所に提出されなかったものが、記念館に保存されていると考えられる。

『マリコ・マリ・ド・ロ神父小伝』（ド・ロ神父記念館、1995）によると、ド・ロ神父は大浦天主堂に石版印刷所を設けて印刷事業を始め、旧羅典神学校（明治8年／1875）や出津教会（明治15年／1882）、大野教会（明治26年／1893）などを設計・監督した他、パン・マカロニ・そうめん、織物などの授産事業やイワシ網すき工場、保育所を開設している。

與助は旧長崎大司教館（大正4年／1915）では、「天主堂工事係代人」に就き、天主堂側の立場で請負業者と交渉を重ね、書類を作り、材料や業者を決めている。旧長崎大司教館（大正4年／1915）工事は、明治43年（1910）に計画が始まり、ド・ロ神父は工事が竣工する前に、現場の足場から落ちた事故がもとで大正3年（1914）11月7日に亡くなっている。與助が大浦に工事係として常駐したのは、大正2年（1913）からで、僅か2年足らずである。大浦天主堂境内には天主堂の他に、ド・ロ神父設計の旧羅典神学校（明治8年／1875）などもある。「ド・ロ壁」といわれる漆喰の調合割合を教えられたことは有名な話である。地域に長い期間住みつき、現在も住民に親しまれている明治期の宣教師は複数いるが、ド・ロ神父は「ド・ロ様」と慕われ、「ド・ロ壁」「ド・ロ様ソーメン」「ド・ロせり（クレソン）」「ド・ロ波止場」と、広い分野で伝えた文化に「ド・ロ神父」の名前を付けて、親しまれている。

また、『手帳』は普通は黒や青色のインクで書かれているが、昭和28年（1953）の長崎小神学校新築工事などの工事内容が記録された『手帳』には、赤インクで「黒崎村字高平　出

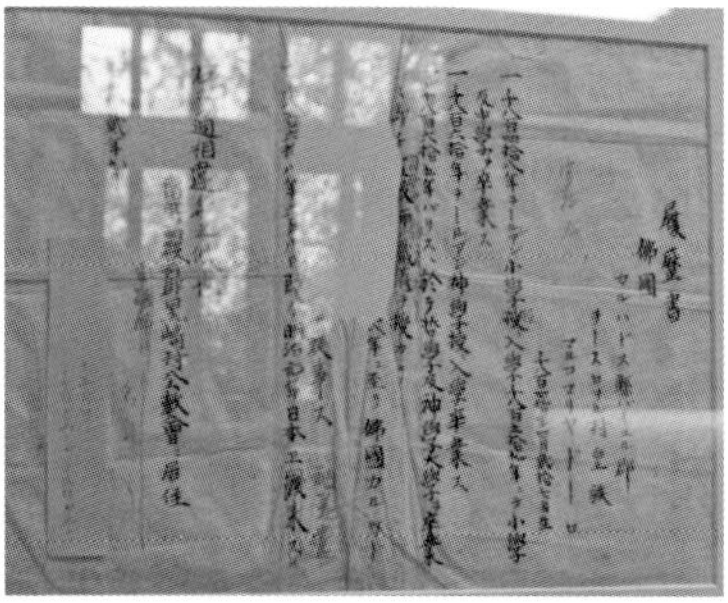

〈写真9〉ド・ロ神父履歴書（ド・ロ神父記念館所蔵）

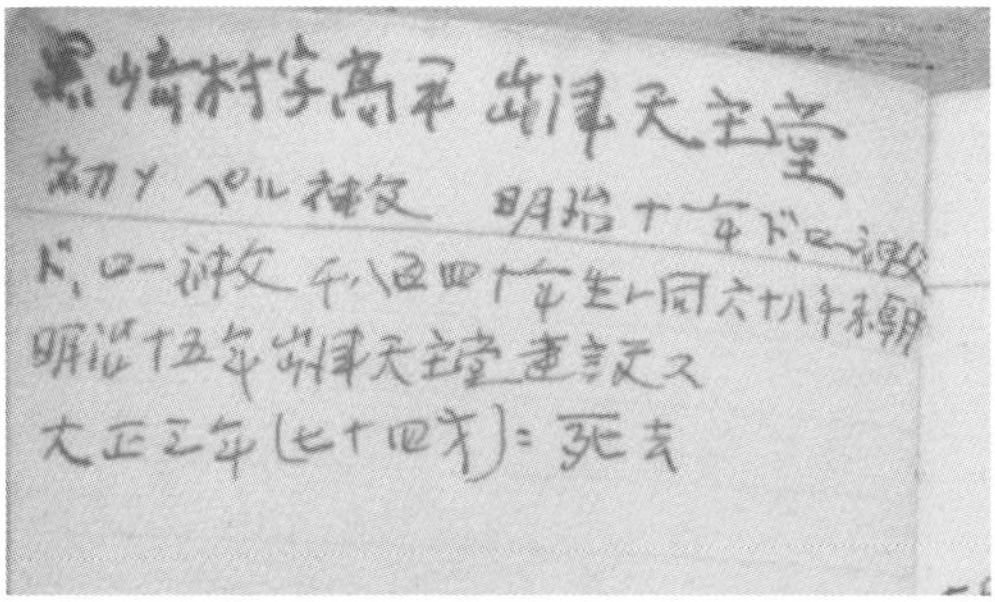

〈写真10〉與助の『手帳』にメモされたペルー神父とド・ロ神父履歴

津天主堂　初メ　ペル神父　明治十一年ド・ロー神父　ド・ロー神父　千八百四十年生レ同六十八年来朝　明治十五年出津天主堂建設ス　大正三年（七十四才）死去」と書かれている（写真10）。

　ド・ロ神父の生没年や、出津天主堂の建設年は履歴書などでも確認できる。ペルー神父（1848〜1914）（写真11）は、明治8年（1875）に長崎県に赴任している。黒崎天主堂のある黒崎や、出津天主堂のある外海は、西彼杵郡であったことから、最初に出津天主堂に赴任されたと考えられる。

履歴書

佛國
カルバドス縣バイエル郡
ヲースロル村　皇族
宣教師　マルコマリアドーロ
千八百四拾年四月貳拾七日生

一千八百四拾八年ヲールアン小學校ニ入學千八百五拾九年ニテ小學
及中學ヲ卒業ス
一千八百六拾年ヲールアン神學校ニ入學卒業ス
一千八百六拾五年パリスニ於テ哲學及神學大學ヲ卒業
[破損のため不明]八年ニ至リ佛國カルワドス
ニ従事ス

〈写真11〉ペルー神父
（「鯛の浦100周年史」より転載）

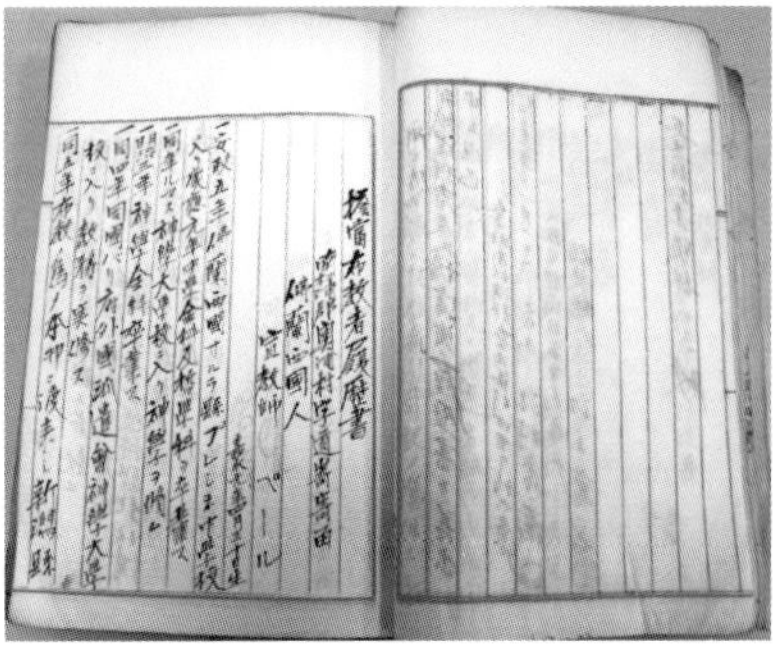
〈写真12〉ペルー神父履歴書
（長崎歴史文化博物館所蔵）

一千八百六拾八年六月八日即チ明治元年日本へ渡来ス
被差遣
右之通相違無之候也
當時西彼杵郡黒崎村公教會ニ居住
明治三十二年九月

ペルー神父（1848〜1914）（写真11）は、ペール神父、ペリュ神父と表記されることもある。「履歴書」（写真12・13）によると、明治5年（1872）に新潟県に渡来し、大阪、東京を経て、明治8年（1875）に長崎に移転してきている。長崎では北松浦郡、南松浦郡に布教しているが、現在の五島市の堂崎に寄留している。第2章に記した天主堂の上五島の曽根天主堂の新築工事や修繕工事、鯛の浦天主堂の工事のほか、明治41年（1908）の堂崎天主堂の新築工事や大正5年（1916）の増築工事も、ペルー神父の担当である。また、写真10に示した通り、出津天主堂には、明治11年（1878）にド・ロ神父が着任する前にペルー神父が赴任していたと、與助の『手帳』には記されている。

さらに、與助は自らの一級建築士の申請書（昭和25年1月27日付）で、「私が建築技師たる佛人宣教師A・ペルー氏に建築設計学につきド・ロ師に建築構造学につき、明治三十三年から六年間個人教授をカトリック教会建築技師となるためうけたことを証明願います」として、日本カトリック教会司祭の中田藤吉神父に証明してもらっている（写真14）。鉄川組を創業する前からの出会いで、大工として修業した曽根天主堂新築工事や鯛の浦天主堂新築工事などの工事を通して、日本の大工技術とは異なる洋風建築、教会建築の洗礼を受けたのだろう。これらのすべてを「建築設計学」と表現したものといえる。

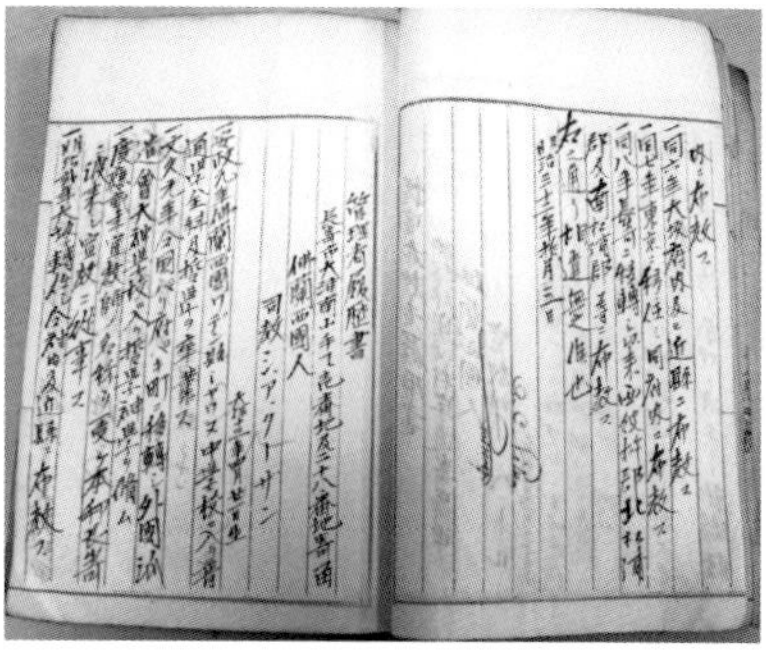

〈写真13〉ペルー神父履歴書 サイン（長崎歴史文化博物館所蔵）

〈写真14〉與助の一級建築士の申請書
（ドロ師とペルー師に個人教授を受けたと申請している）

ところで、ペルー神父はどこで建築や設計に関する学習をしたかは分らないが、職人に信頼され、教えられる程の知識と技術を身に着けていたことは間違いない。

擔當布教者履歴書

南松浦郡奥浦村字道嵜寄留
佛蘭西國人
宣教師　ペール
嘉永元年四月三十日生

一安政五年佛蘭西國サルラ縣プレシネ中學校ニ入リ慶應元年中學全科及哲学科ヲ卒業ス
一同年ルマス神學大學校ニ入リ神學ヲ脩ム
一明治三年神學全科卒業ス
一同四年同國パリ府外國派遣會神學大學校ニ入リ教務ヲ実修ス
一同五年布教ノ為メ本邦ニ渡来シ新潟縣内ニ布教ス
一同六年大坂府内及ヒ近縣ニ布教ス
一同七年東京ニ移住シ同府内ニ布教ス
一同八年長嵜ニ移轉シ以来西彼杵郡北松浦郡及南松浦郡等ニ布教ス
右之通リ相違無之候也

〈写真15〉島田喜蔵神父
（「カトリック１００年のあゆみ」より転載）

明治三十二年拾月三日

ペール本人サイン

島田喜蔵神父（１８５６〜１９４８）（写真15）は、南松浦郡北魚目村江袋の出身である。「履歴書」（写真16・17）によると、まだキリシタンには迫害がある中で、島田少年は大浦天主堂の司祭館に身を寄せて司祭になる勉強を始め、その後、支那（現中国）に向かい神学生としての生活を送り、帰国後は大浦の神学校や山里（現在の浦上天主堂）で勤務し、横浜や東京では拉丁（ラテン）学を学び、長崎に赴任している。

かくれキリシタンとして明治22年（１８８９）に、五島出身者で初めて神父になり、その後は大分、鹿児島、佐賀県の三養基（みやぎ）郡で布教している。

大正期の奈留島村江上天主堂や福江島の北部の久賀島（ひさかじま）にあった細石流（ざざれ）天主堂の担当神父であった。出身地の江袋は五島列島の上五島の中通島の北の端で、江上天主堂のある奈留島も、細々流天主堂のあった久賀島も五島列島の島々であるが、いずれも当時は辺鄙な所であった。

上五島の鯛ノ浦で逝去し、同地に埋葬されている。

履歴書

長嵜縣南松浦郡北魚目村字江袋四百八十四番戸

江口又蔵同居　無職業　島田　喜蔵

安政三年三月十五日生

一明治元年二月ヨリ仝二年六月迄長嵜ニ於テ漢学修業

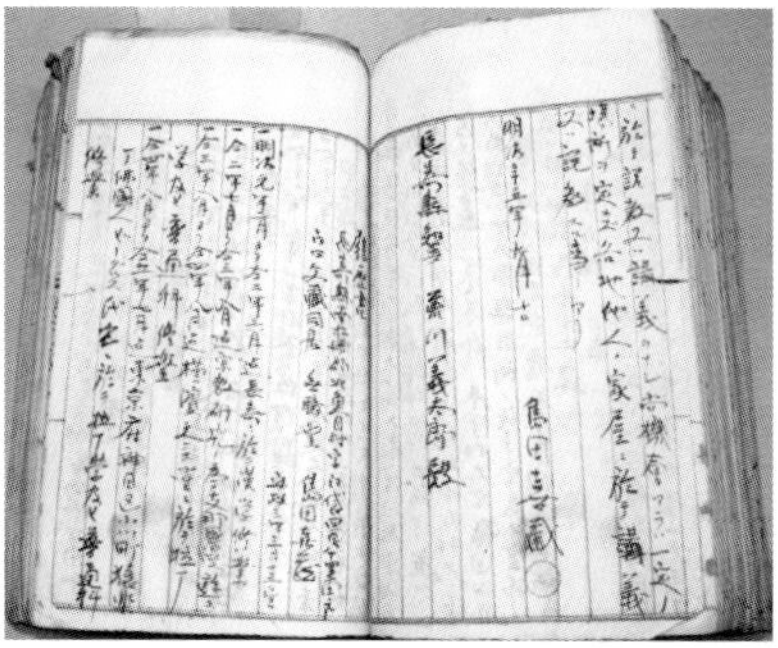

〈写真16〉島田喜蔵神父の履歴書
（長崎歴史文化博物館所蔵）

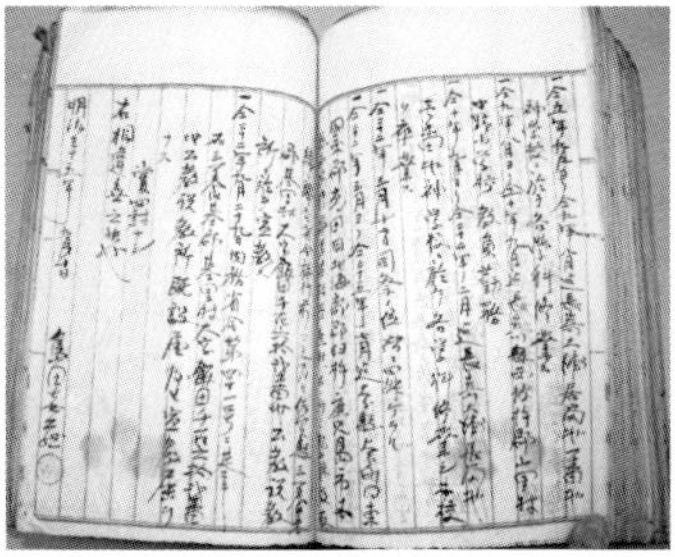

〈写真17〉島田喜蔵神父の履歴書 サイン
（長崎歴史文化博物館所蔵）

一仝二年七月ヨリ仝三年八月迄宗教研究ノ為メ支那國漫遊ス
一仝三年八月ヨリ仝四年八月迄横濱天主堂ニ於テ拉丁
学及ヒ普通科修業
一仝四年八月ヨリ仝五年七月迄東京府神田区小川町猿楽
丁佛國人ビークルス氏宅ニ於テ拉丁学及普通科
修業
一仝五年九月ヨリ仝九年八月迄長嵜大浦居留地一番地
神学校ニ於テ各学科修業ス
一仝九年八月ヨリ仝十年九月迄長嵜縣西彼杵郡山里村
中野小学校教員勤務
一仝十年九月ヨリ仝二十二年二月迄長嵜大浦居留地
壱番地神学校ニ於テ各学科修業シ本校
ヲ卒業ス
一仝二十二年三月十七日司祭ノ位階ニ昇ケラル
一仝二十二年三月ヨリ仝三十五年七月迄大分縣大分町同東
國原郡高田同北海部郡臼杵鹿児島市本
縣西彼杵郡深堀村各近村へ右ノ所ニ耶蘇教取
締ニ關スル省令施行前ニアリ及ヒ佐賀縣三養基
郡基里村大字飯田千百六拾弐番地公教説教
所ニ於テ宣教ス

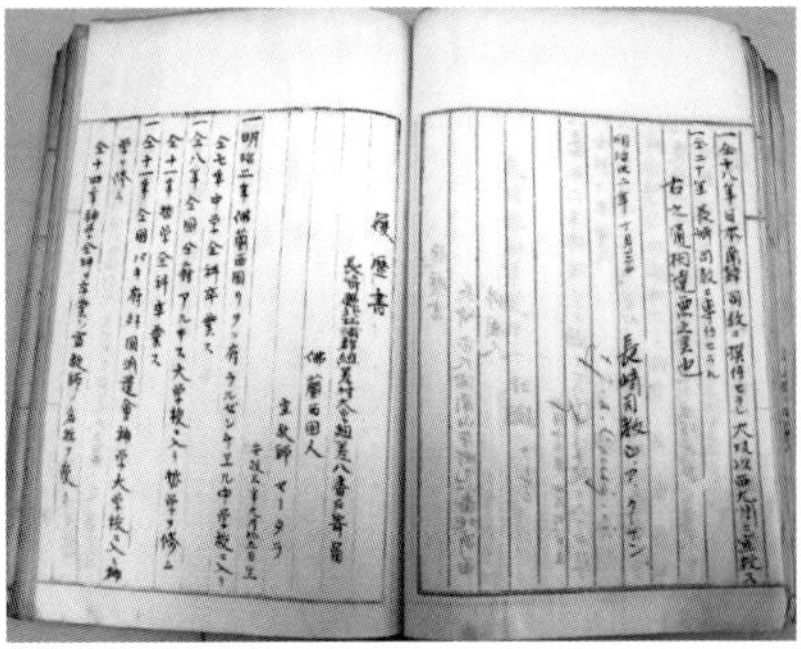

〈写真18〉マタラ神父履歴書
（長崎歴史文化博物館所蔵）

一仝二十二年九月二十九日内務省令第四十一号ニ基キ
右三養基郡基里村大字飯田千百六拾弐番
地公教説教所既設届及ヒ宣教届ヲ
ナス
　賞罰ナシ
右相違無之候也
明治三十五年九月十日　　島田喜蔵 ㊞

マタラ神父（1856〜没年不詳）は、マータラ神父と表記されることもある。「履歴書」（写真18・19）によると、明治14年（1881）に長崎県に渡来し、北松浦郡の紐差に寄留している。『鉄川工務店工事経歴書』には獅子修道院新築工事の実績が記されているが、場所は北松浦郡中津良村で、平戸藩の所属である。

與助の明治44年（1911）の『手帳』には、「2月15日　午後2時神父マタラ　大嵜　島田　中田氏　マタラ神父兄　送ノ為メ来ル（後略）」の記載がある。マタラ神父は兄弟で神父になっており、兄の見送りで複数の神父が集まっていると思われることから、紐差に寄留しているのは弟であることが分る。

履歴書
　長崎縣北松浦郡紐差村大字紐差八番戸寄留
　佛蘭西國人
　宣教師　マータラ

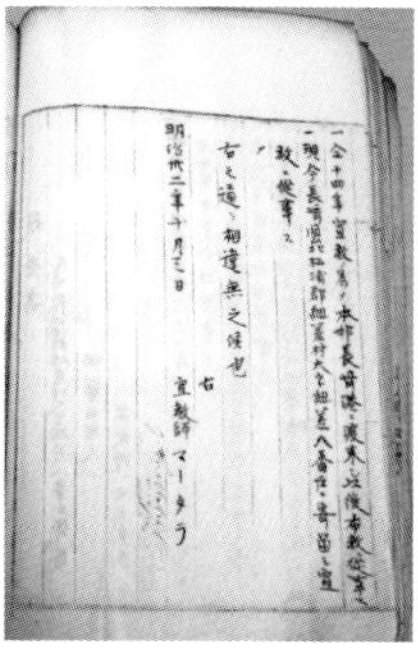

〈写真19〉マタラ神父履歴書サイン
（長崎歴史文化博物館所蔵）

〈写真20〉ヒウゼ神父
（『鯛の浦100周年史』より転載）

安政三年九月拾五日生

一明治二年佛蘭西國リヨン府ラルゼンチエル中学校ニ入リ
仝七年中学全科卒業ス
一仝八年仝国仝府アルキス大学校ニ入リ哲学ヲ修ム
仝十一年哲学全科卒業ス
一仝十一年仝國パキ府外国派遣會神学大学校ニ入リ神
学ヲ修ム
仝十四年神学全科ヲ卒業シ宣教師ノ名称ヲ受ク
一仝十四年宣教ノ為メ本邦長崎港ニ渡来シ以後布教ニ従事ス
一現今長崎県北松浦郡紐差村大字紐差八番戸ニ寄留シ宣
教ニ従事ス
〆
右之通リ相違無之候也
右
明治廿二年十月三日　宣教師　マータラ
本人サイン

ヒウゼ神父（1869～没年不詳）（写真20）は、ヒユゼ神父、ヒューゼ神父と表記されることもある。「履歴書」（写真21・22）によれば、明治28年（1895）に長崎に渡来し、鹿児島を経て桐古里郷に寄留し、南松浦郡中通島で布教している。

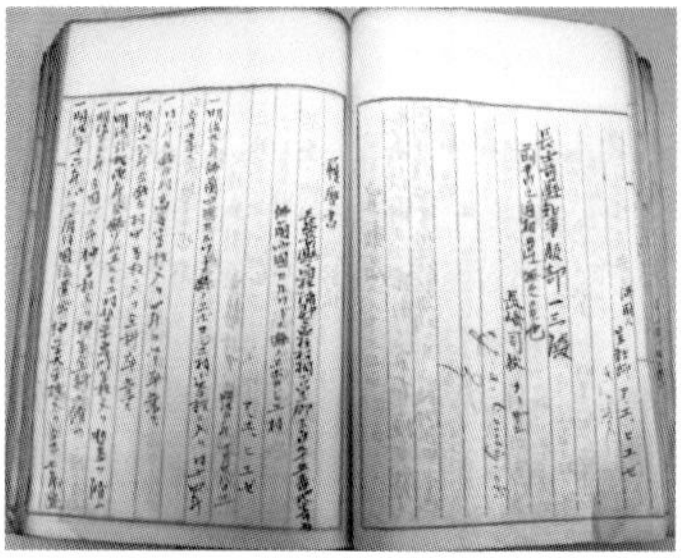

〈写真21〉ヒウゼ神父履歴書
（長崎歴史文化博物館所蔵）

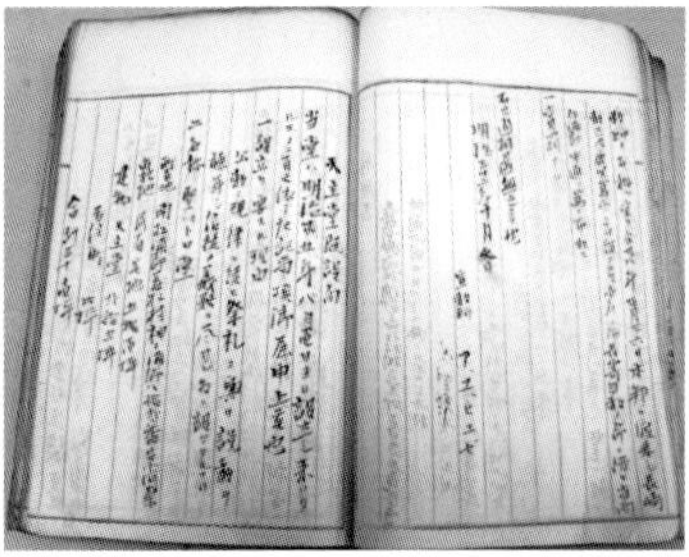

〈写真22〉ヒウゼ神父履歴書サイン
（長崎歴史文化博物館所蔵）

大正期は長崎市の浦上天主堂の司祭として赴任し、浦上天主堂の前面の塔を竣工させ、昭和初期は福岡司教区の小倉司祭館や天主堂を竣工させている。

履歴書
長嵜縣南松浦郡若松村桐古里郷三百九十五番地寄留
佛蘭西國カルワドス縣ノエボカジユ村
ア・エ・ヒユゼ
明治三年十月廿八日生
一明治九年佛蘭西國カルワドス縣ノエボカジユ村小学校ニ入リ同十四年卒業ス
一仝年仝縣仝村高等小学校ニ入リ四年ヲ以テ卒業ス
一明治十八年仝縣仝村中学校ニ入リ全科卒業ス
一明治弐拾壱年仝縣ソムエルヒユ村哲学専門学校ニ入リ哲学ヲ脩ム
一明治廿三年仝国バユ市神学校ニ入リ神学全科ヲ脩ム
一明治弐拾六年パリ府外国派遣会神学大学校ニ入リ仝廿七年宣教師ノ名称ヲ受ケ仝廿八年正月廿六日本邦ニ渡来シ長崎教区内鹿児島市ニ在留スル事壱年ノ后長嵜司教ノ命ニ従ヒ当南松浦郡中通リ島ニ布教ス
一賞罰ナシ
右之通相違無之候也
明治三十二年十月参日

〈写真23〉ガルニエ神父
（「天草の土となりて」より）

〈写真24〉ハルブ神父
（「ハルブ神父の生涯」より）

宣教師　ア・エ・ヒユゼ
本人サイン

このように7人の宣教師の履歴書からは、神学、哲学などを履修していることが分る。特に建築に関する学習歴は見当たらないが、それぞれ担当する天主堂が決まれば、聖堂を新築する計画を建て、竣工させるまでの様々な工程で、パリ外国宣教会や教区の司教、その他の宣教師、信者、工事の職人等と相談し、天主堂を竣工させている。費用が潤沢にある工事は殆どない。信者は寝食を忘れるほどに奉仕作業を行い、生活費を倹約して建設費に廻している。そのような中で、宣教師も工事費を如何に工面するかに心を砕き、智恵を絞っている。

ガルニエ神父（１８６０〜１９４１）（写真23）は、熊本県天草市の大江天主堂の担当神父である。

明治18年（１８８５）にパリ外国宣教会神学校を卒業すると同時にパリ外国宣教師会に入会し、宣教師に任命された。12月には神戸に到着し、翌年の8月までの凡そ8ケ月間、京都で日本語を学んだ後、長崎の伊王島や五島で布教をしている。大江に赴任したのは明治25年（１８９２）で、32歳の時である。以来、天草を離れることなく、49年間を天草で過ごし、大江天主堂に眠っている。

ハルブ神父（１８６４〜１９４５）（写真24）は、明治17年（１８８４）にパリ外国宣教会神学校に入学し、卒業と同時に叙階し、長崎教区に派遣されている。明治22年（１８８９）１月に長崎に上陸し、大分教会に赴任している。大分県臼杵教会、宮崎、奄美大島の開拓布教を経て、大正9年（1920）に長崎県の黒崎に赴任し、黒崎天主堂を竣工させている。黒崎天主堂は鉄川與助ではなく、カトリック信者の川原忠蔵の施工である。

天草に赴任したのは、昭和2年（1927）である。ハルブ神父の希望により、昔踏み絵をしていた庄屋の屋敷跡を購入し、崎津天主堂を竣工させている。昭和20年（1945）1月14日、80歳の生涯を崎津で終え、崎津で永眠している。

（3）教会堂建設の方針

室町時代から江戸時代にかけて、日本にはスペイン・ポルトガルなどの宣教師や、貿易商人が、多くの西洋文化を伝えている。また芸術や天文学、医学などの他に、鉄砲や反射炉などの作り方も伝えられている。併せて、フランシスコ・ザビエル等の宣教師は、戦国大名たちに布教の許可を求め、大名等に布教を拡げている。豊臣秀吉のバテレン追放令やキリシタンへの弾圧は、かくれキリシタンの暮らしに繋がっていた。

一方で、日本とヨーロッパの風習の違いも詳細に、具体的に研究されていた。

例えば「日本人の食事と飲酒の仕方」については、調理、食品、酒、調味料など60項目に分けてその違いを記している。一例では「われわれは、すべての物を手で食べる。日本人は、男女とも、幼児の時から二本の棒で食べる。」とあり、西洋でもフォークやナイフを使う前の調査であることも分る。「寺院、聖像、およびその宗教信仰」については「われわれの教会は、奥行が長く、間口が狭い。日本の寺院は間口が長く、奥行が短い。」「家屋、建築、庭園、および果実」の項では「われわれの家屋は、石と石灰で作られる。彼らのは、木、竹、藁、および土で作られる」など私たちの日常であるが、指摘されて初めて外国人の見方に気がつくこともあり、興味深く面白い。

また、戦国時代に日本に来たポルトガル人宣教師ルイス・フロイス（1532～97）は、『フロイスの日本覚書』（松田毅一・E・リッセン著、中央公論社、1983）に以下のように記している。そこには、
①われわれの教会は（奥行が）長く（間口が）狭い。日本の寺院は（間口が）広く、（奥行が）狭い。
②われわれの（教会）には高いところに聖歌隊席があり、人々の座る椅子もまた腰掛がある。仏僧たちは祭壇の前で畳に座って祈祷する。……などとあり、日本での教会建築の方針は、宣教師に共有されていたことが分る。この他に、
a）正面性について、仏寺のように広い間口を正面とせず、西欧の教会と同様に狭い間口を正面とし、奥行を深くすること。

b）礼拝堂の両側には座敷を設けて、扉を開けば一体となること。

c）全面に日本式の縁側をもった小庭を設けること。

d）付近に屋根付の足洗場および便所を設けること。

e）隣接して女性用の座敷を設けること。

とし、全体としての方針として、
a）日本の大工技術によって施工されること。

b）一度に完成出来ない場合は、増築しつつ完成すること。

としている（宮本健次著：『近世日本建築にひそむ西欧手法の謎「キリシタン建築」論序説』、彰国社、1996）。

我が国の教会の建築形式は、平面は狭い間口と深い奥行で計画し、建築に際しては日本の大工技術によって施工され、その建築の方針は近世から近代に受け継がれたもので、宣教師はこれらの考え方を日本人大工に伝えていたと思われる。

(4)見学や絵葉書で伝えた宣教師

現在は東京、大阪、長崎の3ヶ所は、大司教が教区長を務める大司教区になっているが、日本では明治9年(1876)に日本北緯代牧区と、日本南緯代牧区に分けられていた。その後、明治21年(1888)に日本南緯代牧区から、近畿・中国・四国地方を分離し、日本中部代牧区を新設し、明治24年(1891)に日本北緯代牧区は函館支給区と東京大司教区に、中部代牧区は大阪司教区に、日本南緯代牧区は長崎司教区に、それぞれ昇格させている。

長崎司教区は長崎地区、佐世保地区、平戸・北松浦地区、上五島地区、下五島地区と、福岡、佐賀、熊本、宮崎、大分、鹿児島に分けて所轄され、長崎県内は、長崎地区、佐世保地区、平戸・北松浦地区、上五島地区、下五島地区に分けられていた。

與助は五島から九州本土である長崎県、佐賀県、福岡県、宮崎県に進出しているが、これらは長崎司教区内での工事であったことが分る。

なお、福岡県、佐賀県、大分県、宮崎県、熊本県は、昭和2年(1927)に長崎司教区から分離して、福岡司教区を設立し、さらに、昭和3年(1928)に宮崎県・大分県が分離して宮崎布教区となっている。また、長崎司教区は昭和34年(1959)5月に大司教区となっている。

元治元年（1864）に建てられた長崎市の大浦天主堂は、プチジャン神父の設計で、施工は天草の棟梁小山秀である。創建時の写真からは、その後、両翼を拡げたように増築されているのが分るが、現在は煉瓦造、平面は五廊式、重層の屋根は瓦葺き、正面中央には八角形の尖塔があり、正面中央の3ヶ所に尖塔アーチ型の出入口がある。窓は正面中央のバラ窓と、縦長窓と上部に半円アーチの窓を組合わせたステンドグラスが設けられている。内部の天井はリヴ・ヴォールトで、列柱は柱台にのせられ、柱頭には飾りの彫物がある。身廊の立面は2層の構成で、奥行きのないトリフォリウムを設けている。出入口部には土間を設け、床は板敷である。日本の天主堂建築の原形ともいえる天主堂で、工事はどのように伝えられて進行したかは気になるところであるが、その詳細は分っていないようである。

表2（314頁）は、明治39年（1906）から昭和30年（1955）までの與助の工事の実績と、それぞれの天主堂建築工事で担当神父の工事を時系列に示している。このように長崎司教区の区分から、與助は五島から長崎県内に拡げ、さらに九州本土の福岡県、佐賀県、宮崎県、熊本県に拡大していったことが分る。

與助が天主堂建築工事に従事した期間の司教は、クーサン司教（1887～1912）、コンパス司教（?～1926）、早坂久之助司教（1883～1959）、山口愛次郎司教（1894～1976）が教区を治めていた。

長崎県内では桐古天主堂改修工事は、信者総代からの依頼であるが、工事内容などの詳細は神父と面談の上決まっている。担当神父はヒウゼ神父（1867～?）である。與助が鉄川組を創業して初めての請負である。工事の依頼は信者総代からの手紙で、工事の内容を伝えたのは宣教師であり、與助は天井改修に伴う改修工事の内容を聞きとり、見積を作成して

〈写真1〉大崎八重神父（鉄川一男氏提供）

いるが、最初に相談しているのは、日本人の大崎神父（写真1）であった。まだ、名前も「神父さま」としか書かれていない外国人の宣教師と打合せをするより、日本人の宣教師に聞き合わせたものと思われる。

ヒウゼ神父にはその後の工事現場でも、天井を解体した後に報告し、窓枠を試作した後、やはり窓は購入することにして伝え、柱頭の木葉の装飾や柱の面取り、硝子障子や丸窓の寸法についても打合せ、一つ一つ相談して指示を受けながら工事を進めている。また、長崎に出張し、名前も分らない神父も一緒に大浦天主堂（元治元年／１８６４）や神ノ島天主堂（明治30年／１８９７）、中町天主堂（明治29年／１８９５）を視察し、鐘の塔に昇り、教えを受けている。明治39年（１９０６）4月6日は「師宣教門ノ塔ノ話　壁板小高臺　棹ブチノ話チ聞ク　長嵜行ノ便アリ　金物不用ノ分チ返戻ス　又新聞青水嵩山堂ノ端書チ　宣教師ヨリ渡サレ」と、話の内容までは記されていないが、塔の話、壁板小高臺、棹縁の話などを聞き、新聞や絵葉書を渡されて説明を受けている。

ヒウゼ神父はその後、浦上天主堂の担当司祭に就いている。與助は大正11年（１９２２）に司祭館を新築し、塔のない状態で竣工していた浦上天主堂の正面に、双塔を設けて竣工させている。浦上天主堂の建築工事は、日本ではかつてない程の長い期間を有した大工事であった。與助は実績を積み、今村天主堂では正面に双塔を完成させている。昔馴染みといえるヒウゼ神父との再会が、浦上天主堂の正面に双塔を新築することにつながったのではないかと考えている。

大崎八重神父（１８９６〜１９３２）は、冷水天主堂新築工事（明治40年／１９０７）、奈摩内天主堂と司祭館新築工事（明治43年／１９１０）、大曽天主堂新築工事（大正5年／

１９１６）、鯛ノ浦養育院養蚕所新築（大正８年／１９１９）、頭ケ島天主堂新築工事（大正12年／１９２３）の担当神父であった。大崎八重神父や島田神父、ペルー神父は、桐古天主堂改修工事（明治39年／１９０６）中から頻繁に現場を訪ね、大崎神父も與助の現場をしばしば訪ね、與助と連絡をとっている。

冷水天主堂新築の話は、桐古天主堂改修工事の最中の３月19日に、「大曽天主堂ニテ大嵜神父ヨリ　杉買求ノ依頼チ受ク」「長嵜司教其他宣教師ノ一同来リ　ペール氏大嵜氏ヨリ依頼チ受ク」と、大崎神父からは材木の杉を買求めの依頼があり、長崎司教の一同から新築工事を頼まれている。また、４月19日は「本日午後１時半　司教ペール　大嵜ヒウゼ等ノ宣教師来ル　午後５時　大崎　ペール様ニ　面會シ冷水天主堂左官　其他ノ事チ　談合ス」と、何かの行事で島に来ていた司教、ペール神父、大崎神父、ヒウゼ神父等の宣教師は、冷水天主堂の左官、その他の事を話題にしたというのは、構造を煉瓦造にするか、木造にするかの話で、建築工事費の関係だったと思われる。閏４月20日は「仕事前日同様　余ハ冷水天主堂ノ圖面反ビ　其大工手間ノ見積リ書チ出ス　中丈　天井柳ニテ　５０１日　総天井柳ニシテ５４１日トス」と、頼まれた冷水天主堂の図面と見積もりを作成し、ここで柳天井は主廊のみか、三廊式ともにするか提案している。工事に着手する前の明治39年（１９０６）12月14日は「朝出立冷水へ向フ　冷水着ノ上　荷物船廻シス余ハ　冷水□□ノ人□ト曾根ニ　行キ　病床中の神父様ニ面會シ　大工手間木挽手間共四百円ニテ受負　□大工三百二十五円　木挽は不足ノ件はオギノウベク神父仲裁ス」と、請負金のうち、木挽賃の不足はこの後、継続的に計画されている工事で補うという提案を受け入れて、工事に着手している。

工事の計画や工事費についても、宣教師が決め、工事費の都合で構造や工事内容が決められる。工事費が不足の場合も、継続して計画のある工事で調整する裁量が、宣教師にあった

〈写真2〉中田藤吉神父（鉄川一男氏提供）

ことが分る。

奈摩内天主堂新築工事（明治43年／1910）は煉瓦造の天主堂で、内部は三廊式で、外壁の煉瓦の飾積に軒の蛇腹積や妻面左右の焼過煉瓦と普通煉瓦の焼色の違いを活かした十字架模様、妻壁中央の煉瓦のバラ窓や、正面出入口左右の石の彫刻などが新たにデザインされている。與助も工事の実績を積み、様々な工夫を凝らしているが、宣教師のアドバイスも大きかったと推測する。明治43年（1910）5月3日「大嵜神父来リ午前七時ヨリ出嵜　硝子買ニ行ク」と、担当神父と長崎まで硝子を買いに出かけている。日付は不詳であるが、「大嵜神父様御用□地送り　ガラス切り　ガラス留メ小釘」と神父自ら硝子を細工し、費用を押える工夫をしている。

ペルー神父は堂崎天主堂に寄留して、上五島や下五島に布教している。上五島の曽根天主堂では、鉄川組を創業する前に、與助は新築工事で大工の修業をし、その後、修繕工事を任せられている（明治39年／1906）。また、與助は明治36年（1903）に、鯛ノ浦天主堂の新築工事でも大工として仕事をしている。

その後も、寄留先の福江の堂崎天主堂の新築工事（明治41年／1908）と大正5年（1916）の改築工事の担当神父である。

與助は一級建築士の申請書（昭和25年1月27日付）で「私が建築技師たる佛人宣教師　A・ペルー師に建築設計学につき　ドロ師に建築構造学につき　明治三十三年から六年間個人教授をカトリック教会建築技師となるためうけたことを証明願います」として、日本カトリック教会司祭の中田藤吉神父が証明している（写真2）。

與助の弟常助は、大正7年（1918）の手紙で、ペルー神父の考えは「天主堂の正面に塔を設ける意見」と伝えている。他にもペルー神父は、鹿児島の聖ザビエル教会の絵葉書を使った年賀状で、石造の軒先の蛇腹飾りに〇印をつけ「福江ノ聖堂ハ表面ノ繪ニ〇チ附ケテ居ル通リニ造ルツモリデス」と伝えている。福江の聖堂とは堂崎天主堂のことだと思われる。日本人の大工棟梁である鉄川與助は、この絵葉書の〇印といくらかの説明で、外壁の軒蛇腹を理解し、施工したことになる。

中田藤吉神父は、野首天主堂新築工事（明治41年／1908）、田平天主堂と司祭館新築工事（大正6～7年／1917～8）、五島原修道院新築工事（大正7年／1918）、平戸社会会館新築工事（大正6年／1917）などの担当神父である。

大正5年（1916）の田平天主堂の工事現場で、5月8日「チリ師ト共ニ談ズ　司教様ヨリ建築書チ借り（後略）」と、與助はティリー神父とコンパス司教と懇談し、司教から建築関係の書籍を借りている。

〈写真3〉ティリー神父（「福岡教区50年の歩み」より転載）

ティリー神父（1864～1930）（写真3）は、チリ神父と表記されることもあるが、楠原天主堂新築工事（明治43年／1910）の担当神父である。ティリー神父は昭和2年（1927）に長崎司教区より分離した福岡司教区の教区長に就いている。

與助の五男の妻が與助から聞いた話によると、長崎司教区から福岡司教区が分離するという話は、與助は早い時期から聞いていたという。それは福岡教区で新たに天主堂の新築工事が続くことに繋がる。與助が初めて福岡に進出したのは奈摩内天主堂新築工事（明治43年／1910）で、今村天主堂新築工事（明治43年～大正2年／1910～13）と併行して佐賀市公教会（明治45年／1912）を竣工させた時である。五島や長崎では順調に実績を重ねているが、福岡市やその周辺の材料屋や職人集団とは、直ぐに打ち解けるものではない。「都会は油断がならない」と不信感を示すこともあった。折から第一次世界大戦（大正3～8年／1914～19）が勃発し、教区の分割どころではなく、福岡教区の設立も遅れたということらしい。

不幸なことにティリー神父は、僅かに2年5ケ月という短い着座期間で逝去された。ティリー神父との縁で、福岡一帯に仕事を拡げようとしていた與助の計画は、微妙に違うものになったようだ。

片岡高峻神父は、生月山田天主堂（明治44年／1911）の担当神父である。明治44年（1911）4月23日は、「午后1時43分紐差出発 3時15分田嵜発　寶亀天主堂ニ於テ 50円生月香臺代 内受取マタラ神父様ヨリ 更10円生月ノ旅費トシテ」と與助は工事費と旅費を受取り、4月24日「朝八時頃　大山庄作宿老仝上 ボア神父ト香臺ノ事ヲ 談ス 奈摩内香臺ヨリ巾ヲ 4寸狭マメテ 價格230円ト決ス 内入金ハ長嵜ニテ大嵜神父様へ預ケル様申ス」と、香台について、天主堂の世話人やボア神父も交えて話しあい、工事費も大崎神父に預けるように伝えている。このように、担当の宣教師は決まっても、司教区全体の神父や、天主堂の世話人と話合って決めるという姿が浮かび上がる。

〈写真4〉本田保神父（鉄川一男氏提供）

本田保神父（1855～1932）（写真4）は、福岡県三井郡の大刀洗にある今村天主堂新築工事（明治43年～大正2年／1910～13）の担当神父である。與助は着工年の明治45年（1912）は今村に常駐しているが、竣工年は旧長崎大司教館工事係に就任したため、今村の現場は離れている

今村天主堂新築工事は、奈摩内天主堂をより発展させたバシリカ式で、三廊で三層、正面の双塔にはドーム屋根があり、トリフォリウムやクリアストリー、ステンドグラスや煉瓦のバラ窓、数種の柱頭飾りがある。正面の出入口の石柱のデザインは、奈摩内天主堂と同じ彫刻である。

明治44年（1911）9月18日は、クーサン司教の葬儀に参列するため、中町天主堂に着き、長崎司教区の神父とも交流している。翌日の19日は「飽ノ浦へ遊ヒニ行ク三菱ノ煉瓦工事　石工工事チ見ル　本田神父様ト浦上へ石チ見ニ行ク（後略）」と本田神父と浦上天主堂の石工事を見学に行っている。また、明治45年（1912）12月1日は「石工へ煉瓦工事ト共ニ中止チ申シ渡ス　大嵜神父ヨリ佐賀ノ為来信 本田神父ト協議ス（後略）」と、今村天主堂新築工事を中止している。これは基礎工事の段階で工事費がかかり過ぎたために、工事中断を余儀なくされたものである。冷水天主堂新築工事でも、工事費のうち木挽賃の不足は今後の工事で補う約束で着手しているが、今回は不足額の桁が違う。そこで、本田神父は一度だけでなく、2度までも、ドイツの信者に強く呼びかけて献金のお願いをしている。

工事費が足りないままに、工事を続けることはできない。信者のみではなく、神父も新しい祭服も我慢して、天主堂の完成のために節約している。このような姿は、言葉を尽くすより、職人にも伝わったのではないだろうか。その結果、無事に今村天主堂は竣工したものである。

宣教師の経歴や担当天主堂での神父の布教の様子などは、それぞれの教会の経歴書などには残されているのかもしれない。記録を信者以外の立場で目にするにはハードルが高いことから、本稿では、與助が請負、工事の記録がある天主堂について、担当宣教師が、どのように建築に関わったかを、分る範囲で記している。

表２　與助の工事の実績と宣教師の関係

県名	宣教師名	M36	40	M45/T1	5	10	T15/S1 5	10	15	20	25	30
			1910		1920		1930		1940		1950	
長崎県	クーサン司教 (1887-1912)	――第3代長崎司教→										
長崎県	コンパス司教 (-1926)			←第4代長崎司教→								
長崎県	早坂久之助司教 (1883-1959)						←第5代長崎司教→					
長崎県	山口愛次郎司教 (1894-1976)						←鹿児島教区長→		←第6代長崎司教→		S34(1959)迄	
長崎県	フレノー神父 (1847-1911)	●旧浦上天主堂新築工事	→									
長崎県	ペルー神父 (1848-1918)	●旧曽根天主堂新築工事	●堂崎天主堂新築工事		●堂崎天主堂改修工事							
長崎県	マタラ神父				●獅子修道院新築工事							
長崎県	ヒウゼ神父 (1867-?)		●桐古天主堂改修工事			●浦上司祭館新築工事 ●旧浦上天主堂正面双塔新築工事		●小倉司祭館新築工事 ●小倉天主堂新築工事				
長崎県	大崎八重神父 (1896-1932)		●冷水天主堂新築工事 ●奈摩内天主堂／司祭館新築工事		●大曾天主堂新築工事 ●鯛ノ浦養育院養蚕所新築工事 ●頭ケ島天主堂／司祭館新築工事							
長崎県	中田藤吉神父		●野首天主堂新築工事		●田平天主堂新築工事 ●五島原修道院新築工事 ●田平司祭館新築工事					●平戸社会会館新築工事		
長崎県	島田喜蔵神父 (856-1948)				●江上天主堂新築工事 ●細石流天主堂新築工事							
長崎県	ティリー神父 (1884-1930)		●楠原天主堂新築工事				福岡司教区教区長 ←→					
長崎県	ド・ロ神父 (1840-1914)		●旧長崎大司教館新築工事	―→								
長崎県	片岡高峻神父			●山田天主堂新築工事								
長崎県	永田神父				●大水天主堂新築工事							
長崎県	出口一太郎神父					●平蔵天主堂新築工事 ●半泊天主堂新築工事						
長崎県	ガラセ神父						●長崎神学校新築工事 ●長崎神学校雨天運動場新築工事					
長崎県	萩原浩神父				●紐差天主堂新築工事							
長崎県	浜田朝松神父								●水の浦天主堂新築工事			
長崎県	川口神父										●旧鯛ノ浦天主堂造築工事	
長崎県	熊谷森一神父										●西木場天主堂新築工事	

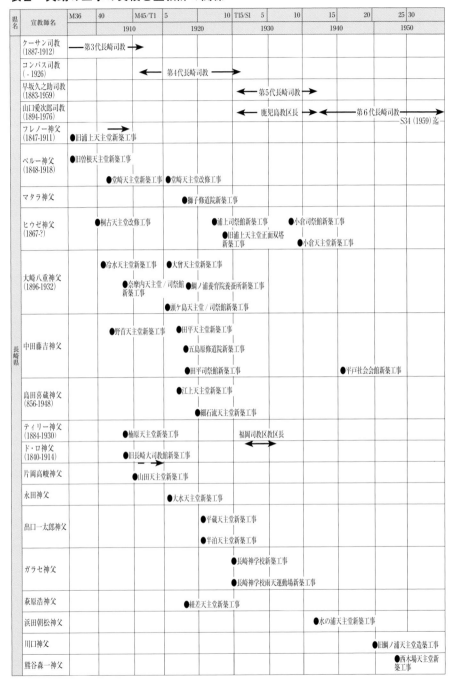

県名	宣教師名	M36	40	M45/T1	5	10	T15/S1 5	10	15	20	25	30
			1910		1920		1930		1940			
福岡県	本田保神父 (1855-1932)		●今村天主堂新築工事									
福岡県	ジヨリ神父						●大名町伝道場新築工事					
福岡県	戸畑公教会						●戸畑天主堂新築工事					
福岡県	八幡公教会						●八幡天主堂/司祭館新築工事	●八幡幼稚園新築工事				
福岡県	久留米公教会							●久留米軌道院及病院改築工事				
佐賀県	山口宅助神父			●佐賀市公教会新築工事								
佐賀県	呼子公教会						●呼子公教会新築工事					
熊本県	脇田浅太郎神父					●人吉幼稚園新築/公教会増築工事						
熊本県	熊本公教会						●熊本上林女学校新築工事					
熊本県	熊本公教会						●熊本手取天主堂新築工事					
熊本県	熊本公教会						●大牟田公教会新築工事					
熊本県	コール神父						●八代成美高女改築工事					
熊本県	ガルニエ神父 (1860-1941)							●大江天主堂新築工事				
熊本県	バルブ神父 (1864-1945)							●崎津天主堂/司祭館新築工事				
熊本県	水俣公教会							●水俣公教会新築工事				
宮崎県	ゴヨリ神父			●宮崎天主堂新築工事								
宮崎県	新田原公教会				●新田原天主堂/司祭館新築工事							

表3　担当宣教師と天主堂工事の工事概要

県名	宣教師名	建築工事名	建築年	構造				塔の有無	屋根構成		高窓の有無	平面構成		天井		ガラス窓	特記
				木造	煉瓦造	石造	RC		単廊	重層		単廊	三廊	折上げ	柳		
長崎県	フレノー神父	旧浦上天主堂新築工事			○			無					○		○		双塔で計画したが、塔無で竣工
	ペルー神父	旧曽根天主堂新築工事	1848-1918	○												色ガラス窓	平屋建。鎧戸
		堂崎天主堂新築工事			○			無？		○			○		○	ステンドグラス	
		堂崎天主堂改修工事			○			有		○			○		○	ステンドグラス	改修工事は、正面に塔を設けた？
	ヒウゼ神父	桐古天主堂改修工事	1867-?		○			有					○		○		
		旧浦上天主堂正面双塔新築工事			○			有					○		○		
	大崎八重神父	冷水天主堂新築工事	1896-1932	○				有	○				○		○		
		大曾天主堂新築工事			○			有	○				○		○		
		奈摩内天主堂新築工事			○			無					○		○		
		頭ケ島天主堂新築工事				○		有	○			○		○			塔は、設計変更で設けた。ハンマービーム
	中田藤吉神父	野首天主堂新築工事			○			無					○		○		
		田平天主堂新築工事			○			有					○		○		
	島田喜蔵神父	江上天主堂新築工事	1856-1948	○				無					○		○		
		細石流天主堂新築工事		○				無					○	○			
	ティリー神父	楠原天主堂新築工事	1884-1930		○			無					○		○		
	ド・ロ神父	旧長崎大司教館新築工事	1840-1914		○			無						平？			
	片岡高峻神父	山田天主堂新築工事			○			無→有					○		○	色板ガラス	塔は、新築後に改造
	出口一太郎神父	半泊天主堂新築工事		○				無	○				○	○		透明なガラス	
	萩原浩神父	紐差天主堂新築工事					○	有					○	○			
	浜田朝松神父	水の浦天主堂新築工事		○				無					○		○	色板ガラス	
	川口神父	旧鯛ノ浦天主堂造築工事		○				有	○				○		○	ステンドグラス	
	熊谷森一神父	西木場天主堂新築工事		○				有		○			○	○		透明なガラス	
福岡県	本田保神父	今村天主堂新築工事	1855-1932		○			有		○			○		○	ステンドグラス	塔は双塔で、両階段の間を設計変更
佐賀県	山口宅助神父	佐賀市公教会新築工事		○				無						平？		不詳	
	呼子公教会	呼子公教会新築工事		○				無	○						○	ステンドグラス	
熊本県	熊本公教会	熊本手取天主堂新築工事					○	有					○	○		色板ガラス	
	ガルニエ神父	大江天主堂新築工事	1860-1941				○	有					○	○		色板ガラス	塔は、設計変更で設けた
	バルブ神父	崎津天主堂新築工事	1864-1945	○			○	有					○		○	色板ガラス	ゴシック形式。前面はRC造、後部は木造

第 5 章

天主堂の請負と工事費の清算

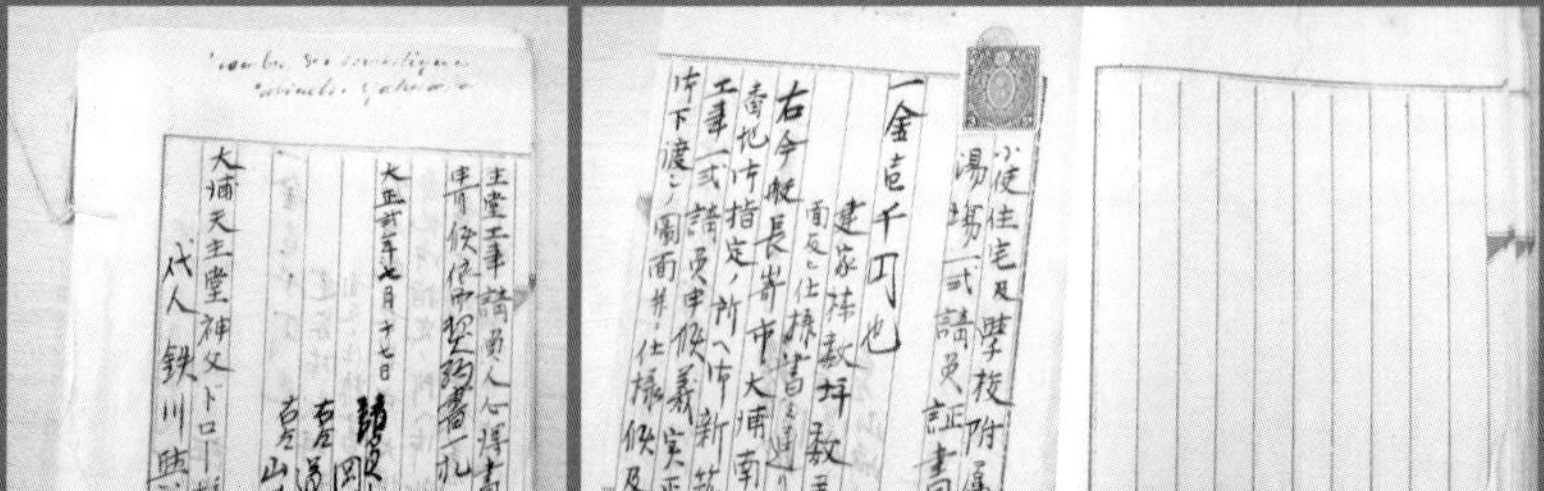

「旧長崎大司教館工事」契約書
鉄川與助が「天主堂工事係代人」として発注者の立場で請負人と取り交わした契約書。
左上のローマ字は、請負人の氏名をド・ロ神父が記したものと考えられる。

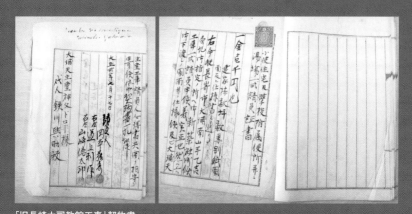

（1）請負契約

建築工事は口約束で始めることもあるし、契約書や仕様書、約款などを前もって取り交し、事前に手付金を支払う場合もある。

工事の契約に必要な書類は工事契約書、契約約款、設計図書、施工計画書などである。契約書には、①工事内容（工事名、工事場所）②請負代金の額と支払方法　③工事着手の時期と完成の時期　④天災その他の不可抗力による損害の負担　⑤各当事者（発注者・施工者）の履行の遅延、その他の債務不履行の場合の遅延利息、違約金　⑥契約に関する紛争の解決方法などが記され、発注者と施工者がそれぞれ記名捺印する。

最近は工事契約書は用意されていることが多いが、明治時代に鉄川組が請負を始めた頃は、契約書の記載内容や書式などはまだ整備過程で、決まっていた訳ではなかった。

表1に工事請負方式を表わしているが、工事は直営方式と一式や分割の請負方式に加えて、実費

表1　工事請負方式

直営方式			建築主が工事を元請に依頼せず、自ら労務、材料、施工機械類の調達と施工管理を行う。	古代律令体制化の宮寺などの造営や、明治初期の洋風官庁建築がこの帆意識によって行われたとされている。
請負方式	工事	一式請負	工事の全部を一括して施工者に請負わせる方式。総合請負ともいう。	工事の全部を一括して施工者に請負わせるもので、総合請負ともいい、最も多く利用される。
		分割請負	工種により、工事を分割してそれぞれの専門業者に請負わせる方式。	工事を分割して別々の施工者に請負わせるもので、専門工事別、工程別、工区別の3種類がある。一般に、大規模な工事に採用されることが多い。
	工事費	定額請負	工事費の総額を契約金額として定める方式。	最も一般的な方式である。
		単価請負	各種種別部分工事をさらに細かい項目に分けた内訳明細と単価を明示させ、これに発注者の示す数量を掛けて契約金額を定める方式。	着工が早く、数量変更にも問題は少ないが、資材費や労務費を節約しようとする意欲に欠けやすい。
実費精算方式			発注者と施工者が打合せをしながら材料費、労務費を見積もり、工事を実施していくもので、施工者は出来高に応じて打合せにより決められた報酬を受け取るように契約する方式。	報酬算定方式には、建築主の利益を確保しながら、施工者の努力が報いられるようにする2, 3の方式がある。現在は、着工前に、工事金額を確定し報酬を算定することが困難な、改修工事などに利用されている。

凡例：工事請負形式は、山下壽郎：報酬加算式建築施工契約制度，彰国社，p.4,1966.7、　内田祥哉編：建築施工，市ヶ谷出版，p.7-10,1992.10、北村正光：明治工業史建築篇（上）明治後期産業発達史資料 第225巻，龍渓書舍，p.261-270,1994.11、小沼良成：近代日本建築学発達史 4編　建築経済，発注制度の改革，p.538-544, 2001.12を参考にしている。

清算方式で行われており、工事費の清算は契約の方式と深く関わっている。

実費清算方式は最初に請負人の報酬を決め、注文者に替って工事を施工し、これに要する費用は、その都度注文者から受取り、工事を進める方式である。


施工者は入札と特命の他、定式請負で決められる。

入札は江戸時代から行われており、着実に工事を仕上げる信用のある者を予め選び、工事の見積書を提出させ、その結果で決める制度である。

特命は、発注者が施工能力や信頼性などから特定の業者を選ぶ制度である。

これに対して定式請負は、出入の中から月番を決め、一定の期間内に生じる工事はその月番が担当する。各職方の工賃や材料の価格は、別に本途帳で定め、これにより工事費を決める方式で、見積書を省略することができる。


天主堂建築の建築主は天主堂で、宣教師はフランス人など外国人の場合もある。工事を始めるには、土地の選定、材料と職人の手配、お金の交渉などの他に、工事の管理も大切になる。宣教師は布教のために日本語は勉強しているが、これらの交渉事を直接進めるのは難しいと思われる。

與助は桐古天主堂改修工事（明治39年／1906）以降、入札しないで継続的に天主堂や司祭館などの工事を請負っている。これは、特命での契約によるものと考えられる。

特命の利点は、施主である天主堂側は、天主堂の特徴などをその都度、説明する手間を省き、工事を竣工させるまでの職人や材料の手配と、工程の管理を任せることができる。これは何よりも、天主堂側と與助との信頼関係に基づいている。與助は真面目に、洋風建築である天主堂の工事に取り組み、卓越した技量で天主堂を竣工させてきた実績が評価されていた。そこで、西洋の文化に関心を寄せ、天主堂の建築に一生懸命に取り組む與助に、工事を特命で発注するという流れに繋がっていったと考えられる。

この特命の状況が変わるのは大正期で、黒崎天主堂（大正9年／1920）は、カトリック信者の川原忠蔵が請負っている。信者にも大工は居り、與助にばかり任せることに不満があったという。

他にも與助は、大正9年（1920）に久留米天主堂の新築工事予算書を作成している。また、大正10年（1921）には「二月八日平戸ノ設計図　夕方　遂ニ成就ス　（後略）」と、與助は田平で平戸天主堂の図面を描き、工事費は平戸の総代と相談すると宣教師と話合っている。この他、佐世保市の三浦町天主堂の附属幼稚園と修道院（昭和6年／1931）は與助の請負だが、三浦町天主堂は與助の請負ではない。このように、大正後期からは競合も表面化するが、入札の記録はなく、話合いで決まったといえる。

（2）契約関係書類

民法では請負契約について、契約当時者双方の権利・義務とともに、その効力を詳細に規定しており、注文主と請負人は全く平等の立場にある、としている。

これは逆にみると、注文主と請負人は平等ではなかったということになる。

明治以来、大掛かりな工事は、殆ど官公庁やそれに準ずる大法人の発注で、建築主と請負人の関係には、上下関係が持ち込まれていた。

また、民間の清水組では、職方との間に「契約書」（明治37～38年／1904～5）を締結し、「工事場ニ於ケル風紀ヲ改良スル諭示」（明治39年／1906）を示している。この他に元請は洋風建築に対応する作業手順や現場の心得、各職方の心構えや、日常の注意、さらには職人の風紀改良などについても、心得を示している。このように契約書や心得書を公示することで、下請や施工組織を包括的に管理し、各職方と綿密に結びつくことで、組織を統率し、工程を掌握し、工事の円滑な推進を図っているものと考えられる。

『清水建設兼喜五十年』（兼喜会五十年史編纂委員会編・1996）に掲載されている「契約書」と、「工事場ニ於ケレウ風紀ヲ改良スル諭示」を以下に転載する。

「契約書」

今般何々　　工事ヲ拙方ニ於テ請負候ニ付　下条ノ手続ニ拠リ誠実堅固ニ工事落成可仕候事

第壱条　工事請負金額ヲ　　円ト相定メ別紙絵図面　及仕訳書ノ通リ竣工可致候事

第弐条　貴方ノ御都合ニテ工事仕法ノ幾分ヲ変換被成候為メ工　費増加スル場合ニ於テハ其費額ヲ請求致　シ可申候事

　但シ仕訳書ノ材料ヲ減少シ又ハ下等ノ材料ト交換候　節ハ入費モ隋テ減少可仕候事

第参条　工事ハ総テ別紙絵図面ニ基キ可申義ニ付キ万一仕訳書中ニ細目無之共当然必要ノ材料ハ拙方ニ於テ相弁シ可　申候事

第四条　工事ハ明治三拾八年　月　日ヨリ起工シ同年　月　日限リ竣工可成竣工可仕候若遷延セシ時ハ壱週間毎ニ　請負金額ノ壱百分壱ヲ違約償金損害賠償トシテ差出シ可申上候事

　但シ貴方ノ御都合或ハ天災其他防禦スヘカラサル事ニ依リ

遅延セシ時ハ此限リニアラス
第五条　工事中ニ出来セシ不測ノ損害ハ天災其他防禦スヘカラサル事ヲ
除クノ外総テ拙者ニ於テ負担可致候事
但シ本文以外ノ損害ハ貴方ニ於テ御負担ノ事
第六条　工事ノ粗悪ナルカ為メ落成後満壱ヶ年以内ニ破損ヲ生セシ時ハ
無代価ニテ速ニ修理可致候事
第七条　工事請負金額ハ工事進歩ノ割合ニ隋ヒ御下渡シ被下度候事
右之通リ契約致候処相違御座無ク候也
明治　年　月　日
清水満之助支配人　原林之助

「工場ニ於ケル風紀ヲ改良スル諭示」
一　工場ニテ請取リタル材料ハ、直ニ記帳ヲ為スベキ事
一　甲工場ヨリ乙工場ニ材料ヲ移動スルニハ、必ラズ工場備付ノ帳簿ニ振替ノ記帳ヲナスベキ事
一　工場ニテ不用トナリタル材料ヲ納入スルニハ、必ズ記帳ノ後チニ搬出セシムル事
一　工場ニテ入用アリテ買入タル材料ヲ他ニ貸与又ハ譲与若シクハ売渡ス事ヲ禁ズ
一　仕払検印ヲナスニハ、必ズ場所備付ノ帳簿ト銘々個々ニ割印ヲ為スベシ
一　工場ニ於ケル不用品ヲ売買セシ時ハ、些細ナル雑収入ト雖モ直チニ収納ノ手続キヲ為スベシ

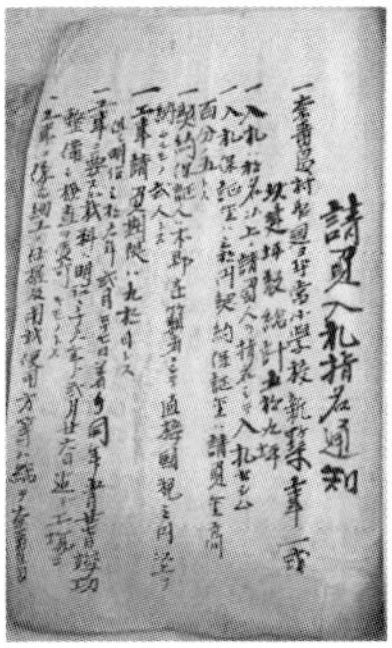
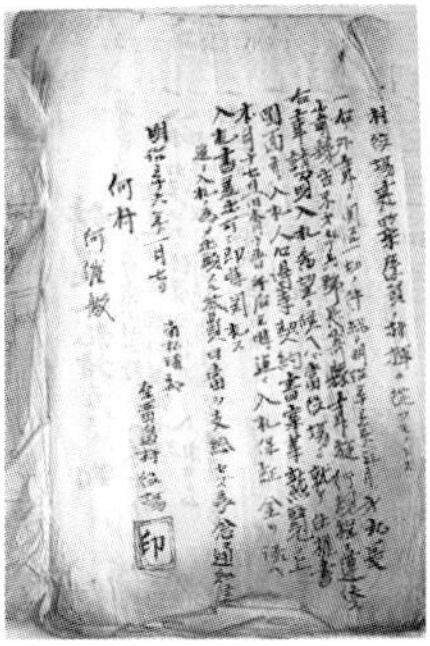

〈写真1〉〈写真2〉
奈留島村船廻尋常小学校新築工事で、與助は、「請負入札指名通知」を書写している。

一　工場ニ於テハ用談ノ外、雑談ヲ為シ又ハ飲食・間食等ハ勿論、風紀ヲ害スル所為アルベカラズ
一　工場ニ於て私用品ヲ製シ、又ハ担任工事ニ関係ナキ工事ヲ為スベカラズ
一　工場ノ注文者及其ノ代理者・監督者等ニハ、担当ノ経緯ヲ以テ之ニ接スベシ
一　諸方及職工ニ対シテハ親切ニ対応シ、決シテ蔑視スルガ如キ所為アルベカラズ
一　火ノ用心ヲ大切ニスベシ
一　材料及小物ヲ消散セシメザル様、注意スベシ
一　施工上ニ付テハ、第一仕様書ニ基キ今節ヲ主ト為スベシ
一　工事ノ担当者ハ勿論、之レガ補助ヲ為スモノト雖モ、工事ノ仕様ヲ充分ニ会得ナシ置クベシ

右ハ主トシテ工場ニ於ケル風儀ニ関スルモノニ付、尚記載漏レノモノハ本文ノ精神ニ従ヒ可申、又従来ノ規定ヲ確守シ善良ナル習慣ニ随フベシ

明治三十九年七月三日原林太郎訓示筆記

相沢喜久太郎提出文献（昭一二）

與助は明治期の官庁工事で、奈留島村船廻尋常小学校新築工事（明治36年／1903）では、「請負入札指名通知」を書き写している（写真1・2）。魚目村立水産学校（明治43年／1910）は、與助の地元で水産学校を施工したもので、平面図や断面図などを書き写し、若松尋常小学校新築工事（明治45年／1912）は、一式請負で施工している。

当時、入札で施工者が決まる官庁工事の入札は、契約保証金と請負金の100分の5の契約保証金を添えて、入札書差出の指定地まで出向いて参加しなければならなかった。第6章

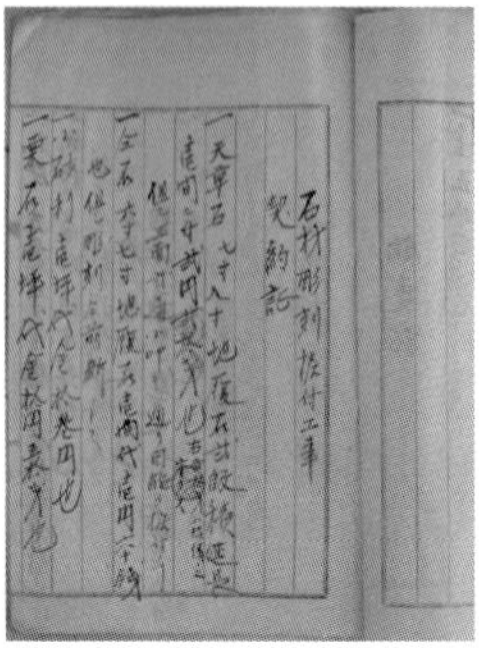

（3）①の舟の項でも述べるが、與助は組の拠点のある丸尾から奈良尾を経て、桐古里地区に着くまでに9時間かかっている。若松島はさらに東側の島である。入札契約金を懐に、前の晩から若松島に出かけ、入札に参加し請負を決めたと思われる。

一方、天主堂建築工事では、與助は建築工事の実績を重ねる中で様々な書類を作成しているが、初期は『手帳』に、工事請負の経緯や工事内容、宣教師や工事関係者との打合せと職人の仕事内容、工事費の受払などを記している。

奈摩内天主堂新築工事（明治43年／1910）では『手帳』のほかに、奈摩内天主堂図面を作成し、「金銭受拂簿」と「新築工事費決算書」を整理している。今村天主堂新築工事（大正2年／1913）では、『手帳』の他に「新築工事費豫算書」「雑費記入簿」「工場記録」「工場簿」を整理しており、石材や木材の納入業者と「石材彫刻据付工事契約証」と「木材請負契約証」（写真3～5）を取交し、それぞれ契約書を保管するとしていることから、與助は現場に常駐しなくても「契約証」で石材彫刻の据付や木材が納入される体制が整っているといえる。しかし、二つの契約証には、日付も、当事者名も書かれておらず、押印もない。「契約証」とはいいながら、当事者双方の覚書に近い文書といえる。

石材彫刻据付工事契約証

一天草石七寸八寸地覆石弐段積延長
壱間ニ付弐円弐拾銭也　右弐拾銭ハ□儀ノ上
安クス
但シ正面弐遍小叩キ通リ目能ク据付ノ事

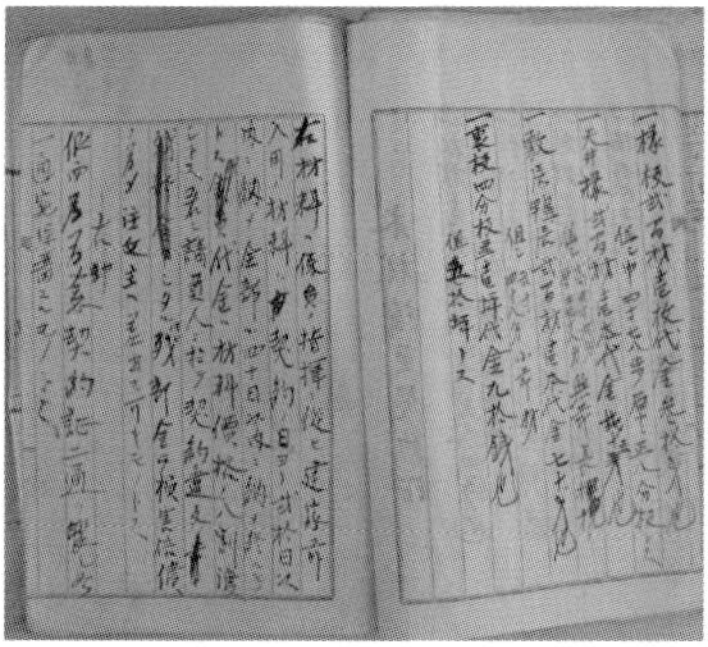
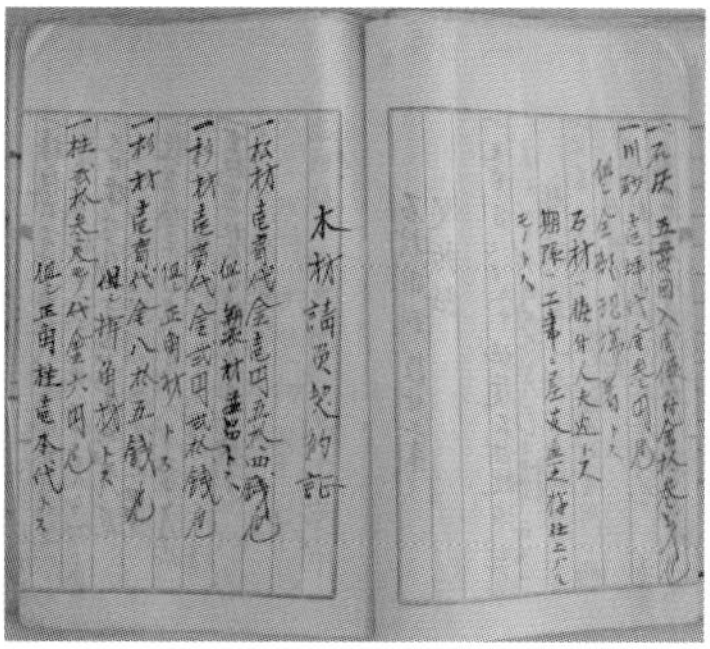
〈写真3〉〈写真4〉〈写真5〉
「石材彫刻据付工事契約証」と、「木材請負契約証」には、契約内容は記されているが、日付、契約者などは記されていない。

一仝石六寸七寸地覆石壱間代壱円六十銭
　也但シ彫刻仝前段トス
一小砂利壱坪代金拾参円也
一栗石壱坪代金拾円五拾銭也
一石灰　五貫目入壱俵ニ付金拾参銭也
一川砂　壱坪代金参円也
　但シ全部現場着トス
　　石材ハ据付人夫迄トス
　　期限ハ工事ニ差支無之様仕上グル
　　モノトス

木材請負契約証
一松材壱肩代金壱円五拾四銭也
　　但シ製材並品トス
一杉材壱肩代金弐円弐拾銭也
　　但シ正角材トス
一杉材壱肩代金八拾五銭也
　　但シ押角材トス
一杉材壱肩代金弐円弐拾銭也

但シ正角材トス
一柱弐拾参尺モノ代金六円也
但シ正角柱壱本代トス
一椽板弐間材壱枚代金参拾銭也
但シ巾四寸七八歩厚ミ正八分板トス
一天井椽弐間材壱本代金弐十五銭也
但シ高弐寸弐分無節長押挽キ
四寸八分　小節材
一裏板四分板並壱坪代金九拾銭也
但シ五拾坪トス
右材料ハ係員ノ指揮ニ従ヒ建家前
入用ノ材料ハ契約ノ日ヨリ弐拾日以
内ニ納メ全部ハ四十日以内ニ納メ終ルモノ
トス　代金ハ材料價格ノ八割渡
シトスル若シ請負人ニ於テ契約ニ違反
シタルトキ残部金ヲ損害賠償
ノ為メ注文主ヘ差出ス可キモノトス
右部
依而為念契約証二通ヲ製シ各
一通宛保管スルモノトス

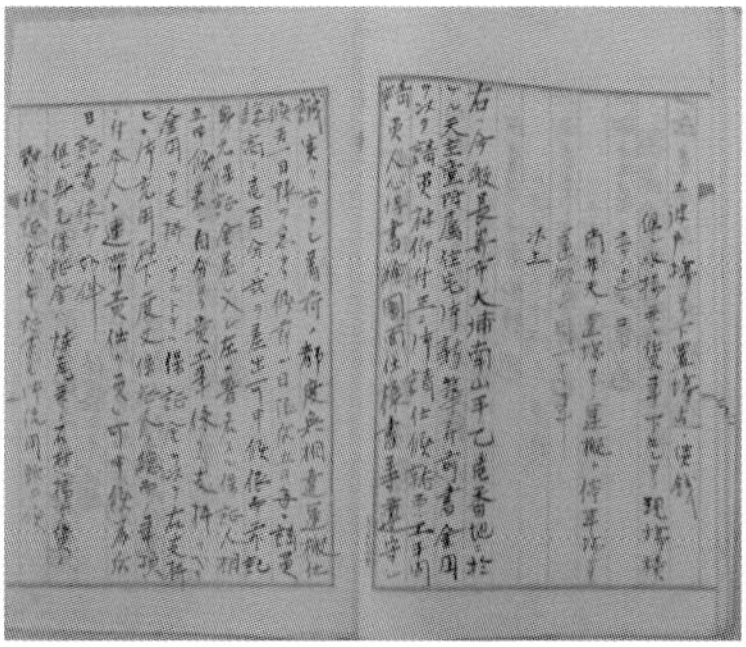

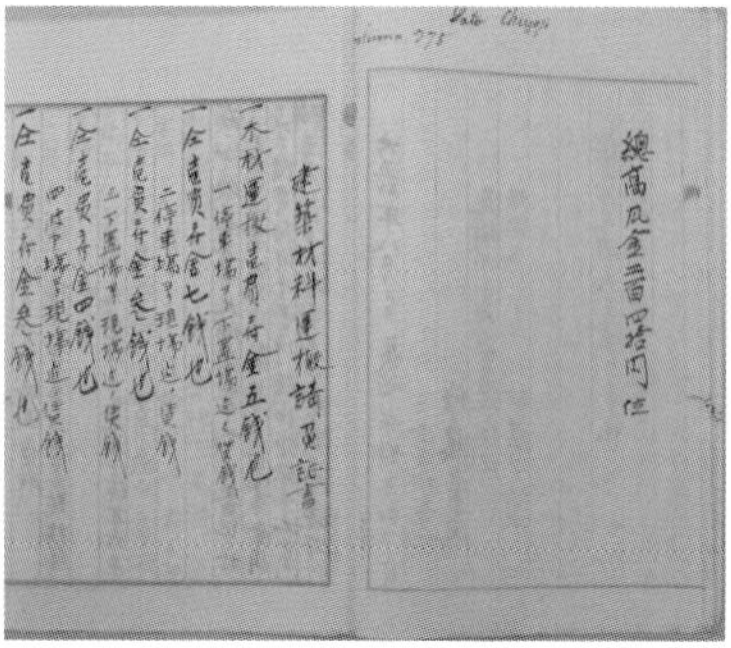

また、職人の管理は、明治45年（1912）は「職人日記帳」、大正2年（1913）は「職人出勤簿」で大工の出勤状況を管理している。

なお、「新築工事費豫算書」を作成したことは、①は、材料費や手間賃、ならびに工事工程などを把握していたことで、②は、これまでの五島列島内や長崎市での工事実績を拡大して、福岡県に進出したことから、馴染みの薄い取引業者を相手にすることになり、工事費や職人の出面の管理を書類で明確にする目的があったといえる。

契約書の体裁が整うのは、旧長崎大司教館工事（大正4年／1915）からで、與助は工事係代人として、請負業者に見積書を提出させている。「小使住宅新築仕様書」と「学校附属便所並ニ湯場仕様書」「小使住宅及学校附属便所並ニ湯場一式請負人心得書」「小使住宅及学校附属便所並ニ湯場一式請負証書」「工手間請負人心得書」「工手間受負証書式・工手間受負証書」「材料納方請負人心得書」「材料納方請負証書式・材料納方請負証書」「建築材料運搬請負証書」などで、請負人の義務などを心得や請負証書で示し、取引実績のない業者からは、保証金と保証品を預かり、工事終了後には、保証金を返金している。このような過程で「材料納方請負人心得書」と「材料納方請負証書式・材料納方請負証書」、ならびに「工手間請負人心得書」と「工手間受負証書式・工手間受負証書」は、複写した書類を使用していることから、與助の現場では、書類の標準化も進められていたことが判る。しかし、書類名や書式も統一されたものではなく、建築材料は附属工事用としながら、実際は司教館本館工事用であるなど、請負契約関係書類は標準化に向けて整備過程にあるといえる。

特筆すべきは「建築材料運搬請負証書」（写真6～8）で、他には見つけられない契約証である。

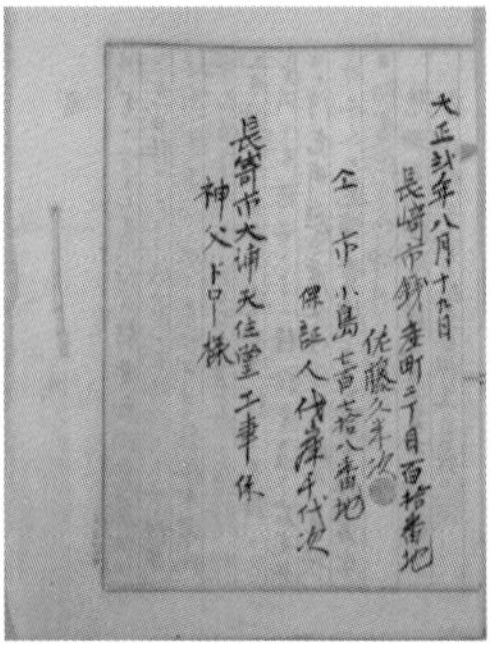
大正弐年八月十九日
長崎市銭座町二丁目百拾番地
佐藤久平次
仝　市小島七百七拾八番地
保証人　佐藤千代次
長崎市大浦天主堂工事係
神父ドロー様

〈写真6〉〈写真7〉〈写真8〉
「建築材料運搬請負証書」は、與助が独自で作成したもので、一枚目の右上には、ド・ロ神父が、請負人の佐藤千代次の住所と名前をローマ字で記している。

「建築材料運搬請負証書」は、

「一木材運搬壱肩ニ付金五銭也　一　停車場ヨリ下置場迄之賃銭
一仝壱肩ニ付金七銭也　二　停車場ヨリ現場迄ノ賃銭
一仝壱肩ニ付金参銭也　三　下置場ヨリ現場迄ノ賃銭
一仝壱肩ニ付金四銭也　四　波止場ヨリ現場迄ノ賃銭
一仝壱肩ニ付金参銭也　五　波止場ヨリ下置場迄ノ賃銭
但シ水揚並ニ貨車下ロシヨリ現場積　立テ迄ノコト　尚弁天ノ置場ヨリノ運搬ト停車場ヨリノ　運搬トハ同一ナル事」

と、「壱肩」は、材木を計る単位で、停車場から現場までの運搬経路と運賃を取り決めている。旧長崎大司教館は大浦天主堂境内にあり、大浦の弁天の舟着き場から天主堂の境内までは、傾斜地を登る運搬になる。これまでの天主堂の建築工事では「郷の人」という地域の信者の奉仕作業があり、材料の運搬や整地作業も行われてきた。

旧長崎大司教館の工事に信者の奉仕作業を呼び掛けるのではなく、大正初期に與助は、停車場や舟着き場から5つのルートを示して、材料の運搬請負を契約している。

この「建築材料運搬請負証書」は、これまでの天主堂工事の実績を踏まえた上で、長崎大司教館新築工事用として、與助が独自に作成した契約証である。

図1は、明治期の中央における建築工事請負契約関係書類と鉄川與助の建築工事請負契約関係書類の変遷を整理している。

中央では、発注者と請負者の対等な請負を目指して、契約書を整備する過程にあった。請負契約関係書類の契約書と、建築工事心得書、建築工事請負規定は、明治20年頃から内容を

図１　明治期の鉄川與助の主な契約関係書類の変遷と中央の関係書類の整備過程

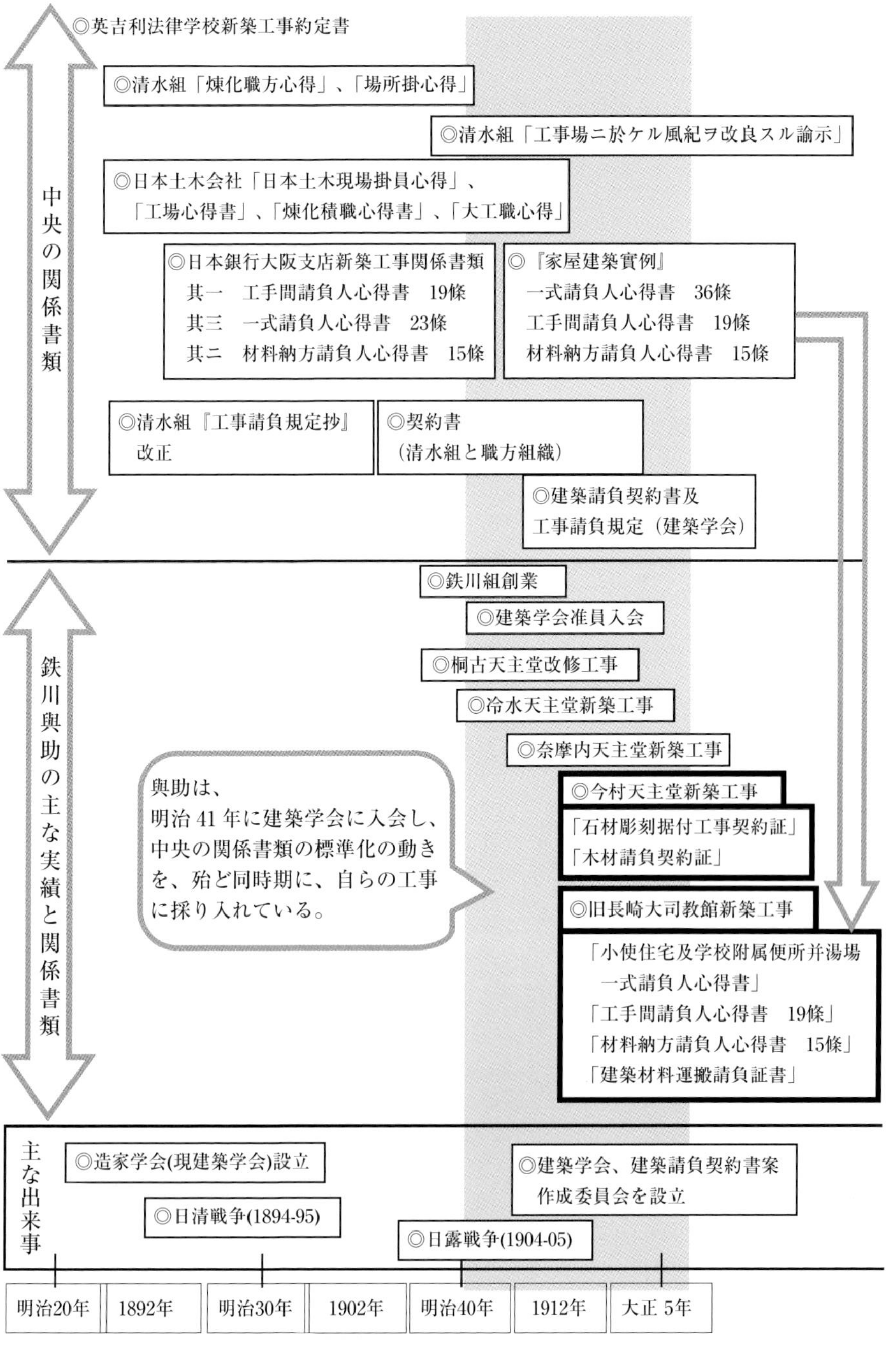

見直し、標準化を目指して整備過程にあった。辰野金吾と葛西万司は、『家屋建築実例』（明治41年／１９０８）を公表し、民間工事へ普及を図っている。

與助は明治39年（１９０６）に鉄川組を創業し、明治41年（１９０８）に建築学会に准員として入会している。実に與助は、中央で建築工事請負関係書類を整備する動きが始まる頃、建築学会の構成員になったことになる。そこで、中央で関係書類が整備されるのと、ほぼ同時期に、九州地方の與助の工事現場に、「契約証」と書類の標準化という新しい考え方を取入れ、近代的な請負契約を目指して実践し、請負契約関係書類を整備し、工事を管理している。

（３）天主堂建築工事の工事費清算の特徴

工事費は契約によって、どの時期にいくら払うか決まる。與助は最初に鉄川組の請負金を決めて工事を進めているが、他にも工事費の清算には特徴がある。

一つは材料費や職人賃などを、施主である天主堂側が関係者に支払っていることである。支払は直接、関係者に支払う場合もあれば、山主と交渉して買付けた材木代や、木挽、石工、煉瓦工、左官など、鉄川組の他に雇い入れた職人賃などは、與助を通して払っている。

二つ目は支払金を、現金から「支払伝票」での清算に移行していることである。

桐古天主堂改修工事（明治39年／１９０６）では、鉄川組の請負金は最初に決めている。改修工事は３９４日、この請負金は２７５円20銭で、鉄川組の飯料を含んでいる。

冷水天主堂新築工事（明治40年／１９０７）は、桐古天主堂改修工事の最中に検討され、煉瓦造と木造を検討した上で木造にすると決められ、工事着手前に大工木挽手間共４００円で、大工は３２５円、木挽賃の不足は神父が補うことで請負は成立している。

奈摩内天主堂新築工事（明治43年／1910）では、受払金を「御方」と「私方」、もしくは「工用」と「私用」に分けて整理している。「御方」とは施主の天主堂で、「私方」は與助の個人的な費用である。「工用」は鉄川組職人への支払い、木挽賃、米麦代等と道具代で、いわゆる経費に相当する鉄川組の費用と考えられる。

工事着手前の受取金は1054円65銭である。一方、支払金は1043円14銭で、工事着手前に木挽が松を伐り出し、煉瓦を注文し、米麦を購入している。

職人手間賃は、木挽、石工、煉瓦工、左官、鉄川組の大工に支払われている。石工、煉瓦工、左官の職人賃は、奈摩内天主堂工事場までの旅費と、煙草代、酒代、為替料や運搬賃などの経費や雑費も含めて「御方」からの受取金を與助が支払っている。

木挽と鉄川組職人賃は節句払いで、桐古天主堂改修工事以降、冷水、奈摩内と従事した日数を通算して払っている。

佐賀市公教会新築工事（明治45年／1910）は、福岡県大刀洗の今村天主堂新築工事の最中に鉄川組大工の一部が移動し、明治45年（1910）5月に着工、12月に竣工している。

建築工事の材料などは、今村天主堂新築工事の「工場簿」に整理されている。佐賀市厘外町の宇野商店から材木が納入され、受取人は佐賀市公教会の山口宅助神父である。

木造2階建の天主堂には、建具屋に注文した欄間や、雨戸、唐戸を取り付け、建具職人と建具の支払がある。12月は、中小路の建具屋に欄間4ケ所と、杉町の業者には雨戸や唐戸の欄間を注文し、12月20日には「佐賀工事費ヲ久留米支店ニテ受取」、21日は「佐賀ノ為メ200円受取」と、教会の長崎本部から受取り、関係先に支払をしている。佐賀市公教会の工事費総額は分らないが、材料費や職人賃などは、今村天主堂新築工事の費用として処理されたものと考えられる。

今村天主堂新築工事（大正2年／1913）では、工事着手の前から『手帳』や明治44年（1911）7月から「新築工事費豫算書」を作成し、着手後に「工場記録」で見積を修正しているほか、「雑費記入簿」には「受取金」と「理由」「木工部費」「食料」「道具代」に分けて鉄川組の費用を整理している。

工事の着手前に、土工事の材料など5550円（杭木400円、焼過煉瓦5万個510円、セメント120樽421円、火山灰150俵66円6銭、並煉瓦22万個2464円、上煉瓦11万個1342円、職工賃、石灰、セメント）を買入れ、3月13日は、洋釘の初年度分（6吋1樽、2吋1樽、5吋1樽、4吋半1樽、4吋1樽、3吋半1樽、3吋1樽、2吋半をそれぞれ1樽）を注文しているが、この費用を與助は支払っていない。

「新築工事費豫算書」では、工事項目を仮設工事費、土工事費、煉瓦工事費、石工事費、木工事費、金物工事費、屋根工事費、漆喰工事費、塗物工事費、硝子工事費、雑工事費の11項目に分け、それぞれ材料費と人夫賃を見積り、合計は21723円33銭である。「工場記録」では22077円61銭5厘と見積りを修正しているが、地盤工事に不測の事態があり、基礎工事の材料の追加の発注を繰返している。本田神父はドイツに寄付を呼び掛けて、集まった献金で竣工しているが、工事費総額は凡そ3万円程と伝えられている。

鉄川組の請負金は、大工・木挽手間賃4362円50銭の予算である。

「雑費記入簿」を見ると大工・木挽賃、旅費、道具代、職人や家族の病院代と娯楽費、丸尾に送った費用、為替料などで、大工の病気見舞や徴兵検査で帰省する費用がある。思いがけないのは父や與助の妻トサ、他の家族が大分県の日田温泉や熊本の杖立温泉に逗留し、佐賀で芝居小屋、博多で明治座の芝居見物費も支払っていることである。年に何回か、社員と家族旅行を楽しんだことになる。

與助は、日本建築学会准員として近代的な工程管理や書類の整備を目指していると考えられる。事実、組の頭として現場を管理し、建築材料の業者や職人の選定、庶務、会計を行なっている。実態は家族の経費も工事の経費に含まれているが、これは、近代化以前の工事費に対する考え方で、裏返せば鉄川組にゆとりができたことの表れともいえる。

旧長崎大司教館新築工事（大正4年／1915）では、與助は「大浦天主堂工事係代人」として発注者の立場で、請負業者と請負契約関係書類を取交し、工事を管理している。工事係は、ド・ロ神父である。工事費は総額で1643円22銭3厘になる。地下室の土掘り取り工事は現金で清算されているが、以降の大正2年（1913）9月16日以降は、支払伝票で清算されている。なお、與助の代人としての請負金は不詳である。

工事では、材料毎に請負業者と見積書や契約証を取交し、工手間や運搬請負も契約し、伝票で支払っている。伝票は、天主堂の工事係に受取人が持参して、支払を受けている。また、これまで取引の実績のない業者からは保証品や保証金を預り、工事終了後に返している。大正2年（1913）6月10日付で大浦天主堂のド・ロ神父が、今村天主堂の工事現場に居た與助宛に出した手紙（第2章（5）①で紹介）からは、與助は前もって神父に相談することもなく煉瓦を発注し、納入の約束までしているが、煉瓦の代金や運搬賃などの費用は、天主堂の工事係であるド・ロ神父が支払ったことが分る。

田平天主堂新築工事（大正6年／1917）の工事費は、12430円の予算で、内訳は仮設工事費200円、土工事費100円、煉瓦工事費3550円、石工事費1500円、木工事費4900円、金物工事費410円、泥工事費1050円、塗工事費400円、硝子工事費200円、雑事費300円で、この他に與助が受け取る請負金がある。

與助は職人への手間賃などを、長崎大司教館工事の時と同じ「支払伝票」で清算している。

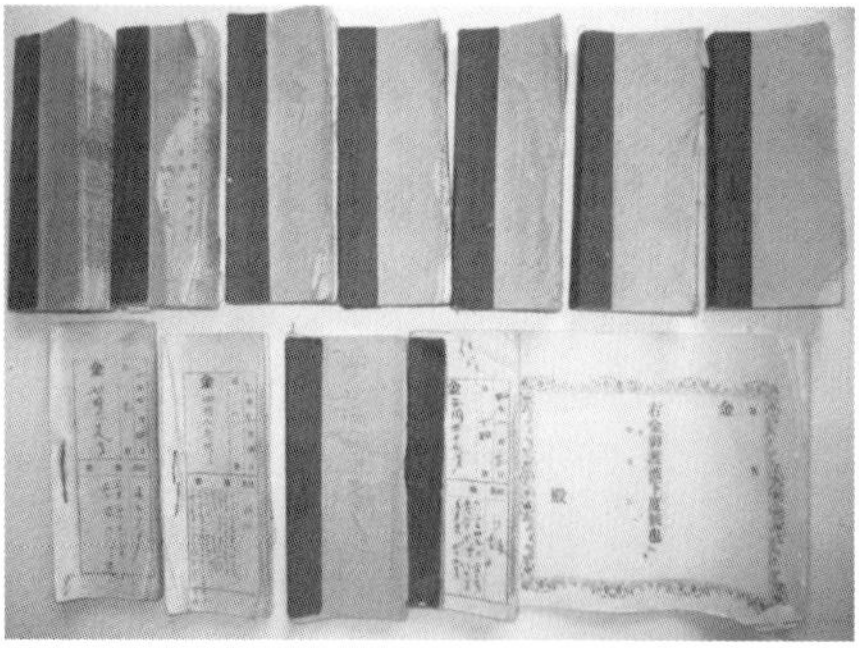

〈写真9〉「支払伝票」
與助が工事関係者に振出し、天主堂、本部の会計係から支払われている。

伝票の控の合計金額は４８６０円にしかならないことから、他に８０００円程の支払が別に有ると思われる。

分る範囲で内訳を記すと、煉瓦工事費は１８７８円21銭で、煉瓦は牛ノ浦の西八郎と馬場寅太郎から買い、恵比寿丸と高力丸で煉瓦を運搬し、煉瓦職人は山口作太郎、渡辺春市、渡辺松衛、楠本為次郎に手間賃を支払い、他に、納富にセメント代、片山に紅柄代を払っている。

石工事費は７７６円82銭で、西彼杵郡の石屋辻又作と、天草石は尾下重三郎から石材を購入し、石工は吉村武二郎、佐藤久米次、西川松三郎である。

木工事費は１２５７円３銭で、山鹿に檜代、松尾久次郎に栂代、永井土井造に杉立木代、松野金作に木材代を支払い、木挽は橋本金七、永田道造、永田清太郎、松本国三郎が従事している。

金物工事費は６８４円35銭で、長崎市の松江商店と大久保商店、石塚甚之助、亀井金物店、高田商店、枝根武兵衛等へ支払っている。銅瓦板材は平戸で購入し、青木洋鉄店から銅鋲を買い、鉞力職は原藤太郎で、金物工事費は予算を超過している。

塗工事費は１２３円２銭で、雪屋と高田商店からペンキなどを購入しているが、塗職人への手間賃支払は記録がない。瓦は小柳太市が運搬している。

硝子工事費は２００円の見積であるが、與助は硝子の費用を支払っていない。ステンドグラスは現在、取替えられているが、直接、天主堂が支払ったか、或いは輸入品と考えられる。

「支払伝票」（縦１３０×横１８７×厚８㎜）（写真９）は、１冊に１００枚が綴じられ、小切手帳に良く似ているが、金融機関名や小切手の振出地が記入されていないため、「小切手」ではない。長崎や東京で金融関係の資料館に問合せてみたが、他の使用例については分からない。

與助は支払の内訳と金額を記入して、受取人に渡し、受取人は、天主堂本部の会計係で、伝票と引き換えに工事費を清算している。

では、なぜ現金から「支払伝票」での清算に変わったのだろうか。

旧長崎大司教館新築工事（大正4年／1915）では、工事関係者も増えている。支払う相手は大勢になるが、お金の受渡に間違いは許されない。一方、天主堂側は、伝票の内訳と支払内容から工事費と工程が分り、現金の受渡による間違いを防ぐことができる。

支払伝票で払うことで、與助は材料を安く購入しても、自分の利益が増える訳ではなく、職人の手配や管理をしても手数料を取る訳ではないが、材料代や職人賃を前もって用意する必要はない。また、與助は自分で材料や職人を手配することで、間違いを減らし、工事は管理しやすく、工事費の未払いなどのトラブルは避けられると考えられる。

鉄川組は桐古天主堂改修工事（明治39年／1906）の着工年に創業しており、建設業者として資金的に潤沢とは考えにくい。

桐古天主堂改修工事（明治39年／1906）は、天主堂の世話人である宿老から依頼を受け、工事を施工し、これに要する費用はその都度、教会から受取り、精算している。昭和に入ってから、與助が福岡県の久留米天主堂や、熊本県八代市の現場を下見に行った時も、宣教師は與助に旅費を渡している。久留米天主堂は別の業者の請負になった。これは官庁工事で、入札保証金を用意して現場まで出向き、入札に参加するのとは全く違う。

このような工事費の清算方式は「実費清算契約」「実費精算方式」「実費報酬加算式施工契約」とよく似ているが、微妙に違っている。「実費清算契約」は「注文者が施工者に施工を委任し、施工の為に費消した実際の費用と予め定めた手数料としての報酬を施工者に支払う契約方式。我国では形式的な実費精算契約は殆ど行われていない」と『建築大辞典第3版』(彰国社編、彰国社、1998・4)に解説されている。

天主堂工事では、與助は材料費と職人賃、鉄川組の請負金を受取っている。職人賃には現場までの旅費や煙草代、酒代、為替料や運搬賃などの経費や雑費も含まれている。また、鉄川組の費用も組の米代の他、鉄川組の拠点の丸尾の費用、温泉や芝居見物まで含めた雑費を、天主堂側からその都度受取り賄っている。

一般の工事では、工事を進めても依頼者の都合で「支払は少し待って下さい」ということもある。請負業者は、既に費用を立て替えて材料を購入し、職人には工賃を支払わなければならない。いわゆる「取りはぐれ」が起こらないとは限らない。事実、長崎では幕末に居留地の外国人との間で、同様の事件が起こっている。

鉄川工務店では、戦後の復興期に工事量は大きく増えるが、客の都合で支払の時期が遅れることもあり、與助の後継者は、父である與助に度々相談している。

與助は、創業時から、天主堂工事を継続的に請負ったことで、請負金の回収に不安の少ない安全な請負で、組の成長を支えることができたといえる。

第6章

棟梁の暮らし——與助の『手帳』覚え書き

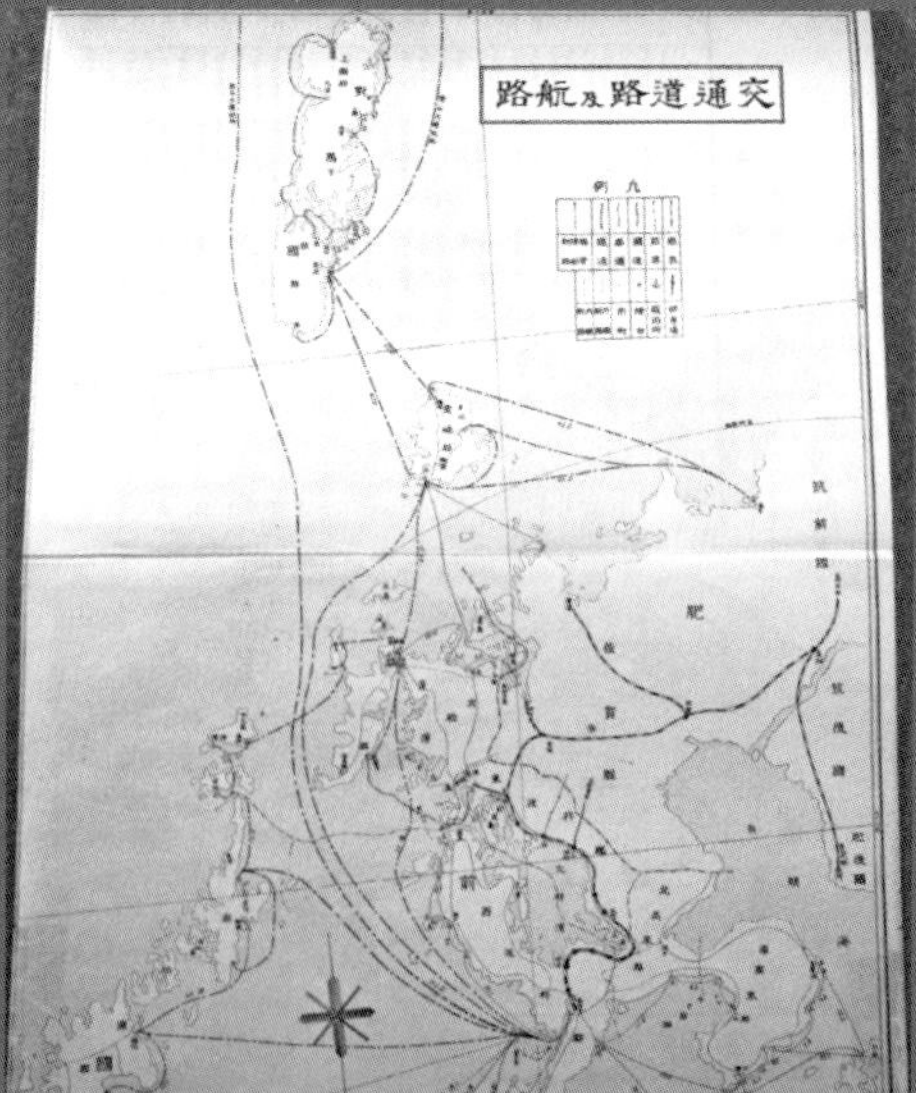

「交通道路及び航路」明治43年長崎縣統計書(上編)より。鉄川與助が創業したのは明治39年(1906)、五島の交通は開発が遅れていた。定期航路はあったが、船名など纖細は不明。(長崎県立長崎図書館所蔵)

鉄川與助は、明治12年（1879）に新上五島町で生まれ、明治・大正・昭和という変動の時代を生き抜いて、多くの天主堂建築をこなしていった。明治期の日本では、建築も服装も食べ物も、西洋の文化を積極的に受け入れていた。移動する時は、五島では歩くか舟で、九州本土や東京、北海道（当時の渡島国）に行く時は、鉄道や人力車、自転車も採り入れている。郵便や電話、医療の事情も現代とは格段に違う。また、大正15年（1926）に、長崎市から東京の建築学会に出席した様子も知ることができる。

建築工事は、移動の伴う仕事である。鉄川組の創業年（明治39年／1906）から記録を始めた『手帳』には、明治から大正、昭和の暮らしと、與助の関心の広さを垣間見ることはできる。その内容は、個人が家庭で楽しむためにメモをしたというより、ヤギの養育や、野鳥の捕まえ方、干物の作り方などは、事業化できるように、という心積もりもあったのではないだろうか。村会議員などもしていたが、多彩な人という印象である。

（1）衣食の暮らしの記録

①服装　明治から大正・昭和の戦前期は、普段着に和服を着ている人は多かった。佐世保には海軍の基地があったことから、軍人さんの制服は洋服で知られていた。

五島で洋服が流行ったのは、戦後ではないだろうか。五島の島から出ないで一生過ごす人も多かった時に、與助は平戸や佐世保、長崎に渡り、大工道具や工事関係の買物の他に、洋品も買っている。

明治39年（1906）は、「足袋十足代2円16銭」や「竹皮草履6銭」を買い、2月9日は「外套2円77銭」「細シャツ一枚28銭4厘」「帽子38銭」「鳥打帽73銭」「小児帽25銭」の他に「柳

上棟式の写真と思われる（年代不詳）
（鯨賓館ミュージアム提供）

行李90銭」を購入している。「細シャツ」とは何だろうか。綿か、メリヤスのシャツではないかと思われるが。2月の寒い時期に最初に外套を買ったのは、現場の移動にも便利と考えられる一方で、お洒落でもあろう。鳥打帽はハンチングのことである。手拭いで鉢巻の職人スタイルではなく、帽子を好んだようである。子ども用の帽子と柳行李も買っている。柳行李も五島では作られていなかったので長崎で購入したと思われる。

明治41年（１９０８）は「メリヤス」と「帽子」を買求め、明治43年（１９１０）は「メリヤス中袖２つ　白1円19銭」と「メリヤス　女物　１つ　白95銭」を買求め、他にも「メリヤス女用　2枚80銭」と「帽子2個と靴下1足68銭」、「靴下1足と帽子26銭」「帯75銭」、「帽子3円80銭」の買物があり、「夏足袋」「鳥打帽子　八方大」「職人帽」や、「長クツ下加工ラシャ」「中折帽1ケ」と「慶造マント」「メリヤス」など、家族や職人用に夏物や冬用も買い揃えている。ちなみに「鳥打帽子　八方大」とは、日差しを遮る夏用の帽子のことである。

明治44年（１９１１）は、佐世保で「ズボン下60銭」と「帽子40銭」の他「ハンケツ13銭」と「コウモリ傘1円50銭」を買っている。ハンケツはハンカチのことと思われる。藁葺き屋根の多かった明治時代の上五島で、和傘の番傘に変わって、コウモリ傘が普及したのはいつ頃だろうか。與助は天主堂建築で、リヴ・ヴォールト天井を「コウモリ天井」や「柳天井」と記している。最初に『手帳』でこのような表現を見つけた時に、とても感心したことを覚えている。與助は、何を見ても、洋風建築に結び付けて、構法を考えていたのではないだろうか。

明治45年（１９１２）は「帽子45銭　子供ノシャツ3枚60銭」の買物の記録の他に、今村天主堂新築工事の準備段階の明治45年2月20日に、「今村へ帰ル　ハッピチ注文ス」と、今村で法被を注文している。ハッピ注文の記録は他にはない。

写真は明治より新しいものと考えられるが、法被の襟には「Ⓣ建築鉄川組」と染め抜かれている。Ⓣは、鉄川組のイニシャルである。外套や帽子の他に、法被のⓉも宣教師の影響に間違いないだろう。買物の様子から洋装を楽しみ、メリヤスなどの新しい素材も早くに採り入れていたことが分る。当時の上五島では、長崎や佐世保に買い物に出かける人は極々限られた人で、むしろ平戸領の小値賀島などへ買い物に出かけていたという。自分の物だけではなく、家族や親戚の物も、足袋の文数や色をメモして買い物をし、羽織の仕立て直しなども頼まれて中継ぎをしている。

履物は藁草履が一般的な時代で、竹皮草履の買い物は、明治39年（1906）に一度だけである。與助は仕事を辞めるまで、いつでも足場に昇れるように、懐には地下足袋を忍ばせていたと言う話もある。

②食べ物

・コーヒー　晩年の與助は、コーヒー豆を長崎市の大浦から取寄せ、後には横浜の元町で買ってきて、自分で豆を挽き、マイカップで砂糖とミルクを入れて飲んでいた。五男の妻が、おしゃれな珈琲カップで出していたら、ある日突然怒り出した。「コーヒーは飲む人の好みでカップの大きさが決まる。フランス人の神父は、2杯替えることはない」というので、大きなカップを買ってきた。戦後、長崎に居た時は、神戸から豆を取寄せていたという。

・ナイフとフォーク　鳥のソティをナイフとフォークで上手に食べるのは、宣教師に教えられた事。グラタンやチーズなども好んで食べていた。

・魚　「刺身が無いと、腹の調子が悪い」というくらい、魚は大好物で、横浜に来てからは、茅ヶ崎に買いに行ったり、近所の釣り好きな人が釣ってきては届けて下さったのを喜んでいた。贅沢な魚ではない。鯵が好きだった。五島の魚を食べて育った與助である。

椿の実を干している。今も、珍しくない光景である。

・酒　夕方4時から、晩酌1合を楽しみにしていた。宴会は好きではなかった。酒が入ると、「俺の仕事の半分は、トサ（妻）がした」というのが口癖だった。

・椿油　五島から椿油が届くと、てんぷらにも椿油を使っていた。贅沢な故郷の味である。

天主堂の取材の中で、シスターが椿の実を拾い集めて干して居られるのを見掛けたし、宿屋では、お土産に瓶に入った小さな椿油をもらった。明治の昔から、今でも五島の人達は、冬に椿の花を楽しみ、夏が終ると実を集めては椿油を採っていた。近年、オリーヴのバージンオイルは貴重品として売られているが、椿の油も、30個程の実を絞って採れるのは小さじ1杯位という。

ちなみに、作り方は、実を棒の様な棹で叩き落として集め、乾燥させて、平たい鉄鍋で炒め、その実を石臼で細かく砕き、それを大きな窯に入れ、水を足して炊く。そこで浮いてきた油をすくい、さらに集めた油を煎じつめて、椿油を集める。気の遠くなるような工程で採れる貴重な油である。

・饂飩（うどん）　五島のうどんは最近有名になったのかと思っていたら、明治39年（１９０６）に、「2月14日　朝大仁丸ニ水渡シニ行キ同船見物ス　帰船ノ上饂飩ヲ打チ其三郎氏鰤頭ヲ同船ヨリ買テ帰ル」と、饂飩を打っている記述が1ケ所だけある。鰤の頭は煮付けだろうか。

・葡萄酒　「明治39年（１９０６）閏4月30日　神父様ヨリ　葡萄酒2本ヲ貰フ」と、神父から葡萄酒をもらっている。また、明治43年（１９１０）8月17日に奈摩内天主堂が竣工した日は、「奈摩内天主堂工事　本日ヲ以テ終ル中午后　二時　総氏惣代ヨリ譜請済　ノ池走アリ尚大嵜神父　ヨリ白ブドウ酒及パイナップルノ池走ヲ　受」と、白ワインとパイナップルをご馳走して貰っている。「池走」は、馳走の誤字である。明治39年（１９０６）の『手帳』には、葡萄酒の作り方をメモしている。

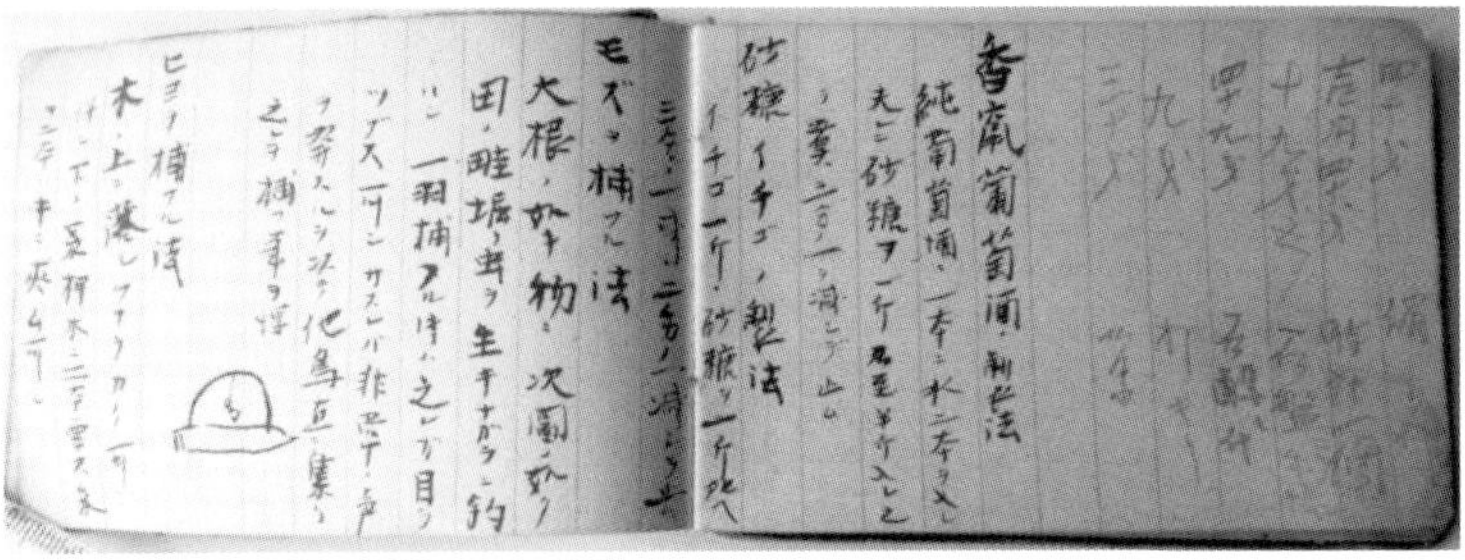

手帳には「葡萄酒ノ製法」、「砂糖イチゴの製法」、
「モズヲ捕フル法」、「ヒヨヲ捕フル法」などが記されている。

香□葡萄酒ノ製法
純葡萄酒　一本ニ水二本ヲ入レ
夫レニ砂糖ヲ一斤及至半斤入レ之　ヲ煮
三分ノ一ヲ減シテ止ム

・イチゴジャム　明治39年（１９０６）の『手帳』に、「砂糖イチゴの製法」と記しているのは、ジャムの作り方である。

イチゴは江戸時代にオランダから伝えられている。日本でイチゴが本格的に栽培されたのは、明治5年（１８７２）からという。フランス人の神父たちは食べ慣れておられたのだろうか。

砂糖イチゴノ製法
イチゴ一斤ニ砂糖ヲ一斤加ヘ
三分ノ一或ハ二分ノ一減シテ止ム

・鳥肉食のこと　與助は、明治39年（１９０６）の『手帳』には、「モズヲ捕フル法」と、「ヒヨヲ捕フル法」を記している。わざわざ記録しているということは、これまでは捕まえて食べる習慣は無かったということになる。

また、明治41年（１９０８）12月20日には、野首で「中食ニハトノ池走《ママ》ヲ受ケ」と、昼食に鳩をご馳走になっている。フランスでは、鳩は普通に食べられ、今も鳩料理は有名なフラン

ス料理である。

ヒヨヲ捕フル法
木ノ上ニ落シツルヲカイ可シ　併シ下ノ糸押木
ニ二本要ス糸　ヲ二本ノ中ニ求ム可シ

モズヲ捕フル法
大根ノ如キ物ニ次圖ノ如ク　田ノ畦掘リ虫ヲ生キナガラニ釣ハン　一羽捕フルトキハ之レガ目ヲ　ツブス可シサスレバ非常ノ声　ヲ発スルヲ以テ他鳥直ニ集リ　之レヲ捕フ事ヲ得

「神父は厨房に入らず」と、ボーイと呼ばれる男の手伝いが料理をしたと聞いているが、明治期の島嶼の布教に同行した案内人は調理の手伝いもしたのだろうか。いづれにしても、與助は、捕まえ方をメモするほど、美味しかったということになる。

・牛豚肉のこと　明治40年（1907）12月19日に、冷水天主堂工事で「神父様ニ面シ　杉木挽　其他ノ事チ談シ　又豚チ貰フ」と豚をもらい、宿老宅で豚を食べている。また、明治43年（1910）2月3日には、奈摩内天主堂工事現場で「晩池走アリ（中略）宿老ヨリ鯛チ貰フ　神父ヨリ牛肉チ貰フ　マサニゴヤノ膳ス」と牛肉を貰っている。

長崎の出島では牛が調理されていたようで、出島の工事中に、台所の跡とされた場所に、牛の骨が埋まっていたのを見ことがある。また、軍隊では、「軍隊料理法」が制定されたというが、一般の市民は牛や豚を食べる習慣は無かったのではないだろうか。

（出島の台所跡から出土した牛の骨）

五島は捕鯨の基地で、漁業で栄えた地域である。牛豚を食べるのに抵抗は無かったのだろうか。それにしても、食事も服装も受け入れて、食べたり、身につける素直な感性が、與助の天主堂建築の原動力といえるのかもしれない。

・スルメの作り方　明治39年（1906）に與助は、出身地で魚目村立水産学校を施工している。この学校は、当時の村長佐々木照氏が企画して、桁行120尺で梁間30尺の本校舎と、桁行60尺で梁間18尺の水産物製造場、教員室、便所などを建て、授業が行われていたが、入学者が少なく、大正5年（1916）には廃校している。

水産学校を施工する為に必要な知識と思われるが、與助はスルメの作り方を「製造順序」として、『手帳』に記している。

鯣（するめ）は、五島の産物で、食品として保存もできる。日本では、「寿留女」と書いて、縁起物にも重宝される。作り方は、イカの身を切り開いて、内臓・眼球を取り除き、残しておいた足と共に、烏賊串（イカ串）を通して伸ばして拡げて、簀（ス）の上で、天日干し等で乾燥させて、束ねて、貯蔵する。スルメは、材料になるイカの種類で、ヤリイカやケンサキイカの乾燥品は「一番スルメ」、スルメイカの乾燥品は「二番スルメ」という。「番外」とは、形が捩れたり不揃いの物のことだろう。

鯣製造法順序

1割截　2洗濯　3乾燥

鯣の名称

1質上ノ称呼　2□束称呼

3産地ノ称呼　4形状ノ称呼

鯣製造法ノ外注意ノ要点
　１原料　２割截　３洗滌
烏賊串刺法
伸　展
簀　乾
日乾法
大乾法
貯蔵法
把束法
販賣
磨上々番鯣
一番　〃
二番　〃
番外　〃

・**櫻干鰯製法**　桜干しは、長崎では、大正初期に始まった干物の製造方法とされている。長崎市江戸町の山道水産に聞いたところ、味付けは、醬油、黄ザラ（黄色がかっているザラメ糖）で、甘目のタレに漬け込んで乾燥させた干物で、タレに漬けると桜色に染まることからこの呼び方をしているという。與助は大正８年（１９１９）の『手帳』に、この製法を記している。山道水産ではみりんは使わないというが、どこで聞いた製法だろうか。

鉄川組の拠点は、まだ、上五島の丸尾にあるが、與助は、大正２年（１９１３）から、旧長崎大司教館工事で、長崎市の大浦天主堂の境内に常駐し、竣工後は、長崎市と五島や熊本県の八代を頻繁に行き来していた時期である。自宅用の参考に記録したというより、広く、家庭用に普及させることを目指したと考えられるが、與助の興味関心の広さと深さに改めて敬服する。

櫻干鰯製法

原料　ウルメ中羽。最適品トシ真鰯ヒンコ　各中羽。
品質モ劣リ歩留リモ少ナイウルメト仝ニ論シ難シ

製法　先ズ頭部並ニ臓ヲ除去シテ水洗イ
漱ギ背骨ニ添ヒテ原ヲ割キ別ノ水桶ニ侵
シテ血抜キヲナシ充分水切シタル後調味
液ニ拾時間以上漬置キ后之ヲ陰干トナシ
乾カザル中ニ白胡麻ヲ撒掛ケ凡ソ二日間乾燥ス

調味液　味醂五合　醤油壱舛
実用的ニハ上醤油一舛一等塩五十匁
焼酎二合五勺　赤砂糖二百五十目ノ割合
ニテ合シテ液ヲ作リ水ハ一切加エズ
冷却後使用ス
粉山椒　胡麻等加スルモ可ナリ

熟練　調味液ノ配合水切リノ加減日乾ノ完全
ヲ期スルニハ相当ノ熟練ヲヨウスルモ小規模

ニハ素人ニテモ製造困難ナラザル
家庭向ノ製造ヲナスモノ多シ

・麦酒（ビール） 與助は明治41年（1908）に、ビールを飲んだと記し、『手帳』には「麦酒ノ製法」として、材料を書き記している。

「オプス」はラテン語で「裕福さ、物、豊かさ、才能、贅沢さ」等を意味するというが、「ホップ」のことだろうか。ここでは製法としながら、材料の表記に留まっている。

その後、明治44年（1911）には「ビール30銭」、大正4年（1915）7月は「ビール50銭」と、機会があればビールを楽しんでいたと思われる。

さらに、大正8年（1919）の『手帳』には、「麦汁製造法」として、材料と作り方を記している。材料は「大麦一石　忍布ホップ　四斤　アイシングラース五分　アイシン五分　アセヌ二分五厘　炭酸曹達二分五厘　アルコール一合」である。

アイシンは甘味を表しているのではないかと、現業のビール会社の工場長に教えて頂いた。日本ではビールを自家用で作ることは殆ど無いが、ヨーロッパでは、今も、家庭でビールを作っている地域もあり、その製法に似ているともいう。

また、日本のビールのルーツには諸説ある中で、長崎の出島説もあるという。與助は明治41年（1908）に飲んだビールの味や香りについては何も書いていないが、繰返し味わい、材料や作り方を記しているのは、美味しかったということの証と思われる。

麦酒ノ製法
塁砂糖　四斤（イジリテ）

大麦荒半合(ヒラケカシテ)
酢四合　オプス　半斤　水四斗

麦汁製造法
大麦一石ヲ水ニ浸シ温キ所ニ擴ゲ置キ二段
乃至四□過ギニ芽ノ出ルノヲ俟チ焙爐デ焙り
之ヲ桶ニ入レ熱湯シ右ヲ注ギ入レ蓋ヲ
シテ蒸ス事凡一時間コレカラ楠ノ下ノ道ニ
孔ヲ開ケテ其ノ湯ヲ漏出シコレヲ釜ニ入レ
テ煮出シ沸騰シタルトキ忍布《ホップ》四斤　アイシン
グラース五分アイセン五分　食塩五匁　外ニ
漸次一石二斗ニマデ煎ジ詰メテ槽ニ□シ
テ一夜冷シ置キ復タ他ノ槽ニ移シ又アセネニ
二分五厘炭酸曹達二分五厘アルコール一合ヲ加へ
テ置ケバヨイ　四日ヲ圣テバ醸キ上へ之レヲ
数月間木樽中ニ貯へ置ケバ益々味ガヨクナル
大麦　一石　忍布　四斤　アイシングラース五分
アイシン五分　　アセヌ二分五厘
炭酸曹達　二分五厘　アルコール一合

・山羊の養育法　山羊肉を食べ、乳を飲むという文化は何時頃から日本にあったのだろうか。

大正8年（1919）の『手帳』には、山羊の養育法が記されている。山羊を食べた記録は見つけられないが、これは飼育できると思うからこそ、育て方を聞き、餌には質の硬いものは避け、米糠を食べさせると死ぬことや、笹の葉を与えれば乳は出なくなり、青草を与えれば乳量は増えるが水分が多くなり、好物はイタブリや芋の蔓のような物と餌などについての注意の他に、飼育場所なども詳細に記録している。

山羊ノ養育法
食物　質の硬キモノ　交換して與ヘル事
米糠ハ絶対ニ不可　遂ニハ死ス
乳ノ出ル中ニハ笹ノ葉ヲ與フレバ乳不出
青草ヲ企ハスレバ乳ノ量ハ多ケレトモ水分多シ
尤モ好物ハイタブリナリ
芋ツルノ如キモノ

乳ヲトルニハ始メハ終リニ子山羊ニ□マス事
乳出ルノハ豆類麦類及ビ此ノカス

交尾期ハ時期定マリテ年三回アリ
子ヲ早ク出サスレバ育交流セ
カサノ葉ト男ノ小便ノ如キタルモノ

住居　情繫タル事
モグラノ下ノ通レバ腰ナシ故□□受
張リタル事　両キワヲ南風ノ□暖カナル
所ニテ硬キや山及ヒ岩石ノ上ヲ好ム

・サツマイモ　北海道で「イモ」といえばジャガイモだが、九州で「イモ」といえば、サツマイモ。「甘藷（カンショ）」や「唐芋（カライモ）」、「琉球芋（リュウキュウイモ）」ともいう。五島の段々畑は、もともと米が育ちにくい土壌といわれ、やせた土地や、雨がふらないで日差しの強い土地でも栽培できるサツマ芋作りには最適な土地とされてきた。

與助は、請負で、最初に鉄川組の職人の賄いのため、米や麦を買付けるが、普通、米の飯ばかりを食べていた訳ではない。麦や芋も多く買付けている。例えば明治40年（1907）は「十月廿八日　四円八〇銭　米一叺　三斗入、芋六叺、四円八〇銭　米一叺　道津店ヨリ三斗入、五円五拾銭、米一叺　奈摩買　三斗五舛入、年内分　五円五拾銭、米一叺　奈摩買三斗五舛入、芋十七叺、醤油　約四舛分、十六銭　饂飩四斤代」と購入明細を記している。

サツマ芋の食べ方は、「蒸かし芋」が一般的ではないだろうか。「焼き芋」もある。「栗（九里）より（四里）うまい十三里」と、母がなぞなぞのように教えてくれたことを思い出す。江戸の焼き芋屋さんが、サツマイモを「十三里」と名付けたところ、調子が良いのと美味しいので、ホクホクした黄色い焼き芋が流行ったとか。

・かんころ餅　サツマ芋を「干し芋」として保存するのは、茨城でも、川越でも一般的に知られているが、餅米と突き交ぜて保存するのは、五島の先人の智恵である。サツマ芋の甘味が美味しい。最近は包装もきれいに、お土産品として売られている。

「かんころ餅」
お土産品として売られている。
薄く切って、焼いて食べる。

與助の記録には「カンコロ餅」は出てこないが、江戸時代から食べ継がれてきた故郷の素朴な味は、舌が覚えているのではないだろうか。

かんころ／かんころ餅

(作り方)

①サツマイモを半月ほど天日で水分を減らしておき、皮をむいて薄く輪切りにし、湯がいた後、天日で干して、かんころとして保存しておく。

②もち米を洗って、半日位水につけ、蒸す。

③かんころを熱湯で洗い、暫くふやかして蒸す。

④蒸したかんころと餅米を合せて、突き捏ねる。

⑤かまぼこ型に整形して、ほして保存する。食べる時は、薄く切って、少し焙って食べる。

・かから饅頭（ふくれ饅頭）　船で移動する事の多かった與助は、船に乗る時にお菓子やミカン、饅頭を時々買っている。船といっても、五島から佐世保や長崎に渡るにも数時間がかかる。最初は気にしなかったが、この「饅頭」は長崎では「かから饅頭」とか「ふくれ饅頭」とかいわれている饅頭ではなかったかと思う。

「かから」は、蔓状に葉が茂げる植物の葉っぱで、うす板やカンナの葉や、椿の葉を使うこともある。今ならアルミホイルがそれに替ることになる。

上五島や福江のターミナルでは見掛けなかったが、福江の商店街では「皆買いに来なっとです」と売っていた。佐世保の黒島でも小店の一番目立つ所で湯気を上げていた。天草の鬼池のターミナルのは美味しかった。長崎市の外海町の道の駅「夕陽が丘そとめ」でも扱っていた。昔は普通に家庭でつくり、食べていた饅頭である。お菓子の饅頭より、腹もちも良い。

ちなみに、この饅頭のアンコも、小豆のアンコとは限らない。サツマ芋のアンコは小豆より簡単で、芋をさいの目に切り、蒸すか茹でて、少し砂糖で甘味をつけて、つぶし、丸めて使う。所謂、「芋あん」である。

フランス人の宣教師は、アンコなしの饅頭の皮を、パンの代わりに食べていたと聞いたし、また、カトリックの信仰上の捧げ物のパンの代わりに、饅頭を食べた歴史もあるという。

かから饅頭

（材料）

小麦粉１００g、重層小さじ１（４g）、酢大さじ１／２、砂糖、塩少々、アンコ

（作り方）

①アンコを用意する。

②小麦粉、重層、酢を混ぜ併せ、水を加えて耳たぶ程の硬さに捏ねる。

③②をボールなどに入れて休ませ、膨れるまで置く。

④③を個数にわけて、アンコを包み、饅頭はかからの葉にのせ、湯気の上がった蒸し器で10～15分程蒸かす。

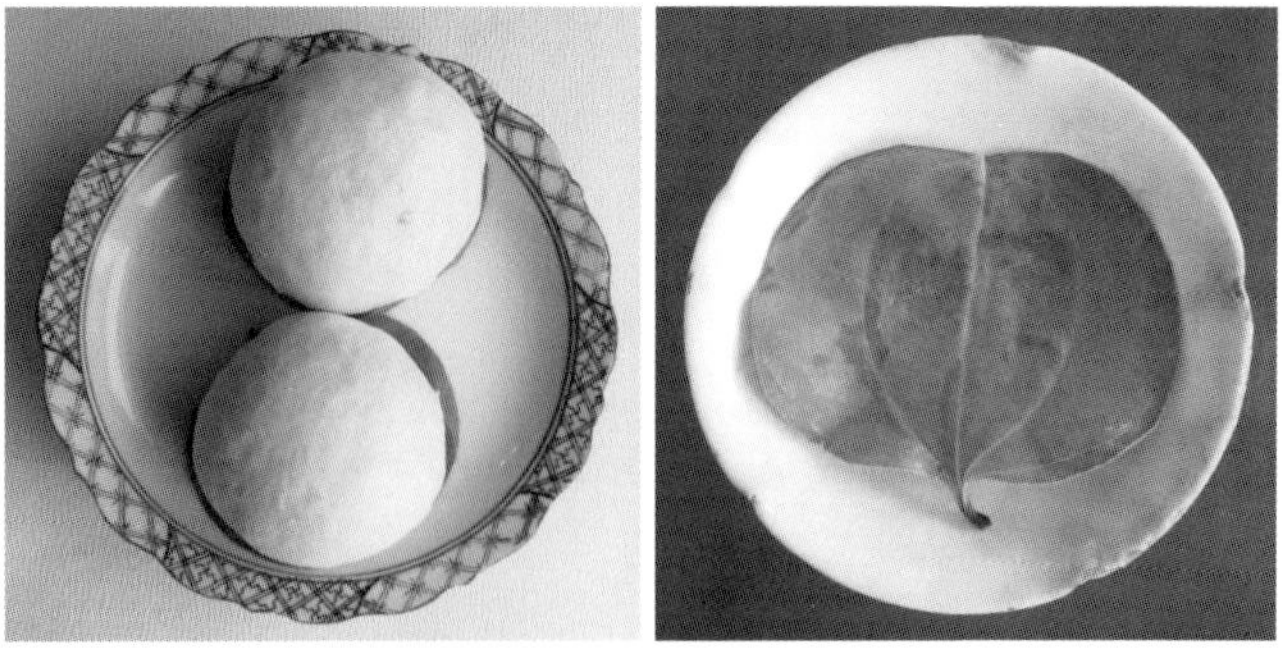

かからの葉と、かから饅頭

（２）医療と衛生の記録

①神父様の薬　明治39年（１９０６）閏４月10日「トサ病気ニ付神父ヨリ薬リ貰フ」と、鉄川

組を創業して早々に、神父から薬をもらっている。與助は常々、「俺の仕事の半分はトサがした」と言っていたという。桐古天主堂改修工事現場にも同行していた。家庭の主婦が体調を崩すのとは違って、工事現場で、炊き賄いができなくなると、職人はたちまちギクシャクしてくるだろう。職人の面倒を殆ど見ていたと思われるトサの健康は、與助本人の健康と同じように、大切だったということになる。

②虫歯　與助は虫歯で悩まされていたらしい。明治41年（1908）10月25日「小生歯痛ノ為メ　野首ニ休ム」と、野首天主堂工事中に、野首で歯痛のため、休むほどだったらしい。とはいえ、毎日が働き過ぎで、疲れがたまると歯が痛くなることもあるのだが……。

野首では、歯薬を30銭で購入し、その後も「エンセツハミカ《ママ》キ50銭」、「楊枝歯磨19銭」と歯磨き粉を買っている。今は無人島で想像しにくいが、薬を売る店もあったことが分る。

③薬　明治43年（1910）に、「アンチヒ《ママ》リン32銭」とある。アンチピリンは鎮痛解熱薬の一つで、頭痛、リウマチ、月経痛などに用いられるというが、歯痛の痛み止めとして使われたのかもしれない。

他に、「胃痛薬」として、セリに塩を少し入れて汁を搾り、飲ます、とある。

「ツキ目」は、大根おろしのシボリ汁を差す、というもので、民間療法というのだろうか。少し心配になるが、薬が無い時は、藁にもすがりたい思いの現れかもしれない。

胃痛薬
河ゼリヲ塩ヲ少シイレテ汁ヲ取リ飲マス（水入レテハ不可）
朕ノ下ノヒダノ所ヨリ少シ斜ノ男ハ中指女ハ人差指ニテアバラ
骨ト背骨ノ中間ニキュテンヲサシ病后ニ日ナレバ二三日

ナレバ三火焼ク　但シ右股ノ下
ツキ目
ニハ大根ヲワサビ卸シニテスリ　塩ヲ少シ入レ上等ノ
布ニテコシ　其汁ヲサス
仝上ノキンハ椀ヲ曲ゲヒジノ所ノ上部ノ外側ノフクレル
所ノ肉ト骨トノ間ノ真角ニ押ヘテスグノ所ニ点ス但右ハ左右逆

④衛生　明治39年（1906）に、チリ紙1銭、明治44年（1911）は、石鹸19銭と49銭、理髪器械一式1円20銭などを買っている。また、大正5年（1916）に、「奈留島理髪15銭」、9月14日、江上で「理髪10銭」と、船の待ち時間などに理髪をしていることが多い。勿論、これだけが衛生関係の費用の全てとは思わないが、石鹸は大正時代には貴重品だったのではないだろうか。

値段の違いは、切り分けた石鹸と、棒状の石鹸の違いではないかと思われる。

（3）交通と通信

①舟　明治39年（1906）の與助の『手帳』には、2月17日「午前10時頃平戸出帆　江迎ノ定期船ト海場ニ於テ出會（中略）神ノ浦　小値賀　笛吹キニ寄港ノ上　有川着　時正ニ薄暮直ニ榎津へ上陸ス」と、平戸を午前10時に出帆した船は、薄暮時に上五島の有川に着き、自

宅のある榎津に上陸している。

また、明治41年（1909）は、3月23日「7時丸尾出立　1時阿瀬浦出帆　3時奈良尾着　奈良尾ヨリ発4時過桐着」と、午前7時に丸尾を出て、1時に鯛ノ浦港に近い、阿瀬浦を出帆し、上五島の東側を航行し、16時過ぎに桐に着いており、丸9時間はたっぷり舟に揺られていたことになる。桐とは、鉄川組で最初に請負った桐古天主堂のある地域である。

さらに、3月28日は、「3時奈良尾発　6時半福江着　浦頭ヲ圣テ10時道寄着」と、奈良尾から福江まで3時間半、そこから浦頭を経て堂崎に10時に着く迄、7時間を要している。

與助の資料を読んでいると、普段の交通手段は、陸路より舟で、舟があればどこでも行けるし、荷物も運べると思った。定期船が就航する前は、神父が島から島へと移動する時も、病人が出て、島の外の病院に運ぶ時も、郵便を運ぶのも、舟であった。島に暮らす人々が、何かの用で移動する時は、誰かが用意した舟に乗せてもらう。出港の時間は、定時ではないと思っていたら、『五島列島　私の日本地図』（宮本常一著、未来社、2015）に、昭和27年（1952）の状況が書かれている。そこには、

「上五島の中通り島は、山が海に迫っており、陸路の発達はきわめて遅れており、南の佐尾・奈良尾・岩瀬浦と、北部の津和崎・立串などの間には、物資の面からも人の上からもほとんど交流が無い。わずかに中部の有川、榎津、青方などの間には道路もひらけていて人の往来も多い」と書いてある。與助が仕事を始めた明治の末や、大正期は言わずもがなである。

與助は、住宅と作業場を兼ねていた丸尾の港から、舟で行き来したと思い、天気が良ければそれが何よりと思っていたら、やはり、そんなに単純なことではなかったようだ。

本田保神父は、福岡県三井郡大刀洗の今村天主堂の担当司祭であったが、五島で布教の経

験もある。今村天主堂新築工事で基礎工事に不測の事態が発生したため、ドイツの信者に寄付を頼んでいるが、その手紙に、明治後期の舟の運航状況が分る記述がある。

「神父がある島からほかの島へ渡るとき、信者たちは自分等の舟を出してくれる。この小さな舟はたいてい長さ8メートルであって、十人の信者が神父に同行する。順風の時に帆をはるが、逆風や凪の際は皆で漕がなければならない。

幾度も、漕ぎ手や神父も、荷物までも、海水を浴びせられてしまう。これは特に冬のあいだはとても不愉快であって、やっと上陸できるまで何時間も我慢しなければならない。

そのうえ、この旅はかなり危険なことである。海の荒いとき、このような小さな舟は転覆してしまうこともある。こうして、すでに三人の神父が、その中にはヨーロッパ人宣教師一人も、乗っていた信者たちと共に波にのまれてしまったことがある。

多くの場合、この司牧の旅は歩いてしなければならない。これもたいてい悪い状態にある急な山道を通るから、決して楽なことではない。」と書いている。

凪の時は航行が楽だろうと思っていたのだが、それは違うらしい。凪の時は、皆で漕がなければいけないから、適当な風がある方が良い。漕ぎ手が上手でも、波が高ければ、海水を浴びる。よそ者の私が、少しお話を聞かせてもらう位では分らないご苦労があったことを改めて知ることになった。

手漕ぎの船から、動力船になったのは何時頃からだろうか。崎津天主堂の工事の時（昭和9年／1934頃）には、資材は鉄川組の発動機船と帆船で運ばれてきたという。

フェリー太古　小値賀島での出港風景

・平成28年（２０１６）４月の時化のある日

五島に何度か出かける中で、天主堂を廻るには舟が便利なのだと感じるようになった。陸路より海路、山を越える路は拓けていなかったというから当然のことである。そして、これまで行ったことの無い、平戸市の野崎島や、五島市の奈留島も、やはり取材したいと思った時、これは舟で行くチャンスだとワクワクしたし、これで明治以来の與助の移動を、少しは共感できると思い、船から眺める島の景色を想像した。

計画では、博多を23時45分発のフェリー大古に乗船し、翌朝7時25分には、五島市の奈留島に上陸できる心つもりだった。ところが、生憎、この日のフェリーは、雨と風で波が高く、欠航になった。

では、博多からではなく、長崎市の大波止のターミナルから五島市の福江港行きのフェリーに乗り、とにかく、今日のうちに五島へ入ろう、と計画を変更した。途中、フェリーの中では、「明日は、このフェリーも欠航が決まったそうです」と聞き、まずは今日の船に乗れたことで、安心した。

縦に長く繋がる五島列島では、福江島から久賀島（ひさかじま）や奈留島、若松島へ渡る内海沿いの航路は欠航が少ないだろうと、勝手に想像していた。

翌朝も雨だったが、奈留島からは朝のフェリーが福江に着いた。このフェリーが夕方までには奈留島へ戻ると思い込んだが、出港間際まで運行が決まらなかった。結局、凡そ11時間遅れて、朝の7時過ぎに着く予定だったが、奈留島に着いたのは夕方の6時過ぎになった。

一日や二日のゆとりを持った計画は理想だが、なかなかゆとりのある計画を立てるのも難しい。その後、訪ねる相手先との約束もある。この時は、予定外で、福江島を訪ねることが出来、思いがけない取材もできたことは感謝しているが。

與助の『手帳』によれば、船は「夜中に出港」と直前に決まったり、行った先で、次の船が出るまで何時間も待つことがある。個人の船に便乗することもある。詳しい理由が書いてある訳ではないが、今より定期航路も少なく、運航にも長い時間を要した時代のことである。何より、安全第一。時化になると欠航する。船は揺れることもある。台風も来る。もし、予定通りにいかない場合でも、慌てず、騒がず、という心構えを忘れないで、ということだろうか。與助の時代を共感したい等と思った途端に、そんな安易なものではないヨと、教えられた気がする。

②鉄道や人力車　普段の移動は、徒歩と舟。健脚の與助も、時には「足の疲れを覚える」と休むこともある。

與助が人力車を使ったのは、明治45年（1912）で、佐賀市公教会の工事中に、福岡県三井郡大刀洗村の今村天主堂のある今村と、佐賀の間を頻繁に行き来していた期間である。

例えば、鉄川組の拠点のある上五島の榎津から今村までの旅程を記すと、明治45年（1912）2月2日に「午前3時　康安丸ニテ榎津発　10時佐世保着　午前0時50分発　博多5時10着□電車ニテ順行　博多一泊　宿料60銭」。次いで2月4日に「3時36分博多発　全4時35分鳥栖着　全5時40分　今村着　人力車賃50銭」という具合で、上五島を午前3時に出て、舟から列車に乗り継ぎ、博多から鳥栖を経て今村に着き、天主堂の工事場まで人力車に乗っている。甘木鉄道が開業するのは昭和14年（1939）になってからである。ちなみに、長崎市では、居留地に外国人も多かったことから、居留地を起点とする市内主要地までの人力車の料金を明確にしており、明治30年（1897）の料金表では、市内は10銭以内で走っている。

また、7月16日「前9時 今村発、10時20分久留米着 大隈 森宅休 11時15分発 大善寺45分 城島着2時10分 迎島発4時半」、7月23日「后1時38分佐賀発列車ニテ今村行 仝着3時」のように、今村近郊の発着の時間を記しているのは、時刻の決められた移動に時間がかかることや、その時間に遅れたら、次の予定が大きく狂うことなどによると思われる。

長崎市内で自転車に乗る女性達
「写真集明治大正昭和長崎―ふるさとの想い出50」より転載

③自転車 フランスで開発された自転車が長崎にお目見えしたのは明治19年（1886）頃とされている。その後、次第に普及し、明治25年（1892）頃にタイヤのチューヴのゴム輪が改良され、利用者は日を追って増えていったという。女性も利用している。

與助は、忙しく動き回りながら、明治45年（1912）10月30日は、「午前8時発今村発自轉車故障 北野行 仝10時発 11時半久留米発1時城島着 250円 瓦代持参ス」と、自転車を使っていたことが分る。12月2日は、今村から「久留米行 前10時今発 鳥栖11時9分自轉車持参」と、自転車持参で移動している。列車を降りてから、目的の場所までの時間も勿体無かったのだろうし、自転車にも慣れているのだろう。合理主義の與助さんの本領発揮ということになるのか、パワフルさに改めて感心する。12月3日は、「自轉車修繕賃70銭」の記録がある。修繕の内容で料金は違うのだろうが、鳥栖から今村の人力車賃が50銭。今村から佐賀までの汽車賃が59銭の時代である。使い始めの記録は無いが、パンクだろうか。道路事情も良く無いだろうし、使い方も激しいのだろうが。

④郵便・電報・電話 葉書や手紙は、年賀状や工事の連絡にも使われている。天主堂は創建時は畳が敷かれていたものも多いが、五島で畳は造られていなかったのだろう。長崎の業者に頼み、船で送る手配を整えたが、その後、追加の注文があり、手紙でやり取りをするうち

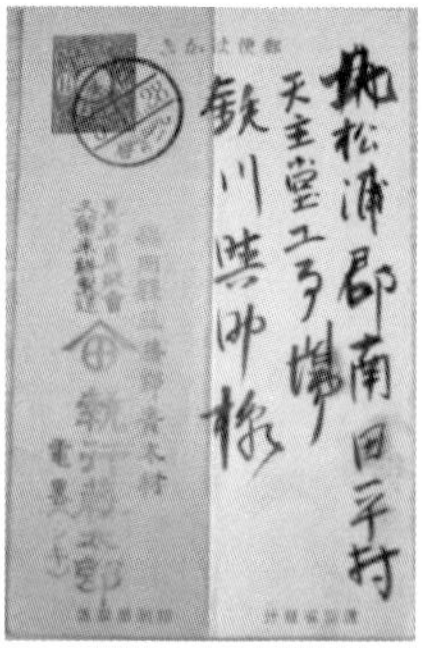

福岡県三潴郡青木村の執行藤太郎から、北松浦郡南田平村の天主堂工事場鉄川與助宛の葉書

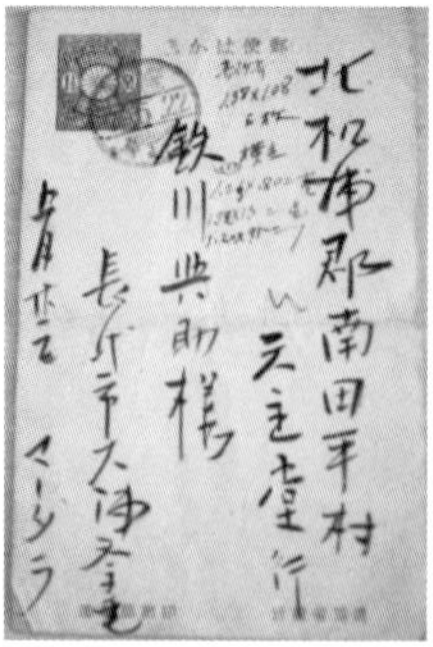

大浦天主堂のマータラ神父が、南田平の天主堂　鉄川與助宛に出した葉書。用件は、工事の連絡。

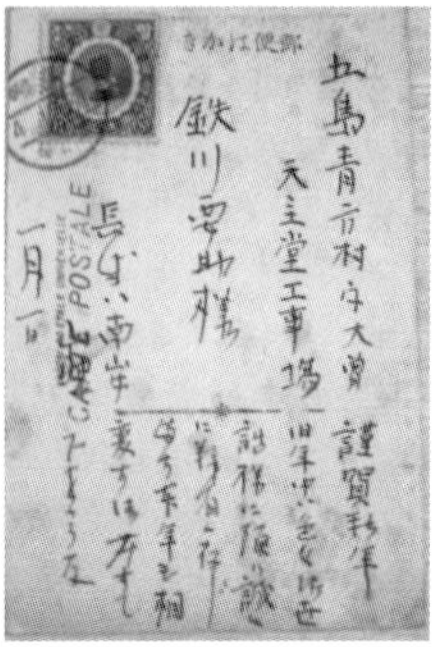

南山手に滞在中の山野氏が、與助宛に出した年賀状。京都七條新停車場の絵葉書である。

に、既に船は出た後で、次の便で追加の品は送るということもある。このようなことは多かったかもしれない。

それにしても、大正時代の郵便事情というか、例えば、「福岡市大浦南山手天主堂」や、「南松浦郡南田平村天主堂」という具合に、所番地を正確に記入していない葉書や手紙が届き、転送迄されている。人口も少なく、郵便物も多くはなかったということか、現代では考えられないことではないだろうか。

鉄川組の創業年（明治39年／1906）に、建築工事の関係で電報を使った記録はないが、2月14日「常助召集命令ニ付電報ヨリ栄町ニ至ル」と、弟に召集令状が届いた連絡に、電報を使っている。

明治41年（1908）になると「青方木挽幸太郎へ電報ス」と、連絡に電報が使われ、明治45年（1912）は、7月14日「八時半　トヨ　リヨコシス」と、妻のトヨからリヨコ逝去の知らせが電報で届き、父は直ぐに五島へ発っている。また、12月2日は、今村天主堂の工事を一時中断しているが、その時、「大寄師ト幸太へ電報ス40銭」と、工事中断を電報で連絡している。

その後も、大正5年（1916）1月26日「紐差ト田平ト打電ス気船賃一円二十三銭　電報料八十銭」、28日「紐差へ打電ス」、3月7日「長崎から　電報料二十銭、（中略）紐差電報料二十銭　丸尾電報料」と、電報で連絡している。『値段史年表』（週刊朝日編　朝日新聞社、1988、6）によると、15字以内で、明治32年（1899）は20銭、大正9年（1920）は30銭である。料金の違いは電文の文字数の違いで、字数が多くなると料金も高かったと思われる。携帯電話世代の若者は、電報を知らない人もいるかもしれない。

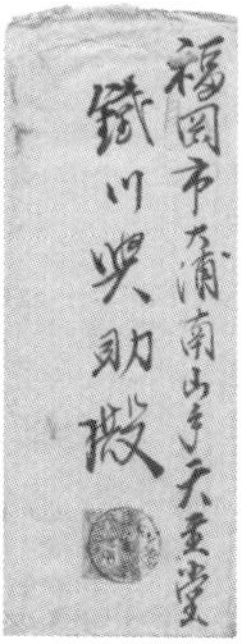

「福岡市大浦南山手天主堂」で届いた「長崎市南山手町大浦天主堂」宛の手紙。

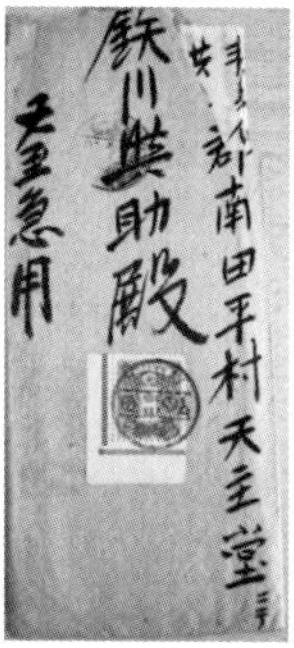

住所は、「北松浦郡南田平村　天主堂工事場」で郵便が届いている。

大浦天主堂から、南松浦郡魚目に転送された手紙。

與助の記録に電話が登場するのは明治45年（1912）で、2月20日「庄平ヨリ中野ヲ電話ニテ呼ブ」と、電話で呼び出し、大正4年（1915）10月23日「車ニテ村川ヲ訪フ　不在奥サンニ依頼シ電話シテ雪屋ニペンキコータルノ件付談ス」と、長崎市で村川材木店を訪ね、ご主人の不在にも拘わらず、奥さんに頼んでペンキの材料店に電話してもらい、打合せしている。

携帯電話全盛の現代では考えられない、電話を借りることも珍しくなかった時の話である。

（4）大正15年（1926）4月の建築学会参加

與助は明治41年（1908）に建築学会に准員として入会し、建築学会の講習会を聴講している。

大正12年（1923）の『手帳』には、「140円持参」し「講習会」と記されている。9月1日は関東大震災が発生しており、この年の講習会についてはそれ以上の記録は無く内容は分らない。しかし、大正15年（1926）4月8日〜14日については、その詳細が記されていることから、ここに紹介する。

講演会は、4月10日13時30分から17時迄で、夜は懇親会に出ている。講演会の内容については書かれていない。翌日の11日は40台の自動車を連ねて、建築学会の見学会に出席している。神田の復興局を訪ね、九段から帝大を廻り、橋梁の見学があり、浅草、上野公園を廻る見学コースに参加している。また、12日は、新宿御苑を参観した後、青年会館を見て、青山で昼食。午後は工事で新しい機械の作動を見学し、仮設院の見学の後は、小石川植物園で園遊会に参加している。

大正末期頃の小石川植物園（小石川植物園提供）

震災復興記念館（與助絵葉書）（鉄川一男氏提供）

13日は建築学会での見学会か、個人での見学かは分らないが、化学工業博覧会を見学し、新しい建築材料などを見学した模様である。

14日は聖心女子学校と神田教会、暁星中小学校の見学で、個人で見学をしたものと思われる。昭和に入って、熊本県八代の成美女学校（昭和2年／1947）の工事が決まっており、学校関係の施設見学になったと考えられる。

14日は家に土産を買い、帰路に着いている。上京する時は、4月8日の23時に長崎を発ち、9日の午前7時50分に門司に着き、下関、神戸を経て、富士山を見、東京駅には4月10日の12時　半に着いている。帰りは、14日に東京発の列車に乗って、16日に着いたのだろう。

お金は115円用意して行った。旅費や宿泊費などの合計は、72円程になる。帰りの汽車賃を行きと同じ11円49銭としても、83円39銭で、31円以上は残った計算になる。出張先で、持ち合せが無いと不安だから大きなお金を用意したのだろうか。大正12年の東京の大工の手間賃は、1日3円53銭。大学卒業の銀行員の初任給が50円の時代である。

明治12年（1879）1月13日に、長崎県の五島の小さな村に、大工の長男として生まれた鉄川與助は、明治後期から大正、昭和という近代化の流れの中で、天主堂の建築工事に携わり、フランス人の宣教師等と交流を重ねるなかで、建築技術者として羽ばたき、多くの実績を残した。

山高帽子に鎖の着いた時計を身につけた洋装の與助の姿は、同年代の出身地・五島の人々にはどのように写っていたのだろう。宣教師には勿論、修道女たちにも小さな心配りを忘れなかった。

大正15年4月8日発　東京行キ

カトリック神田教会

午后十一時　長崎発　百十五円持参　気車賃11円49銭、ハガキ新聞19銭、旅行案内25銭
4月9日　午前七時五〇　門司着　直チニ下関ヘワタリ　駅ニテ橋本トキ史ト會ス同人ヨリ
果物ヲ貰フ　十時十分　神戸駅頃ヨリ眠リニ入ル　弁当ト茶1円65銭、急行券2円50銭、クダモノト枕□1円20銭
4月10日　晴　富士駅付近ニテ目覚ム十二時半東京駅着　学會事務所ニテ入場券ヲ貰ヒ　午后壱時半講演會ニ出席シ五時半終リ　晩餐會ニ列シ　高林学士ノ紹介ニテ野田氏ヲ丸ノ内ホテルニ訪フ　不在ニ時半東京駅ニテ聞合セ　笠ノ新掘町ニ渡辺ヲ訪フ　不在ニ付第金物拾□旭館ニ一泊ス
果物20銭、會費2円50銭、自動車賃14銭
4月11日　午前八時旭旅館出発　渡辺與三郎氏宅ヲ訪ヒ外套ノ洗濯ヲ頼ミ電車ニテ神田橋ノ復興局ヲ訪ヒ記章及商品見本□□共他ニ対するパンフレツトヲ貰イ受ケ小憩ノ后　約四十台ノ市役所ノ自動車ヲ連ネテ九段坂ノ堀切リ見先ヨク　ノ橋梁其他ヲ見　濱町帝大ノ構内ヲ巡リテ御嶌□市小学校参観　中食ス　后一時半ヨリ濱町（ナニ区）見学茶菓子チ走ヲ受ケ船ニテ各橋梁ノ見学シ　浅草付近　指□ヨウ上陸シ浅草付近上野公園　化学工義論空号賣店ヲ見て　再ビ金□□旭旅館ニニ泊ス　電車中ニテ與三郎氏ト會ス
朝夕　電車ニ回14銭、電報30銭、軽便スイモン50銭、自動車21銭、宿料3円20銭、油紙費2円4銭、宿料二日分4円
4月12日　午前七時半　旭旅館発　八時半　新宿一丁目着漸ク待テ　新宿御苑参観　十時半一時開散　后青年會館ヲ見ル　青山ニテ中食シ　午后〇時半新□院工事ヲ見ル　砂砂利ノ洗器ニハ感服ス　器械ノ不調ニハ余リ感心セズ　假設院ヲ見ル　先帝陛下ノ御器物ニハ感嘆シ　夫レヨリ小石川植物園の園遊會ニ行ク　ビールノ□ク行キ余興　コマ廻シ　球

ツカイ　清国人ノ奇術　婦人ノ奇術等アリ午后五時半　一同　□ヲ遣シ万歳声□シ　散會
及員内六叭濱田與三郎氏ト會見シ　ビール其他ノ池走ヲ受ク　旭旅館ニ一泊ス
電車51銭、中食50銭、小包料36銭、旭旅館2円
4月13日　晴　前八時旭館発　先ツ電車ニテ上野行キ　化学工業博覧會ヲ見ル建築材料ヲ見ル右□キモノ多シ　□□　出□節ヲ見ル　九時半　旭旅館ニモドル
　入場券50銭、中食1円、飽鋏40銭、八□3円20銭、夕食60銭、電車賃料1円40銭、□□40銭、電車42銭
4月14日　午前九時　旭館出発日吉□ニ　聖心女子学校ヲミル神田教会　暁星中小学校ヲ見ル　神田ニ増田氏ヲ問イ大森氏傳言ス 秋田ノ生産者ニ一手到賣交渉スル事　一度ニ注文ノ量ト一ケ年ノ大凡ノ使用料ヲ□□スル事　一箱十一件位　四銭ガエニテ二十五円位トナルトシテ芝ニ渡辺與三郎氏訪ヒ別レヲ告ゲテ出発ス
宿料3円、海苔11円1銭、中食25銭、気車□、書物2円、悉錦35銭、イエニ土産1円、電報新聞気車賃12円49銭

〈資料編〉

教会建築の基礎用語

天主堂と教会　16世紀後半から幕末および明治初期に建てられたキリスト教の聖堂を「天主堂」と呼び、現存する天主堂としては、長崎市の「大浦天主堂」がある。鉄川與助が教会堂を建てたのは明治後期からであるが、與助は携わった教会を天主堂と呼び、史料に「天主堂」と記している。これは建築工事が行われた当時の時代を反映する呼び名と捉えられる。この他に「公教会」と記されることがあるが、これはローマカトリックのことを「天主公教会」と呼ぶためである。

献堂　新築の教会を神にささげる儀式。

バシリカ形式　古代ローマ時代に裁判や商取引のために用いられた公共建築の形式で、細長い平面で内部は列柱によって三つの廊下状の空間に分けられる。この形式がキリスト教の教会堂に継承された。アプスは神聖な場所を意味する。

三廊式　身廊の両側に各1列の側廊があるバシリカ形式の教会堂。

身廊　教会堂で、中央の細長い広間の部分。

側廊　教会堂で、身廊の外側にある細長い廊下状の部分。

単廊　教会堂の空間が間仕切りや列柱などで仕切られておらず、一間になっているもの。

楽廊　一般的に堂内の2階席か、中2階にある聖歌隊の席。

リヴ・ヴォールト天井　ヴォールトは、石造や煉瓦またはコンクリート造の曲面天井の総称で、広い空間の柱の数を少なくして支えることができる。変形防止のために取り付ける突起物を「リヴ」と呼び、天井の空間を高くとることができる。與助はリヴ・ヴォールト天井を「柳天井」や「コウモリ天井」と記している。

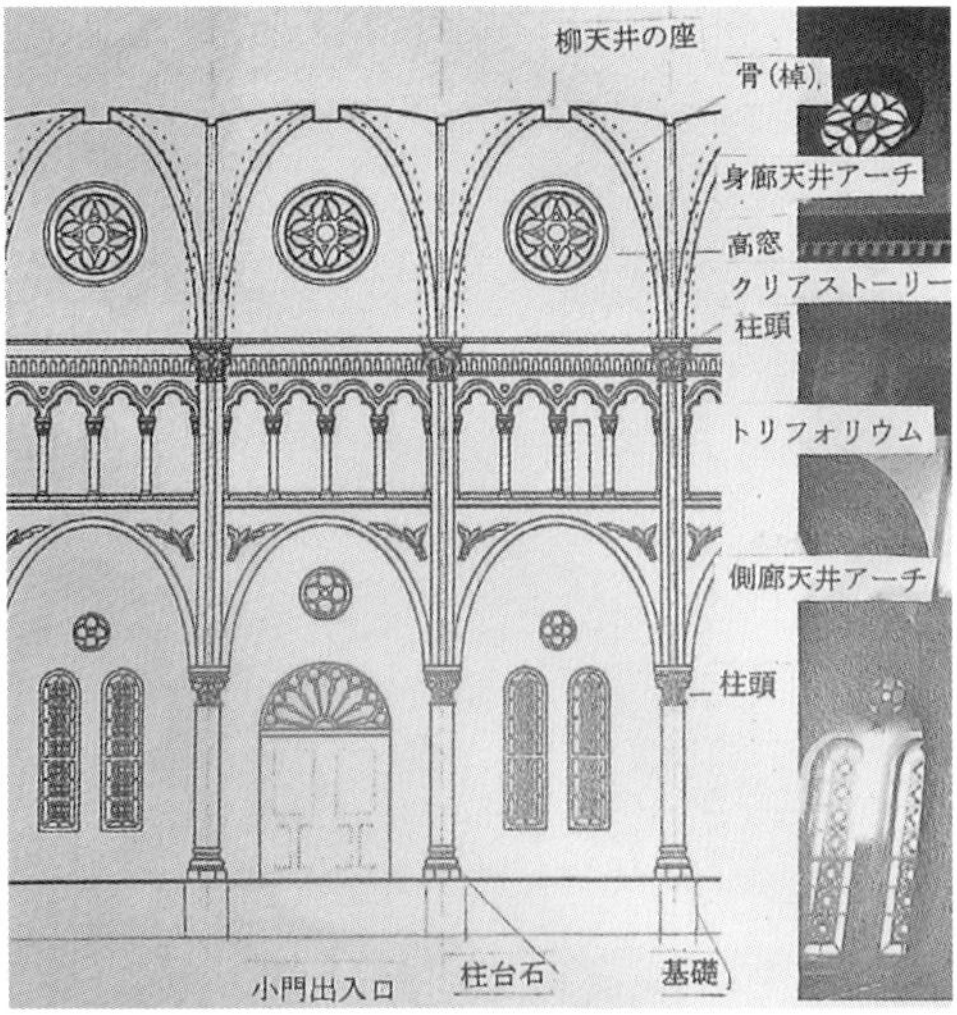

クリアストーリーとトリフォリウム

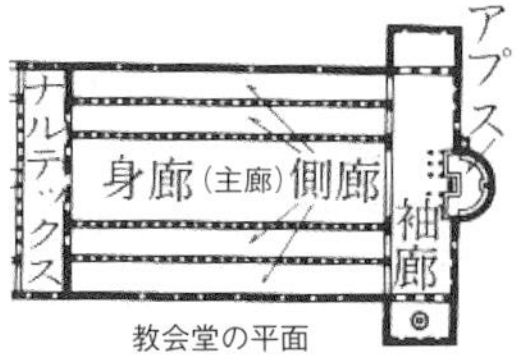

教会堂の平面

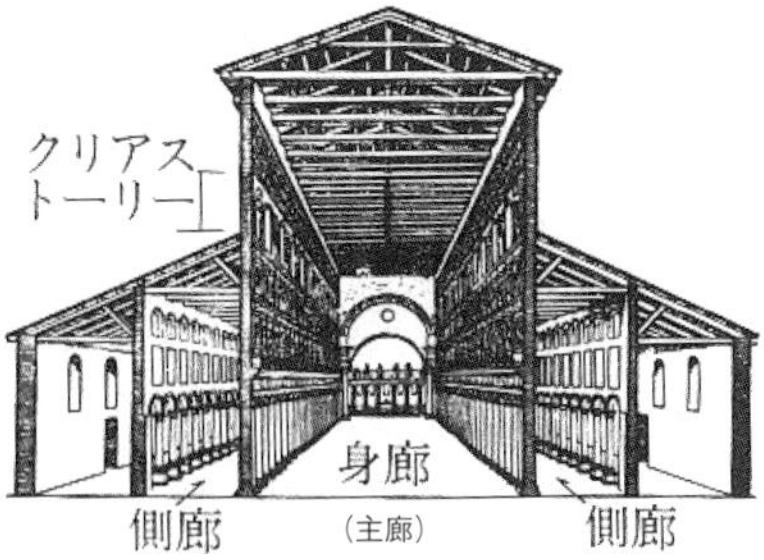

バシリカ式教会堂

リヴ・ヴォールト天井

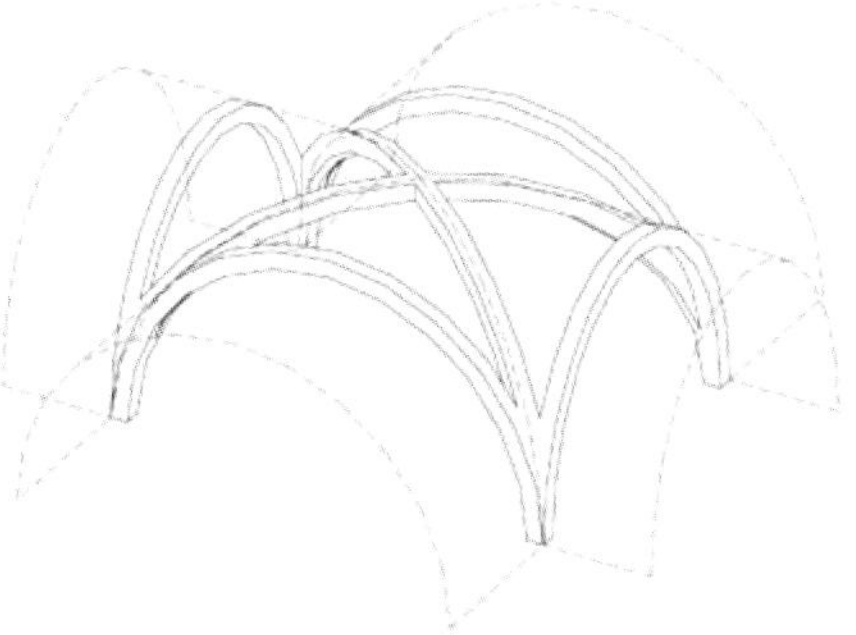

香台・香部屋　香台は祭壇で、香部屋（こうべや）は、祭器具、祭服、典礼書などを保管し、祭服を着用したり、典礼の準備をする小部屋。

クリアストーリー　教会の身廊の壁の最上部に設けられる高窓の列。

トリフォリウム　教会の身廊のクリアストーリーの下に連なるアーケードの部分。後ろは側廊の小屋裏に当り、巡回用の通路が設けられていることが多い。

ロンバルト帯　イタリア、ロンバルディア地方で盛んに使われて、やがてドイツやフランスにも広まった壁面の装飾。小柱列を小さなアーチで連ねて外壁に凸凹で装飾する。

バラ窓　丸窓の一つで、バラの花のように形づくられたもの。ステンドグラスを入れたものが見られるなかで、與助は煉瓦で表現している。

要石　アーチの頂部に入る楔形の石。

鎧戸　「がらり戸」ともいわれ、通風・換気、日照調節等と同時に、視線を遮り、開き窓の外側に雨戸変わりに用いる場合もある。

水盛　建築に際し基準となる水平を定めること。これによって基準となる水平面が定まる。

割ぐり石　岩石を打ち割ってつくる小塊状の石材。

こぶ出し　石材を特殊なカナヅチで叩き、表面に凹凸をつける仕上げ。

●協力者・協力機関（順不同・敬称略）

生田三徳、池田章治、一徳はづき、越中哲也、大久保金物店、大下田ミエ、おじかアイランドツーリズム協会・前田敏幸、上戸治子、元海寺、札幌市立中央図書館、下口勲神父、城田正宏、城田征義、元不二窯業・島田進、鉄川一男、故鉄川喜一郎、故鉄川美也子、津田石材店、北海道立図書館、諸岡清美神父、水浦征男神父、角田久栄、道津美代子、中村昭子シスター、長崎大司教区、西崎悦男、平山雅子、萩原隆夫、故鼻山トノシスター、村川材木店、渡辺隆義神父

●資料提供者

天草市立天草キリシタン館、天草市立本渡歴史民俗資料館、天草市役所（河浦支所内）観光文化部世界遺産推進室、江崎べっ甲店、小値賀町歴史民俗資料館、小値賀町教育委員会、元海寺、佐賀県歴史文書館、新上五島町立魚目小学校、新上五島町文化財課、トラピスト修道院、長崎県立長崎図書館、長崎市立図書館、長崎歴史文化博物館、札幌藤女子大学図書館、長崎純心大学博物館、五島観光歴史資料館、五島市役所市長公室まちづくり推進班、五島市役所農林課・平野梓、清水建設株式会社法務部文書グループ（アーカイヴ担当）・畑田尚子、長崎大司教区、長崎原爆資料館、長崎の教会群インフォメーションセンター、日本建築学会、平戸市生月島博物館島の館

●参考文献

和洋　建築工事仕様書實例（上）／田中豊太郎編、建築書院、1905・9
家屋建築実例一巻／辰野金吾・葛西萬司共著、須原屋、1908・9
清水建設兼喜会五十年／兼喜会五十年史編纂委員会、清水建設東京兼喜会、1969・2
清水建設兼喜会五十年　資料編／兼喜会五十年史編纂委員会、1969・2
建築大辞典第2版／彰国社編、彰国社、1998・4
日本の近代建築　その成立過程（下）／稲垣栄三、鹿島出版会、1979・6

報酬加算式建築施工契約制度／山下壽郎、彰国社、1966・7
木造洋館雛形集（上下）／吉原米次郎編、建築書院、1897及び1898
長崎の業界と人物大観／寺尾清治、帝国興信所長崎支所、1931・4
キリシタン・バテレン／岡田章雄、至文堂（日本歴史新書）、1955
清水建設百五十年史／清水建設百五十年史編纂委員会編、清水建設株式会社、1953・11
カトリック長崎大司教区100年のあゆみ／キリスト信者発見100年のあゆみ編集・発行、1965・3
日本建築技術史／村松貞次郎、地人書館、1959・11
カトリック大浦教会百年の歩み／カトリック大浦教会百年祭執行委員会委員長中島正利編、カトリック大浦教会発行、1965・6
長崎の洋風建築／山口光臣、長崎市教育委員会社会教育課、1967・3
奈良尾町郷土史／津田豊水編、奈良尾町郷土史編纂委員会、1973・12
大浦天主堂／桐敷真次郎、中央公論美術出版、1975・3
ある明治の福祉像　ド・ロ神父の生涯／片岡弥吉、日本放送出版協会、1977・1
長崎の天主堂　その信仰と美／村松貞次郎・片岡弥吉監修、技法堂、1977・8
日本近代建築の歴史／村松貞次郎、日本放送出版協会、1977・10
旅する教会　長崎法人司教区創設50年史／里脇浅次郎、カトリック長崎大司教区、1977・12
萌芽　福岡教区50年のあゆみ／平田三郎、聖母の騎士社、1978・5
写真集明治大正昭和長崎ーふるさとの想い出50／越中哲也、白石和男編、国書刊行会、1979・6
大曾教会百年史／峰徳美、カトリック大曾教会、1979・10
日本近代建築史総覧　各地に遺る明治大正昭和の建物／日本建築学会編、技法堂、1980・3
カトリック土着　キリシタンの末裔たち／丸山孝一、日本放送出版協会（NHKブックス）、1980・9

長崎市史　地誌編　神社教会部　下／長崎市、清文堂出版、１９８１・10
隠れキリシタンから司祭に／中田秀和、中央出版社、１９８１・８
桐修道院50年のあゆみ／お告げのマリア修道会、聖母の騎士社、１９８１・12
長崎の天主堂と九州山口の西洋館／太田静六、理工図書、１９８２・７
キリシタン信仰と習俗　岡田章雄著作集１／岡田章雄、思文閣出版、１９８３・３
聖心の使途／第31巻　第３号、第４号、第５号　Ｈ・チースリク編、祈祷の信徒会本部、１９８３・３～５
フロイスの日本覚書／松田毅一・Ｅ・ヨリッセン、中央公論社（中公新書）、１９８３・10
教会建築／高橋保行・土矢吉正・長久清・加藤常昭・奈良信・岩井要、日本基督教団出版局、１９８５・２
天草の土となりて—ガルニエ神父の生涯／浜名志松、日本基督教団出版局、１９８７・７
日本基督教歴史大事典／日本基督教歴史大事典編纂委員会編、教文館、１９８８・２
値段史年表／週刊朝日編、朝日新聞社、１９８８・６
鹿島建設の歩み　人が事業であった頃／小野一成、鹿島出版会、１９８９・９
大林芳五郎傳／城田喜八郎、武岡四郎、１９４０・６
今村信徒発見１２５周年記念誌／１２５周年記念誌委員会編、聖母の騎士社、１９９２・11
テオドール・フレノ神父　浦上の使徒／山口正、聖母の騎士社、１９９３・８
総覧　日本の建築　第９巻／九州・沖縄／社団法人日本建築学会編、新建築社、１９９４・２
特別展　明治のキリシタン—信仰のかたちと心—／博物館明治村編、名古屋鉄道株式会社、１９９４・６
マルコ・マリ・ド・ロ神父小伝／ド・ロ神父記念館、聖母の騎士社、１９９５・８
近世日本建築にひそむ西欧建築の謎—「キリシタン建築」論・序説／宮本健次、彰国社、１９９６・１
新カトリック大事典／新カトリック大事典編纂委員会編、研究社、１９９６・６
天主堂を仰ぎみて／荻原泉、鶴岡カトリック教会、１９９６・６

職人たちの西洋建築／初田亨、講談社、１９９７・1
大いなる遺産　長崎の教会／三澤博昭、智書房、２０００・8
明治の建築／桐敷真次郎、本の友社、２００１・4
仲地教会の牧舎たち／下口勲、聖母の騎士社、２００１・9
構造物の技術史　構造物の資料集成・事典／藤本盛久編著、市ヶ谷出版社、２００１・10
目で見る　五島の１００年／的野圭志監修、郷土出版社、２００２・6
長崎の教会堂／林一馬、九州労金長崎県本部、２００２
青砂ヶ浦小教区史　青砂ヶ浦教会・冷水教会２００年のあゆみ／片岡久司、カトリック青砂ヶ浦教会、２００２・10
清水建設百五十年史／清水建設百五十年史編纂委員会編、清水建設株式会社、１９５３・11
清水建設二百年　生産編／清水建設株式会社編集発行、２００３・11
建築施工／脇山広三、実業出版株式会社、廣済堂、２００４・2
鯛ノ浦小教区史　鯛ノ浦教会献堂１００周年記念／下山盛朗、カトリック鯛ノ浦教会、２００４・3
天主堂　光の建築／雑賀雄二、淡交社、２００４・6
よみがえる明治の宣教師　ハルブ神父の生涯／広瀬敦子、サンパウロ、２００４・12
長崎・天草の教会と巡礼地完全ガイド／堀憲昭編、長崎文献社、２００５・9
聖堂再生／松山ちあき編・ＮＰＯ法人文化財保存工学研究室、２００７・3
五足の靴／五人づれ、岩波書店、２００７・6
江袋教会堂焼損復旧修理工事報告書／江袋教会復旧委員会専門委員会編、宗教法人カトリック長崎大司教区、２０１０・3
長崎原爆記　被爆医師の証言／秋月辰一郎、平和文庫、２０１０・12
鉄川与助の教会建築／林一馬他、住友和子編集室・村松寿満子、ＬＩＸＩＬ出版、２０１２・3
昭和末期の長崎園主堂巡礼／板倉元幸、ＡＲＴＢＯＸインターナショナル、２０１４・6

聖母が見守った奇跡　長崎の教会群とキリスト教関連遺産／特別展「聖母が見守った奇跡」展実行委員会（長崎歴史文化博物館）編集・発行、２０１５・2
私の日本地図5　五島列島／宮本常一、未来社、２０１５・7
図説　長崎の教会堂　風景のなかの建築／木方十根・山田由香里、河出書房新社、２０１６・2
五島列島　岩波写真文庫１９２／岩波書店編集部、写真岩波映画製作所、岩波書店、出版年月記載無し

●既発表論文

1. 喜田信代、羽深久夫／鉄川與助の明治期の建築経歴と桐古天主堂の請負内容、日本建築学会計画系論文集第５６６号、１６１〜６７頁、２００３
2. 喜田信代、羽深久夫、本間博文／冷水天主堂における鉄川與助の請負内容、日本建築学会計画系論文集第５６８号、１３３〜３９頁、２００３・6
3. 喜田信代、羽深久夫、本間博文／奈摩内天主堂における鉄川與助の請負内容、日本建築学会計画系論文集第５７８号、１４７〜５４頁、２００４・4
4. 喜田信代、羽深久夫、篠野志郎／今村天主堂建築工事における九州地方の建築職人鉄川與助の施工管理の実態　日本建築学会計画系論文第６５０号、９４７〜５４頁、２０１０
5. 喜田信代、羽深久夫／旧長崎大司教館における建築工事の実態、日本建築学会計画系論文集、第79巻・第７０３号２０３９〜４９頁、２０１４
6. 喜田信代、羽深久夫／明治39年に行われた桐古天主堂改修工事の内容、日本建築学会技術報告集、第21巻・第49号、１２７３〜７８頁、２０１５
7. 喜田信代、羽深久夫／明治39年に行われた桐古天主堂改修工事における工事費受払の特徴、日本建築学会計画系論文集、第80巻・第７１６号、２３２７〜３７頁、２０１５

おわりに

「鉄川與助って、誰だぁ〜!」。十数年前、工学部の教授の前で、「知られていないから、まとめたいのです」と、声をのみ込んだのを思い出します。今も、「鉄川與助」と聞いて、「九州地方にたくさん天主堂を建てた人」、「明治生まれの建築技術者」と答える人は、多くは無いでしょう。

與助直筆の資料などは、既に何人もの先生方が目を通されていましたが、結局、図面の他は、殆ど手をつけられていませんでした。私は、「長崎」の文字が見え隠れする書類に興味を持ちながら、具体的にはどうしたら良いのか分らないまま、『日本れんが紀行』を出版する時にお世話になった札幌市立大学の羽深久夫先生に相談しました。すると、「論文として整理することが資料を活かすことになる」と教えられました。こうして、資料を整理する作業が始まりました。

明治期は、民間ではまだ契約書を取交す習慣の無かった時代で、一般的に、仕様書、見積書、契約証、決算書などが整えられている訳ではありませんが、鉄川與助は『手帳』などに多様な記録を残し、工事毎に少しずつ書類を整えています。工事費は、材料費や職人賃等必要な費用を、教会側が別に支払っていたことも判りました。書類を整理しながら、先行研究は無いか確め、参考文献を探しました。

創業期の記録からは、成功者として評価を受けた後とは少し違う姿が見えたと思っています。中央では、辰野金吾等、工部大学校(東京大学工学部の前身)出身の建築技師が活動を拡げる中で、與助は、九州の西の端、長崎県の五島列島の上五島の、尋常高等小学校卒業です。鉄川與助の肩書は、「教会建築家」や「棟梁建築家」と表されることもありますが、「建築家」ということに戸惑いを見せる専門家も多くいます。残されている設計図などが、所謂、建築家が描いた図面の精度とは違うと指摘されるのです。私は「建築技術者」と表していますが、大切なことは、近代的な建築書類や考え方を、他に先がけて採り入れていたことだと思います。

これまでの研究の過程では、札幌市立大学大学院の羽深久夫教授に、最初から学位の取得までお世話になりました。また、放送大学名誉教授の本間博文先生、昭和女子大学特任教授の平井聖先生、東京工業大学大学院の篠野志郎先生、札幌市立大学大学院特任教授の小西敏正先生にご指導を受けました。特に小西先生には、1年半程、建築の材料や構法について指導を受け、本書をまとめるに際しましても、度々ご指導を仰ぎました。諸先生方のご指導に、深く感謝しています。

対象の建築は、世界遺産の登録も期待されている天主堂が複数含まれています。研究という意識も薄かった最初の頃から、天主堂の天井やステンドグラス、柱頭や柱台、衝立、祭壇など聖堂内の彫刻に視点を当てて調査を進めた訳ではありませんので、写真に偏りがありますが、見学の参考になればと思います。また、営々と積み重ねられてきた地域の歴史が、これからも長く引き継いでもらえることを希います。

資料の整理を始めてから、既に15年以上が経ちました。時を同じくして九州地方では、「九州・長崎の教会を世界遺産に」という動きが始まりました。私がお借りして、その後、横浜に返却している資料について、喜一郎さんの元に問合せが相次いだ時期もあるようですが、「札幌にある、と返事したから、そのつもりで対応して」と連絡がありました。そのような中で、資料提供者の鉄川喜一郎さん・美也子さん夫妻は故人になられました。私の力不足と、資料の取扱などで、お二人が亡くなっても、まとめる作業が進まなかったことは、大きな悔いになります。

建築写真家の増田彰久さんは、時々、声を掛けて下さいました。今村天主堂では実測調査をさせて頂き、また、床下の調査には、元不二窯業の島田進さんに同行してもらいました。友人や元職場の先輩や同僚たちは、「論文」などと私が口にしだした頃から、「いつまで、何のために続ける?」と、気遣ってくれました。趣味というには異質の孤独な作業で、年に1〜2度、故郷の長崎に帰省しても友達と会う時間もなく、建築の取材の合間をみては、図書館や博物館に通いました。

本書は、論文ではなく、かといって、エッセイともいえません。内容は、明治後期から昭和戦前期頃までに、それまで日本では殆ど建てられることがなかった天主堂など洋風の工事を、どのように進めたかを、鉄川與助本人がその当時に書き遺した資料や、地域の事情などを整理したものです。建築史の一部の研究者のみではなく、広く鉄川與助の業績を知って頂けるきっかけになることを願います。出版に際しては、日貿出版社の鈴木尚さんに、大変お世話になりました。夫にも感謝します。

また、鉄川與助の孫にあたる喜一郎さんの長男・鉄川一男さんのご協力にも、感謝致します。

平成29年1月

著者

[著者紹介]

喜田 信代（きた のぶよ）

1948年 長崎市生まれ。長崎県立長崎東高校卒業。1967年 三菱重工業株式会社 長崎造船所 造船設計部勤務。1999年 放送大学卒業、2004年 放送大学大学院修了。2010年 東京工業大学大学院人間環境システム博士後期課程満期退学。2016年 札幌市立大学大学院デザイン研究科デザイン専攻修了。博士（デザイン学）。〈著作〉『日本れんが紀行』（日貿出版社、2000年）

天主堂建築《てんしゅどうけんちく》のパイオニア・鉄川與助《てつかわよすけ》
――長崎《ながさき》の異才《いさい》なる大工棟梁《だいくとうりょう》の偉業《いぎょう》

●定価はカバーに表示してあります

2017年2月25日　初版第1刷発行

著　者　喜田信代《きたのぶよ》
発行者　川内長成
発行所　株式会社日貿出版社

東京都文京区本郷5-2-2　〒113-0033
電話　(03)5805-3303(代表)
FAX　(03)5805-3307／振替 00180-3-18495

印刷・製本　ワコープラネット
装丁・本文レイアウト　株式会社アドアーツ

ISBN978-4-8170-8231-2　http://www.nichibou.co.jp/